Paul Reichard

Emin Pascha, ein Vorkämpfer der Kultur im Innern Afrikas

Paul Reichard

Emin Pascha, ein Vorkämpfer der Kultur im Innern Afrikas

ISBN/EAN: 9783743312845

Hergestellt in Europa, USA, Kanada, Australien, Japan

Cover: Foto ©ninafisch / pixelio.de

Manufactured and distributed by brebook publishing software
(www.brebook.com)

Paul Reichard

Emin Pascha, ein Vorkämpfer der Kultur im Innern Afrikas

✠.✠. Verlag von Otto Spamer in Leipzig. ✠.✠.

Deutsch-Ostafrika

von

Paul Reichard.

Eine umfassende Schilderung des Landes und seiner Bewohner, seiner politischen und wirtschaftlichen Entwickelung von einem genauen Kenner Afrikas.

Zweite Auflage.

Preis: Geheftet 8 M.   Gebunden 9 M. 50 Pf.

Das Werk, von einem genauen Kenner Afrikas in klarer, allgemeinverständlicher Sprache geschrieben, gibt eine lebendige Anschauung der bedeutendsten und zukunftsreichsten unserer Kolonien und ist daher für jeden Gebildeten hochinteressant und belehrend. Es enthält eine umfassende Darstellung der Erwerbung und Entwickelung der Kolonie und eine ebenso eingehende als spannende Schilderung des Landes, seines Bodens und seiner Produkte, der Pflanzen- und Tierwelt, besonders aber seiner Bewohner, der Araber und Inder ebensowohl, wie der verschiedenen Negerstämme mit ihren Wohnsitzen und ihrer Kultur. Die Bedeutung der Küstenplätze wie auch der Wert der verschiedenen Gebiete im Innern wird eingehend gewürdigt, und fast jede Seite enthält eine Reihe interessanter Details.

Eingeflochten in die Schilderungen sind die Erzählungen der Vorgänge im Schutzgebiete, des Aufstandes und der folgenden Kämpfe, aber auch die Jagd, das Elfenbein, Sklaverei und Sklavenhandel finden gründliche Erörterung. Besondere Erwähnung verdienen die Illustrationen, welche sämtlich nach Originalphotographien vorzüglich ausgeführt sind, die zum Teil von Herrn Major von Wißmann selbst zur Verfügung gestellt wurden.

Illustriert durch 36 Vollbilder
sämtlich nach Originalphotographien.

ﬁ﮲ ﮳﮳ Verlag von Otto Spamer in Leipzig. ﮳﮳ ﮳﮳

SPAMERS
Illustrierte Weltgeschichte.

Mit besonderer Berücksichtigung der Kulturgeschichte

unter Mitwirkung anderer bewährter Fachmänner
neubearbeitet und bis zur Gegenwart fortgeführt von

Prof. Dr. O. Kaemmel.

Dritte völlig neugestaltete Auflage.

9 Bände und Registerband.

Geheftet je 8 M. 50 Pf.
In Halbfranz gebunden je 10 M.
Auch in Lieferungen beziehbar zu 50 und 25 Pf.

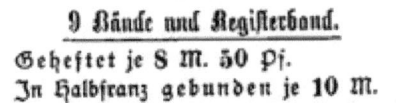

Karl V. (nach Tizian).

In der dritten, völlig neugestalteten Auflage von Spamers illustrierter Weltgeschichte hat sich den nicht allzu zahlreichen guten Werken, welche wissenschaftliche Gründlichkeit mit wahrhaft populärer, d. h. allgemeinverständlicher und zugleich anregender Darstellung vereinen, ein neues hinzugesellt, das ganz dazu angetan ist, auf seinem Gebiete alle ähnlichen Erscheinungen in Schatten zu stellen und einen hervorragenden Platz in jedem Hause, in jeder Familienbibliothek einzunehmen. Klar und übersichtlich, in schöner Sprache und fesselnd, bringt sie nicht nur die Geschichte der einzelnen Länder und Völker, sondern auch deren politische und geistige Beziehungen zur Anschauung. Die Kulturgeschichte ist in ausgiebigster Weise berücksichtigt. Religion und Kunst, der Stand der Wissenschaft und Bildung, Leben und Sitten, all dies wird in lichtvoller Schilderung vorgeführt.

Zu diesen Vorzügen des textlichen Inhaltes gesellt sich nun eine Illustration, die an äußerer Pracht und innerem Wert ihresgleichen sucht. Nicht weniger als 4000 Nummern zählen die Text-Illustrationen; durchaus sachgemäße, nach auserlesenen Vorlagen unter Anwendung aller Hilfsmittel moderner Kunsttechnik ausgeführte Abbildungen, als: ausgezeichnete lebenswahre Porträts nach den besten gleichzeitigen Aufnahmen, Gemälden oder Stichen, vollkommen genaue Nachbildungen wichtiger und interessanter Handschriften und Dokumente, historisch getreue Darstellungen denkwürdiger Ereignisse der Geschichte nach Gemälden hervorragender Meister aller Zeiten und Länder, gute Reproduktionen bedeutsamer Kulturdenkmale, geschichtlich wichtiger Bauwerke, von Orten und Stätten, Altertümern; ferner Karten, Pläne, Tabellen und vieles andere; dazu kommen noch über 300, zum Teil in Farbendruck ausgeführte Beilagen und Karten oft größten Formates, so daß die Gesamtausstattung mit Fug und Recht als eine musterhafte und glänzende bezeichnet werden darf. Unschätzbar geradezu ist dieses so reich gebotene und dabei doch sorgsam ausgewählte Anschauungsmaterial für die Erreichung lebendigen Verständnisses.

So charakterisiert sich die Spamersche Weltgeschichte zugleich als ein Werk von eminentem Werte als Bildungsmittel und als ein Prachtwerk, das jeder Bücherei zur Zierde gereicht. Der Preis von 10 Mark pro Band ist in Anbetracht der Schönheit des Werkes staunenswert billig.

Dr. Emin Pascha.

Ein Vorkämpfer der Kultur im Innern Afrikas.

Dr. Emin

Dr. Emin Pascha,

ein Vorkämpfer der Kultur im Innern Afrikas

Von

Paul Reichard.

Mit Original-Abbildungen von R. Hellgrewe.

Zweite erweiterte Auflage.

Leipzig.
Verlag und Druck von Otto Spamer.
1893.

Inhalt.

Seite

Erstes Kapitel.
Vorgeschichte 3

Zweites Kapitel.
Die ägyptischen Provinzen und ihre Bevölkerung 25

Drittes Kapitel.
Dr. Emin; Reisen in Zentralafrika 41

Viertes Kapitel.
Schwierigkeiten der Verwaltung. Interessante Reiseeindrücke 82

Fünftes Kapitel.
Der Mahdi 137

Sechstes Kapitel.
Wirren in Ägypten 161

Siebentes Kapitel.
Niedergang der ägyptischen Herrschaft im Sudan 175

Achtes Kapitel.
Verwaltungsthätigkeit Emins 193

Neuntes Kapitel.
Kampf mit inneren und äußeren Feinden 214

Zehntes Kapitel.
Not und Gefahr 235

Elftes Kapitel.
Die Expedition Stanleys 252

Zwölftes Kapitel.
Der Soldatenaufstand; die „Rettung" Emins 279

Dreizehntes Kapitel.
Emin, Führer einer deutschen Expedition ins Innere. Besetzung von Tabora 307

Vierzehntes Kapitel.
Emin am Viktoria Nyanza 324

Fünfzehntes Kapitel.
Im Zwischenseengebiet. Am Albert Eduardsee. Stuhlmanns Besteigung
des Runssoro 335

Sechzehntes Kapitel.
Nochmals in der Äquatorialprovinz 350

Siebzehntes Kapitel.
Der Zug durch den Urwald nach dem Westen. Die Blatternepidemie
und die Teilung der Expedition 361

Achtzehntes Kapitel.
Emins Tod. Schlußwort 385

Bilderverzeichnis.

Dr. Emin Pascha	Titelbild
Gordons Kamelritt	Seite 16
Gessis Expedition im Sedd dem Hungertode nahe	„ 22
Stromschnellen des Nils	„ 54
Am Albert Nyanza	„ 56
Gerichtssitzung	„ 130
Angriff Auad el Kerims auf den Scherif Mohammed Taha . .	„ 158
Emins Residenz Lado in Flammen	„ 218
Gordons Ermordung	„ 238
Begegnung Stanleys mit Emin	„ 272
Rückzug zur Küste	„ 288
Landschaft in Ugogo	„ 300
Häuser von Händlern in Tabora	„ 318
Flaggenhissung in Tabora	„ 321
Emin am Viktoria Nyanza. Abfahrt von Bukumbi	„ 329
Wakondjo am Albert Eduardsee	„ 343
Der Runssoro	„ 347
Ein Wawambadorf	„ 351
Brücke über den Duki	„ 362
Wawirafrau	„ 364
Der Manjuemaführer Ndjali, der Mörder Emin Paschas	„ 375
Schriftlicher Befehl Emins an Dr. Stuhlmann abzumarschieren .	„ 377

Dr. Emin Pascha.

Erstes Kapitel.

ein Land der Erde hat in der jüngsten Zeit so sehr die Blicke der wissenschaftlichen und politischen Kreise auf sich gezogen wie Afrika mit seinen schier unentwirrbaren Verhältnissen. Dem Weltzentrum der Zivilisation, Europa und den Mittelmeerländern, am nächsten gelegen, hat es dennoch sein Inneres lange unzugänglich erhalten und dem Eindringen die eigenartigsten und mannigfachsten Schwierigkeiten entgegengesetzt. Die Küstengebiete Afrikas ringsum waren es, welche zuerst der weißen Rasse, Europäern und Arabern, zugänglich wurden. In das Innere mit Erfolg einzudringen gelang erst den Arabern. Sie waren es, welche dem Islam und dem Handel die Wege öffneten. Doch ihre in sich abgeschlossene Welt brachte der Allgemeinheit keinen Nutzen und über Afrika unsägliches Elend. In der geschichtlichen Entwickelung der germanischen und romanischen Völker lag es, daß diese erst in der allerneuesten Zeit eine nachhaltige Aufmerksamkeit auf Afrika richten konnten. Von dem Augenblick an, wo die Zeiten sich erfüllt hatten, konnte jener gewaltige Kontinent dem Ansturme der europäischen Rasse nicht mehr widerstehen, und auch das Schicksal des Islam, mit Afrikas Schicksal aufs engste verknüpft, war von da an besiegelt. Die ersten Vorstöße in dem immer mehr sich entfachenden Kampf gegen das spröde Afrika und den starren Islam hat die Wissenschaft geführt und die geistige Überlegenheit war es, welche in die aufgetürmten Schutzwehren Afrikas und des Islam die ersten Breschen legten, ehe die Politik ihre Rolle zu spielen begann.

Der Ausgang des gewaltigen Ringens kann nicht zweifelhaft bleiben. Afrika, die jungfräuliche Festung, wird gebrochen, der Islam wird da, wo er bisher geherrscht, dem Untergang entgegengehen. Das, was ihm

1*

im Anfange die Kraft gegeben, seine abgeschlossene Entwickelung, trägt
zugleich den Todeskeim für ihn im Schoß.

Dasjenige, was das heutige Ringen um den Siegespreis in Afrika
von allen früheren Bestrebungen, dort einzudringen, so wesentlich unterscheidet, und zwar von den Zeiten der Phöniker und Römer bis zum
Ende des vorigen Jahrhunderts — das Punctum saliens, welches
von den Gegnern der Kolonialpolitik ganz und gar verkannt wird, ist
die innere Notwendigkeit der Bewegung. Früher war es Afrika als
solches, das Land, welches lockte, wo man Schätze suchte. Als man aber
das, was man suchte, das Gold, nicht fand, hörte auch die Bewegung so
gut wie ganz auf. Heute zieht uns Afrika nicht mehr an, es ist vielmehr
ein Drang, welcher uns hintreibt. Dieser Drang aus uns selbst heraus
gibt der heutigen Bewegung die Unwiderstehlichkeit. War es doch auch
ein innerer Drang, welcher den Islam die halbe Welt, darunter Afrika,
erobern ließ. Am heißesten entbrannte der Kampf in jüngster Zeit, wo
die Interessen im größten Gegensatze standen, da, wo der Preis der
wertvollste war, in den uralten Kulturländern des ehrwürdigen Nil.
Dieser merkwürdigste aller **Ströme reizte auch den** Wissensdrang aller
Nationen am meisten und die ganze Erforschung Afrikas strahlte von
den Nilforschungen aus, gruppierte sich um diese. Der Wettlauf nach
dem Ursprung des Nil bildete auch den Ausgangspunkt für die erbitterten Kämpfe in jenen Ländern. Die mit der Erforschung dieser Gebiete zur allgemeinen Kenntnis gebrachten Verhältnisse gaben den Anstoß
zu den sich später abspielenden Ereignissen.

Unter allen Ländern Afrikas war besonders Ägypten, das alte
Pharaonenland, in der neueren Zeit wie von jeher den mannigfachsten Ge-
schicken unterworfen. Bald der Schauplatz schrecklicher Kriege und Kämpfe
unter grausamen Despoten, bald unabhängig, bald von fremden Er-
oberern unterjocht, bald unter türkischer Botmäßigkeit, bald selbständig,
immer aber der Tummelplatz menschlicher Leidenschaften. Die maßlose
Bedrückung und die Leiden der unglücklichen Bewohner erreichten ihren
Höhepunkt unter der tyrannischen Herrschaft des berühmten, gewaltigen
und berüchtigten Mehemed Ali, welcher sich als der Sohn eines einfachen Aga der Straßenwächter zum siegreichen Eroberer aufgeschwungen
und den Kampf mit der hohen Pforte aufgenommen hatte. Sogar die

europäischen Großmächte wurden durch Mehemed Alis Erfolge genötigt, zu gunsten der Türkei einzugreifen und die Stellungnahme Frankreichs in dieser Sache stellte im Jahre 1840 die Gefahr eines europäischen Krieges in Aussicht. Mehemed Ali unterwarf sich jedoch später dem Türkischen Reiche und aus dem früheren Rebellen wurde ein ganz ergebener Unterthan des Sultans. Trotzdem Ägypten Mehemed Ali manches zu verdanken hatte, war es dennoch durch ihn einem fast vollständigen Ruin nahe gebracht.

Besonders kennzeichnet Mehemed Alis Epoche den ersten Zeitpunkt, wo nach dem verunglückten Versuch Napoleon Bonapartes, Ägypten in seine Hand zu bekommen, der europäische Einfluß bemerkbar wurde. Der faktisch bestehenden Unabhängigkeit Ägyptens von der Türkei wurden die ersten Stöße durch England versetzt, und als der vierte Nachfolger Mehemed Alis mit Ismael Pascha im Jahre 1863 auf den Thron von Ägypten kam, welcher 1867 zum erstenmal für sein Amt den Titel „Khedive" erhielt, begann für Ägypten eine neue Zeit. Von da wurden die verhaßten „Giaur", „die Christenhunde", die Herren des Landes.

Unter Ismael Pascha wurde zuerst das allgemeine Interesse Europas für den Sudan erregt.

Schon Mehemed Ali hatte Expeditionen zur Entdeckung der Nilquellen ausgesandt, hauptsächlich aber um Sklaven zu erbeuten, welche er als Menschenmaterial für seine Kriege aus dem Sudan holte.

Von da an sollte der Sudan für Ägypten von immer größerer Wichtigkeit werden.

Sudan nennen die Ägypter alle südlichen Länder, welche vom oberen Nil bewässert und von schwarzen Menschen bewohnt werden; Biled es sudân, das Land der Schwarzen, abgeleitet von dem arabischen Worte sûd, im Plural âswad, schwarz. Für die Geographen der neueren Zeit umfaßt der Sudan die Länder zwischen dem Oberlauf des Nil und Niger, zwischen der Sahara und dem 5.° nördlicher Breite. Diese südliche Grenze ist deshalb gerechtfertigt, weil sie annähernd die Völkergrenze zwischen den nordwärts sitzenden Nigritiern und den südwärts wohnenden Bantu bildet.

Im engeren Sinne als ägyptischer Sudan werden die Provinzen bezeichnet, welche sich von der in neuester Zeit festgelegten Südgrenze Ägyptens bei Wadi Halfa um den Nillauf lagern, einschließlich Dar-Furs

und den Ländern der Dinka und Schilluk. Seit Mehemed Alis In=
vasion nahm die Ausdehnung des ägyptischen Sudan, was die poli=
tischen Grenzen angeht, immer mehr zu und hatte ihren größten Um=
fang zur Zeit erreicht, da Emin Pascha die südlichste Provinz verwaltete.
Die ägyptischen Provinzen standen unter der Verwaltung eines Hokm=
dars (Generalgouverneurs), hatten aber administrativ einen nur sehr
lockeren Anschluß an Ägypten. Bis zum Ausbruch des großen suda=
nesischen Aufstandes, des Mahdiaufstandes, im Jahre 1882, bestand der
ägyptische Sudan aus den sich nilaufwärts aneinander reihenden Pro=
vinzen Nubien, Sennar, Taka, Senhit, Kordofan, Dar=Fur, Bahr=
el=Ghasal, aus der Äquatorialprovinz Hat el Estiwa im Süden, sodann
den Gebieten am Roten Meer.

Bis zum Jahre 1869 lag die Verwaltung des ägyptischen Suban
ausschließlich in den Händen von Türken und Ägyptern und wurde mit
einer Rücksichtslosigkeit betrieben, wie sie nur eben solche Beamte an=
wenden können, deren ganze Moral darin besteht, den eignen Beutel auf
Kosten einer wehrlosen Bevölkerung zu füllen. Eine Änderung der durch
diese Mißwirtschaft hervorgerufenen Übelstände wurde durch die wissen=
schaftliche Erforschung der Nilländer veranlaßt.

Schon Mitte des 16. Jahrhunderts sprach der Historiker Joano
de Barros von einem großen See im Zentrum Afrikas, welcher den
Nil, den Sambesi und den Congo oder Zaire, wie er damals all=
gemein genannt wurde, als Quellsee speisen sollte. Im Jahre 1835
wurden in der Edinburgh Review durch Cooley Nachrichten publiziert von
einem großen afrikanischen Binnensee. Die deutschen Missionare Krapf
und Rebmann erhielten von 1853—55 neuerdings Kunde davon, bis
Richard Burton die Entdeckung des Tanganika machte. In seiner Be=
gleitung reiste Kapitän Spefe, welcher, während Burton in Unjamuesi
blieb, nach Norden vordrang und am 23. August 1858 zuerst den
Ukerewesee erblickte, welchen er zu Ehren der Königin von England
Viktoria Nyanza nannte. Im Oktober unternahm er mit Kapitän Grant
eine zweite Reise dorthin, um seine Entdeckung weiter zu verfolgen,
denn er hatte mit Recht vermutet, daß er die Nilquellen entdeckt hatte.
Am 15. Februar 1863 kamen die beiden Forscher über den Viktoria
Nyanza in Gondokoro am Nil an. Samuel Baker, ebenfalls ein
Engländer, traf, nilaufwärts reisend, im Jahre 1863 mit Grant und

Spele daſelbſt zuſammen und ſo war der Hauptſache nach das alte
Rätſel der Nilquellen gelöſt.

Neben den Berichten über die geographiſchen Reſultate dieſer berühmten Reiſe verbreiteten aber die Entdecker der Nilquellen Schilderungen
von dem unmenſchlichen Treiben der Sklaven- und Elefantenjäger in
jenen Regionen. Syſtematiſch verwüſteten dieſelben weite Gebiete, um
die ägyptiſchen Sklavenmärkte mit Menſchenware zu verſehen. Dieſe
Nachrichten nun ergaben den erſten Anſtoß zu der Einmiſchung **Euro-**
pas in die Angelegenheiten der Sklavenjäger. Meetings, Antiſklaverei-
Geſellſchaften, philanthropiſche Vereine entſtanden und übten ſchließlich
einen derartigen Einfluß in England aus, daß der Vizekönig von Ägypten dem dadurch erzeugten Drucke nicht länger widerſtehen konnte. Er
ſah ſich genötigt, Mittel zu ergreifen, um dem Treiben der Sklavenjäger
und Händler ein Ende zu **machen.** Damit aber haben die Philanthropen,
wie ſich in der Folge zeigte, allen Teilen nur ſehr ſchlecht gedient.
Infolge des unvernünftigen Drängens jener Eifrigen nämlich, welche
gar nicht in der Lage waren, die Verhältniſſe im Sudan zu beurteilen, wurden zuletzt **die** erſten ſchwachen Keime der allmählich be-
ginnenden Ziviliſation vollſtändig vernichtet und die aufopfernde, ſchwere
Arbeit **der** erſten Pioniere zerſtört. Längere Zeit wird es bedürfen,
ehe wir die Fehler der fanatiſchen Wohlthätigkeitsapoſtel wieder gut
machen können. Schwere Verantwortung haben **ſie für die** vielen Mißerfolge in Sudan auf ſich geladen.

Ismael Paſcha faßte als Orientale die Sache von **ſeinem Standpunkte**
auf. Es mochte ihm **nicht** angenehm ſein, ſich ſelbſt in ein ungünſtiges
Licht gegenüber ſeinem Volke zu ſtellen und Maßnahmen zu ergreifen,
welche in ſo direktem Widerſpruch mit der Überzeugung ſeiner Unterthanen ſtanden; denn dem Araber und Türken, beſonders dem am meiſten
betroffenen Neger geht alles Verſtändnis für das Recht des Menſchen
auf perſönliche Freiheit ab. Nur der Gewaltige hat nach ihren Begriffen Recht und wenn heute ein Araber, Türke oder Neger unter den
Verhältniſſen zu leiden hat, ſo tröſtet er ſich damit, daß er vielleicht
morgen ſelbſt Beſitzender und damit auch Bedrücker ſein kann. —
Die Verheerungen der Sklavenräuber hatten im Sudan zuletzt derartigen
Umfang angenommen — ſo wurden z. B. die Dinka faſt vollſtändig
aufgerieben — daß Ismael Paſcha nicht länger zögern durfte einzu-

schreiten; ganz Europa war entrüstet. Die Bedenken, welche Ismael Pascha als Orientale hatte, wurden durch die Aussichten verdrängt, welche sich ihm eröffneten, für den Fall, daß er gegen die Sklaven=händler und =Jäger einschritt. Einmal war nämlich damit ein Vorwand gefunden, weite Gebiete des Suden zu erobern, sodann hatte er Ge=legenheit, die aufsässigen Sklavenhändler zu züchtigen, welche seine Autorität kaum mehr anerkennen wollten.

Es lag auf der Hand, daß an der Spitze von Unternehmungen gegen derartige Leute und Verhältnisse nur ein Europäer stehen konnte. Einer der Reisenden, welche an der Entdeckung der Nilquellen beteiligt waren, der bekannte Samuel Baker, bot sich dem Khedive zur Ausführung der großen Aufgabe an und kam dem Vizekönig nicht wenig gelegen damit. Baker hatte schon einen Plan ausgearbeitet, demzufolge er die Länder bis zu den Seen für Ismael Pascha erobern wollte. Die Sklavenhändler und Räuber sollten vertrieben, dem legitimen Handel zu seinem Rechte verholfen und überhaupt geordnete Zustände herbeigeführt werden. Der Khedive ging auf Bakers Vorschläge ein und im Jahre 1869 wurde Baker mit dem Befehl über eine große Expedition betraut. Es gelang ihm auch, die ägyptische Machtsphäre bis zum Somerset=Nil auszudehnen und er legte in Gondokoro und Fatiko bei den Schuli=negern befestigte Stationen an. In Unjoro aber vermochte er nicht ein=zudringen. Aber trotz seiner Energie, trotz aller Maßregeln und Kämpfe wurde nur wenig erreicht und als Baker im Jahre 1873 wieder nach Ägypten zurückkehrte, griffen nach seiner Abreise aus den eroberten Ge=bieten die alten Zustände wieder Platz.

Ismael Pascha war von Bakers Erfolgen wenig befriedigt und wandte sich nach England wegen einer geeigneten Persönlichkeit. Die=selbe fand sich in der Person des englischen Kolonel Charles George Gordon, jenes berühmten Offiziers, welcher die Taipingrevolution in China niedergeworfen hatte, der Held von Nangking. Im Jahre 1873 bot sich Gordon selbst an, Bakers Stelle zu übernehmen. Im Februar 1874 übergab ihm Ismael Pascha seine Instruktion, welche dahin lau=tete, daß er mit aller Energie und allem Nachdruck dem Sklavenhandel und den Sklavenjagden gegenüber treten solle. Sodann war ihm die Aufgabe gestellt, eine Reihe von Stationen zu errichten, um die Kommu=nikation aufrecht zu erhalten.

Gordon hatte jedoch in Kairo den Eindruck empfangen, daß man die Expedition zur Abstellung der Notstände nur unternommen habe, um den Engländern Sand in die Augen zu streuen und ihre Aufmerksamkeit einzuschläfern.

Pascha Sir Samuel White Baker.

Im Februar 1874 verließ Gordon Kairo mit einem sehr großen Gefolge, als Gouverneur der äquatorialen Gebiete ausgerüstet mit ausgiebiger und unumschränkter Gewalt, begab sich über Suez und Suakin zu Land nach Chartum, welches er schon am 13. März erreichte. In kurzer Zeit waren alle noch notwendigen Vorbereitungen für die Expedition beendet und, mit dem Dampfer nilaufwärts steuernd, erreichte er am 13. April Gondokoro. Sein Erscheinen rief dort die größte Überraschung hervor, brachte er doch selbst erst die Nachricht von seiner Ernennung zum Gouverneur jener Provinzen. Gordon fuhr dann nach Chartum zurück, um seinen dort zurückgelassenen Stab sowie Material und Provision abzuholen. Schon Ende Juni war er wieder soweit flußaufwärts gegangen, daß er am Sobat die gleichnamige Station gründen konnte. Die Station Faschoda, etwas weiter stromabwärts, lag außerordentlich günstig zur Ausübung der Flußpolizei, allein sie gehörte zum Verwaltungsbezirk Chartum und die türkischen Beamten dort waren mit dem Sklavenhändler vollkommen einig, so daß weder seiner Zeit Baker noch jetzt Gordon trotz aller Befehle von Kairo aus irgend etwas gegen das Unwesen der Menschenwarentransporte auszurichten vermochten. Erst mit der Gründung der Station Sobat bekam Gordon Gewalt über die Sklavenhändler, welche den Nil befuhren. — Gordon ging alsdann nach Gondokoro zurück. Da dieser Ort sich aber als sehr ungesund erwies und der Nil bei Gondokoro immer mehr versandete, so gründete er eine kurze Strecke weiter die flußabwärts an einem sehr günstig gelegenen Orte die Station Labo und machte diese zur Hauptseriba, wie die Stationen im Sudan genannt werden. Gordon ließ nun zwei Dampfer auf dem Landwege um die zwischen Labo und Dufile gelegenen Katarakte bringen, wobei viele der zur Arbeit verwendeten Makrakaneger den Anstrengungen der harten Transportarbeiten erlagen. Gordon legte innerhalb zwei Jahren zwölf Stationen an.

Die wichtigsten Stationen am Nil außer Labo waren Redjaf, Kiri, Bebben, Labore, Dufile und Fauvera; landeinwärts lag Fatiko.

Gordon hatte wiederholt Kämpfe mit den Eingebornen auszufechten, ehe dieselben unterworfen werden konnten. In einem dieser Kämpfe fiel ein europäischer Offizier Gordons, der Franzose Ernest Linant, kurz nachdem er von seiner Reise zu Mtesa von Uganda, wo er Stanley getroffen hatte, zurückgekehrt war. Später bildete sich ein gutes Verhältnis zwischen Gordon und den Negern aus.

Die Stationen Fauvera, Mruli und Magungo lagen schon im Lande Unjoro, dessen König Kabrega sich vor Gordon zurückzog.

Romolo Gessi, ein Offizier Gordons, der später noch eine bedeutende Rolle spielen sollte und welcher zuletzt sein Leben in schrecklichem Hungertode lassen mußte, erforschte den Albert Nyanza, während Gordon selbst den Somerset-Nil bereiste. Gordon ging noch flußaufwärts und pflanzte in Kibiro die ägyptische Flagge auf. Sein Plan, bis Uganda vorzudringen, mißlang. Die übrigen Gebiete aber hatte er faktisch dem Khedive unterworfen, eine Menge Stationen gegründet, Ruhe und Sicherheit herrschten und für die Zukunft hatte er

das Land für weitere zivilisatorische und humane Bestrebungen mit
außerordentlicher Energie und gutem Erfolge vorbereitet, mit nie rasten-.
dem Eifer, trotz der ungeheuren Schwierigkeiten und trotz der Hindernisse, welche ihm das ägyptische Element fortwährend bereitete.

Im Jahre 1876 ging Gordon nach England und hatte die Absicht, nicht mehr nach dem Suban zurückzukehren. Allein in England
wurden die Befürchtungen wach, daß Ismael Pascha sich allmählich
englischem Einflusse entziehen könne und so veranlaßte man Gordon
zur Rückkehr nach Ägypten und englischem Einflusse gelang es, daß
Gordon wiederum angestellt wurde; diesmal als Gouverneur des ganzen
ungeheuren Suban und Dar-Fur Gebietes.

Mit unumschränkter Gewalt ausgerüstet, beherrschte er als Pascha
ein Gebiet, dessen Grenzen annähernd eine Oberfläche umfaßte von
der Größe Deutschlands, Österreichs und Frankreichs zusammen. Er
sollte, wie schon früher, den Sklavenraub und -Handel unterdrücken,
bessere Verbindungen herstellen und die abessinischen Streitigkeiten mit
Ägypten regeln, welche dadurch heraufbeschworen worden waren, daß
im Jahre 1869 Dalabas und Bogos, bis dahin zu Abessinien ge-
hörend, mit Gewalt dem Suban einverleibt worden waren.

Im Süden und Südwest von Dar-Fur, welches selbst ägyp-
tischem Einflusse vollständig unzugänglich geblieben war, herrschten
die greulichsten Zustände. Kommerziell waren jene Gegenden schon
durch Europäer ausgebeutet worden. Dieselben mußten sich aber aus
den von ihnen angelegten Faktoreien, Seriben genannt, zurückziehen
und dieselben Arabern überlassen. Diese Araber unterwarf nun Gor-
bon wieder.

Im Bahr el Ghasalgebiet war inzwischen unter den arabischen Händlern ein Mann erstanden, welcher sich durch Elfenbein- und Sklavenhandel
von einem einfachen nubischen Schreiber zu königlichem Ansehen und zu
fast unbeschränkter Gewalt emporgeschwungen hatte. Sein Einfluß bedrohte sogar die Autorität des Khedive. Er hieß Siber Rachman
Gjimme Abi. Schon vor 20 Jahren war Siber gewaltsam in die
Niam-Niam-Länder eingedrungen und hatte im Krebjland eine mit
Palissaden stark befestigte Seriba, Dêm genannt, angelegt, im Süden von
Dar-Fur. Die sich immer weiter ausbreitende Macht Sibers verursachte in Chartum sowohl als in Kairo die größte Besorgnis. Be-

sonders da er sich allen Anordnungen von dort her widersetzte. Von
Chartum hatte man einen gewissen Hallali mit einer Armee ausgesandt,
um die Abgaben der Seribenbesitzer des Bahr el Ghasal einzutreiben,
eine Verwaltung dort einzuführen und sich der Kupfermine von Hofrat
en Nahas zu bemächtigen. Hallali führte aber die greulichste Miß=
wirtschaft und brandschatzte die durch Siber schon gänzlich ausgesogenen
Neger, ebenso wie die Dongolaner, d. h. nubische Händler aus Dongola.
Als er mit Siber in Streit und Kampf geriet, wurde er von demselben
getötet. Siber war in diesem Kampf durch den Fuß geschossen worden
und damals war es auch, als ihn Dr. Schweinfurth besuchte (siehe
dessen Werk „Im Herzen von Afrika", S. 432).

Der Vizekönig beging nun den ungeheuren Fehler, die Entschul=
digungen Sibers anzunehmen, statt ihn zu vernichten. Dies sollte
später zu einem guten Teil zu den kommenden Verwickelungen Ver=
anlassung geben.

Siber, welcher schon früher ungeheuren Einfluß besaß, galt nach
seinem Siege über Hallali als unbezwingbar. Er war der thatsäch=
liche Beherrscher des Bahr el Ghasal und empfing von allen Seiten
Tribut, als den höchsten Ausdruck von Macht in Afrika. Dr. Schwein=
furth schilderte seinen Hofhalt als einen geradezu königlichen und sein
Reichtum gestattete ihm, durch Geschenke sich die ganze Beamtenwelt zu
sichern. Ein blühender Sklavenhandel wurde von ihm über den Nil
und von Faschoda nach den Häfen am Roten Meer geleitet. Damals
stand jenes schmähliche Gewerbe in höchster Blüte. — Da legte Gordon
die Station am Sobat an und die Sklaventransporte auf dem Nil
wurden für Siber unmöglich. Er dirigierte nun seine menschliche Ware
fortan nach Schekka oder Schakka in Dar=Fur, wohin alsdann die
Sklavenhändler aus Kordofan und Dar=Fur zum Markt kamen. Auf
dem Wege nach Schekka erhoben aber die unabhängigen Nomadenstämme
der Homr, Mandala und Risegát Araber hohen Tribut oder nahmen
öfter ganze Karawanen weg. Siber war darüber um so mehr empört, als
sein ganzer Handel dadurch lahm gelegt zu werden drohte. Er überfiel
mit seinem Heere die Räuberstämme und diese, aufs äußerste bedroht,
wandten sich um Hilfe an Ibrahim, den Sultan von Dar=Fur. Doch
Siber besiegte auch ihn und so war er nicht nur Herr des Bahr el
Ghasal, sondern auch von Dar=Fur. Sultan Ibrahim fiel mit zwei

jungen Söhnen im November 1874. Nun mußte Ismael Pascha eingreifen, wenn er nicht Gefahr laufen wollte, den Sudan durch Siber zu verlieren.

Der Gouverneur von Chartum, Ismael Pascha Eyub, erhielt ungesäumt den Befehl, in Dar-Fur einzumarschieren und kam gerade recht, um aus Sibers Händen das eroberte Dar-Fur zu empfangen.

General Charles George Gordon.

Dieser war sogar in das Gebirge von Dar-Fur eingedrungen, wohin sich der ältere Bruder Ibrahims zurückgezogen hatte, und hatte auch ihn unterworfen, so daß 1875 das ganze Dar-Fur in seinen Händen war. Siber wurde nun zum Pascha ernannt, erhielt aber nicht, wie er wünschte, die Statthalterschaft dort. Es gelang dem Khedive, ihn nach Kairo zu locken, wo er dann mit einem Monatsgehalt von 2000 Mark interniert wurde.

Vor seiner Abreise aus Dar-Fur hatte er seine Hauptleute seinem Sohne Soliman Treue geloben lassen und alle Vorbereitungen zu einer

Erhebung gegen Ägypten waren getroffen, so daß es nur eines Winkes von ihm zum Losschlagen bedurft hätte. Gordons Rückkehr nach dem Suban verhinderte aber den Ausbruch von Unruhen dort. Doch ehe Gordon daran denken konnte, in jenen westlichen Dar=Furgebieten Ruhe zu schaffen, mußte er die von Abessinien her drohende Gefahr zu be= seitigen suchen.

Als König Theodor von Abessinien durch die Engländer nach seiner Felsenfestung Magdala getrieben wurde, brachen seine Vasallen in Auf= stand aus. Der Häuptling von Tigre, Kassai, rief sich nach Überwin= dung der gegen ihn gesandten Truppen Theodors zum König von Abessinien aus. Nach Theodors Tod wurde Kassai von einem Erz= bischof aus Alexandrien zum König von Abessinien gekrönt und nahm er den Namen Johannes an. Gobesie, der erbberechtigte Nachfolger des Theodor, wurde von Johannes gefangen genommen und geblendet. Johannes unterwarf dann einen der widerstrebenden abessinischen Fürsten nach dem andern, um den Titel eines Negussa Negesti führen zu können, als wirklicher Herrscher von Abessinien. Nur der König Menelik von Schoa widerstand lange Zeit. Während dieser Wirren ging im Norden Bogos (Senhit) an Ägypten verloren, welches durch den Schweizer Munzinger 1874 für den Khedive genommen wurde. Munzinger war damit nicht zufrieden und brachte es dahin, daß Ismael Pascha mit den Millionen, die ihm die Engländer für seine Suezkanalaktien gezahlt hatten, eine Invasion der Provinz Hamasén vorzunehmen. Johannes setzte nun den früheren Fürsten von Bogos und Hamasén, Wolet Michael, welchen er bis jetzt gefangen gehalten, in Freiheit und sollte seine ehe= maligen Unterthanen gegen die in seine früheren Erbländer eingedrunge= nen Ägypter führen. Die ägyptischen Befehlshaber Arakal Bey und der Däne Arendrup Bey, welche die abessinische Streitmacht unterschätzt hatten, wurden von Johannes Heer bis auf den letzten Mann niedergemacht.

Um diese schmähliche Niederlage zu rächen, wurde unter Führung des Tscherkessen Ratib Pascha 1876 eine ägyptische Armee nach Abes= sinien gesandt. Johannes hatte die Unklugheit begangen, dem Wolet Michael seine ganze eroberte Beute abzunehmen und dieser schlug sich nun, wütend über den Verlust auf die Seite der Ägypter.

Am Morgen des 18. März 1876 kam es zu einer Schlacht, die je= doch wiederum mit einem glänzenden Siege der Abessinier nach nur ganz kurzem Gefecht endete. 9000 Mann soll der Verlust der Ägypter nur an Toten betragen haben. 1000 Remingten-Gewehre, 25 Kanonen und die ganze Kriegskasse wurde erbeutet. Ratib Pascha konnte sich retten. Johannes hatte die Schlacht selbst geleitet, fand aber sein Lager von seinen eigenen Leuten geplündert, welche geglaubt hatten, daß ihr König verloren sei.

Ratib eröffnete sofort Unterhandlungen mit Johannes und konnte nach bewilligtem Waffenstillstand mit den traurigen Resten seiner einst so siegesfreudigen Armee nach Ägypten zurückkehren. Der Vizekönig mußte eine schwere Summe zahlen. Wolet Michael erhielt 700 Remington-Gewehre und kehrte nach Bogos zurück. Da er aber ein böses Gewissen hatte, so verschleppte er absichtlich einen endgültigen Friedensschluß zwischen Johannes und Ägypten. Er überfiel plötzlich Hamasén, plünderte die Provinz und tötete den von Johannes eingesetzten Gouverneur. Johannes brach nun sofort die Unterhandlungen mit Ratib Pascha ab und beorderte einen Gesandten nach Kairo, um direkt mit dem Vizekönig zu unterhandeln. Er verlangte die Auslieferung Wolet Michaels und erbot sich, auf die Provinz Hamasén zu verzichten. Der Vizekönig aber wollte seinen Bundesgenossen nicht aufgeben und auch keine absagende Antwort erteilen und hielt so den Gesandten zehn Wochen hin, ehe diesem endlich auf das Drängen der französischen und englischen Generalkonsuls eine Audienz bei Ismael Pascha bewilligt wurde, ohne dabei aber eine Antwort zu erhalten. Mit reichen Geschenken für Johannes versehen, konnte jener nach dem langen Warten, während dessen er geradezu interniert worden war, endlich seine Heimreise antreten. Der Gesandte war aber durch die eigentümliche, ihm zu teil gewordene Behandlung so mißtrauisch geworden, daß er für sein Leben zu fürchten begann und auf dem englischen Konsulate Schutz gesucht hatte. Nur schwer war er zu überzeugen, daß man ihm keinerlei Hindernisse in den Weg legen würde.

Johannes war durch diese Behandlung seines Botschafters und durch die fortgesetzten Feindseligkeiten Wolet Michaels aufs äußerste empört und an der ägyptisch-abessinischen Grenze herrschte ein unausgesetzter Kriegszustand mit Plünderung, Mord und Raub.

Diesen Streitigkeiten sollte Gordon Pascha ein Ende machen und versuchen, Frieden zu schließen. Von Kairo aus ging er nach Massaua, doch war ſeiner ungenügenden Vollmachten wegen ſeine Lage eine äußerſt ſchwierige. Die Truppen, welche Jsmael Paſcha Gordon zur Verfügung ſtellte, waren wegen des ruſſiſch-türkiſchen Krieges nur ſehr gering und Wolet mit Gewalt von ſeinen Raubzügen abzuhalten, war vollſtändig unmöglich. Gordon verſuchte durch ein vorläufiges Abkommen Zeit zu gewinnen. Er willigte ein, Wolet Michael Subſidien in Geld und Waffen zu ſenden, unter der Bedingung, daß er Abeſſinien vorläufig in Ruhe ließe. Dem Negus Johannes ſchlug er vor, Bogos bei Agypten zu laſſen, welches ſich dann aber für Wolet Michael verbürgen werde.

Johannes beſtand in einem Briefe an Gordon auf der alten Grenze, unternahm aber im Vertrauen auf das von Agypten garantierte Wohl- verhalten des Wolet Michael gegen ſeinen Feind im Süden, den König Menelik von Schoa, einen Feldzug. Im Auguſt meldete er Gordon ſeinen Sieg über Menelik.

Nun konnte Gordon nach Dar-Fur gehen, denn von dort hatte er die ſchlimmſten Nachrichten erhalten.

Er mußte jedoch nochmals im **Dezember 1877** nach Abeſſinien in Wolet Michaels Lager gehen, da dieſer ſeine Räubereien wieder auf- genommen hatte. Er war gezwungen, ihm wiederum Konzeſſionen zu machen und monatlich 1000 Pfund zu zahlen. Später unterwarf ſich **der** ewige Aufwiegler dennoch dem König Johannes, nachdem **er bem** **Könige** gegenüber einige Erfolge erzielt hatte. Die Schwierigkeiten mit Abeſſinien ſchienen endlich beigelegt. Im Sommer 1879 aber bedrohte Ras Alula, der Oberbefehlshaber des König Johannes, im Verein mit Wolet Michael, Maſſaua und den **Suban mit einem Überfall**. Gordon **wurde** damals von dem neuen Khedive Tewfik Paſcha (ſprich Taufik), welcher **inzwiſchen** an Stelle ſeines Vaters Jsmael durch die hohe Pforte eingeſetzt worden war, mit einer neuen Miſſion betraut, um Friedens- bedingungen zu vereinbaren und Tewfiks Thronbeſteigung zu notifizieren. Doch kam es nie zu einem formellen Friedensſchluß.

In Dar-Fur fand Gordon im Sommer 1877 greuliche Zuſtände. Die echte Paſchawirtſchaft dort hatte die arabiſchen Nomadenſtämme zum Aufruhr gebracht. Harun, ein Verwandter des getöteten Sultan Ibrahim **von** Dar-Fur, hatte im Marragebirge Dar-Furs die Fahne des Aufruhrs erhoben. Mehrere ägyptiſche Stationen waren abge- ſchnitten. **Doch** Gordon eilte hinzu und ſchaffte Ordnung. Dennoch

Gordons Kamelritt.

blieb die Lage äußerst Gefahr drohend. Harun saß in dem schwer zu-
gänglichen Gebirge, und Soliman, der Sohn des immer noch in Kairo
internierten Siber, verwüstete und plünderte **an der** Spitze einer Räuber-
bande den Süden von Dar-Fur und brachte unsägliches Elend über Bahr
el Ghasal. Angesichts der verübten Greuel und der Schwierigkeiten,
welche sich ihm jetzt boten, kam Gordon zu der Einsicht, **daß er**
mehr übernommen hatte, als er leisten konnte. Selbst **er, der große**
Schwärmer für Humanität und Menschenrechte, mußte sich sagen, **daß**
die Beschlüsse der Meetings in England Afrika nicht **nur** nichts **genützt,**
sondern im Gegenteil unendlichen Schaden angerichtet hatten und die
handelnden Personen **zu unzweckmäßigen Maßnahmen gedrängt** worden
waren. Gordon **bot das menschenmögliche auf, um** die Räubereien
wenigstens einzuschränken. **Er befreite die** eingeschlossenen Garnisonen
in Dar-Fur, deren kritische Lage nicht durch den Feind, sondern mehr
noch durch **die** feigen und unthätigen Paschas veranlaßt **war. Sie**
hatten 7000 Mann zur Verfügung und thaten gar nichts.

In Dara drohte Soliman, Sibers Sohn, alle Augenblicke los-
zuschlagen. Da erschien Gordon plötzlich in großer Generalsuniform auf
einem Kamel galoppierend mit nur einigen Baschi-Bozuks im Lager
Solimans. Dieser kam ihm selbst entgegen. Vor Solimans großem
Zelt ließ sich Gordon ein Glas Wasser reichen. Diese Kühnheit ver-
blüffte die Soldaten Solimans derart, daß man Gordon ruhig ziehen
ließ, als er Soliman aufforderte, ihm in **das** Regierungsgebäude zu
Beratschlagungen zu folgen. Es ist merkwürdig, wie entschlossenes
Handeln immer und überall imponierend wirkt, am meisten da, wo der
Gegner auf der niedrigsten, geistigen Entwickelungsstufe steht **und wo**
die Leidenschaften am meisten erregt sind.

Bei den folgenden Verhandlungen brachen Zwistigkeiten unter den
Rebellen aus. Ein Teil wollte sich der Regierung unterwerfen, ein
andrer Teil mit Soliman an der Spitze war zu Widerstand entschlossen.
Gordons Kühnheit hatte aber einen tiefen Eindruck gemacht und als
es ihm gelang, einen Hauptanhänger Solimans für sich zu gewinnen,
fand sich dieser militärisch zum Losschlagen zu schwach. Soliman
weilte schon seit längerer Zeit **in** Schaka und als Gordon ihm mit
einer kleinen Streitmacht dorthin folgte, leistete er demselben keinen
Widerstand. Leider beging Gordon jetzt einen Fehler. In seiner

Großmut und religiösen Schwärmerei sandte er Soliman nach dem Bahr el Ghasal statt ihn unschädlich zu machen. Ein Entschluß, welcher geradezu verderblich war.

Schon im nächsten Jahr war Soliman wieder so gestärkt, daß er plötzlich die in Regierungsbesitz übergegangenen Seriben im Bahr el Ghasal überfiel. Im Jahre 1878 erreichte die Nachricht davon Chartum. Gordon konnte selbst wegen Regierungsgeschäften nicht aus Chartum weg und betraute den Italiener Gessi mit der Mission gegen Soliman.

Schon im Jahre 1877 hatte Ibrahim Effendi Fauzi, ein Protektionskind Gordons, eine Expedition gegen Soliman unternehmen sollen, doch war er vor Ausbruch der Feindseligkeiten zurückgekehrt, da er, eigentlich nur mit Einsammlung von Elfenbein betraut, sich vor Überfällen von den unter Solimans Einfluß stehenden Sklavenhändlern fürchtete.

Auf seinem Rückmarsche hatte er alle Vorsorge für Verproviantierung seiner Leute unterlassen und die ganze Straße war, wie Dr. Junker berichtete, durch vor Hunger gestorbene Neger verpestet, welche nur der Nachlässigkeit Fauzis zum Opfer gefallen waren.

Gessis Feldzug gegen Siber hatte ganz andre Erfolge. Durch Briefe, welche in die Hände der Regierung fielen, wurde es klar, daß durch Siber und Soliman von lange her ein sorgfältig ausgedachter Plan zur Eroberung des ganzen Sudan ausgearbeitet war. Es wurde klar, daß man es nicht nur mit den Sklavenhändlern zu thun hatte: die Unzufriedenheit mit der Regierung und der durch und durch verrotteten Türkenwirtschaft hatte eine derartige Gärung unter der gesamten Bevölkerung gezeitigt, daß es nur eines Anstoßes oder vielmehr eines Mannes bedurfte, der mit einiger Entschlossenheit gegen die Ägypter auftreten konnte, um den Aufstand im ganzen Sudan losbrechen zu lassen. Der spätere Mahdiaufstand war somit, wie sich immer mehr zeigte, schon längst vorbereitet. Siber hatte darauf gerechnet, daß man ihn als Retter in der Not rufen werde, allein er sollte sich getäuscht sehen, trotzdem ihn Nubar Pascha schon Gordon vorgeschlagen hatte.

Gessi führte seine Aufgabe mit aller Energie durch. Er verstand alle Vorteile und die Fehler seiner Gegner auszunützen, und wenn auch sein Werk von nur kurzer Dauer war, so strahlt sein Ruhm doch eben so hell wie der Gordons nach Niederwerfung des Taipingaufstandes.

Mitte Juli 1878 brach er von Chartum nach der Station nach

Faſchoda am Nil auf. Infolge verſchiedener falſcher Nachrichten drang er von Gabar Schambe über Rohl in die Aufruhrgebiete ein. Trotz der Regenzeit erreichte Geſſi ſchon im September Rumbeḫt.

Soliman hatte ſich unterdeſſen nach Schalla zu gezogen.

Geſſi vermochte, fortwährend vordringend, 3000 **Mann** zuſammen= zubringen. Am Bahr Djur ſtieß **er zuerſt** mit den Rebellen zuſammen, doch konnte er ſchon am **andern Tage** weiter ziehen. Die Eingebornen kamen nun von allen Seiten und verlangten ihre von Soliman ge= raubten Anverwandten. Geſſi wurde wirklich mit Freuden aufgenommen, eine Erſcheinung, welche höchſt ſelten beim **Neger** zu beobachten iſt.

Sturm auf Geſſis Lager.

Die unglücklichen Stämme waren von den Sklavenräubern **zu ſehr miß=** handelt und dadurch aus ihrer **Indolenz** herausgeriſſen worden. Geſſi that natürlich noch ein Möglichſtes, **die Eingebornen gegen die Räuber** aufzureizen. Die Neger ſtürzten ſich, wo ſie immer einen Dongolaner fanden, wie **die Raubtiere** auf dieſelben und **vergalten** blutig die er= duldeten Greuel. Geſſis **Zug** war ein echter Rachekrieg. — Soliman kehrte, als er Nachricht von Geſſis Anrücken **erhielt**, ſofort nach **Schalla** zurück. Geſſi verſchanzte ſich nun in Dêm Idris. Ende Dezember **1878** ſtürmte Soliman viermal den Dêm (befeſtigter Platz), wurde aber ebenſo oft blutig zurückgeſchlagen, behauptete aber trotz

2*

dem die Stellung, indem er in der Nähe ein befestigtes Lager bezog. Gessi kam nun in seiner Verschanzung in gefährliche Lage, da die Munition geringer wurde und Fieber seine Leute dezimierte. Im Januar 1879 erfolgten wiederum Angriffe auf Gessis Lager. Das gut unter= haltene Feuer Gessis brachte aber die Krieger Solimans, der auf den Koran geschworen haben sollte, zu siegen oder zu sterben, zum Weichen und trotzdem den Fliehenden von ihren Offizieren die Köpfe abgeschlagen wurden, trotzdem man sie mit der flachen Klinge ins Feuer trieb, wurde auch dieser Sturm abgeschlagen. Endlich konnte Gessi nach einer kleinen Zufuhr an Munition, die Stellung Solimans angreifen. Das Lager Solimans wurde in Brand geschossen und im Sturm genommen, und Soliman selbst entfloh mit knapper Not. Sein Lager wurde ge= plündert. Gessi konnte und durfte seine Leute nach den langen ent= setzlichen Entbehrungen nnd Strapazen nicht davon abhalten. Ihm selbst, d. h. der Regierung, fiel eine Menge Schmuck, bares Geld, Elfen= bein und Munition in die Hände.

Der Feldzug war jedoch noch nicht beendet, denn die Rebellen= führer waren entkommen. Gessi verfolgte den Feind und befreite Hun= derte von Gefangenen. Eine Menge der Räuber verfielen dem Stand= recht, aber auch viele erbeutete Sklaven wurden aus reiner Grausamkeit von den Dongolanern geradezu geschlachtet, um sie nicht in die Hände ihrer Befreier gelangen zu lassen.

In Dar=Fur herrschte unterdessen die schrecklichste Anarchie, die von Siber ins Land gezogenen Dongolaner plünderten und brand= schatzten, überall Aufstand, fortwährende Kämpfe.

Es war April, als Gordon selbst nach Dar=Fur kam. Er fand dort derartige Schwierigkeiten vor, daß er dem Khedive den Vorschlag machte, Dar=Fur ganz aufzugeben und traf schon Vorkehrungen, die Regierungstruppen von dort zurückzuziehen. Aber sein Vorschlag wurde in Kairo höchst ungnädig aufgenommen und Befehl erteilt, unter allen Umständen Dar=Fur zu halten.

Nun traten auch andre Schwierigkeiten höchst eigentümlicher Art hinzu, an welche die Philanthropen in Europa gar nicht gedacht hatten. Was sollte mit den vielen fortwährend befreiten Sklaven geschehen? In die Heimat durfte man sie unter keinen Umständen entlassen. Sie würden eine solche, noch monatelanger Reise gar nicht mehr gefunden

haben, denn fast **alle ihre** Dörfer waren geplündert, zerstört, die
Stammesgenossen fortgeschleppt. Oder sie alle wären sofort wieder in
die Hände ihrer Feinde **gefallen,** was noch der günstigere Fall gewesen
wäre. Einen freien Diener würde im Suban niemand genommen haben
und so blieb der Regierung absolut kein andrer **Weg offen,** als für
einen Herrn zu sorgen und **sie** — welche Ironie — in **Sklaverei zu**
geben. Dadurch aber mußten diejenigen Menschen, welche **nur das**
Gute wollten, selbst als Sklavenjäger erscheinen, wie wir dies **Schau=**
spiel ja auch an der afrikanischen Ostküste erlebt haben, **wo ebenfalls**
gegen die Retter selbst Mißtrauen **entstand.** Das ewige Suchen nach **Skla=**
venjägern und die Verfolgungen derselben verbitterte diese aufs äußerste.
Die Eingebornen, um deretwillen der Feldzug eigentlich in letzter Linie
unternommen worden war, **litten unter den** fortwährenden Plünderungen
der auf die Sklavenjäger und Händler fahndenden Regierungstruppen
und dadurch wurde die Unzufriedenheit gesteigert, statt daß man das
Gegenteil erreichte, und zuletzt noch wurde die Disziplin **der** Truppen durch
das fortwährende Umherziehen in kleinen Abteilungen sehr gelockert, so
daß alles dazu beitrug, die Verhältnisse in dem allgemeinen Wirrwarr
noch mehr **zu** verschlechtern. **Die guten Absichten, welche man in**
Europa hatte, hatten nur den Erfolg, **daß im Suban ein** wahrer
Hexenkessel entstand und alles **dazu beitrug, den Ausbruch des** Mahdi=
aufstandes vorzubereiten. **Hier muß** man sich doch wirklich fragen, ob
die eigentlich immer nur kurze Zeit dauernde Befreiung einiger **Neger**
all die Opfer wert waren, welche die Antisklavereibewegung **verursachte**
und dies alles angesichts **des wirklichen, bitteren** Elendes des Pro=
letariats der großen europäischen **Städte.** Der Neger hatte unsre Hilfe
nicht verlangt und empfand kaum bei seinem so wenig entwickelten Ge=
fühls= und Gemütsleben, was alles auf ihm lastete, er übernahm **die**
Mißstände alle als eine uralte Erbschaft seines Volkes. Alles was der
Humanitätsfanatismus, welcher eben als Fanatismus nie Gutes schaffen
kann, voreilig und gewaltsam durchsetzen will, wird **mit der** Zeit von
selbst eintreten. Die Sklaverei wird mit der siegreich einherschreitenden
Kultur von selbst verschwinden.

 Soliman war, wie man schließlich erkundschaftet hatte, bemüht,
sich mit Harun im Marragebirge zu vereinigen, **und das** mußte auf alle
Fälle verhindert werden. Gessi hatte inzwischen für seine außerordent=

lichen Verdienste den Paschatitel erhalten und beriet mit Gordon im
Juni 1879 über das weitere Vorgehen. Mit einem Trupp von 300
Mann erfuhr er, auf dem Marsche nach Kalaka begriffen, daß Soliman
mit im ganzen 2000 Mann, nach dem Marragebirge zu, auf dem
Wege sei. Kurz entschlossen machte sich Gessi mit nur 275 Mann zur
Verfolgung Solimans auf. Es war ein überaus aufregender Marsch.
Für Gessi handelte es sich um Tod und Leben. Er ließ seine Leute
seitwärts vom Wege marschieren, was allein schon höchst anstrengend ist.
Die Regenzeit war angebrochen und tägliche Gewitter und Güsse gingen
nieder. In Gewaltmärschen zog man weiter. Endlich brachten Kund=
schafter die Nachricht, daß sich etwa 800 Mann von Solimans Heer
nach den Niam=Niamländern gewandt hätten. Soliman sollte in der
Nähe eines Dorfes Gora lagern. Gessi ließ die ganze Nacht hindurch
marschieren. Völlig unbeachtet erreichte er bei Tagesanbruch das Dorf.
Dasselbe wurde von den wenigen Leuten Gessis umzingelt und ein
Neger mit einer schriftlichen Aufforderung zur Übergabe an Soliman
geschickt. Er solle die Waffen strecken, jeder Widerstand sei vergeblich.
Ein Sklave brachte das Schriftstück dem noch im Zelte schlafenden
Soliman.

Jetzt wurde es im Lager lebendig. Eine heillose Verwirrung ent=
stand. Die Hauptleute und Araber wollten Widerstand leisten, die er=
müdeten Dongolaner rührten sich aber nicht. Weiber und Kinder er=
füllten die Morgenluft mit schrillem Geschrei und Jammern. Einige
Hundert schlecht bewachter Sklaven entflohen in dem Durcheinander. Zehn
Minuten später erschien Soliman mit zehn seiner Anführer und gab
sich gefangen. Die Waffen mußten abgelegt werden und wurden von
Gessis Soldaten sofort in Empfang genommen. Als einige Stunden
später Soliman nach dem Heere Gessis fragte und erfuhr, daß er in
eine Falle geraten war, weinte er vor Wut. Soliman hatte sich in
der Meinung von Gessi zu Gordon und nach Dar=Fur gebracht zu
werden, ruhig in sein Schicksal ergeben. Als er aber fluchtverdächtig
wurde, ließ ihn Gessi am Mittag des folgenden Tages mit seinen
Anverwandten und Hauptleuten erschießen. Damit war ein Teil der
blutigen Tragödie zum Abschluß gebracht.

Gessi machte Solimans Hauptsitz, Dêm Soliman, zu seiner Residenz
und gab sich mit allem Eifer dem friedlichen Werke der Organisation

Sechste Expedition im Sedd dem Hungertode nahe.

seiner Provinz hin. Er ließ es sich **vor allem** angelegen sein, die an-
säſſigen Sklavenhändler, welche immer zugleich Sklaven **raubten,** zu ver-
treiben. Er ging aber in seinem Eifer **für** die gute Sache zu weit
und ſchoß mit seinen gut gemeinten Anordnungen übers Ziel. Sein
Werk ſtürzte zuſammen, noch ehe er seine Provinz verließ. Kaum ein
Jahr dauerte sein Wirken. **Die** Sklavenhändler ließ er zu Dutzenden
aufhängen und niederſchießen, und die Neger, denen er ein Wohlthäter
war, wurden sehr bald trotzig und widerspenſtig, da sie, reichlich mit
Waffen und Munition ausgerüſtet, **ihre Macht** auf den fortwährenden
Verfolgungen der Sklavenhändler **kennen** gelernt hatten. Auch **die**
Dongolaner, welche mit Geſſi zuſammen gegen Soliman gekämpft hatten,
wurden erbittert, da sie sich in ihrer Hoffnung auf Entſchädigung ge-
täuſcht sahen, und als **man** sie später aus den Ländern, wo sie einen
großen Teil ihres Lebens zugebracht und eine zweite Heimat gefunden
hatten, nach Dongola **und** Berber zurückbrachte, **wurden** sie, **der** alten
Heimat längſt gänzlich entfremdet, die eifrigſten Anhänger des späteren
falſchen Propheten.

Der arme Geſſi, er ſollte eines ſchrecklichen Todes ſterben. Am
25. September 1880 kam **Geſſi Paſcha mit einem Dampfer und vier**
Booten mit **im** ganzen **500 Mann, teils Soldaten,** teils aus dem
Bahr el Ghaſalgebiete **nach** dem Kriege mit **Soliman** ausgewieſene Araber und Beamte, **den Nil abwärts** gefahren, **um** nach Chartum zu
gehen. **Trotz des Abratens von** Junker unternahm er die Reiſe mit
den ihm anvertrauten Leuten auf dem Waſſerwege und ohne genügende
Verproviantierung. Am Zuſammenfluß des Bahr el Ghaſal und Bahr
el Djebel bei **der Meſchra er** Reh wurde **er in die** aufgeſtauten Gras-
barren eingekeilt. Die Unglücklichen **wurden** während drei Monaten
dort feſtgehalten. **Die** mitgeführte Proviſion war bald zu Ende und
alle Anſtrengungen, herauszukommen, ſcheiterten. Von 500 Mann ſtar-
ben 400 am Fieber. **Die** Überlebenden nährten sich anfangs vom Graſe,
dann, als der ſchreckliche Hungertyphus ausbrach, fielen **die** Bemitleidens-
werten über die Leichen her **und** aßen das Fleiſch der Verſtorbenen.
Erſt **am 4.** Januar 1881 erſchien der Chartumer Kaufmann Marno
und befreite die Überlebenden. Geſſi Paſcha erlag trotz der ſorgfältigſten
Pflege seiner Freunde seinen ſchrecklichen Leiden am 30. April 1881
in Suez, wohin man den zu **einem** halben Skelett Abgezehrten gebracht

hatte. Romolo Gessi war 1829 in Italien geboren. Einige Zeit be=
suchte er eine österreichische Militärschule, entlief jedoch daraus und
nahm teil an dem Aufstande in Venedig. Dann focht er unter Schamyl
im Kaukasus gegen die Russen. Während des Krimkrieges diente er in
der britischen Armee als Dolmetscher und war dem Hauptquartier der
königlichen Artillerie zugeteilt. In den berühmten Schlachten bei Inker=
mann, Alma und Sebastopol erwarb er sich verschiedene Ehrenzeichen.
Seitdem hatte er ein Abenteurerleben geführt und stand seit 1874 in
ägyptischen Diensten.

Als im Jahre 1879 **Ismael** Pascha Ägypten verlassen mußte,
um seinem Sohne Mohamed Tewfik Pascha den Platz zu räumen, gab
Gordon Pascha, da er nicht mehr die frühere Unterstützung zu erwarten
hatte, seine Demission, und Rauf Pascha, ein geborner Fellache, aber
Alttürke von reinstem Wasser, wurde sein Nachfolger.

Zweites Kapitel.

Ehe wir uns mit dem eigentlichen Schauplatze des Wirkens unsres Helden eingehend beschäftigen, ist es notwendig, die Länder, welche von der Südgrenze Ägyptens an nilaufwärts einander folgen, etwas näher ins Auge zu fassen. Ägypten zunächst liegt Nubien, welches schon im Altertum in hoher Blüte stand. Damals war es noch wegen seiner jetzt erschöpften Goldminen berühmt. Seit dem 6. Jahrhundert fand das Christentum nach Jakobischer Lehre dort Eingang, bis es nach seiner Blütezeit vom 7.—13. Jahrhundert zu Anfang des 14. Jahrhunderts dem Ansturm der Araber erlag und allmählich **die** ganze Bevölkerung zum Islam übertrat. Erst 1820 wurde Nubien durch Ismael, Mehemed Alis Sohn, Ägypten unterworfen. Der wichtigste Teil des Landes ist das Nilthal, während das übrige Gebiet nach Westen und nach Osten bis **zum** Roten Meer fast nur Wüste ist. Das Klima ist heiß und trocken und **außer** Datteln und etwas Feldfrüchten bringt die mühsam bewässerte Erde wenig hervor. Nur der südöstliche Teil, die Landschaft Taka, ist im Gebirge von echt tropisch üppigem Charakter. Von den Bewohnern sind die interessantesten für uns die Dongolaner. Dieselben bilden als solche keinen Stamm, sind aber in der jüngsten Geschichte des Sudan als die berüchtigsten Sklavenhändler und Sklavenräuber bekannt geworden und haben den ganzen Sudan als Kleinhändler überschwemmt. Die Araber nennen diese Leute Danagla, Pl. arab. Dongolaui, d. h. der Dongolaner. Mit Pulver, Waffen und Stoffen treiben sie ihren schmählichen Menschenhandel. Sie waren es auch, welche später Emin Pascha so außerordentlich viel zu schaffen machten, wie sie denn überhaupt eine große Rolle bei den jüngsten Ereignissen gespielt haben und wahrscheinlich noch spielen. In Ostafrika bis zum Congo hin

haben die Wasuaheli ganz dieselbe Rolle übernommen, wie die Don=
golaner des Suban. Ein großer nubischer Volksstamm, die Habendoa=
araber, sind wilde Nomaden, welche sich in den Kämpfen während des
Mahbiaufstandes um Suakin hervorthaten.

Die Habendoa sind sehr kriegerisch und außerordentlich eitel. Eine
große Sorgfalt verwenden sie auf ihre Frisur, welche der der Abes=
sinier aufs Haar gleicht. In manchen Orten spielt die Haarpflege eine
so große Rolle, daß ganze Dorfhäuserreihen aus Verkaufsbuden bestehen
für die eiförmigen Hammelfettkugeln, welche zum Pomadisieren der Haare
verwendet werden, und in einer Menge Friseurläden, in welchen die
Frisur der Habendoa dressiert wird.

Im Süden schließt sich an Nubien das Land Sennar an. Diese
Provinz dehnt sich zu beiden Ufern des Nil, des Bahr el Asraq von
der Grenze Abessiniens bis zur Vereinigung des Stromes mit dem
Bahr el Abiad aus. Im Norden zeigt sich der dürftige Charakter der
Wüste, nach Süden zu allmählich in Steppe mit fruchtbarem Boden
übergehend, während an den Flußufern des Bahr el Asraq dichter Wald
aufzutreten beginnt. Nach der abessinischen Grenze, gegen Südosten,
wird das Land allmählich uneben und geht schließlich noch in die letzten
Ausläufer der Abessinischen Alpen über.

Im Südwesten verflacht sich das Gebiet vollständig und geht an
der Mündung des Sobat, eines fast ganz unerforschten Flusses, in
Sumpfregionen über.

Der nördliche Teil und die Flußufer des Bahr el Asraq weisen
die höchste Kultur des Landes auf, eine Menge feste Ansiedelungen und
Städte, darunter das zu so trauriger Berühmtheit gelangte Chartum.
Die Bevölkerung ist dort, entsprechend der verhältnismäßig hohen Kultur=
stufe und den lebhaften Handelsverbindungen, ein unnennbares Gemisch
von Völkern, wie Marno sagt. Das Innere, die ausgedehnten Wüsten=
steppen, beherbergt nomadisierende Araber und den südlichsten Teil be=
wohnen Nigritierstämme, die Dinka und Schilluk, von welchen wir
später noch viel sprechen werden.

Die ganze Bevölkerung, besonders des nördlichen Sennar, ist heute
eine sehr spärliche gegen ehemals. Von der Stadt Sennar, der jetzt ge=
fallenen Größe am Bahr el Asraq, bis Habebat sollen früher zahllose
Dörfer an den Ufern des Stromes gestanden haben, so daß man, wie

die recht negerhafte — übrigens bis zum Kap unter gleichen Umständen
angewendete — Redensart heißt, nie in Verlegenheit um Feuer für
seine Pfeife kommen **und** den Durst nach einheimischem Bier bis zur
nächsten Ortschaft ertragen konnte. — Zahllose Kriege, Sklavenjagden,
als Folge der Invasion durch die Türken, und der mangelnde Verkehr
haben den Wohlstand im Sennar vernichtet.

Die wichtigsten Städte des Sennar sind Chartum und Sennar,
deren wir schon oben gedachten. Chartum war eine aufblühende Stadt,
bis es während des Aufstandes in die Hände der Mahdisten fiel. Jetzt
soll der Mahdi **am** gegenüberliegenden Nilufer eine neue Stadt Omder-
man erbaut haben, welche angeblich 100 000 Einwohner haben soll. Als
die Ägypter unter Mehemed Ali südwärts vordrangen, lag am Zusammenfluß des Bahr el Abiad und Bahr el Asraq ein kleines Fischerdorf
in vorzüglich strategischer Lage, ein Umstand, welcher den türkischen Oberbefehlshaber veranlaßte, eine militärische Niederlassung dicht an dem
linken Ufer des Bahr el Asraq zu gründen, in der unmittelbaren Nähe
des Zusammenflusses des Blauen und Weißen Nil. Der neue Ort bekam
nach der Landzunge, welche sich sehr spitz zwischen die beiden Nilströme
schiebt, den Namen Chartum, welcher Spitze des Elefantenrüssels bedeutet.
Zuerst bestand die Niederlassung aus nur einigen der landesüblichen stroh-
gedeckten runden Negerhütten. Wie es immer mit derartigen unzulänglichen Wohnungen in Afrika geht, brannte die ganze Niederlassung wiederholt ab, bis man sich entschloß, die erbärmlichen Strohhütten durch
einstöckige Gebäude mit flachem Dach aus lufttrockenen Lehmziegeln zu
errichten. Allmählich entstanden Bazars, Moscheen, Kaffeehäuser, ein
Haus für den Truppenkommandanten u. s. w. Auf dem Suq el Kebir,
dem großen freien Platze, wurden täglich große Märkte abgehalten.

Als Schweinfurth im Jahre 1868 zum erstenmal Chartum, die
Hauptstadt des Sudan, berührte, war dieser Ort bereits wichtig; und als
er ihn drei Jahre später wieder besuchte, fand er denselben schon wieder sehr
verändert: eine große Anzahl neuer Backsteinbauten waren hinzugekommen,
am Ufer des Blauen Nil ein gemauerter Kai, und das ehemalige arm-
selige Fischerdorf hatte einen geradezu großartigen Charakter angenommen.
Chartum war von dem Augenblick an, wo **es** von dem „genialen"
Mehemed Ali, wie ihn Junker nennt, gegründet wurde, rasch zum Han-
delsemporium von Nordostafrika aufgeblüht. Es wurde Ausgangspunkt

einer ganzen Reihe epochemachender Forschungsreisen. Chartum verdankt seine Gründung und sein **Gedeihen** der ägyptischen Herrschaft. Mit dem Ende derselben trat sein Verfall sehr rasch ein. An dem Tage, wo durch den Verrat eines treulosen Offiziers Gordon Paschas die raubgierigen Horden des Mahdi in Chartum eindrangen und Gordon Pascha fiel, war **auch** dem Wohlstand Chartums ein Ende bereitet.

Da Chartum in der Geschichte unsres Helden Emin Pascha eine so große Rolle spielt, so ist es wohl am Platze, eine etwas eingehendere Beschreibung dieser merkwürdigen Stadt zu geben. Hören wir, was der verdienstvolle Dr. Junker darüber berichtet:

„**Den** besten Eindruck macht die Stadt vom Blauen Nil aus. Ehe man die ersten Häuserreihen erreicht, liegen Gärten diesseit Chartums. Die Fruchtbäume dieser Gärten werden von grauen Lehmwänden eingeschlossen. Die Wedelkronen der zahlreichen Dattelpalmen machen stellenweise den Eindruck eines Haines. Hier und da ragt der Rand eines lehmfarbigen Hauses mit flachem Dach über die Gartenmauer hinaus, neben der üppigen reichen Vegetation ein sehr ärmliches Zeugnis der menschlichen Industrie dort. Unzählige Wasserleitungsadern durchschneiden Chartum und dessen Gärten. Der knarrende und quietschende Ton zahlreicher Wasserschöpfwerke, von Rindern am Göpel getrieben, ist **Tag um Tag** vernehmbar.

Zunächst den Gärten erblickt man die Hokmdarie, das Gouverneurgebäude. Aus soliden Backsteinen ist es zweistöckig errichtet, hell getüncht und mit grünen Jalousien versehen. Sein stattliches Aussehen gewinnt den andern erbärmlichen Häusern gegenüber nur noch mehr. In der Nähe befindet sich Mudiriē, der Divan von Chartum. Dort ist die Amtswohnung des Mudirs der Provinz. An bedeutenden Häusern weist die **Stadt** nur zehn bis zwölf auf. Den Sammelpunkt der Bevölkerung bildet der Bazar mit dem naheliegenden Marktplatz. Außer diesen erwähnten Bauten und einer mit schmucklosem Minaret aus gebrannten Ziegeln errichteten Moschee **und** der katholischen Mission ist **trotz** der großen Ausdehnung der Stadt und der zahlreichen Bevölkerung kein bemerkenswertes Gebäude vorhanden. Alles kleine, schmutzige **Lehmhütten**.

Auf dem Markte werden alle möglichen Waren ausgeboten: Stoffe, europäische Kleider, Bügeleisen, Schmucksachen, Steingutgeschirr, Lebensmittel, Spirituosen, Messer, Gabeln, Löffel, selbst fertige Hosen und Röcke, Hüte und Wäsche. Alles natürlich zu enormen Preisen. Besonders teuer werden verkauft Konserven, welche oft jahrelang gelegen, griechische und französische schlechte Weine, Pale Ale, Zucker, Kaffee, Absinth u. s. w. Das Land selbst bietet an Lebensmitteln derartigen Überfluß und so Verschiedenes, daß man um seines Leibes Wohl nicht **besorgt** zu sein braucht. Rinder, Ziegen, Hammel, Milch, Butter und Käse, Getreide, eine Menge Gemüsearten, Gurken und Melonen und Früchte, **wie** Datteln, Granatäpfel, Orangen, Bananen, gibt es im Überfluß, und der Garten der katholischen Mission liefert einige fremde feine Obstsorten. Die besseren Obstsorten sind jedoch für die Eingebornen unerreichbare Leckerbissen. Der Europäer und wohlhabende Araber müssen sie teuer **bezahlen**.

Die vornehmen Araber Chartums lieben es, sogenannte Azume zu veranstalten, d. h. gesellige Feierlichkeiten, eine Art Picknick im Hause. Man rechnet es sich zur höchsten Ehre, wenn der Hokmdar, der Gouverneur, der Einladung des Hausherrn zum Azume Folge leistet. Zuerst wird Scherbett, dann der unvermeidliche Kaffee in den eigroßen Tassen gereicht, sodann wird das Essen serviert und nach demselben werden zuerst von Knaben, Männern und überladen aufgeputzten und mit Gold- und Silberschmuck überreich behangenen abessinischen Mädchen Tänze aufgeführt. Die für unsre Begriffe ungraziösen Sprünge und steifen Bewegungen der einzeln Tanzenden werden durch den nie fehlenden Spaßmacher belebt und unterbrochen. Es gelingt demselben, sein dankbares Publikum durch die rohsten und gemeinsten Zoten zum Lachen zu bringen, und wenn er die Tanzenden travestiert, so erregt er immer die größte Heiterkeit. Den Glanzpunkt solcher Feste bilden die Tänze der einheimischen Mädchen, deren ganzes Kostüm sich auf den Rahat beschränkt, einem Ledergürtel mit dichten, feinen Riemenfranzen, welche bis zum halben Oberschenkel reichen. Von dem eintönigen Gesang einer Gruppe Frauen begleitet, die auf Matten in der Mitte des Platzes hocken und deren eine das Tambourin in Schwingungen setzt, bewegen sich die Mädchen, auf den Fußsohlen zollweise vorwärts rutschend, auf die Gäste zu, wobei sie ihre bei Beginn des Tanzes eingenommene Stellung möglichst festhalten. Bei etwas gebeugten Knieen, zurückgezogenen Schultern und stark nach rückwärts gelegtem Kopf wird die Brust nach vorn heraus gebogen, die Arme hängen steif mit halbgeöff-

neten Händen herab. In dieser Haltung führen sie ihr stoßweises Vor-
schieben aus, das sie mit gelegentlichem Schnalzen der Zunge begleiten.
Der stramm herausgereckte Busen wird in eine zitternde Bewegung gesetzt, welche nur durch eine besondere Muskelübung zu lernen ist. Dieses
ist ihr Tanz, welcher alles in allem nur auf eine Schaustellung der
Körperschönheiten der tanzenden Mädchen hinausläuft." So Junker.

Die Einwohnerzahl der Stadt hat Robert Hartmann 1860 auf
40000 Seelen geschätzt. Bis zum Ausbruch des Aufstandes dürfte sie
aber eher zu wie abgenommen haben. Die ständige Garnison betrug
2000—3000 Mann.

Das Klima von Chartum ist ein tropisches. Im August und Juli
herrschen **starke** Gewitter. Im September fällt der Bahr el Asraq und
bis um die Mitte des Oktober, wo die Nordwinde eintreten, ist die Temperatur eine sehr hohe. In dieser Zeit treten auch die meisten Krankheiten besonders das Fieber auf. Die Nordwinde, und auch hauptsächlich die des Nachts erfolgende Ausstrahlung in den Himmelsraum, bringen
für den Januar bedeutende Abkühlung. In diesem Monat beträgt die
Temperatur am Morgen vor Sonnenaufgang wie in einem sehr großen
Teil des tropischen Afrika nur 8, 7—10,0° C.

Der Gesundheitszustand ist daselbst nach Schweinfurth ein kläg-
licher. Hauptsächlich aus Mangel einer Kanalisation, welche aber deswegen nicht erfolgreich durchführbar sei, weil das Terrain, auf welchem
die Stadt erbaut ist, teilweise unter dem höchsten Wasserstand des Nil
liegt. Weitgedehnte Pfützen stagnieren unter den glühenden Strahlen
der Tropensonnen und verpesten die Luft. Wenn man bedenkt, daß
Chartum noch inmitten des Bereiches der Wüstenzone liegt, so ist kein
Grund einzusehen, weshalb bei besser geübter Sanitätspolizei das Klima
der in dieser Beziehung übel beleumundeten Stadt nicht ebenso gut wie
dasjenige andrer gesunder Städte in Ägypten sein sollte. Die **Sterb-**
lichkeit unter Europäern ist **dort sehr groß.**

Chartum ist nicht nur die politische Hauptstadt des Sudan, sondern
besonders kommerziell die bedeutendste Stadt des oberen Nil. Hier laufen
alle Karawanenstraßen aus Kordofan, der Äquatorialprovinz Sennar,
also des ganzen östlichen Innerafrika zusammen. Von hier nimmt alsdann der Handel nilabwärts seinen Weg nach Kairo, ostwärts nach dem
Roten Meer. Der Weg muß aber wegen der sechs Katarakte zum großen

Teil per Kamel zurückgelegt werden und zwar von Kairo innerhalb 2—2½ Monaten. Die schnelle Beförderung hängt dabei immer von dem Vorhandensein einer genügenden Anzahl Kamele ab. Der gewöhnliche Weg für Personen führt über Suez, Suakin durch das Rote Meer, und von da über Berber zu Land nach Chartum. Für Waren ist dieser Weg der hohen Frachtsätze der ägyptischen Dampfer wegen ungeeignet. Südwärts von Chartum wird der Weiße Nil, der Bahr el Abiad **als** Handelsstraße benutzt, während der Bahr el Asraq kaum in Betracht kommt.

Vor dem Ausbruch des Sudanaufstandes beschäftigte man sich lebhaft mit dem Projekt einer Bahn nach Chartum, welche diesen Ort zweifellos zu einer eminenten Bedeutung und hohem Gedeihen gebracht haben würde. Derartige Unternehmungen sind aber auf lange, vielleicht sehr lange Zeit hinaus unausführbar, weil der Sudan in Händen der Mahdisten ist.

Den bedeutendsten Artikel bildete das Elfenbein. Die Geschichte des Elfenbeinhandels ist für Chartum dieselbe, wie für Sansibar (siehe den Artikel des Verfassers, „Das afrikanische Elfenbein und sein Handel." Deutsche Geogr. Blätter B. XII Heft 2 Fol. 132). Vor dem durch den Vizekönig Said Pascha von Ägypten im Jahre 1855 gegen den Menschenhandel erlassenen Verbote stand jener schmähliche Handel in höchster Blüte, beteiligten sich doch selbst Europäer daran. Europäische und türkische Spekulanten warfen sich dann nach Erlaß jenes Verbotes mit Eifer auf den Elfenbeinhandel. Nach dem Weißen und Blauen Nil und nach Kordofan wurden nun Elefantenjäger gesandt. Der Ertrag jedoch entsprach den Erwartungen nicht und so kehrte man wieder eifrig zu dem rentabeln Geschäft des Menschenhandels zurück. Gestohlenes Vieh handelte man gegen Elfenbein ein. Gefangene wurden den Negern abgekauft, um Elfenbein dafür zu erstehen. Am meisten that sich darin ein Franzose de Malzac hervor, welcher ganze Gebiete ausraubte.

Die Handelsstationen, zuerst von Europäern gegründet, wurden immer weiter ins Innere vorgeschoben. Von dem dichten Dornenhag, mit welchem sie umgeben wurden, erhielten sie den Namen Seriba. Bis zum Bahr el Ghasal waren jene Elfenbein= und Sklavenhändler vorgedrungen. Infolge der Empörung, welche die besonders durch Heuglin erstatteten Berichte über das Treiben der Elfenbein= und Sklaven=

händler in Europa erregten, sahen sich die europäischen Händler veranlaßt, ihr schändliches Gewerbe aufzugeben.

Zu Schweinfurths Zeiten lag der Elfenbeinhandel fast ganz in den
Händen von sechs großen Chartumer Kaufleuten und einem Dutzend
kleinerer. Die Elfenbeineinfuhr hatte seit Jahren die Summe von
500 000 Maria Theresia-Thalern nicht überschritten. Diese Summe
war jedoch bei der immer stärkeren Abnahme des kostbaren Artikels in den
Gebieten, welche den Wasserstraßen des oberen Nil zunächst lagen, nicht
mehr aufzutreiben. Die Händler drangen von Jahr zu Jahr in immer
weitere Gebiete. Es spielte sich derselbe Vorgang ab, wie bei den
immer weiter ostwärts vordringenden Arabern Sansibars, welche zuletzt
den Congo erreichten. Schweinfurth sagt, daß der Elfenbeinhandel
durchaus nicht, wie vielfach behauptet würde, nur als Deckmantel
für den Sklavenhandel diente. Dem kann der Verfasser auch nach
seinen eignen Erfahrungen beistimmen. Wir haben, wie schon angedeutet, bei dem Vordringen der Ägypter südwärts und bei den Sansi-
bararabern westwärts analoge Vorgänge. In beiden Fällen sahen wir
aus Sklavenhändlern, denen der Handel mit Menschen untersagt wurde,
Elfenbeinhändler werden und infolge dieses ihres neuen Gewerbe nebenbei
wieder Sklavenhändler. Das Elfenbein trägt somit eigentlich die Haupt-
schuld daran, daß die Sklavenräuber so weit ins Innere Afrikas vordrangen, in so kurzer Zeit so ungeheure Gebiete zu verwüsten im stande
waren. Nie aber haben die Araber Sansibars oder die Ägypter den
Elfenbeinhandel als Deckmantel benutzt. Der Elfenbeinhandel war ihnen
im Gegenteil immer die Hauptsache. Der Sklavenhandel wurde bei
den meisten nur nebenbei betrieben, nachdem der überseeische Sklavenhandel durch die Europäer immer mehr eingeschränkt wurde und an
Sklaven nicht mehr soviel zu verdienen war, wie früher, indem die
Nachfrage geringer wurde.

Die erwähnten Chartumer Kaufleute unterhielten in Gegenden, welche
den damals noch elfenbeinreichen Ländern nahe lagen, unter den friedlichen,
Ackerbau treibenden Stämmen eine große Anzahl von Niederlassungen.
Die Territorien der Stämme, unter welchen sie sich festsetzten, hatten sie
unter sich geteilt, nachdem die Eingebornen in Leibeigenschaftverhältnis
gebracht worden waren. Jene Stationen oder Seriben, von Palissaden
umgeben, welche unter der Obhut in Chartum angeworbener bewaffneter

Dongolanern angelegt worden waren, dienten als Stapelplätze für das ein=
gehandelte oder geraubte Elfenbein, Munition, Tauschwaren und Lebens=
mittel. Von den Seriben, wie wir sie der Einfachheit wegen immer
nennen wollen, wurden Züge tief ins Innere unternommen. Jeder
Chartumer Handelsherr war in den verschiedenen Gebieten, **wo er** Nieder=
laffungen unterhielt, durch einen Verwalter und eine Anzahl demselben
untergebener Agenten vertreten. Diese befehligten die Bewaffneten, **be=**
stimmten die Menge der Nahrungsmittel, welche die Eingebornen **liefern**
mußten, sowie die Anzahl der für die Raub=Handelszüge erforderlichen
Träger. Sie setzten auch die Ortsvorsteher ein und ab, führten Krieg,
schloffen Bündniffe und sandten **einmal im** Jahre die gesammelten
Elfenbeinvorräte nach Chartum an ihre arabischen und türkischen Prinzi=
pale. Aus den **unterstellten** Negern sowie geeigneten Sklavenknaben
zogen sich die Verwalter, oder wie sie hießen, Wetils, Soldaten heran,
welche unter dem Namen Bafinger, im Gegensatz zu **den** nubischen
Söldnern Faruch, für die freien Negerstämme eine wahre Geißel wurden.
Diese Bafinger, durch ununterbrochene Kämpfe zu einem sehr geeig=
neten Kriegermaterial erzogen, bildeten später in den Kämpfen gegen die
ägyptische Regierung die Kerntruppen, und hatte besonders Siber ihnen
seine anfänglichen Erfolge zu verdanken. Die Dongolaner und auch die
Bafinger wurden fast nie mit Geld, sondern durch Naturalgaben ge=
lohnt und nebenbei erhielten **sie Stoffe** für Kleider. Natürlich waren
die Soldaten durch den largen Ertrag ihrer Mühen und gefahrreichen
Dienstleistungen genötigt, sich auf andre Weise größeren Verdienst zu
schaffen. In genau demselben Verhältnis standen die Krieger und
Soldaten der Araber in Ostafrika und am Congo zu ihren Herren.
Besonders aber die Leute Tippu Tibs, welcher in Ostafrika die Rolle
spielte, welche Siber anfangs so erfolgreich in Dar=Fur durchführte. Auch
jene Krieger, dort Askari und Ruga=Ruga genannt, sind darauf ange=
wiesen, sich Nebenverdienst zu schaffen, ja sogar oft die Nahrung selbst.
Die ägyptischen, wie auch die Sansibarer Händler rechnen mit diesem
Umstand. Sie sparen dadurch nicht nur Lohn und Unterhaltungskosten,
sondern **sie** können immer auf eine große Anzahl Landsknechte rechnen,
welche beutegierig gern den Fahnen jener Elfenbeinhändler folgen. Sie
rauben und plündern, wo und was sie können. Die Ägypter unter=
nahmen **mit** ihren Soldaten und Bafingern Raubzüge in die noch nicht

unterworfenen Gebiete und suchten sich alsdann mit Rindern und Getreide zu verproviantieren. Das erbeutete Elfenbein gehörte eo ipso,
dem sogenannten Händler. Was man an Sklaven erbeutete, wurde
den Soldaten überlassen. Im Falle ein solcher Soldat mehrere Sklaven
erbeutet hatte, mußte er sie zum Teil seinem Herrn überlassen. Die
Soldaten verkauften die erbeuteten und ihnen zugesprochenen Sklaven
entweder an ihren Herrn oder einen andern Sklavenhändler. Immer
wieder dieselben Vorgänge, wie in Ostafrika und am Congo! Im Suden
erschienen außerdem noch die Djelaba, d. h. die kleinen Sklavenhändler
aus dem Dar-Fur und die Danagla aus Dongola. Schweinfurth
schätzte die im Jahre 1871 in das Bahr el Ghasalgebiet eingedrungenen
Djelaba allein auf 2000. Jeder derselben handelte 2—3 Sklaven
ein. Die großen Elfenbeinhändler selbst gaben sich immer nur nebenbei
mit Sklavenhandel ab und suchten meist nur den eignen Bedarf an
Sklaven zu decken. Im Suden beschränkte sich derselbe auf Diener-
schaft und Basinger. In Ostafrika und am Congo war derselbe für
die Araber und Wasuaheli ein bedeutend größerer, da diese neben Elfenbeinhandel mit wenig Ausnahmen besonders am Congo Plantagenbau
treiben und daher eine Menge Arbeitssklaven brauchen.

Trotz aller kriegerischen Stärke, trotz der befestigten Seriben würden jedoch die Araber und Türken in keinem Teile Afrikas Erfolge
haben erringen können, wenn nicht die Neger selbst dazu beigetragen
hätten und wenn nicht das Institut der Sklaverei unter ihnen seit Urzeiten bestanden hätte. Die in zahllose kleine und größere Reiche oder
gar von einander unabhängige Dörfer und Hüttenkomplexe zersplitterten
Stämme befehden sich selbst unausgesetzt aus politischen Gründen oder
um der Beute an Elfenbein, Vieh, Lebensmittel und besonders Sklaven
willen. Der Besiegte ging alsdann in vielen Fällen die ägyptischen,
beziehungsweise arabischen Händler um Hilfe gegen den alten Feind an.
Die Zusicherung der Beute an Elfenbein, Sklaven und Vieh ganz oder
zum Teil genügte dann, um des begehrten Beistandes sicher zu sein,
und bald war ein Dorf oder ein Land mehr verwüstet und ein Häuptling mehr unterworfen, um schließlich bis aufs Mark von seinem früheren Bundesgenossen, dem Araber oder Türken ausgesogen zu werden.
Die Behauptung, daß erst der Islam die Sklaverei in Afrika eingeführt
haben soll, ist eine ganz hinfällige. Der Islam fand überall schon Sklaven

vor, welcher Umstand seine Ausbreitung ungemein begünstigte. Es war daher auch ein großer Irrtum, wenn man in Europa glaubte, dem Sklavenhandel ein Ende bereiten zu können, indem man die Sklavenausfuhr nach Kräften verhinderte oder ganz unmöglich machte. Man hat dadurch nichts weiter erreicht, als für Afrika eine bis dahin nicht existierende soziale Frage heraufzubeschwören, welche eine ungeheure Gefahr in sich barg und die sich zuletzt derart zuspitzte, daß der Mahdiaufstand ausbrechen mußte.

Die Lösung der Frage des Sklavenhandels zunächst und in zweiter Linie der Sklaverei überhaupt ist eines der schwierigsten Probleme, deffen Lösung nicht durch Maßregeln von außen her möglich ist. Aus diesem Grunde waren auch alle gegen den Sklavenhandel unternommenen Schritte nur da von Erfolg gekrönt, wo der Europäer mit Nachdruck seine Macht geltend machen konnte und da bisher nicht einmal mit durchschlagendem Erfolg. Bis jetzt konnten wir den Sklavenhandel nur an den Küsten und auf dem Meere beschränken, unterdrücken dagegen noch immer nicht ganz. Wieviel weniger ist das im Innern Afrikas der Fall. Die ganze Frage ist eine reine Machtfrage, d. h. sie kann in unserm Sinne nur durch Gewalt gelöst werden. Dem Übel kann nur gesteuert werden, wenn wir die Axt an seine Wurzel legen. Und dies hat Emin Pascha gethan, indem er in die Fußstapfen Gordons trat. Seine Erfolge in seinen Bestrebungen gegen den Sklavenhandel hat er dem Umstande zu verdanken, daß er da, wo das Übel entsproßte, dagegen wirken konnte. Wenn auch die Saat, welche er gesäet, zu Grund gegangen ist, so hat er uns doch den Weg gewiesen, auf welchem einzig und allein zum Ziel zu gelangen ist. —

Neben Chartum wird die westlich gelegene Stadt Sennar kaum noch genannt. Ihre Blütezeit gehört der Vergangenheit an. Eine halb zerfallene Moschee, eine alte Kaserne, einige größere Privathäuser sind neben elenden Lehmhütten der Eingebornen alles, was aus dem Staube und Unrat aufragt, welcher Sennar umgibt und der in allen Straßen aufgehäuft ist. In der Regenzeit bildet sich ein kaum durchwatbares Kotmeer in und außerhalb derselben. Der Bazar ist ziemlich klein und neben Eßwaren wird nur noch von einigen Armeniern und Griechen Schnaps ausgeboten.

Wenden wir uns von Chartum in südwestlicher Richtung, so durch-

3*

schreiten wir das Land Kordofan. Im großen und ganzen ist es gewellte
Steppe, nur hie und da von Hügelreihen unterbrochen. Die nördlichen und
westlichen Grenzgebiete des Landes sind unbewohnte, wasserarme Steppen,
im Süden dehnt sich Wald aus, welcher von den Fertit- und Schillul-
negern bewohnt wird. Die Szenerie des Landes weist keine schönen
Bilder auf. Ungeheure Savannen wechseln mit Duchnfeldern, hie und
da steckt eine Adonsonia ihre gespenstischen Äste in die heiße Luft.
Während der von Mitte Juni bis September dauernden Regenzeit
überzieht sich die Erde mit einer grünen Decke.

Das Klima ist angenehm, wenn auch nicht gerade sehr gesund, es
zeigt sich in dieser Hinsicht schon die Nähe des tropischen Afrika. Während
der Regenzeit jedoch ist der Gesundheitszustand von Eingebornen und Europäern ungünstig. Rüppel, einer unsrer ältesten Forscher, berichtete, daß um
die Mitte der Regenzeit sehr bösartige Fieber entstehen, welche er den dem
Trinkwasser beigemischten Infusorien zuschrieb. Eine nicht ganz richtige
Auffassung, denn die Malariafieber werden nach den neuesten Erfahrungen
nicht durch den Genuß von Wasser erzeugt. Rüppel berichtet weiter,
daß in sehr feuchten Sommern sich eigentümliche Lungenentzündungen
bei Fremden entwickeln, welche z. B. im Jahre 1822 einem großen
Teil des dort weilenden türkischen Armeekorps den Tod brachten. Auch die
Blattern grassieren während der Regenzeit und fordern noch mehr Opfer
wie das Fieber. Die Eingebornen sind in dieser Zeitperiode sehr von
Dysenterie geplagt und haben viel von Gliederkrätze und dem Guinea-
wurm (Filaria medinensis) zu leiden. Diese Wurmart aus der Familie
der Fadenwürmer wird **bei** 2 Millimeter Dicke $3^3/_4$—$4^1/_2$ Meter lang
und liegt zusammengerollt im Unterhautzellengewebe des Menschen, dort
sehr bösartige, tief gehende Geschwüre erzeugend. Er kommt mit Ausnahme Amerikas in fast allen feuchten Tropengegenden vor und weder
Weiße noch Farbige sind vor **ihm** sicher. In der durch ihn entstandenen
offnen Wunde muß man ein Ende des Wurmes aufsuchen und ihn
durch wochenlang dauerndes sehr langsames Aufrollen auf ein Hölzchen
entfernen. Reißt er dabei ab, so entstehen oft lebensgefährliche Ent-
zündungen. Der Medinawurm, wie er auch genannt wird, gebärt lebendige Junge. Die Embrionen wandern in kleine Cyklopiden ein, doch
weiß man über ihre Weiterentwickelung **nichts**, wahrscheinlich gelangen
sie mit den kleinen Krebsen im Trinkwasser in den Magen.

Die Bevölkerung des Kordofan, welche auf 278000 Seelen geschätzt, ist ein Gemisch aller möglichen Stämme. Fellata und türkische Baschi-Bozuks, Griechen, Levantiner, Araber, Neger und durchziehende Nomadenstämme haben eine eigentümliche Rasse erzeugt, doch lassen sich mit arabischem Blute gemischte von denjenigen, welche davon frei sind, streng unterscheiden. Im allgemeinen sind die Bewohner Kordofans **von** sehr dunkler, fast schwarzer Hautfarbe, mittlerer Körpergröße **und im** Durchschnitt schön gebaut. Rüppel glaubte, daß die Gewohnheit der Mädchen und Frauen, ihre Kinder auf die Hüften und das Gesäß gehockt zu tragen, die Ursache sei, daß das Gesäß mit dem unteren Teil der Wirbelsäule so weit nach hinten herausgedrückt erscheint. Es ist dies jedoch keineswegs dieser äußeren Einwirkung zuzuschreiben, sondern jene Verunstaltung ist weiter nichts, als die bei den Hottentotten am meisten ausgeprägte **und auch** allen Negervölkern eigene Neigung zur sogenannten Fettsteißbildung.

Für Kordofan ist der Handel die Hauptbeschäftigung und liegt ganz in den Händen der Araber und Dongolaner. Syrische Christen zeichnen sich dadurch aus, daß sie Spirituosen im Kordofan verkaufen. Das Land ist reich an Hornvieh und unter den Getreidearten wird fast nur Duchn angebaut. Kamele werden eingeführt und trotzdem einige vorzügliche Pferderassen dort gezüchtet werden, liegt die Pferdezucht im allgemeinen darnieder. Der Sklavenhandel ist bedeutend, doch wiederholt sich auch hier die Erfahrung, daß die Sklaven, einmal in feste Hände gelangt, sehr gut behandelt werden und es, wie überall im Orient, als Schande gilt, einen im Haus gebornen oder verheirateten Sklaven zu verkaufen. Das Verhältnis der Anzahl von Herren zu Sklaven ist $1/4$ Herren und $3/4$ Sklaven, wie überall, wo die Sklaverei noch existiert. Die Hauptstadt des Landes ist Obeïd oder el **Obeïd mit** einem bedeutenden Sklavenmarkt.

Westlich schließt sich an Kordofan das weitgedehnte Dar-Fur an als das am westlichsten liegende der unter ägyptischer Macht stehenden Gebiete, doch fand eine vollständige Unterjochung erst unter Ismael Pascha mit Hilfe Sibers statt.

Den Kern Dar-Furs bildet das Marragebirge, von welchem aus sich das gesamte Land westwärts, nach dem Tsadsee allmählich hinabsenkt. Der Süden und Westen des Landes weist die fruchtbarsten Striche

auf, da derselbe wohlbewässert ist und sogar Humusboden vorkommt,
während der Norden und Osten felsig und sandig ohne Flußläufe und
Bäche ist. Die fruchtbare Strecke ist naturgemäß dichter bevölkert und
Weizen und Duchn wird eifrig kultiviert. Rinder, Schafe und Ziegen
werden in Menge gehalten, während in den Wüstenregionen das Kamel
seinen Platz behauptet. Die Einwohnerzahl schätzt man auf 5 Millionen und bilden die Hauptmasse Neger, welche im Marragebirge am
dichtesten wohnen. Araber finden sich ebenfalls viele, welche besonders
in den Städten das Hauptkontingent stellen. Die Bewohner der Gebirge sind roh und sollen dem Trunke ergeben sein. Sie sind hauptsächlich Hirten, besitzen große Herden und gelten deswegen als wohl-
habend. In der Ebene wird außer Acker- und Gartenbau noch Industrie
getrieben, welche nicht unbedeutend ist. Dieselbe produziert Stoffe in
zahlreichen Webereien, Färbereien, und die Leder Dar-Furs sind im
Suban ein gesuchter Artikel. Die geschickten Schmiede des Landes verfertigen Waffen, meist aber nur Lanzen und Pfeilspitzen und grobe
landwirtschaftliche Geräte. Der Handel hat sich in hohem Grade entwickelt; Elfenbein aus den Tsadseeländern und dem Bahr el Ghasal,
Ochsenhäute, Tamarinden, Gummi und besonders Sklaven sind die
hauptsächlichsten Artikel. Der Sklavenhandel war einer der bedeutendsten
des ganzen Suban. Jährlich wurden in früheren Zeiten 60—70 großartige Sklavenjagden, Razzias, in die südlichen Grenzländer unternommen und jeder, welcher von dem Sultan einen leicht zu erlangenden
Freibrief erhielt, konnte teil daran nehmen.

Das ehemalige Reich Dar-Fur war in Provinzen und Regierungs-
bezirke geteilt, welche von verschieden im Rang gestellten Würdenträgern
regiert wurden. Im Zentrum des Landes herrschte der Sultan, welcher
die besten Landstrecken für sich in Anspruch nahm. Nachdem Dar-Fur
von Ägypten unterworfen worden war, wurden Garnisonen nach der
Hauptstadt Faschen, nach Dara und andern Städten gelegt und sogar
das Land durch Telegraphenlinien mit Ägypten verbunden.

Weiter nach Süden schließen sich das Bahr el Ghasal-Gebiet und
Hat el Estiva, die Äquatorialprovinz, als der Wirkungskreis Emin
Paschas, an.

Das ganze ungeheure Gebiet der oben genannten Länder befand
sich seit der Unterwerfung unter die ägyptische Macht in einem höchst

eigentümlichen Zuſtand. Von alters her unter patriarchaliſcher Ver-
faſſung der einzelnen ſelbſtändigen Sultane ſtehend, fand fortwährend
der regſte Verkehr in den Ländern, welche unter dem Einfluſſe des arabiſchen Elementes ſtanden, ſtatt. Die Hauptnährquelle der Araber war
der Sklavenhandel, welcher in den Sudanländern in der allerhöchſten
Blüte ſtand, dort auch alle Greuel dieſes Gewerbes im **Gefolge hatte.**
Vom Koran iſt dieſer Handel nicht verboten, man betrachtete **ihn als**
ſein gutes Recht und ſah noch ein Gott gefälliges Werk darin, die **Heiden**
und Nichtmuſelmanen mit Feuer und Schwert auszurotten, die in Gefangenſchaft geratenen zum Islam zu bekehren. Daß der Sklavenhandel
mit all ſeinen ſchrecklichen **Konſequenzen** etwas Schändliches ſein ſollte,
wollte und konnte der Araber nicht begreifen, beſonders auch nicht, weil
ſich ſelbſt Europäer daran beteiligten.

Das Vordringen der Türken hatte zur Folge, daß allmählich der
ganze Sudan unterworfen wurde. Solange die Kämpfe, welche unter
Mehemed Ali und ſeinen Nachfolgern ſtattfanden, nichts weiter als Er-
oberungskriege ländergieriger Paſchas waren, handelte es ſich nur um
Machtfragen und andre als politiſche Veränderungen waren nirgends
bemerkbar. Außer perſönlichen Intereſſen hatten die Streitenden keine.
Man war eines Glaubens, verfolgte dieſelben Ziele und Bahnen des
Handels, die Zuſtände änderten ſich unter Umſtänden nur inſofern, als
heute **dieſer** morgen jener Machthaber herrſchte. In der Ausbeutung
der Negerländer war man einig **und** ſo würden die Dinge geblieben
ſein, wenn nicht andre Elemente auf **dem** Schauplatze erſchienen wären,
— die Europäer.

Damit änderte ſich die Lage mit einem Male. Der Beweg-
grund des Vordringens **der** Truppen **Jsmael** Paſchas, welcher unter
europäiſchem Einfluſſe **ſtand,** war ein andrer als rein **politiſcher.**
Das entrüſtete Europa ſtand hinter ihm und zwang **ihn, dem** von
Forſchungsreiſenden berichteten Greuelthaten der Sklaveräuber Einhalt
zu gebieten. Schwer nur entſchloß ſich der Paſcha dazu, und wenn
nicht die Ausſicht auf Eroberungen im Sudan gewirkt hätten, wenn er
ſich nicht geſagt hätte, daß dem Schlendrian des Islam nicht leicht bei-
zukommen iſt, ſo daß er im ſtillen die Hoffnung hegte, die türkiſchen
Zuſtände würden im Falle der Eroberung des Sudan in derſelben Weiſe
wie früher in die neuen erworbenen Länder verpflanzt werden, ſo würde

er schwerlich dem Drängen der europäischen Mächte so leicht nachgegeben
haben. Wie recht Ismael Pascha hatte, als er annahm, daß mit den
gewohnten Zuständen nicht leicht aufzuräumen sei, zeigt, daß Junker
noch Ende 1877, den Sobat befahrend, erfuhr, daß dort unter den
Augen der ägyptischen Beamten der Sklavenhandel schwungvoll weiter
betrieben und am Nil der Mudir von Faschoda 2 Thaler Durchgangszoll pro Kopf genommen hatte. Da aber unter Gordon, Lupton, Gessi,
Slatin und Emin die türkischen Beamten sich den Intentionen der
Europäer immer mehr fügen und infolgedessen wirksamere Maßregeln
gegen den Sklavenhandel ergreifen mußten, da ferner die Erfolge der
europäischen Gouverneure auf diesem Gebiete immer größere wurden, so
empfand man den Druck immer empfindlicher, um so mehr als es Nicht-
muselmanen waren, welche gekommen, um über die Gläubigen zu herrschen. Jetzt waren es nicht mehr nur politische Erwägungen, welche
die Gemüter im Sudan bewegten. Die Araber und Türken dort sahen
ihre ganze Existenz bedroht, sie sahen das Einbrechen einer Herrschaft
der Ungläubigen, und der Fanatismus wurde rege. Die Fermente,
welche die Gärung erzeugen, waren im Sudan eingedrungen, alles zer-
setzend und aufrührend, um zuletzt im Aufstand überzuschäumen.

In die ersten Anfänge der keimenden Unruhe kam Emin Pascha
hinein. —

Drittes Kapitel.

Als die letzte Stütze der Zivilisation gegen die immer dräuender anstürmenden Araber, deren jüngste Erhebung im Sudan als ein Aufzucken des fast einschlafenden Islam zu betrachten ist, vermochte sich nur einer der Helden, welche ihre Dienste der Humanität gewidmet hatten, zu halten. Dieser eine war Emin Pascha. Unter diesem Namen verbarg sich ein Mann, auf den die deutsche Nation als einen der Ihren stolz sein kann.

Lange Zeit war der Name Emins nur Gelehrten und Fachkreisen geläufig. Die eigne Bescheidenheit dieses ideal angelegten, bedeutenden und geistvollen Mannes hat es verhindert, daß sein Name in weitere Kreise gedrungen ist, bis ihn die Ereignisse im Sudan in wogender Flut erfaßten und in die Wellen der Gärung, welche sich jetzt schäumend im Innern Afrikas vollzieht, ihn emporhoben, so daß alle Welt mit Staunen auf einen bis dahin unbekannten Helden blickte.

Emins eigentlicher Name ist Eduard Schnitzer. Seine Wiege stand in Oppeln in der preußischen Provinz Schlesien. Dort wurde er am 28. März 1840 von israelitischen Eltern geboren. Schon als sechsjähriger Knabe trat er mit seiner Mutter zur protestantischen Kirche über, als diese in zweiter Ehe einen Christen heiratete. Im Jahre 1842 siedelte seine Familie nach Neiße über, wo noch heute seine leibliche Schwester lebt, während seine Mutter gegen Ende des Jahres 1889 in Oppeln gestorben ist. Emin, wie er der Kürze halber und weil er sich jetzt selbst immer so unterschreibt, für die Folge genannt werden soll, wurde in den Grundsätzen der christlichen Kirche auf dem Gymnasium in Neiße erzogen. Diese Studienanstalt besitzt noch heute ein ausgezeichnetes, mit großer Sorgfalt hergestelltes Herbarium, welches Emin als Gymnasiast in der Umgegend von Neiße sammelte und der Anstalt zum Geschenk gemacht hat. Seine außerordentliche Vorliebe für Naturwissenschaften gab sich also bei ihm schon von früher Jugend an kund. Ebenso aber auch seine Verschlossenheit, welche er bis auf den heutigen Tag bewahrt hat. Stets war er fast ängstlich, mit einer zuweilen übertriebenen Bescheidenheit bemüht, auf alle mögliche Weise zu vermeiden, daß seine Person irgendwie in den Vordergrund gedrängt wurde. Es mag diese Eigentümlichkeit mit dazu beigetragen haben, daß er nach seiner Rückkehr aus der Äquatorialprovinz nicht nach Europa gekommen ist. — Nach Absolvierung des Gymnasiums widmete er sich dem Studium der Naturwissenschaften, speziell der Medizin an der Universität zu Breslau. Während der Jahre 1863 und 1864 setzte er seine Studien an der Hochschule zu Berlin fort und promovierte dort in dem letztgenannten Jahre.

Sein Drang nach dem Unbekannten, die Sehnsucht, fremde Länder kennen zu lernen, bestimmten den jungen Mediziner, sich in der Fremde ein Feld für seine Berufsthätigkeit zu suchen. Noch in demselben Jahre, in welchem er seine Studien beendet hatte, verließ er Berlin und ging zunächst nach Triest. Von dort aus reiste er nach Antivari, wo er längere Zeit als Privatarzt, zuletzt als Hafenarzt thätig war. Hier begann er zum erstenmal eine wissenschaftliche Thätigkeit neben seinem Berufe auszuüben.

Während seines Aufenthaltes in Antivari lernte er den damaligen Wali Muschir Diwitschi Ismael Hakki Pascha kennen. Dieser fand ein so hohes Gefallen an dem jungen deutschen Arzte, daß er ihn in sein Gefolge aufnahm, ihn sogar als diplomatischen Unterhändler gegen die Arnauten verwendete.

In des Paschas Begleitung lernte Emin Syrien kennen und hielt sich längere Zeit in Trapezunt auf. Es gelang ihm schnell, sich das fremde Wesen des Orients anzueignen. An seine Schwester schrieb er unter anderm von dort im Jahr 1871: „Auch hier hat mich das Glück nicht verlassen und ich habe mir schnell als Arzt einen Ruf erworben, dazu kommt, daß ich des Türkischen und Arabischen mächtig geworden wie selten ein Europäer, daß ich mir Sitten und Gebräuche so angeeignet habe, daß hinter dem türkischen Namen, der mich deckt (keine

Furcht, es ist nur der Name und ich bin nicht Türke geworden), kein Mensch einen ehrlichen Deutschen vermuten kann."

Schweinfurth schreibt über **Emin, daß er** von Hause aus mit dem Gedanken vertraut war, sich unter Menschen von fremder Sitte und Den= kungsart einen Wirkungskreis zu suchen. Der entschlossene **Mann faßte** seinen Beruf ganz und mit vollem Herzen auf, er war Willens, **von seinem** äußeren Wesen alles zum Opfer zu bringen, was seiner Einbürgerung in die mohammedanische Welt im Wege stand. Fern von den großen Haupt= städten, wo unter dem Titel **der Mode** die Sitten Europas **an den** altersschwachen Kulturformen des Islam beständig nagen und hier wie mit einem dicken Firnis überziehen, erschwert eine gewisse Scheu des Fremden dem vereinzelten Europäer jene Annäherung, deren der Arzt in seinem Verkehr **mit der** leidenden Menschheit bedarf. Der deutsche Menschenfreund glaubte **seiner** Aufgabe nur **dann** gerecht werden zu können, wenn nichts in seiner äußeren Erscheinung an die fränkische Herkunft gemahnte.

Der Name seiner Wahl, von welchem unser Held oben sprach, war Emin, der Getreue, und fürwahr, nie hat jemand verdienter seinen Namen als Ehrentitel des Charakters geführt. Es mag zweifelhaft er= scheinen, ob ihm in der Folge so Großes geglückt wäre, wenn er seinen deutschen Namen beibehalten hätte. Eine außerordentliche Begabung für fremde Sprachen erleichterte sein Vorhaben. Neben dem Deutschen, Fran= zösischen, Englischen und Italienischen beherrschte er mehrere slawische Sprachen; dazu kommt nun das Türkische und Arabische. Schließlich verlegte sich Emin noch auf die Erlernung des Persischen. Während seines Aufenthaltes in Afrika hat er noch eine Menge afrikanischer Idiome hinzugelernt.

Über Emins Äußeres kann uns Dr. Junker, welcher längere Zeit mit ihm im Innern weilte, am besten Auskunft geben. „Emin ist ein schlanker, fast magerer Mann, von etwas mehr wie Mittelgröße, mit schmalem, von einem dunklen Vollbart umrahmtem Gesicht und tief= liegenden Augen, welche durch die starken Kristallgläser der Brille be= obachtend hervorschauen. Seine starke Kurzsichtigkeit zwingt ihn zur Anstrengung und Konzentrierung seines Sehvermögens auf die vor ihm befindliche Person, was seinem Blick einen harten, mitunter scheinbar lauernden Ausdruck verleiht. Der auch malerisch interessante Kopf, in welchem sich unverkennbar eine bedeutende Intelligenz ausspricht, läßt in nichts den Deutschen vermuten; das unleugbar orientalische Gepräge derselben erleichtert Dr. Emin wesentlich die Rolle eines Türken, welche er gegenüber der Beamtenwelt und dem Volke angenommen hat und die er vorzugsweise in den ersten Jahren seines Aufenthaltes im Sudan und den Negerländern unentwegt durchführte. An jedem Freitag sah man ihn nach der Moschee gehen, wo er die vorgeschriebenen Gebete sprach. In seiner Haltung wie in seinen Bewegungen drückt sich eine beabsichtigte, **stets kontrollierte** Gemessenheit aus, welche berechnet ist, würdevoll und selbstbewußt zu erscheinen. Insbesondere konnte man **dies** beobachten, so oft Dr. Emin in seiner Eigenschaft als ägyptischer **Beamter** mit Untergebenen verkehrte. Sein äußerer Mensch verriet eine fast peinliche Sauberkeit, bei großer Sorgfalt des Anzuges." —

Nach Junkers Darstellung hat sich Dr. Emin den islamitischen Gebräuchen **anbequemt in einer Weise, daß es den** Anschein erweckt, als sei er zum Islam übergetreten. Emin hat aus Nützlichkeitsgründen diesen Anschein der Bevölkerung seines Landes gegenüber aufrecht erhalten, möglicherweise wurde er durch diese Leute darauf gebracht, sich für einen Türken auszugeben, indem die Araber und Neger ihn seines äußeren Aussehens wegen für einen solchen hielten. Sicher aber befand sich **Emin** in dieser Beziehung in einer Art moralischen Zwangslage, nicht sowohl den Arabern als vielmehr den Negern gegenüber. Auf den Neger macht der Araber mit seinem würdevollen gemessenen Wesen einen viel größeren Eindruck wie der Weiße. Der **Araber und** Türke steht ihm menschlich viel näher wie jener, er ist polygam wie der Neger und hält **Sklaven und hat dieselbe Art zu** speisen, und besonders ihre Charaktereigenschaften haben manches mit dem Neger gemein. Araber und Türke finden es nicht der Mühe wert, sich um die Sitten der Neger zu kümmern, weil sie jene als heidnische verachten. Da sie die Erfahrung gemacht haben, daß sie auf diese Weise sehr gut mit dem Neger auskommen — da, wo sie genötigt sind mit ihm zu leben — so **spielen** sie gern den Toleranten. Dagegen sind Araber und Türken gern geneigt der Wirkung von Arzneien und heilkräftigen Zaubermitteln der Neger Glauben **zu** schenken und so besteht zwischen Negern einer-

seits und Arabern und Türken anderseits sogar ein Punkt, wo der
Neger das Gefühl hat, jenen wenigstens **nach** einer Richtung hin über-
legen zu sein. Den meisten **Respekt** flößen aber Araber und Türken
durch die Behandlung des Negers als ein für sie tieferstehendes Wesen
ein, niemals haben sie darum den Versuch gemacht, den Neger zu sich
heraufzuziehen und trotzdem es manchmal anders erscheint, **gilt** dem
Araber oder gar dem europäischen Türken der Neger niemals **als voll-**
kommen gleichberechtigt. Hat doch auch der nordamerikanische **Schwarze**
trotz politischer Gleichstellung eine soziale nicht zu erobern vermocht. —
Araber und Türken haben sich überall, wo sie erschienen sind, **mit Ge-**
walt, mit Feuer und Schwert Ansehen verschafft und dann den besiegten
widerstrebenden Neger mit dessen eigner Hauptwaffe, der Geduld bezwungen, allerdings auch niederträchtig bedrückt und ausgesogen. Aber
dennoch hat der Neger vor seinen Bedrückern im Sudan, an der Ostküste und im Innern mehr Respekt wie vor den Weißen. Zu alle dem
kommt noch hinzu, daß der Neger die Absichten jener versteht, er **be-**
greift, daß sie sich durch Handel bereichern wollen. Der Weiße aber ist
dem Neger ein Rätsel, seine Heftigkeit und Ungeduld dünken ihm lächerlich, sein ganzes Wesen, Thun und Treiben ist ihm durchaus unver-
ständlich. Der Weiße zeichnet Berge, Thäler, Seen und Flüsse auf,
sammelt Tiere **und** Pflanzen, um sie, wie er sagt, zu Hause seinen
Landsleuten zu zeigen; dies hält der Neger für kindlich und kann
sich, wie der Verfasser oft selbst erfahren hat, deswegen eines Gefühles
des Mitleides nicht erwehren. Nur die Vermutung, daß die von Weißen
mitgeführten Sammlungen zur Herstellung von Medizin dienen könnten,
läßt ihm die Sache etwas erklärlicher erscheinen. Die Araber und
Türken legen das größte Gewicht auf die Auswahl ihrer Speisen, auf
die Art des Schlachtens und auf die Zubereitung, der Europäer aber
kennt derartige Gebräuche nicht; derselbe ißt zwar anders wie der Neger,
aber alle diejenigen Dinge, welche jener selbst ebenfalls verspeist, und das
will ihm nicht imponieren. Die Missionare sagen ihm sogar, er sei der
Bruder der Weißen und damit wird die Selbstüberschätzung des Schwarzen
in einer Art gesteigert, welche unter Umständen zur Verachtung des
Weißen führen kann. Da, wo der Neger an den Küsten Gelegenheit hatte,
den Weißen näher kennen zu lernen, hat er auch gerade nicht das Beste

von ihm gesehen. Überall, wo bisher Weiße und Araber oder Türken **dem Neger** gegenüber getreten sind, hat derselbe vor den letzteren selbst und **deren** Sitten weit mehr Respekt **wie vor** dem Weißen, er ist sehr ge= **neigt,** die arabischen Sitten und Gebräuche, wenigstens äußerlich nachzu= ahmen, während er diejenigen der Weißen gar nicht beachtet. Der Verfasser hat während seiner 5 ½ jährigen **Reise** in Afrika ganz ver= mieden, das Fleisch von wilden Schweinen — andere fand er nir= gends — zu genießen, da die Schwarzen, obzwar sie es selbst sehr gern essen, es für unangemessen hielten, daß Europäer Schweinefleisch genießen, weil es bei den Arabern so ganz und gar verpönt ist. Die Araber selbst, mit **welchen der** Verfasser in Berührung kam, machten dagegen **niemals eine** Bemerkung deswegen. Ein belgischer Offizier, welcher eine Zeitlang eine Station am Tanganika befehligte, hatte eines Tages Fleisch **von** einem Löwen genossen, welchen einer der Soldaten der Station er= legt hatte. Seine Schwarzen erzählten dann mit großem Abscheu von dieser Mahlzeit, sie selbst essen nämlich Löwenfleisch nicht. Als derselbe Offizier später eine der Katzen der Station schoß und sich braten ließ, sagten die Neger, jetzt bliebe für den betreffenden Europäer nur noch übrig, Hyänen und Menschenfleisch zu genießen. — Emin befand sich im Suban ganz ähnlichen Verhältnissen gegenüber, er konnte sich der Einwirkung derselben nicht entziehen.

Wie wir wissen, bereiste Emin als **Hakki** Paschas Begleiter den Orient. Nach den Reisen in Syrien folgte ihm Emin in den arabischen **Feldzug und leistete** seinem Patrone als Arzt wesentliche Dienste. Als aber Hakki Pascha nach Beendigung des Feldzuges verbannt wurde, folgte ihm Emin in **die Verbannung** nach Trebisonde. Von hier aus machte er Exkursionen nach Armenien. Da Hakki Pascha 1873 nach Konstanti= nopel zurückberufen **wurde, folgte ihm Emin** auch dorthin und lebte dann in seinem Gefolge in Janina, wohin Hakki Pascha als Gouverneur des Epirus berufen war.

1874 starb Hakki Pascha und Emin hielt sich nach dem Tode seines Gönners vorübergehend in Konstantinopel **auf.** Dann etwa ½ Jahr in Österreich und Deutschland, um in Neiße seine Angehörigen zu be= suchen Er verlebte dort ruhig einige Monate und hatte zunächst die Absicht, sich seinen naturwissenschaftlichen Arbeiten zu widmen.

Doch der Süden hatte es ihm angethan, es erging ihm ähnlich
wie vielen, welche in der hellen Sonne, in der warmen klaren Luft
unter dem heiteren Himmel gewandelt waren. Die Heimat mit dem
grauen Himmel, dem Winter, den weißen Menschen, welche so fest an
der Scholle kleben, das langweilige Alltagsleben, der Zwang der Gesellschaft konnte ihm nicht mehr behagen. Jeder, der einmal **das unab-**
hängige Leben in der Fremde in halb- oder gar nicht zivilisierten Ländern
gekostet hat, gewöhnt sich nur schwer wieder an europäische Verhältnisse
und am schwersten wieder daran, daß er der Einzelne zu sehr im Ganzen
aufgeht und in der Menge verschwindet.

Emins Reiselust **und der** Drang **in die** Ferne erwachten aufs neue
mächtig in ihm und für ihn war es ein sehr nahe liegender Gedanke,
sich nach Ägypten **zu wenden, wo damals** noch Ismael Pascha als
Vizekönig auf dem Throne der alten Pharaonen saß. Ismael Pascha
zog eine Menge Europäer in sein Land und die sehr günstigen Aussichten veranlaßten Emin im Jahre 1876 nach Kairo zu gehen. Die
Unternehmungen des Vizekönigs im Sudan waren ganz dazu geeignet,
Emin dort eine Anstellung suchen zu lassen. Er stellte sich dem damaligen Generalgouverneur des Sudan zur Verfügung und trat unter
dem Titel Dr. Emin Effendi als praktischer Arzt in ägyptische Dienste.

Als solcher kam er sofort mit Gordon Pascha in Berührung, welcher
damals noch Gouverneur von Hat el Estiva, der Äquatorialprovinz, war.
Hier war Emin ganz und gar in seinem Elemente. In seiner Stellung
hatte er zunächst Gelegenheit, sich vielfach seinen wissenschaftlichen Arbeiten zu widmen. Das beste Urteil in dieser Richtung hat wohl sein
Freund Dr. Gustav Hartlaub aus Bremen gefällt. „Was Emin Pascha
geleistet hat auf dem Gebiet zoologischen Sammelns, Beobachtens **und**
Notierens", sagt der berühmte Gelehrte, „ist bewunderungswürdig im höchsten Grade. Es konnte nur geleistet werden **von** einem Manne, der sich
durchglüht fühlt vom heiligen Feuer lautersten wissenschaftlichen Bedürf-
nisses, von enthusiastischer, absolut uneigennütziger Liebe zur Natur und
von dem unwiderstehlichen Drange, zur Kenntnis ihrer Schätze nach
äußersten Kräften beizutragen. Und diesem Drange weiß er Befriedigung
zu schaffen unter dem Drucke von zu Zeiten schwierigsten äußeren Verhältnissen, hemmender und vielseitig abziehender Pflichterfüllung auf den

verschiedensten, mit seiner verantwortungsschweren Stellung verbundenen Gebieten." — Gordon Pascha hatte sehr bald erkannt, welch bedeutenden Menschen er vor sich hatte, und beauftragte Emin Effendi zweimal mit wichtigen diplomatischen Sendungen zu Mtesa, dem Herrscher von Uganda, und zu Kabrega, dem König von Unjoro. Seiner Aufgabe entledigte sich Emin zur größten Zufriedenheit Gordons. Emin besitzt alle Eigenschaften, welche ihn in so hohem Grade geeignet machen, mit Eingebornen, Arabern, und Türken zu verkehren. Er ist „taratibu", d. i. vorsichtig und geduldig, wie der Araber und Msuaheli der Ostküste sagt, welcher **Ausdruck sich am** besten mit dem amerikanischen „smart" übersetzen läßt.

Über seine Reise nach Uganda hat uns Emin noch keinen Bericht erstattet. Junker erzählt nur, daß, als er Emin zum erstenmal am 7. November 1876 in Lado, der Hauptstation am Nil, traf, dieser gerade von seiner ersten Reise zu Mtesa von Uganda zurückgekehrt, dem durch Stanley am meisten bekannt gewordenen großen Häuptling. Stanley ist voll des Lobes über Mtesa, doch hat er nur zu kurze Zeit bei ihm geweilt, um sich ein richtiges Urteil über diesen Häuptling bilden zu können. Am besten offenbart sich Mtesas Wesen darin, daß er sich in Gegenwart eines großen Häuptlings als Heide gab; besuchten ihn Araber, so spielte er den eifrigen Muselman. Weilten katholische Missionare an seinem Hofe, so gebärdete er sich als Katholik, und durch einem protestantischen Missionar ließ er sich zur evangelischen Kirche bekehren. So wechselte er seinen Glauben seinen Gästen zuliebe, wie bei uns Monarchen aus Höflichkeit **die** Uniform eines der Regimenter eines erlauchten Besuches anzulegen pflegen. Mit Vorliebe aber war Mtesa Heide und schlachtete demgemäß **auch bis an sein** Lebensende Menschen in Menge aus den nichtigsten Anlässen. Doch muß man sagen, daß unter seiner Regierung Uganda sich einer großen Ruhe **und** Macht erfreute und er einer der besseren afrikanischen Herrscher war. Europäern gegenüber verhielt er sich stets freundlich.

Emin selbst berichtet uns zum erstenmal von Mitte Juli 1877, als er von Lado den Nil aufwärts fuhr. Gordon hatte ihm den ehrenvollen Auftrag gegeben, den König Kabrega von Unjoro zu besuchen, beseelt von dem Wunsche, mit den Negern in gutes Einvernehmen zu

kommen. Kabrega hatte seit Bakers Rückzug von Massindi der ägyptischen
Regierung stets feindlich gegenüber gestanden. Emin war mit der Lösung
der friedlichen Aufgabe betraut worden, Kabrega zu versöhnen, und es
gelang ihm, in der That seinen Auftrag auszuführen. Emin fühlte sich
stets in hohem Grade befriedigt, wenn er in solcher Weise segensreich wirken
konnte, denn seine ganze Thätigkeit entsprang reiner Menschenliebe, wie sein
Freund Robert Felkin aus Edinburg über ihn sagt. Er liebt das Land,
das er zu seiner Heimat gemacht, er liebt das Volk, unter dem er wirkt,
er achtet das Wesen der Eingebornen und ist der Überzeugung, daß es
möglich ist, sie auf eine hohe Stufe der Zivilisation zu heben und in
Zentralafrika ein dauerndes Reich zu gründen, wo Recht und Gerechtigkeit herrschen, Unterdrückung und Sklavenhandel aber unbekannt sein
sollen und wo Handel und Gewerbe gedeihen. In diesen Worten entwickelt eigentlich sein oben genannter Freund Emins Programm. Emin
ist diesem Programm immer treu geblieben.

Emin hat den Neger gründlich kennen gelernt, und wie er über
ihn denkt, zeigen seine eignen Worte: „Ich mache mir wahrhaftig nach
langjährigem Umgang mit den Negern, zu denen ich im freundschaftlichen
Verhältnis stehe, absolut keine Hoffnung auf eine Regeneration des
Negers durch den Neger — dazu kenne ich meine Leute zu gut — und
zu der verschwommenen Sentimentalität von Bekehrungsversuchen bei
Mtesa und Beglückung der Neger mit Übersetzung des Neuen Testamentes
und „moral pocket-handkerchiefs" habe ich es leider noch nicht bringen
können. Deswegen verzweifle ich durchaus nicht an unsrer Aufgabe der
Erschließung und sich daran reihenden Zivilisierung des afrikanischen
Kontinents. Zeit wird das freilich kosten, und wer sich dieser Aufgabe
widmet, mag von vornherein auf Ruhm und Anerkennung verzichten,
aber Europa besitzt ja Kräfte für alles, und stirbt einer, so tritt eben
ein andrer an seine Stelle und führt sein Werk fort."

Wie man sieht, hält Emin vom Neger nicht allzuviel, aus seiner Korre-
spondenz mit Schweinfurth geht dies noch deutlicher hervor. Schweinfurth
hatte nämlich zuerst die Idee angeregt, Chinesen als Arbeiter in Afrika
einzuführen. Nach seiner langjährigen Erfahrung kam Emin zu der Überzeugung, daß unter den obwaltenden Verhältnissen ein Fortschreiten in
Afrika kaum möglich oder doch sehr langsam sei, daß Jahrzehnte kaum

genügen würden, um die jetzt mühevoll gethane Arbeit zu sichern. Emin hatte Gordon Pascha schon wiederholt, ohne aber Antwort zu erhalten, vorgeschlagen, Chinesen einzuführen. Er kann sich der Überzeugung nicht verschließen, daß eine Ausbeutung Innerafrikas, wenn dies überhaupt möglich sei, nur durch Chinesen erzielt werden könne. Der Verfasser ist nicht derselben Ansicht. Die Erfahrung hat ihm wiederholt gezeigt, daß da, wo thatkräftige Häuptlinge durch kriegerische Erfolge stark gemacht für Leben und Eigentum ihrer Unterthanen einigermaßen Garantien zu schaffen im stande waren, sofort große Einwanderung von seiten der angrenzenden Eingebornen stattfand und diese sich dann mit allem Eifer auf den Ackerbau warfen. Wir werden dasselbe Schauspiel in kurzer Zeit in Ostafrika erleben. Für diesen Fall haben wir dann Arbeiter für unsre Unternehmungen in genügender Menge und bedürfen keiner fremden Elemente.

Folgen wir nun Emin auf seiner Reise in Unjoro und Uganda, welche er als Gesandter Gordons noch unter dem Titel Emin Effendi unternahm. Damals existierte noch die, wegen ihrer in jeder Beziehung ungünstigen Lage später aufgegebene Station Gondokoro. Von dort aus unternahm er seine Fahrt nilaufwärts in einer sogenannten Dahabiё. Es sind dies leicht gebaute Reisebarken aus eisenfestem Akazienholz, welche auf Segel und Ruder eingerichtet und mit einem Kajüttenbau auf dem Hinterdeck versehen sind. Die Landschaft, welche der Nil hier durchströmt, ist wenig abwechselungsreich. Im ganzen flach, erheben sich hier und da die Ufer zu unbedeutenden Hügeln. Gneis tritt in Blöcken zu Tage, wo die Erdkruste abgeschwemmt, tritt der über ganz Afrika verbreitete Laterit auf, ein Verwitterungsprodukt von Gneis oder Granit, welches durch die darin enthaltenen Eisenoxyde ziegelrot gefärbt ist. Einzelne schöne Tamarinden tauchen auf und hie und da zeigt sich eine Kigelia, deren unterarmdicke Früchte an langen Schnüren wie Würste herabhängen und im Winde schaukeln. Hier ist der Wunsch jenes Wanderes erfüllt, welcher bedauerte, daß ein so großer Baum wie die Eiche, statt der Kürbisse, eine so winzige Frucht zeitigte. Wenn ihm aber damals, als ihm die kleine Eichel auf die Nase fiel, eine der grotesken Früchte der Kigelia auf den Kopf gefallen wäre, so hätte er die Vorsehung kaum mehr für ihre weise Einrichtung preisen können.

Der Autor jenes Gedichtes hätte seine Fabel ungeschrieben gelassen, wenn
er einsam mit der Büchse unter dem Arm, leise birschend, durch den
Uferwald eines afrikanischen Flußlaufes geschlichen, plötzlich neben ihm
mit dumpfem Krachen aus zehn bis zwölf Meter Höhe eine der fünf
bis sechs Pfund schweren Früchte herabgesaust wäre und er schleunigst aus dem Bereich des mit reifen Früchten behangenen Baumes zu
kommen gesucht hätte. — Zuweilen zeigen sich in der Ferne blaue
Hügelreihen, während der Fluß stellenweise zwischen Felsen eingeengt
brausend dahin schießt, daß Schiffe kaum passieren können. Schließlich

Eine Dahabié.

nimmt die Rapidität der dicht aneinander gereihten Stromschnellen zwischen
den Stationen Kirri und Dufile derart zu, daß von Schiffahrt gar
keine Rede mehr ist. Schon bei der auf einer kleinen Insel errichteten
Station Bebden müssen alle Waren ans jenseitige Ufer geschafft werden,
um zu Land, um die Stromschnellen herum, flußaufwärts wieder in
Barken verladen zu werden. Gordon Pascha hatte hier eine Drahtseil-
fähre anbringen lassen.

Emin, welcher auf seiner Weiterreise durch das Umladen aufgehalten wurde, nahm die freie Zeit wahr, um Studien zu machen. Er
vernahm, daß in der Nähe westlich von Bebden in Berghöhlen eine

4*

Zwerggrasse hausen sollte. Die Neger erzählten, daß diese kleinen, höchstens ein Meter hohen Menschen wegen ihrer großen Behendigkeit nur schwer zu erreichen seien. Weil sie in Höhlen wohnen, kümmerten sich die Neger nicht weiter um dieselben. Die Zwerge sollen sehr kleine Pfeile schießen, die stark vergiftet und schwer zu extrahieren sind. Termiten und Wurzeln bilden ihre Nahrung, doch sind sie nie abgeneigt, Schaf- oder Ziegenfleisch zu genießen. Wir werden von diesen merkwürdigen Menschen, welche Dr. Schweinfurth zuerst gesehen hat, später mehr hören, als Emin Gelegenheit hatte, mit denselben in Berührung zu kommen.

Stanley berichtet in seinem Werke sehr viel von denselben und erzählt in einem seiner Briefe, daß die von ihm bekämpften Zwerge ihr Pfeilgift aus Termiten herstellten. Dies ist offenbar ein Irrtum. Alle Neger, welche ihre Waffen mit Gift bestreichen, gewinnen dieses aus Lianensamen oder giftigen Wurzeln. Stanley schließt aus dem Umstande, daß man in den Hütten der eroberten Dörfer ganze Bündel gedörrter Termiten fand, daß diese zur Herstellung von Gift verwendet würden. Die Termiten haben nur sehr wenig oder gar keine Ameisensäure, welche unter Umständen eine höchstens ätzende Wirkung haben könnte. Als Nahrungsmittel aber werden gedörrte Termiten überall in Afrika genossen und zwar die nach den ersten heftigen Güssen bei Beginn der Regenzeit ausschwärmenden, fettleibigen, geschlechtlichen Männchen. Dieselben verlassen dann den Bau in großer Zahl. Sie verlieren schon nach $\frac{1}{2}$—1 Stunde ihre langen Flügel. Während des Ausschlüpfens aus dem Bau werden sie gesammelt und wo sie in sehr großen Mengen erscheinen, gedörrt und in Rindenstoffe gepackt, aufbewahrt. Der Verfasser hat selbst schon gedörrte Termiten genossen, sie schmecken annähernd wie Mandeln und sind keineswegs unappetitlich.

In Kirri mußte Emin mit seiner Karawane zweitägigen Aufenthalt nehmen. Die Bewohner des Landes dort sind Bari, die Weiber tragen als einzige Bekleidung kleine schmale Schürzen und die Männer gehen ganz nackt. Emin bemerkte bei den Weibern eine eigentümlich wulstartige Verdickung der Haut bei den Knieen, oft bis zu Orangengröße, welche, wie auch der Verfasser häufig beobachtete, eine Folge der vielen Arbeiten in knieender Stellung sind. Die hier bei den Kirriweibern von Emin beobachtete ungleiche Entwickelung **der Bruſtdrüſen, deren** eine ſtets kleiner wie die andre iſt, fand der Verfaſſer bei vielen andern Stämmen. Nabelbrüche, von Zerrung der Nabelſchnur **bei** der Geburt herrührend, finden ſich bei **beiden** Geſchlechtern häufig. **Der** Verfaſſer hat derartige Nabelbrüche, welche übrigens unſchäblich **und mit feſter** Haut überzogen in Unjamueſi beſonders häufig bei Weibern **geſehen,** oft von derſelben Größe **wie** die ſtarke Bruſt, ſo daß **es ausſah, als** hätte **das** betreffende Weib **brei** Brüſte.

Auf dem Weitermarſche **führte der nun betretene** Landweg **zuerſt** durch eine weite, mit Gras beſtandene Ebene, hier und da **eine** Mimoſe, in der Ferne eine blaue, **mit** Wald beſtandene Hügelkette, ſeitwärts der brauſend dahinſtrömende Nil. Zuletzt prächtige Baumgruppen und einige Palmen. Von einem iſolierten Hügel herab winkt weithin bemerkbar die Station Labore. Die Szenerie **des** durchzogenen Landes erinnerte Emin lebhaft an einzelne Partien **des** Balkan.

In dieſer Gegend hielten ſich eine Menge Elefanten auf und **zwar** in ſolchen Scharen, daß ſie zuweilen bis in die **Station einbrangen** und die Strohhütten abdeckten. Ein Soldat war von einem Elefanten angegriffen worden. Ein früher vermutlich verwundeter Elefant, welcher deshalb von ſeinen Gefährten getrennt war, **hatte ſich,** durch Geſtrüpp verborgen, an einer Wegebiegung aufgeſtellt **und hob, da** die Sol- daten paſſierten, den vorderſten auf ſeinen Zähnen **in die** Luft, ließ ihn aber, da ihm **jener ſeinen Arm in das** Maul ſteckte, fallen und durchbohrte dann **den** rechten Schenkel **des** Mannes in zwei Drittel ſeiner Höhe. Von den Kameraden des **Soldaten** beſchoſſen, entfloh darauf das große Tier. Da die Wunde des Soldaten zwiſchen den Muskeln durchging, ohne daß ein Gefäß verletzt wurde, war ſie nicht gefährlich und Emin leiſtete **ihm** ärztlichen Beiſtand.

Die Station L a b o r e iſt eine ſtrategiſch ſehr wichtige Poſition. Die Landſchaft iſt prächtig, in tief eingeriſſenem Bett brauſt der Nil in tauſend kleinen Kaskaden und Schnellen dahin, üppige Ufervegetationen umſäumen den Fluß und jenſeits im Oſten begleiten hohe, ſchön be- waldete Berge den Wanderer bis faſt nach **der Station** Dufile. Am Weſtufer, welchem Emin mit ſeiner 200 Mann ſtarken Karawane folgte, wechſeln prachtvolle Parklandſchaften, wie in ganz Afrika zu finden sind. Diese Landschaften gleichen oft, wie der Verfasser gesehen, derart einem wohlgepflegten Park mit Baumgruppen, Buschbosketts und Rasen, daß der Wanderer an jeder Biegung des Pfades erwartet, eine Villa anzutreffen.

Hier am Nil, dessen zahlreiche Felseninseln mit schönen, hohen Bäumen bestanden sind, wechseln weiße und gelbe Sandflächen mit Felstrümmern, zwischen denen die sonderbare Kandelaber=Euphorbie in zahlreichen Exemplaren gedeiht.

Das Flußthal wird enger und enger. Zahlreiche Chors (Plural Cheran), eine arabische Bezeichnung für Erdrisse, Wasserschluchten, periodische Wasserläufe mit tiefeingeschnittenem, trockenem oder Wasser=führendem Bett, wurden durchschritten. An einem schmutzigen Wasser, welches ganz durch Elefanten verunreinigt war, lagerte die Karawane. Rollender Donner und das Schnauben und Trompeten zahlreicher Elefanten, die nachts das Wasser besuchen wollten, an welchem die Karawane lagerte, aber die Lagerfeuer fürchteten, waren das Schlaflied der Reisenden.

Am nächsten Morgen zog Emin nach Dufile. Die Hügelkette, welche er überschritten hatte, verlassend, öffnete sich vor ihm ein schönes Panorama; in sanftem Abstieg verflachen sich die Hügel zu einer weiten palmengezierten Ebene, in deren dunklem Grund blau und leuchtend der mächtige Nil in weitem Bogen dahinglitt. Blaue Hügel und Berge schließen das Bild ab. Bald empfangen die Reisenden Trommelwirbel und Trompetenklang. Dufile am Nil ist erreicht.

Hier bei Dufile wohnte der Stamm der Madi, deren Weiber außer einem Bastfasergürtel und einer zweifingerbreiten Schürze aus Leder oder Rindenstoff nichts tragen, während die Männer vollständig nackt umherlaufen. Schmuckgegenstände, wie Hals=, Arm= und Fuß=ringe sind aus Eisen hergestellt und bilden bei eleganten Männern an Armen und am Halse oft förmliche Panzer, was zwar sehr hübsch aussieht, aber höchst unbequem zu tragen ist. Eisenschmieden, deren es fast in jedem Dorfe welche gibt, verfertigen neben diesem Schmuck Lanzen= und Pfeilspitzen, sowie Hacken als Ackergeräte, welche zugleich wie bei allen ackerbautreibenden Stämmen als Zahlungsmittel dienen. Hier bei den Madi scheinen sie sehr billig zu sein im Verhältnis zu

Stromschnellen des Ulis.

andern Ländern, z. B. dem in unsrer deutschen Interessensphäre liegenden
Unjamuesi, **da man dort sogar** Träger damit lohnt.

Vom Dufile nilaufwärts konnte Emin den kleinen Schrauben-
dampfer „Nyanza" **benutzen.** Mit vier Meilen Geschwindigkeit ging es
stromaufwärts, doch mußte die Schraube häufig von Wasserpflanzen gereinigt werden. Die stellenweise sumpfigen Ufer sind mit Wasservögeln
aller Art besetzt. Reiher, Ibis Mygtheria senegalensis, kleine kosmo-
politische Strandläufer, auf den großen Blättern der Wasserlilie laufen
Parra africa mit ihren riesigen Zehen geschäftig umher und aus dem
Ufergras ertönt das sonderbare Knurren der Wasserhühner, deren schwarzes
Gefieder zuweilen sichtbar wird. Unter einem Baume sitzt ein brauner
Schattenvogel, den geschopften hammerartigen Kopf unbeweglich auf den
Rücken gelegt. Sein riesiges Nest sitzt oben auf einem starken Aste.
Es sieht wie ein Backofen aus und hat fast ³/₄ Meter im Durchmesser.
Ganz aus Lehm gemauert ist es von allen Seiten, auch nach oben voll-
ständig geschlossen, mit einer spannweiten, schräg nach unten gerichteten
Öffnung. Die Eingebornen der vom Verfasser bereisten Gebiete erzählten, daß das Nest zwei Abteilungen im Innern habe, bis sich derselbe durch mühsames Öffnen eines solchen sonderbaren Bauwerkes über-
zeugte, daß nur ein einziger Raum innerhalb der Höhlung vorhanden
ist. Am meisten Kunstfertigkeit war von dem reihergroßen Vogel bei
der Herstellung der runden Seitenwand aufgewendet worden, aus kleinen, fingerlangen, glatten Holzstäbchen wie ein schönes Korbgeflecht hergestellt.

Das Klappern des Dampfers scheuchte ein plumpes Nilpferd aus
seinem Mittagsschläfchen, welchen es auf einer Sandbank gehalten hat,
und in komisch hastiger Angst stürzte es kopfüber in die blaue Flut.

Als am andern Morgen das Dampfsignal erscholl, erschienen von
allen Seiten Neger, deren **jeder** eines oder mehrere Holzstücke **herbei-**
schleppte, um das für den Dampfer bestimmte Brennmaterial gegen
Glasperlen zu verkaufen. Unter Scherzen und Lachen ging der Handel
vor sich, wie denn immer auf diese Weise an holzreichen Punkten die
Dampfer ihren Bedarf für Heizmaterial einnehmen.

Der Nil ist hier wieder stellenweise durch Schilf, Papyrus, schwimmende Pistien, einer krautartigen Wasserpflanze. umspannt, so daß der

kleine Dampfer häufig genug nur äußerst mühsam seinen Weg durch offene Kanäle finden konnte.

Noch eine Tagereise und der „Nyanza" steuert in den Albert Nyanzasee hinein, nachdem Emin an den flachen Ufern noch eine Menge Antilopen, einige Banden Affen und eine etwa 30 Stück zählende Elefantenherde gesehen hat. Echt afrikanische Szenerie thut sich nun dem Blicke auf. Wallende Nebel, aus denen nur die Bergspitzen hervortauchen, schließen von allen Seiten den Horizont, der Phantasie freien Spielraum lassend. Über die schöne, freie Wasserfläche wendet sich der Dampfer nach Osten, um die Mündung des Somerset-Nil, wie der Fluß zwischen dem Victoria und Albert Nyanza genannt wird, zu erreichen.

Und in dem Verhältnisse, wie sich der Dampfer dem Lande nähert, beginnt und mehrt sich die schwimmende Vegetation, die Schilfinseln und Schlammbänke, von großblätterigen Nymphäen geziert, auf denen Hunderte von Wasservögeln ihr Wesen treiben. Der Schlangenhalsvogel ist hier sehr häufig, ein Bewohner aller größeren und fischreichen Gewässer des tropischen Afrika. Es ein ist höchst sonderbarer Vogel. Der etwas gestreckte Körper ist etwa von der Größe desjenigen einer Ente, die Füße gleichen mit ihren Schwimmhäuten ganz denen des ebengenannten Vogels. Der fast zwei spannlange Hals ist nur daumendick und hat ihm dem Namen Schlangenhalsvogel eingetragen. Der kleine gestreckte Kopf verlängert sich zu einem spitzen Schnabel. Ein dichtes, starkes Federkleid aus spitzen, dunkelbraunen und schwarzen Federn zusammengesetzt, schützt mit einer dichten Unterlage hellen Flaumes den ganzen Körper und die dicke thranige Fettschicht unter der Haut ist wohl dazu geeignet, dem Vogel die Körperwärme zu erhalten, wenn er nach seiner Gewohnheit den großen Teil des Tages tiefschwimmend zubringt, wobei der Körper nie sichtbar ist, sondern nur ein kleiner Teil des Halses und der Kopf, welcher in graziös nickender Weise an der Oberfläche auf kurze Zeit sichtbar ist, um in der Tiefe zu verschwinden, wenn der gierige Vogel vollständig untertauchend Fischen nachjagt. Einige 20—30 Meter weiter von dem ersten Standorte erscheint der Kopf des Vogels wieder. Im Schnabel schillert und blinkt ein Fisch, der in die Luft geschleudert, mit dem Schlund aufgefangen und verschluckt wird. Hat der Plotus, wie er genannt wird, $1/2$—1 Stunde gefischt, so arbeitet er sich, klatschend mit den Flügeln schlagend, aus dem Wasser, fliegt triefend über die Fläche desselben und bäumt dann mit einigen Kameraden auf abgestorbenen Ästen oder Wurzeln dicht über seinem Elemente in der heißen Sonne auf, um sich zu trocknen. Wie Scheibenadler sitzen dann die Vögel mit weit ge= spannten Flügeln einzeln oder scharenweise da, 'entweder ganz ruhig oder die Flügel langsam fächelnd bewegend, um sie schneller trocken zu machen. Dann fetten sie ihre Federn ein, um aufs neue zu tauchen. Mit den Krokodilen halten die Schlangenhalsvögel gute Kameradschaft, wahrscheinlich nur, weil sie für den gierigen Saurier ungenießbar sind, möglicherweise infolge irgend eines den Krokodilen unangenehmen Ge= schmackes. Auch für den Menschen sind die Schlangenhalsvögel ihres starken Thrangeruches wegen als Nahrung nicht zu verwerten. Zur Zeit der Begattung erhebt sich der Plotus himmelhoch in die Lüfte um dort mit seinem Weibchen, wie Adler majestätische Kreise zu ziehen und durch wunderbare Flugkünste den Beobachter in Erstaunen zu setzen, der einem anscheinend so schwerfälligen Vogel keine solche Fluggewandtheit zu= getraut hätte.

Hier sei auch gleich des prächtigen Schreiadlers (Haliaëtus vocifer) gedacht, eines Vogels, welcher in keiner afrikanischen Landschaft in der Nähe des Wassers fehlt. Wenn er auf einem hohen abgestorbenen Baum aufgehackt hat, so leuchtet sein schneeweißer Kopf und Hals weit= hin und seine tiefschwarzen mächtigen Schwingen und der rostrote Rücken machen ihn zu einer der prächtigsten Adlerarten. Der Schreiadler lebt nur von Fischen. Ruhig zieht er seine Kreise über dem Wasser, scharfen Auges nach unten spähend, um sich dann schräg nach dorthin auf die Oberfläche herabzulassen. Einige Sekunden flattert er leicht an einer Stelle, taucht die kräftigen gelben Fänge ins Wasser und erhebt sich mit einem großen Fisch von 3—6 Pfund, seine Beute, in der Richtung seines eigenen Körpers, den Kopf des vergebens zappelnden Fisches nach vorn in den Fängen tragend. Wie er sich des Fisches zu be= mächtigen vermag, ist kaum erklärlich, zumal er mit Vorliebe schnell= schwimmende Raubfische erbeutet. Es ist nur denkbar, daß die Fische seine hellgelben Fänge für Beute halten und so von dem Vogel erfaßt werden können. Der Adler kröpft die Fische auf dem Boden. Den größten Teil des Tages kreist er hoch in den Lüften und läßt von dort seinen eigenartigen, weit hallenden Schrei ertönen, welcher auf jeden Reisenden einen andern Eindruck macht. Möglicherweise klingt auch der Schrei in abgegrenzten Bezirken verschieden, wie z. B. der glockenartige Flötenton der Flötenwürgers östlich vom Tanganika ganz reine Tonfolge aufweist, westlich von diesem See in unreiner Folge disharmomisch klingt.

Schweinfurth schreibt über den Schrei des schönen Adlers „der einsame Schrei des Flußadlers aus unsichtbarem Hinterhalt erschreckt ab und zu den seinen Gedanken nachhängenden Beobachter und sein gellendes Gelächter scheint jeder elegischen Stimmung zu spotten. Livingstone vergleicht die Stimme mit einem aus Himmelshöhen herabschallenden Ton. Dem Verfasser machte die Stimme einen ähnlichen Eindruck, „wie aus einer andern Welt hallte sie märchenhaft aus der Höhe herab und konnte er sich dem hochpoetischen Reize derselben nie entziehen". Die Stimme des Schreiadlers ist mit keiner andern Vogelstimme vergleichbar. Emin schreibt nur, daß er den Schrei gehört. Immer aber kündet er dem durstenden Wanderer die Nähe des Wassers und sollte schon deswegen immer einen angenehmen Eindruck machen.

Doch folgen wir wieder Emins Dampfer, welcher sich durch Pflanzenbarren und Untiefen mühsam seinen Weg bahnt; Mengen von Fischerkähnen, unter ihnen solche für sechs Personen, treiben zwischen den Inseln des Albert Nyanza umher. Eine enorme Menge von Vorrichtungen zum Fischfang decken beide Ufer des langsam strömenden aber breiten Flusses. Dort wechseln schöne Gehölze, in denen hier und da Borassuspalmen erscheinen, mit lichten Stellen, die freien Einblick in das hügelreiche Innere gewähren. Fünf Meilen flußaufwärts am Nordufer, wo die Strömung stärker und die Tiefe bedeutender, erreicht der Dampfer die Station Magungo, von wo aus die Reise per Land nach Mruli geht.

Emin machte hier infolge des Aufenthaltes zur Herbeischaffung der Träger eine Menge ethnographische Beobachtungen unter den hier wohnenden Lur, aus welchen nur hervorgehoben sei, daß diese Leute das Fleisch vom Nilpferd, Elefant und Krokodil nicht genießen, da sie glauben, daß es Hautausschlag verursache.

In drei Tagemärschen gelangt die Karawane durch 2—3 und mehr Meter hohes Gras nach Kirata. Rohrdickichte von imposanter Höhe und Breite schieben sich häufig zwischen die Gräser und tragen nicht wenig dazu bei, den Weg zu erschweren. Wo eine Wasseransammlung in einem Bodenspalt stattfindet, entwickelt sich die Vegetation in geradezu überwältigender Fülle; man kann sich den Weg oft nur mit allergrößter Anstrengung bahnen und erstickend heiß ist es in diesen Dickichten. Eigentümlicherweise scheint in diesen Graswäldern alles tierische **Leben** erstorben zu sein. Kaum das Gezwitscher einiger Vögel, **der ferne Trom**petenton eines Elefanten lassen sich vernehmen, selbst die Wanderer schweigen und streben vorwärts, offnen Stellen **zu**. Nachts **freilich wird** das anders; wenn der Mond seine Silberwellen über die in der Nacht**brise** wogenden Halme **ergießt**, sobald phantastische Schatten den Reisenden umspielen, dann erfüllt sich alles mit gespenstigem Leben; überall rauscht und wogt es, **der Zauber** ist gebrochen, die Tierwelt erwacht. —

Nach mehreren Tagemärschen berührte Emin den großen Häuptling Ansina **und weiterhin** den am weitesten vorgeschobenen Posten nach Kabregas Land Unjoro, die Station Londu, welch letztere wiederholt von Kabregas Leibgarde angegriffen wurde. Emins Wohlbehagen wurde in diesen Gegenden nachts durch eine winzig kleine schwarze Fliege gestört und besonders durch Flöhe. Der ganze ägyptische Sudan erfreut sich einer absoluten Flohlosigkeit und nur hier und da findet man ihn als Seltenheit von Ägypten eingeschleppt. In Uganda dagegen ist er sehr häufig, **so daß** Emin dort immer erst die den Boden der Häuser bedeckenden Strohschichte entfernen lassen **mußte**. Der Verfasser fand den Floh bis **zu dem** Congoquellgebiet **äußerst** selten. Sansibar dagegen scheint ein wahres. Floheldorado **zu** sein. Als der Verfasser und seine drei Kameraden dort im Jahre 1880 die Vorbereitungen zu einer großen Expedition trafen, hatten sie ein Haus gemietet und in einem der Zimmer vier europäische Hunde untergebracht. Die Tiere schliefen auf dem aus Werg bestehenden Packmaterial und wurden dadurch eine geradezu unglaubliche Menge dieser Insekten ausgebrütet. Merkwürdigerweise folgten sie **nie in die** Betten, man war dort vollständig vor ihnen sicher. In der **Nacht** vernahm man buchstäblich das Hüpfen der sehr winzigen Flöhe auf umherliegendem Papier als leises Knistern. Wenn **man am** Morgen die Beine auf den Boden stellte, **so** waren dieselben sofort **an den** unteren Partien mit Flöhen **besät und** zählte der Verfasser eines Morgens 50 Stück derselben. Späterhin erschienen sie in solchen Scharen, daß der Unterschenkel in dem Moment, wo man das Bett verließ, wie mit einem durchbrochen gewirkten Strumpfe bekleidet aussah. Alles Säubern und Reinigen half nichts. Da die Abreise sehr beschleunigt wurde, so wurde kein andres Haus gemietet.

Der Reisende wird im Innern Afrikas sonst nur wenig vom Ungeziefer geplagt, wenn er immer in eigner Behausung oder noch besser im Zelt in seinem Bette schläft. Wanzen sind ebenso selten wie Flöhe im Innern, und es ist im Falle solche vorkommen, nur notwendig, das Feldbett und die Decken einen Tag über den glühenden Sonnenstrahlen auszusetzen, um alle Wanzen zu töten. In den Häusern der Eingebornen finden sich in den Rissen des allgemein gebräuchlichen, festgestampften Lehmbodens sogenannte Papasi, eine rotbraune den Wanzen sehr ähnliche Zecke, welche sich zu Erbsengröße vollsaugt und alsbann grau aussieht. Den am Boden Schlafenden plagt sie ebenso, wie eine ganz kleine 5—6 Millimeter lange, weiße fußlose Made, ein ganz besonders ekelhaftes Tier. Papasi und Maden kommen aber nie ins Bett. Gegen die allgemein verbreiteten Moskitos schützt ein zweckmäßig angebrachtes Tüllnetz vollständig; wenn ein Reisender in der Nacht von diesen unausstehlichen Plagegeistern zu leiden hat, so hat er es nur seiner eignen Unachtsamkeit zuzuschreiben, es sei denn, daß ihn ein Unglücksfall seines schützenden Moskitonetzes beraubt hätte.

Gegen die Termiten aber, welche in Afrika die Rolle unserer Regenwürmer in bezug auf Bodenauflockerung spielen, ist nichts sicher. Mit unermüdlichem Eifer sind sie bemüht, alles, was sie erreichen können, zu zerstören. Von ihren großen kegelförmigen oft fünf Meter hohen Bauten, welche mit schlanken kegelförmigen Röhren gekrönt sind, bauen sie nach allen Richtungen hin papierdünne Röhren von der Dicke einer hölzernen Stricknadel. Diese Röhren dienen ihnen als Schutz gegen die brennenden Strahlen der Sonne. Setzt man sie diesen aus, so verenden die Tiere mit den zarten weißen Leibern schon nach wenigen Augenblicken unter zuckenden Bewegungen.

Es gibt nichts, was sie nicht auffressen. Holzkisten, Stiefel, Hüte, Papier, Kleider, Felle, Nahrungsmittel, selbst ganze Häuser. Gewöhnlich arbeiten sie sich durch den Boden hindurch zu den von ihnen in Angriff zu nehmenden Gegenständen. Sie fressen den Gegenstand vollständig auf, lassen aber immer eine ganz dünne Schicht übrig, so daß derselbe unbeschädigt aussieht, und erst bei der Berührung gewahrt man, daß man nichts wie eine leere Hülle vor sich hat. Die weißen Termiten bringen unter vertrocknetem zu Boden gefallenem Laubwerk versteckt, ein höchst eigentümliches Geräusch hervor, wenn man sich den wohlverborgenen kleinen Zerstörern nähert. Mit rascher Vibration schlagen sie mit ihren Köpfen auf die trockenen Blätter, so daß es genau so klingt, als begieße man dieselben durch eine Brause mit der Gießkanne, oder als riesele ein feiner aber heftiger Regen auf die Blätter nieder. Der Kampf gegen die Termiten ist ein ununterbrochener und nur große Aufmerksamkeit sichert den Reisenden vor oft sehr erheblichem Schaden. —

Im Weitermarsch erreichte nun Emin die Station Mruli am Somerset-Nil. In der Nähe derselben bezeichnet ein einzelner Baum, die Meschra, den Ein- und Ausschiffungsplatz. Die durch einige Schüsse herbeigerufenen Barken der Station Mruli werden bei prachtvollem Mondschein beladen und hin und her, von Ufer zu Ufer geht die Fahrt, bis endlich alles glücklich übergesetzt ist. „Dank Gordon Paschas eminentem organisatorischen Talent", sagt Emin, „dank seinen geradezu übermenschlichen Mühen und Arbeiten während drei Jahren in einem Klima, dem bis jetzt nur wenige zu widerstehen vermochten, dank seiner durch kein Hindernis gebrochenen Energie ist das ganze enorme Gebiet vom neunten bis zum ersten Grad, vom Sobat bis nach Mruli so gut organisiert, so völlig sicher geworden, daß ein einzelner Reisender mit aller hier möglichen Bequemlichkeit dasselbe durchwandern und sich seinen Studien widmen kann. Gewehre und Munition sind außer zur Jagd gewiß nicht nötig. Wer je mit Negern in unmittelbare Berührung getreten und von ihnen teilweise abhängig gewesen, was Transport, Lieferung von Lebensmitteln, Tribute u. s. w. angeht; wer die glühende Sonne und die fieberhauchenden Sümpfe des genannten Gebietes gesehen und erprobt; wer da weiß, was es bedeutet, jahrelang aller Gesellschaft, aller Bequemlichkeit, allem zum Leben Nötigen fern, allein zu leben, nur der kann ermessen, was Gordon Pascha hier geleistet. Er mußte sich das Material zu seiner Arbeit selbst schaffen — und aus Negern!" Und dieses uneingeschränkte Lob, welches Emin Gordon spendet, verdient er selbst, der deutsche Pionier, am meisten.

Von Mruli aus machte Emin im Auftrage Gordons eine Reise zu
Kabrega von Unjoro. An der Grenze von Unjoro mußte Emin seine
Truppen aus Mruli zurücklassen, da die Leute sich **fürchteten, in** das
Land ihrer Todfeinde zu ziehen.

Nach mühsamem Marsch, welcher wiederholt durch das belästigende
Gras führt, erreichte Emin die Residenz Kabregas mit Namen M j a r o
N j a m o y a. Für Emins Quartier sind einige Hütten auf einem Hügel
bestimmt, **über dem sich** hohe Berge auftürmen. Ein großer **Hütten=**
komplex stellt Kabregas Residenz dar. Der Häuptling läßt sich durch
einen Abgesandten entschuldigen, daß er für Emin keine Geschenke habe
auftreiben können, sandte aber am nächsten Morgen zwei weiße fette
Ochsen mit langen Hörnern, ein Paket schönes weißes Salz, welches
am Mutan=Nsige gewonnen wird, sowie Getreide und Bananenwein.
Emin bereitete dann die Geschenke vor, welche alles, was Kabrega bisher
erhalten hatte, übertreffen sollten, und begab sich dann mit einem kleinen
Gefolge, in Uniform und zu Pferde (er hatte das seine mit auf die Reise
genommen), zum Häuptling. Durch Haufen gaffender Menschen gelangte
die Gesandtschaft vor einen kreisrunden **Togul,** wie die Ägypter die
Negerhütten mit der dem Nubischen entnommenen Bezeichnung nennen,
mit hoher Vorder= und Hinterthür, vor denen ein kleiner bedachter
Raum liegt; der Boden des Hauses ist sauber mit grünen Papyrus=
wedeln bestreut: diese Wasserpflanze kommt hier in großer Menge an
allen Flüssen und Bächen vor. In der Mitte sitzt auf hohem Stuhle
K a b r e g a, ringsum kauern auf dem Boden die Würdenträger des Chefs;
hinter **dem König,** wie ihn Emin nennt, etwa zehn mit Gewehren be=
waffnete Knaben und Männer. Zu Füßen Kabregas kauert sein Dra=
goman Maniara, ein wahres Vogelgesicht. Emins Stuhl wird dicht
neben den Sessel des Herrschers gestellt.

Das war also Kabrega, der feige, bettelhafte Trunkenbold, als
welchen ihn Baker schildert, dachte Emin bei seinem Anblicke. Ein Stück
feinen, lachsgelben Rindenstoffes deckte in malerischen Konturen den Kör=
per des Häuptlings bis hoch zur Brust hinauf; von da an aufwärts
war der Körper völlig unbekleidet, nur über der linken Schulter lag
ein andres Stück von etwas dunklerem Rindenstoff wie ein Plaid. Der
hübsch geformte, völlig glattrasierte Kopf zeigte an den Schläfen jeder=

seits zwei Brandnarben, das Stammesabzeichen der Wanyoro; die un=
teren vier Schneidezähne sind wie bei allen Wanyoro ausgezogen. Es
geschieht dies bei Knaben und Mädchen dadurch, daß ein unten einiger=
maßen breitgefeiltes Eisen an den Zahn gestemmt und dieser durch
hobelnde Bewegung entfernt wird. Das Kolorit Kabregas ist auffallend
hell, der Totaleindruck war ein äußerst günstiger, jedoch **hatte er**,
wie die Mehrzahl der Neger, ein ausgesprochen sinnliches Äußeres.
Kabrega ist dem eigentümlichen Stamm der Wahuma entsprossen. Die
Wahuma sind verbreitet über ganz Unjoro und Uganda, über die Län=
der Karagua und Ruhanda zwischen dem Victoria Nyanza und dem
Mutan=Nsige in Urundi und Uha östlich vom nördlichen Tanganila,
und im nördlichen Unjamuesi bis zum 7.° südlicher Breite, und zwar
überall zwischen den eingebornen Stämmen zerstreut als Wahuma, Wa=
tusi, Wawitu. In Uganda allein sollen sie 40—50000 Köpfe stark
sein. Sie sind groß, von reinem Blute und haben schönes Gesicht und
schöne Gestalt. Besonders ihre Weiber sind sehr hübsch. Überall sind
die Wahuma Hirten und nur in ihrem südlichsten Verbreitungsbezirk
fand der Verfasser einige ganz verarmte Watusi, wie sie sich dort nennen,
als Ackerbauer. Sie leben sonst hauptsächlich von Milch und Fleisch.
In Uganda werden die Wahuma wegen ihres Berufes als Viehzüchter
verachtet, denn kein Mganda würde selbst Viehzucht treiben. In allen eben
genannten Ländern werden sie häufig als Hirten angestellt. Von den
Stämmen, unter welchen sie leben, halten sie sich vollständig gesondert
und heiraten freiwillig niemals Angehörige andrer Stämme. Eine sehr
häßliche Unsitte unter ihnen ist die, daß, wie dem Verfasser wieder=
holt Watusi versicherten, der Schwiegervater mit seiner Schwiegertochter
neben dem Manne lebt. Die Wahuma haben eine eigne Sprache mit
besonders hartem r. Ihr Gruß ist für alle Tageszeiten Walä! Die
Wahuma sind bedeutend intelligenter wie die Bantu, zu denen sie ihrem
ganzen Aussehen nach nicht gehören. Man nimmt an, daß sie von den
Ureinwohnern Abessiniens abstammen. Wahrscheinlich stammen die Herr=
scher Ugandas ebenfalls von den Wahuma ab, trotz ihres Stammbaumes,
der auf andre Abstammung hinweist.

Emin überreichte Kabrega seine Akkreditive und es entspann sich
alsbald ein sehr lebhaftes Gespräch. Wenn schon Kabrega fließend Sudan=

arabisch spricht und Emin Kinyoro, ersucht er ihn, reines Arabisch zu
sprechen und durch seinen Dragoman seine Worte zu übersetzen, „damit
ihn sein Volk höre", wie er sagte. Emin überreichte alsdann die Ge=
schenke und ergötzte sich an des Häuptlings Freude darüber. Besonders
erregten einige Stückchen wohlriechender Seife sein Interesse. Ein Re=
volver, den einer von Emins Leuten im Gürtel stecken hatte, ließ sich
Kabrega reichen und begriff sofort den Mechanismus, den er auseinander
nahm und selbst wieder zusammensetzte. Er bat sodann Emin, von dessen
vorjährigem Besuch in Uganda zu erzählen und ergötzte sich höchlich über
die Beschreibung des dortigen umständlichen Hofzeremoniells.

Emin besuchte Kabrega später noch oft, nie hörte er ein unpassendes
Wort, nie sah er eine indolente Gebärde oder irgend eine wie immer
geartete Unart, abgesehen davon, daß er manchmal, wie alle Neger,
spritzend vor sich hin spuckte; dann beeilte sich einer seiner Würden=
träger, den Speichel mit der Hand von der Bastmatte abzuwischen: eine
neue, für Europa zu empfehlende Hofcharge, wie Emin meint. Kabrega
ist lebhaft, lacht gern und viel, spricht viel und scheint sich bei allem
Zeremoniell Zwang anzuthun, ganz im Gegensatz zu weiland Mtesa,
dem von sich selbst eingenommenen Herrscher Ugandas. Bettelhaft, wie
Baker ihn nennt, war Kabrega keineswegs, denn außer einer Uhr ver=
langte er nichts von Emin, im Gegenteil sandte er ihm täglich Lebens=
mittel, für einen Tag berechnet, in solcher Menge, daß jener 14 Tage
hätte ausreichen können. Emin fand in Kabrega einen durchaus an=
ständigen Mann. Bei einem für Emin sehr unangenehmen Zwischenfall
zeigte sich dies besonders. Es hatten nämlich trotz Emins strengstem
Befehl Soldaten der nahen Station unter unvernünftigen neidischen
Offizieren einen Raubzug unternommen und einige von Kabregas Leuten
getötet. Der Häuptling ließ Emin sagen, daß, so unangenehm ihm der
Vorfall sei, in den persönlichen Angelegenheiten zwischen beiden nichts
geändert werden solle.

Bei einer der Audienzen, zu welcher Emin von Kabrega beordert
wurde, fand derselbe Leute aus Karagua vor, welche bei Kabrega er=
schienen waren, um Waffen und Munition gegen Elfenbein und Sklaven
einzutauschen. Der Häuptling wollte diesen Leuten seinen weißen Gast
zeigen, wie denn immer schwarze Häuptlinge gern mit Europäern, welche
sich bei ihnen aufhalten, prahlen. Emin hatte, um den König zu über=

raschen, Spekes Buch mitgenommen, in welchem Kabregas Vater Kam-
rasi abgebildet war und ein Zwerg Kimenya. Beim Anblick dieser und
andrer Bilder kannte die Freude der Anwesenden keine Grenzen. Kabrega ließ nun sofort zwei kleine, übrigens nicht zwerghafte Männer
vorführen, deren einer, ein Buckeliger, den Zielpunkt für das Gelächter
der Gesellschaft bildete. Das Gespräch wandte sich dann auf weiße und
hellfarbige Leute und brachte man einen langaufgeschossenen, hellgelben
jungen Mann, welchen Kabrega Emin als Geschenk anbot, doch lehnte
Emin dankend ab. Albinos sollen gar nicht selten sein, doch sind dieselben nicht etwa das Produkt von Heiraten unter Blutsverwandten.
In Unjoro heiraten sogar Geschwister untereinander, ohne aber Albinos
zu zeugen. Bei den Wanjamuesi dagegen ist Blutschande ein todes-
würdiges Verbrechen und gilt sogar geschlechtlicher Umgang zwischen
Geschwisterkindern als Blutschande. Die Wanyoro kleiden sich in Rin-
denstoffe und Felle. Die ersteren werden durch Klopfen der dünnen
Rinde vom Fikus hergestellt und haben das Ansehen rötlichen rauhen,
aber feinen Leders. Meister in der Herstellung dieser Rindenstoffe sind
die Waganda. Die Häute werden ausgespannt, durch Schaben von
Fett- und Fleischteilen gereinigt und dann mit Butter eingerieben. Die
Männer tragen die Stoffe um die Hüfte geschlungen und über die
Schulter geworfen. Die Weiber meist dicht unter den Achseln um den
Körper gelegt, bis zu den Knöcheln reichend, oder auch nur kleine Schürzen. Junge Mädchen gehen hier bis zu ihrer Verheiratung vollständig
nackt, selbst ohne Bedeckung der Schamteile. Auch verheiratete Frauen
gehen in den Häusern häufig nackt, jedoch nie vor Dienern und Fremden.
Bei der herrschenden Vielweiberei ist die Unsittlichkeit groß. Wenn ein
junges Mädchen die Nacht bei ihrem Liebhaber zubringt, so gilt dies
nicht für anstößig. Verheiratungen erfolgen, wie bei allen Negerstäm-
men, durch Erlegung eines Brautgeldes von seiten des Bräutigams.
Öffentliche Frauen existieren auch in Unjoro wie überall in Afrika, doch
besteht hier in dieser Beziehung eine ganz eigentümliche Einrichtung.
Im Hause Kabregas befinden sich eine Menge Mädchen als Dienerinnen
seiner Frauen, welche gewöhnlich gute Tänzerinnen oder durch körperliche
Vorzüge ausgezeichnet sind und bei Nacht völlig unbeschränkte Freiheit
genießen. Sie werden „Vranga" genannt. Am Abend gehen sie aus
und im Falle sie von einem Manne angerufen werden, begleiten sie

benfelben, um auf feinen Wunsch fünf bis fechs Tage bei ihm zu weilen. Oft genug kommt es vor, daß fie aus freien Stücken einem ihnen ge= fallenden Manne folgen und bei ihm bleiben. Der fie Aufnehmende ift gehalten, fich ihren Wünfchen zu fügen und für fie nach jeder Rich= tung zu forgen. Ihre Belohnung befteht je nach Umftänden in den gebräuchlichen Taufchartikeln, Rindern, felbft Sklaven. Fällt die er= wartete Belohnung zu gering aus, fo erfolgt ihrerfeits ftets Berufung auf Kabrega, welcher meift zu ihren gunften entfcheidet, obgleich er gar keinen Nutzen dabei hat. Alles nämlich, was fie erwerben, gehört ihnen, und wenn es einer geglückt ift, viel zufammenzubringen, fo gründen fie einen eignen Weiler, ein Dorf und heiraten auch wohl einen Sklaven des Königs. Die in diefer Ehe gezeugten Kinder gehören als Sklaven dem Häuptling. Ift es ein Knabe, fo wird er zum Krieger, und ift es ein Mädchen, fo wird es im Gewerbe feiner Mutter erzogen. Eine der= artig fanktionierte Proftitution findet fich nirgends wo anders in Afrika.

Eigentümliche Sitten herrfchen bezüglich der Thronfolge in Unjoro. Nach dem Tode des Herrfchers kommen die den Kindern desfelben von Jugend auf beigegebenen Erzieher zufammen, um über die Wahl des neuen Häuptlings zu entfcheiden. Es bilden fich dann immer Parteien und meift kommt es zu Kämpfen, welche erft enden, wenn der Sieger fich des in der Totenhütte feines Vaters befindlichen Thronfeffels be= mächtigt. Damit wird feine Herrfchaft anerkannt. Die Sitte will es fodann, daß alle Brüder und nächften Verwandten bis auf einen oder zwei getötet werden. Jedenfalls der ficherfte Weg, um vor ihren In= trigen verfchont zu bleiben.

Der Leichnam des geftorbenen Herrfchers wird gleich nach dem Tode gewafchen, über und über mit Butter gefalbt und in leichte Rindenftoffe gehüllt, auf ein hohes Gerüft in eine eigens dazu erbaute Hütte gelegt. Die Lieblingsfrauen und Diener des Verftorbenen unterhalten fodann Tag und Nacht unter dem Gerüft ein Feuer, bis der Körper völlig ge= trocknet und geräuchert ift. Sodann wird der Lieblingsftier des Toten gefchlachtet, feine Haut zubereitet und der Leichnam, umhüllt von einer Menge Rindenftoffe, in diefe Haut gewickelt. Er bleibt fodann mit den Frauen und Dienern in jenem Haufe, bis der Krieg unter den Thron= prätendenten beendet ift, was jahrelang dauern kann. Die erfte Ob= liegenheit des neuen Königs ift die Beerdigung feines Vaters. In

Unjoro herrscht die **Sitte,** daß der Häuptling, sobald er schwer erkrankt ist oder im hohen Alter **zu** kränkeln beginnt, **von** seinen Frauen getötet wird, denn einer alten Sage zufolge würde die Dynastie der Wawitu, welchen der Häuptling von Unjoro angehört, des Thrones verlustig gehen, wenn einer der Häuptlinge eines natürlichen Todes stürbe.

In uralten Zeiten, erzählen die Wanyoro, die Bewohner **Unjoros,** waren der Leute viele auf Erden. Sie starben nie, sondern lebten ewig. Weil sie aber übermütig wurden und keine Gaben darbrachten, ergrimmte der „große Zauberer", welcher die Geschicke der Menschen lenkt, **und** warf, um alle Menschen zu töten, das ganze Himmelsgewölbe auf die Erde nieder. Um **aber die Erde nicht ganz veröbet** zu lassen, sandte der „große Zauberer" **einen Mann und** eine Frau „von oben" her**nieder und beide waren** geschwänzt. **Sie** zeugten einen Sohn und zwei Töchter, welche miteinander Umgang pflogen. Eine der Töchter gebar ein ekelhaftes Tier, das Chamäleon, die andre gebar einen Riesen, den Mond. Beide Kinder wuchsen auf. Aber bald gerieten sie in Streit, denn das Chamäleon war böse und heimtückisch, und zuletzt nahm der große Zauberer den Mond hinauf, von wo er immer zur Erde herabschaut. Um aber an seine irdische Herkunft zu erinnern, wird er groß und leuchtend und nimmt ab, wie **um zu** sterben, stirbt aber nicht, sondern geht in zwei Tagen um den Horizont von Osten nach Westen und erscheint, müde von der Reise, klein am Westhimmel wieder. Die Sonne aber ergrimmte über den neuen Nebenbuhler und brannte ihn derart, daß noch heute die Flecken in seinem Gesichte zu sehen sind. Das Chamäleon aber und seine Nachkommen bevölkerten die Erde, die Schwänze gingen verloren und die ursprüngliche bleiche Hautfarbe wurde unter **der** glühenden Sonne bald dunkel. Auch heute noch sind die Himmelssphären von Leuten bewohnt, die geschwänzt sind und viele Herden haben. Die Sterne sind Wächter, welche der große Zauberer während der Nacht ausstellt. Die Sonne ist von riesenhaften Leuten bewohnt.

Der Glaube an Zauber und Amulette, sowie **an die** Möglichkeit, Leute durch allerlei Mittel krank zu machen oder gar zu töten, ist in Unjoro und Uganda wie in ganz Afrika **verbreitet.** Von der Idee eines Fortlebens nach dem Tode ist auch **hier** keine Spur vorhanden.

Eigentümlich ist der Glaube an Menschen, die nachts ihre Häuser verlassen und Wanderer töten, um ihr Fleisch zu essen oder zu aller

5*

hand Zauberkünsten zu verwenden. Solche Leute behalten bei ihren nächtlichen Ausflügen die menschliche Form bei, verstehen es aber, sich durch Zauber ungreifbar zu machen. **Lanzen** und Schüsse berühren sie nicht, wohl aber lange Stöcke.

Nach Unjorosagen waren Elefant und Schimpanse einst Menschen und auch der Hund war mit Sprache begabt, sprach jedoch nur mit seinem Herrn. Emin berichtet uns zwei Sagen: Vor alten Zeiten hatte ein Mann einen braven Sohn, er selbst aber war gewaltthätig und hatte seinem Nachbar viele Rinder abgenommen; **er** befahl einst seinem Sohn zu einem Nachbar zu gehen und dessen Haus mit Beschlag zu legen, andernfalls er ihn töten werde. Der Sohn ging, schlief in jenem Hause, fand aber am frühen Morgen, daß die Einwohner entflohen waren. Nach Hause durfte er nicht zurückkehren, hier wäre er allein verhungert; er bat nun den „großen Zauberer" ihn zu retten und wurde von ihm samt dem Hause zum Elefanten gemacht. Von Schimpansen **existiert eine** ebenso sonderbare Sage: Ein braver Mann hatte eine einzige Tochter, welche von einem Nachbar für seinen übelgeratenen Sohn gefreit wurde. Das junge Paar heiratete und lebte kurze Zeit glücklich. Als sich aber die junge Frau zuweilen vom Hause entfernte, um ihre Eltern zu besuchen, machte ihr der Mann den Vorwurf, daß dies nur ein Vorwand sei, um andern Männern **nachzugehen.** Jeden Tag behandelte er sie schlechter; so entfloh sie denn, ging **zu** ihrem Vater, dem sie ihr Unglück erzählte. Dieser tötete sich wegen des Makels, welcher auf seine und seiner Tochter Ehre gefallen war. (Bei der Moral der Neger eine sehr sonderbare Empfindlichkeit). In diesem Augenblick erschien der Schwiegersohn, welcher nun von dem großen Zauberer in einen Schimpansen verwandelt wurde. Die Frau aber trennte sich trotzdem nicht von ihrem Mann und so stammen **von** jenem Paare die Schimpansen, welche noch heute untereinander wie Menschen sprechen sollen und eine große Vorliebe für Frauen haben.

Emin gelang es schließlich, seine offiziellen Aufträge bei Kabrega zu beiderseitiger Zufriedenheit zu erledigen. Die Gesandtschaft, welche der Häuptling an Gordon zu senden beabsichtigte, solle Emin entweder auf dem Rückwege begleiten oder ihm folgen. Emin empfing zum Abschied zwei große Elefantenzähne und nach einem beschwerlichen Marsche durch die teilweise sehr angeschwollenen Bäche, durch Sumpf und Schilf, während der **schon seit einiger** Zeit andauernden Regenzeit langte Emin wieder in Mruli an.

Einen Monat später, Ende November 1877 sehen wir den ewigen Wanderer, wie sich Emin selbst nennt, schon wieder unterwegs, um eine Mission in Uganda bei Mtesa zu erfüllen. Emin würde sofort nach seiner Rückkehr von Unjoro nach Uganda aufgebrochen sein, **wenn er** nicht einen vollen Monat auf die von Mtesa erbetenen Träger **und** Führer hätte warten müssen. Die Leute kamen mit der Nachricht, **daß** das ganze Land weit und breit **unter Wasser** stehe und war **denn auch der** Marsch ein außerordentlich beschwerlicher. Zahlreiche enorme **Wasser-** lachen, kenntlich durch Phönixpalmengestrüpp, welche weit und breit über das leicht gewellte Land **zerstreut** liegen, erschweren den Weg. Keinerlei Kulturen unterbrechen das ewige Einerlei von Sumpf, Wasser und Cyprusgräsern; kein Haus ladet **zur** vorübergehenden Rast ein, Euphorbiengruppen **und** Mimosen bilden die einzige Staffage des hoch mit Gras bestandenen Sumpflandes, in dem tausende weiß und schwarz geringelter Moskitos ihr unangenehmes Konzert aufführen. **Ein** ander- **mal** führt der nur ¹/₂—1 Meter breite Pfad durch kniehohes Wasser und Schlamm. Wo ihn Elefanten benutzen, treten sie tiefe Löcher, in **welche der** Wanderer bis zur Brust einsinkt. Truppenweise sieht man sie **und kleine** Büffelherden weit ab von sich im Schlamm vergnügen. Nähert sich der Zug, so stürmen die Büffel gewöhnlich durch das hoch- aufspritzende Wasser, während sich **die** Elefanten in kurzem Trabe zurückziehen. Ein andresmal **zieht die** Karawane durch angebaute Striche und Bananenwälder, wie sie in **Uganda und** Unjoro häufig sind, um **dann** wieder bis an **den** Hals in stinkendem Wasser zu waten.

Häufig ward Emin gezwungen, Rasttage **zu halten. Unter irgend** einem Vorwande, daß ein Führer sich einen Dorn in den Fuß getreten habe oder einige Leute krank seien, erzwingen sie den Aufenthalt, um sich dem Genuß des Muenge, des berauschenden Palmweins, hinzugeben. — Als Emin 13 Tage von Mruli entfernt war, schrieb er in sein Tage- buch: „'s ist die reine Bierfahrt; von Dorf zu Dorf oder vielmehr vom Biertopf zu Biertopf geht der Marsch. In einer Nacht rannen, während **eines** heftigen Gewitters beim tollsten Regen, mitgeführte Rinder, welche durch die unaufhörlichen Blitze scheu gemacht worden waren, Emins Zelt um. Seine Leute schliefen den Schlaf des Ge-

rechten und blieb es ihm überlassen, in des Himmelsfluten seine Sieben=
sachen zurecht zu finden. Dies ein charakteristischer Zug für seine außer=
ordentliche Gutmütigkeit. Ein andrer Reisender hätte Himmel und
Hölle in Bewegung gesetzt und die Schläfer aus ihrer Ruhe aufge=
scheucht, um alles in Ordnung zu bringen.

Emin war eines Tages mit Sammeln von allerlei Getier und
Gewürm beschäftigt, als plötzlich neben ihm ein Pfeil in den Boden
fuhr. Zu derselben Zeit knallten auch schon Schüsse durch die Bananen
und als er sich nach seiner Hütte, welche er in dem betreffenden
Dorfe als Nachtquartier benutzte, zurückbegab, wurde dicht an der
Thür ein Mann durch einen Lanzenstich in die Nieren gefällt. Gleich
darauf wurden zwei andre durch Schüsse schwer verwundet. Alles
zog sich nun schleunigst in die Seriba zurück, welche in einigen Minu=
ten einer Festung glich. Umgeschlagene Bananen sperrten Ein= und
Ausgänge, in allen Höfen wurden Hütten für Wächter errichtet. Die
betrunkenen Leute stolzierten in voller Bewaffnung herum und Emins
ebenfalls berauschte Führer trugen ihre langen Gewehre spazieren. Bald
kehrten auch die nach allen Seiten ausgesandten Patrouillen zurück und
brachten etwa zehn Frauen und Kinder, drei bis vier Männer sowie
Ziegen als gute Beute mit. Zugleich machten die Leute Emin darauf
aufmerksam, daß man nun zwei Tage bleiben müsse, um nicht den
Schein zu erwecken, als seien sie Räuber, welche nach gemachter Beute
abzögen. Emin protestierte dagegen, da ja er der angegriffene sei und
den Schein, daß sie Räuber seien, könnten sie einfach durch Freilassung
der Gefangenen und Zurücklassung der Beute von sich abwälzen.
Am nächsten Tage wurde denn auch der Marsch fortgesetzt, die Ver=
wundeten wurden in der Nähe bei befreundeten Dorfältesten untergebracht,
die Gefangenen jedoch nicht freigegeben, sondern mitgeschleppt, weil sie
zu Mtesa gebracht werden sollten.

Eine prachtvolle Mondesnacht folgt einem ebenso schönen Tage.
Es ist ein eigner Genuß, im tiefen Dunkel der Bananen sitzend, das
Spiel der wechselnden Schatten zu beobachten, welche das bläuliche
Mondeslicht zwischen all dem Blätterwerk hindurch auf den dunkelroten
Boden zeichnet. Überall herrscht eine fast geisterhafte Stille, nur die
mächtigen Bananenblätter rauschen mitunter traumhaft leise. Gespenster=
haft huschen große Fledermäuse durch die Luft; der Cosmetornis spekii,

der „Vater der vier Flügel", wie die Araber den sonderbaren Ziegen=
melker nennen, fliegt lautlos, von langen Federn umgaukelt, welche ihm
als Schmuckfedern nur während der Begattungszeit aus den Flügeln
wachsen und ihm im Fluge das Ansehen eines Drachen geben oder den
Schein erwecken, als umflattern ihn fortwährend zwei kleinere Vögel;
bläuliche Lichter zeichnen die Bahnen großer Lampenträger und schwirrende
Nachtfalter in dunkler Tracht sind in der Nacht kaum dem Auge er=
kenntlich. Ein Hauch tiefsten Friedens geht durch die ganze Natur.

Ein Pfeil fährt neben Emin in den Boden.

Am andern Tage führte der Weg über den Berg Esamya, von
dem die Legende sagte, daß ihn kein menschliches Wesen ersteigen könne,
weil Hyänen den Weg versperrten und der Berg vor dem Wanderer
zurückweiche.

Dann breitet sich ein gesegnetes Land vor den Reisenden aus;
weite Pflanzungen aller Art umsäumen den Weg; fruchtschwere Korn=
felder harren des Schnitters. Vor den Häusern liegt auf großen Hürden
grüner Tabak, gelber Mais zum Trocknen, aber kein Bewohner ist
sichtbar, kein Laut läßt sich vernehmen, nicht einmal ein Huhn gackert.

Ein Todesschweigen liegt über dem Land. Pfade und freie Plätze sind mit kniehohem Gras überwuchert, in der glühenden Mittagssonne rascheln die nackten Äste der Gifteuphorbie — der Giftbaum im ausgeplünderten Lande, denn das ist die Bedeutung des Schweigens. Mtesas Leute haben auf seinen Befehl das Land überfallen und Leute und Vieh, Vorräte und Hausgeräte fortgeschleppt, ihres Herrschers Gelüsten zu frönen. Die Weiber wurden fortgeschleppt, als Sklavinnen Mtesa zu dienen. Wahrlich ein Schauspiel, um Mtesas zivilisatorische Befähigung, auf die große Hoffnungen gebaut wurden, deutlich zu veranschaulichen und eine schöne Illustration zu den Lobliedern, welche man auf diesen schwarzen Tyrannen, besonders auch Stanley und die Missionäre, gesungen hatten. Als Emin fragte, warum man das ganze Land entvölkert habe, antwortete man ihm, daß es in Uganda einen mächtigen Zauberer gäbe; wo dieser sich über ein Land breite, entvölkere er es weit und breit. Auf Emins Frage, ob dieser Zauberer auch plündere, schwiegen die Gefragten. Mtesa umgab, wie viele afrikanische Häuptlinge, seine Raubzüge immer mit einem Schleier von Mystik — Aberglaube ist ja stets mit Grausamkeit gepaart.

Nur vier Stunden von Mtesas Residenz entfernt, erhielt Emin einen Brief von diesem, er möge in jedem der Orte, in welchem er lagerte, ein bis zwei Tage rasten, so daß er für die kleine Strecke zwei bis drei Tage notwendig hatte, da die Wagandaträger fast nie über ein bis zwei Stunden weit täglich marschierten.

Endlich bei der Residenz angekommen, wurde Emin feierlich empfangen. Schüsse krachten, Tausende von Menschen umringen ihn, schreiend und gestikulierend, und die Karawane schreitet unter Trommelklang dahin. Pagen Mtesas eilen alle Augenblicke herzu, aus langen Gewehren Salven abgebend, um schnell zurückzueilen; dann nach kurzem Marsch eine volle Salve aus sämtlichen Gewehren Emins, das ägyptische Banner wallt im Sonnenglanz und Emin ist am Ziele, in Rubaga in Uganda.

Über den Aufenthalt bei Mtesa wissen wir nur, daß er da gut aufgenommen wurde und sich seines Auftrages entledigte wie bei Kabrega, ehe er nach der Station Lado, immer noch als Regierungsarzt, zurückkehrt. Er traf dort zum erstenmal mit Dr. Junker zusammen.

Emin fand in Uganda und Unjoro sehr interessante Verhältnisse in bezug auf den Handel vor. Beide Völker haben denselben auf eine ihrer Kulturstufe entsprechende hohe Entwickelung gebracht, sind doch gerade die Bantustämme, denen beide Stämme angehören, durch regen Handelssinn ausgezeichnet. Hier finden wir in den Hauptstädten von Unjoro, **in Mparo** Njamoja sowie in Rubaga, der Hauptstadt Ugandas, große Märkte, wo eine Menge Völker zusammenströmen, um **ihre Er**zeugnisse feil zu bieten.

Emin beschreibt einen solchen Markt in Kabregas Hauptstadt **auf** einem weiten, unregelmäßigen Platz hinter des Häuptlings großem Ge**höfte.** Der Platz ist eingefaßt von üppigen Bananen und hohen Rohrzäunen großer Hüttenkomplexe. Riesige Fikus gewähren Schatten, **wenn** gegen Mittag die Sonne gar zu empfindlich brennt. Gerade um diese Zeit entwickelt sich hier ein lebhaftes Bild beweglichen Treibens. Von allen Seiten strömen Leute herzu, bald als Verkäufer, beladen mit Waren, oder zum Verkauf bestimmte Tiere vor sich hertreibend, bald als Käufer lärmend und feilschend, auf Schnüre gereihte Kaurimuscheln **oder** die zum Austausch bestimmten Waren in den Händen. Neben dem in Fell gehüllten lichtbraunen Wahumahirten mit dem schönen, reinen Profil, welcher seine sauber in Bananenblätter gehüllte frische Butter zum Verkauf bringt, bewegt sich, von bunten Fetzen bedeckt, der dunkelschwarze Witschwesi-Paria, **mit** Amuletten und allerlei kuriosem Schmuck behangen, bettelnd und seine Künste preisend, der Zigeuner des Landes. Lichtgelbe Maskataraber mit dem vollen Bewußtsein ihrer Farbe und Superiorität, das hakige Dolchmesser, die Djembia, **im** Gürtel, verschmähen nicht ihre Lebensbedürfnisse an Gemüsen, Früchten, Fleisch selbst einzuhandeln; ihr weichklingendes Kisuaheli liegt nicht so weit ab vom Kinyoro, als daß sie sich nicht bald zu verständigen wüßten. Bewegliche, schwatzhafte Waganda, in saubere, lebergelbe Rindenstoffe drapiert, haben die schönen weichen Matten Ugandas, seine Rindenstoffe und dicken Kupferdraht zum Austausch herüber gebracht. Untersetzte, stämmige Leute von Nkola verkaufen in Bündeln den vorzüglichen Tabak ihres Landes. Die lichten Bewohner der Berglande im Süden haben Vieh zum Verkauf gestellt und die langaufgeschossenen Wakibikrieger **mit ihren** turmhohen Frisuren und **den** eisernen Panzerhalsbändern schauen sich das Treiben gleichgültig **an.** Kleiderstoffe sind ihnen nicht nötig, und **was** sie sonst bedürfen an Kupfer, Eisen,

Glasperlen u. s. w. gibt ihnen Kabrega reichlich als Gegengabe für
Elfenbein, das sie ihm gebracht. Es liegt ja in seinem Interesse,
sich die lohnende Kundschaft zu erhalten und günstig zu stimmen.
Zwischen all diese Leute aber drängt sich die Masse derer, die aus
den umliegenden Dörfern gekommen, um für ihre Bananen, Bataten,
Bohnen, Kürbisse und Mehl Absatz zu finden, die Fischer vom Albert-
see mit getrockneten und sogenannten frischen Fischen, sie sind tagelang
damit unterwegs, die Frauen mit enormen Kürbisgefäßen voll schäumen-
den Bieres, Bettler und Bettlerinnen, Prostituierte, nackte Kinder, Rinder,
Ziegen, Schafe, Hunde — alles das schreit und lärmt in buntem Gewirr. Hin und wieder läßt sich auch Musik hören, gewöhnlich von
Gruppen ausgeführt, die sich um volle Bierkrüge geschart, wobei des
Landes käufliche Schönen ihnen gute Gesellschaft leisten. Wer seine
Geschäfte beendet und zum Gehen sich rüstet, spricht dann gewöhnlich
noch in einer der nahen Schmiedewerkstätten vor, die hier, wie in allen
Negerländern eine Art Konversationslokal bilden, immer ist man sicher,
dort eine Gruppe von Nichtsthuern zu finden, und nimmt man noch
gern den neuesten Stadt- und Hofklatsch mit sich in das ferne Heim.
So geht das rege Getriebe fort, bis gegen 4 Uhr nachmittags die Leute
sich nach und nach verlieren und statt des Lärmens der Käufer und
Verkäufer nun das Gebell der Hunde und ärgerliche Gezwitscher der
Geier hörbar wird, die sich um ihre Mahlzeit befeinden und auch sie
verschwinden zuletzt im Mondschein.

Nach Uganda wurden durch die Araber aus Sansibar immer mehr
Manufakturwaren, Gespinste aller Art, Kleider, Waffen, Munition,
Kupfer- und Messingblech gebracht. Alle diese Dinge fanden willige
Abnehmer. Mit der großen Mannigfaltigkeit der in den Handel eingeführten Waren und mit der steten Zunahme derselben, machte sich
das Bedürfnis nach einem allgemein anerkannten Wertmesser immer fühl-
barer und ganz allmählich wurden die massenhaft eingeführten Kaurimuscheln als Zahlungsmittel angewendet, in Uganda und Unjoro
„Simbi" genannt. Man schliff den kleinen Muscheln den Rücken ab
und reihte sie auf Bastschnüre zu je 100 Stück. Fünf solcher Schnüre
repäsentierten damals zu Emins Zeiten, Ende der siebziger Jahre, den
Wert eines Maria Theresiathalers, eine Wertbestimmung, welche nur
geringen Schwankungen unterworfen ist. Mit 1200—1500 Stück dieser

Kauri kaufte man eine fette Ziege, ein Schaf kostete 1000—1200, ein Paket Salz aus Unjoro etwa 2 kg enthaltend 1000, ein Paket Feldfrüchte 400—600. Ein Ochse kostete 6000—7000. Für Gegenstände von geringerem Wert, teilte man die Schnüre in die Hälfte zu 50, diese aber in fünf Teile zu je 10 und als kleinste Summe zu je fünf Stück. Getrocknete Fische kosteten je nach ihrer Größe 10—20, ein Bund Bananen 40—50 Kauri. Das ganze Volk hat sich an dieses Geld derart gewöhnt, daß aller Handel damit bewerkstelligt wurde. Mtesa hatte ungefähr bis zum Jahre 1873 oder 74 verstanden allen arabischen Händlern den Weg nach Unjoro hin zu versperren. Er liebte es, Freunden gegenüber Kabrega von Unjoro als seinen Vasallen hinzustellen, dem er angeblich Geschenke übersandte. In der That aber schickte er regelmäßig seine eignen Leute dorthin mit Stoffen, Kupfer, Messing und Glasperlen in der Voraussetzung, daß Kabrega diese Geschenke mit Elfenbein und Sklaven erwidern würde. Ein Umstand, der immer eintraf, da Kabrega diese Handlungsweise als ein Geschäft ansah, was ja auch der Fall war. Es stellte eben den Handel auf der niedrigsten Stufe seiner Entwickelung dar. Mtesa verkaufte das so erhaltene Elfenbein und die Sklaven an die Sansibararaber. Uganda selbst ist, von dem südwestlichen Uddu abgesehen, nicht reich an Elfenbein. Die Elefanten können sich bei so dichter Bevölkerung nicht halten. Unjoro aber beherbergt besonders in den tiefer gelegenen Strichen noch zahlreiche dieser edlen Tiere. Unjoro selbst bezieht einen guten Teil seines Elfenbeins aus den Langodistrikten, den Ländern Ussoga und Walidi, sowie aus den Lurländern westlich vom Viktoria Nyanza. Uganda bezieht ebenfalls eine Menge Elfenbein aus jenen Langodistrikten östlich von Unjoro und auch Mtesa sandte dorthin Geschenke an die Häuptlinge. Häufig hielten sich Abgesandte jener Länder an Mtesas Hofe auf. Völlig nackt, bildeten die wilden Gestalten einen auffallenden Gegensatz zu den eiteln, zierlich drapierten Waganda.

Emin schreibt, daß es verkehrten Maßregeln zuzuschreiben sei, wenn alles Elfenbein, statt dem natürlichen Gesetz des leichteren Verkehrs zu folgen, noch heute nach Süden über Sansibar gehe. Für die Güte des Elfenbeins ist es jedoch entschieden besser, wenn es den letztgenannten Weg nimmt; denn der weitaus größte Teil des Elfenbeins, welches den Nil hinab über Ägypten geleitet wird, bekommt von der großen Hitze jener Länder derartige tief eindringende Riffe und Sprünge, daß es um 30—75% an Wert verliert.

Wenn Emin für Uganda ein völliges Erlöschen des Elfenbein= handels, jenes bisher wichtigsten Handelsartifels Afrifas, in nicht allzu langer Zeit in Aussicht stellt, so bestätigt er damit nur die jetzt überall gemachte Erfahrung, daß die Elefanten rapide abnehmen wegen des gegen diese edlen Tiere unbarmherzig geführten Vernichtungskrieges. Das Elfenbein bildete bisher die Hauptausfuhrware für die Äquatorialländer und Emins Verdienst ist es, auch andre Produkte in den Handel ein= geführt zu haben.

Den mißlichen Verhältnissen im Sudan, der türkischen Wirtschaft ist es zuzuschreiben, daß der Haupthandel Ugandas statt nach Norden, den Nil hinunter, nach Sansibar seinen Weg genommen hat. Besonders aber war die Veranlassung zu dieser Richtung des Handelsweges aus Uganda, daß infolge des Zusammentreffens einer Menge sehr günstiger Umstände der Platz Tabora in Unjamuesi zu einer eminenten Bedeutung gelangt ist, so daß von dort aus die Araber Sansibars als von ihrem Hauptstützpunkte ihre Macht oder wenigstens doch ihren Einfluß und ihre Handelsbeziehungen nach allen Seiten auszubreiten im stande waren. Durch die arabischen Verbindungen war es Mtesa sogar möglich geworden, fast alljährlich selbst Elfenbeinfarawanen nach der Ostküste und Sansibar zu senden. Es waren im Anfang der siebziger Jahre derart gute Beziehungen zwischen Mtesa und den Arabern Taboras eingeleitet worden, daß es nur von diesen abhing, Uganda zu einer von Sansibar abhängigen Provinz zu machen. Der damalige Wali von Tabora, Ab= balla bin Nasib, ein schwarzer Halbblutaraber von der Küste, war vom Sultan von Sansibar, Said Bargasch, beauftragt, kostbare Geschenke nach Uganda zu bringen und dort die arabische Flagge zu hissen. Er wäre auch einer guten Aufnahme sicher gewesen. Abballa bin Nasib unterschlug jedoch die Geschenke und verkaufte sie nach und nach für seine Rechnung. Alsdann berichtete er nach Sansibar, daß die Karawane mit den Geschenken angefallen und geplündert worden sei und seitdem wurden in echt morgenländischem Sichgehenlassen alle weiteren Schritte unterlassen, so daß zwar allerdings ein lebhafter Handel mit Uganda unter= halten wurde, allein derselbe hing vollständig von der Gnade Mtesas ab.

Emin bezeichnet es als einen argen Mißgriff der Gordonschen Ver=

waltung in der Äquatorialprovinz, **daß man** nicht mit allen Kräften
danach getrachtet habe, jene so sehr reichen Gebiete für den ägyptischen
Handel geöffnet zu haben.

Der Häuptling Mtesa beobachtete Emin gegenüber großes Mißtrauen,
trotzdem er im besten Einvernehmen mit ihm stand und er, wie dies immer
bei ihm der Fall war, seine ganze Gunst dem neuen Ankömmling zu-
wandte, indem er ihn unter den nichtigsten Vorwänden zurückhielt. Mtesa
gab Emin erst nach langem Drängen die Erlaubnis, den nur vier Stunden entfernt liegenden Ukerewe oder Viktoria Nyanza zu besuchen. Es
galt nun den kindischen Launen des Herrschers zuvorzukommen und sobald als möglich dorthin zu gehen. Frühmorgens setzte sich **Emin mit**
einigen Begleitern nach dem See in Bewegung. Die Morgensonne
blickte trübe hinter Wolken hervor; aus den wallenden grauen Nebeln,
die weithin das Land deckten, tauchten wie Inseln die vielen im Lande
zerstreuten Hügelrücken; an Mtesas Palast ging es vorüber in eine sumpfige
Ebene hinunter, **deren** Passage durch einen sehr primitiven Damm und zwei
noch primitivere Knüppelbrücken ermöglicht wird. **Die nun** folgenden
Hügel sind von fleißigen Arbeitern besetzt; überall sieht man neue Kulturen und Pflanzungen entstehen, haufenweise **wird das** ausgerupfte
Gras zusammengetragen und verbrannt, weithin Rauch und brenzligen
Geruch entsendend. Die Frauen beschäftigen sich mit dem Bestellen der
Felder, die Männer bauen Hütten oder verbreitern und säubern die
Straße, welche hier auf festem, rotem Laterit dahinführt. Es dürfte
somit Uganda so ziemlich das einzige Land sein, in welchem die Ein-
gebornen Straßen bauen oder wenigstens einigermaßen ebnen.

Wie durch einen Garten geht es zwischen Bananenwäldern und
Häusern dahin; hat der Mensch irgendwo eine Lücke gelassen, so ist die
Mutter Natur um so eifriger bedacht gewesen dieselbe mit grandioser
Grasvegetation und eleganten, schlanken Bäumen zu füllen. Undurchdringliche Dickichte, Zufluchtsorte für die hier sehr häufigen Leoparden,
fassen bisweilen die Straße ein und das Auge wird **beim** Betrachten
all der Formen und Farben fast müde. So wechseln beständig künst-
liche und natürliche Gärten. Ein schönes gesegnetes Land mit seinem
roten Boden, seinen grünen Gärten, seinen luftigen Bergen, seinen
lauschigen Thälern. Verschwenderisch hat die Natur ihre Reize gespendet,
nur der Mensch stört die Harmonie. — Kadaver mitten im Wege

zwingen uns auszuweichen; rauschenden Fluges verlassen Ugandas kleine
Geier bei unserer Annäherung die grausige Mahlzeit; vier Leichen liegen
da, jung und alt hat sie der Henker zusammengerafft, dem einen mit
breitem Schnitt die Kehle bis zur Wirbelsäule durchschneidend, dem an=
dern mit wuchtigem Hiebe den Hinterkopf zerschmetternd. — Und täglich
und stündlich ziehen Leute an den Leichen vorüber, vielleicht bald ähn=
lichem Geschick verfallend. — Die Leichen Hingerichteter bleiben immer
da liegen, wo die Leute erschlagen wurden.

Wenn Mtesa bei seinem Frühstück die Geier in der Höhe kreisen
sah oder in der Nacht Hyänen heulen gehört hatte, so ließ er mit dem
Bemerken, daß jene Tiere Hunger hätten, Menschen unter dem nich=
tigsten Vorwande abschlachten. Doch ist es mehr wie einmal einem je=
weiligen Gaste gelungen, sei es Europäer oder Araber, unschuldige Men=
schen bei Mtesa vor dem Tode durch Henkershand zu retten.

Bei dem Ort Ussavara, nach dem auch der ganze Distrikt heißt und
welcher, wie alle Ortschaften Ugandas, aus vielen in Bananenhainen
gelegenen Hütten und Gehöften zusammengesetzt ist, erreichte Emin den
Viktoria Nyanza. Eine weite Aussicht eröffnet sich hier über die Bucht.
Zu Füßen flutet der vom scharfen Südostwind getriebene See gegen
Streifen gelben Sandes, an dessen oberem Rande Pflanzenmassen an=
gehäuft sind. Von allen Seiten ist die Bucht durch Berge begrenzt,
nur nach Süden und Südosten verschwimmen Himmel und Gewässer.
Schön bewaldete Inseln, von denen Naluvali (von Stanley Bellefonds=
inseln genannt) und zwei kleine Inselchen gerade am Ausgang der Bucht
liegen, zieren dieselbe; auch die Ufer sind, soweit man sie überblicken
kann, bewaldet. Der Wasserrand ist überall mit einem dichten Schilf=
gürtel eingefaßt. Trotz des starken Windes zeigen sich Boote, welche,
mit zwei bis drei Mann besetzt, von einem Ufer der Bucht zum andern
rudern. Ein Mann steuert mit breitem Schaufelruder, der andre paddelt
bald links, bald rechts. Die aufgebogenen, mit Hörnern verzierten
Schnäbel sowie die rechts und links über den Wasserspiegel greifenden
Ausleger geben dem kleinen Fahrzeug ein phantastisches Aussehen.

Zufällig fand Emin ein kleines Boot am Ufer liegen. Die Plan=
ken hatte man durch Lehm und Fetzen von Rindenstoffen gedichtet, Aus=
leger waren auch hier vorhanden, das Vorderteil lief, statt aufgebogen
zu sein, in einem langen dreieckigen Sporn aus, vermutlich um das

Eindringen in die Schilfbüsche zu erleichtern. Emin bestieg das kleine Fahrzeug, welches sich sehr leicht ruderte, aber Wind und Wellen gestatteten nicht, weit vorwärts zu kommen. Der See wimmelte von Nilpferden und Krokodilen.

Mtesa besitzt eine große Flotte von Kriegskanoes. Dieselben sind an zahlreichen Inseln nahe dem Ufer Ugandas verteilt, so daß jeder Häuptling einer Insel zwei oder mehr Kanoes unter seiner Obhut hat. Manche dieser Boote fassen 40 Mann und alle sind gut gebaut. In jedem Boote befinden sich halb so viel Ruderer wie Kämpfer. Erstere werden durch Schilde gedeckt. Den Kriegskähnen wird ein gebogenes, an der Spitze mit einigen Antilopenhörnern geschmücktes Vorderteil angefügt, von welchem aus Grasfransen zum Bug führen. Gesteuert wird das Boot von den beiden letzten Ruderern. Segel kennen die Waganda ebensowenig wie alle Bewohner der innerafrikanischen Seen, was eigentlich eine sehr merkwürdige Erscheinung, da auf jenen großen Wasserbecken während sechs Monaten des Jahres starke Winde wehen. Die Neger an den Binnenseen sind selbst mit Einschluß der Waganda überhaupt schlechte Schiffer, was seinen Grund zweifellos in den ewigen Verschiebungen der Stämme während kleinerer oder größerer Zeiträume hat, so daß ein Stamm, der heute an einem See wohnt, morgen vielleicht weit landeinwärts seine Wohnsitze nimmt. Stanley schätzte die Kriegsflotte Ugandas auf dem Viktoria Nyanza auf 325 Boote, im ganzen besaß jedoch Uganda damals 500 Fahrzeuge, davon das größte 20 m lang, mit insgesamt 8600 Ruderern. Dieselben konnten zu Landungszwecken 16—20000 Mann fassen.

Die Bedeutung Ugandas beruht wie die der Kaffern auf der kriegerischen Einrichtung, welche ihrem ganzen Leben und der Regierung einen eigenartigen Anstrich geben. Soldat ist jeder, welcher Schild und Lanze zu führen im stande ist. Wenn der König mit seinem großen Rat den Krieg beschlossen hat, so strömen auf den Ruf der Kriegstrommeln, welche bald von Ort zu Ort weiter tönend, das ganze Land in Aufruhr bringen, von allen Seiten die Streiter zusammen und sammeln sich in ungeheuren Haufen vor dem Strohpalaste Mtesas. Die gewöhnlichen Kleider haben die Krieger mit einem kleinen Lendentuch vertauscht und sich über und über weiß und rot bemalt. Der König empfängt seine Heerscharen vor seinem Strohpalast, mit zwei Kupferspeeren ausgerüstet, im Kreise seiner ebenso bewaffneten obersten Würdenträger. Außer dem Herrscher und den alleroberst Würdenträgern darf niemand Kupferspeere führen. Die einzelnen Kriegerabteilungen kommen dann in Haufen tanzend und singend auf ihren Kriegsherrn zu und legen eine Art Treuegelübbe ab. Dann werden Detailbefehle erteilt und das Heer bricht in der befohlenen Ordnung haufenweise nach dem Kriegsschauplatze auf. Im Kampfe führt jeder neben dem Holzschild, welcher mit seinem Rohrgeflecht überzogen ist, zwei bis drei lange Wurfspeere, deren zwar gute Schmiedearbeit in bezug auf Formengebung jedoch keineswegs auf der Höhe der übrigen Kunstfertigkeiten Ugandas steht.

Stanley gibt eine treffliche Schilderung eines solchen Kampfes, den er selbst mitmachte. Hier sei nur erwähnt, daß die einzelnen Häuptlinge aufeinander folgten, wie es schien, ohne bemerkenswerte Ordnung. Zuerst die Hilfstruppen, dann die auserlesenen Krieger im Geschwindschritt mit dem Kriegsrufe „Kavya", dann die Leibgarden, in deren Mitte Mtesa mit seinem ersten Minister marschiert. Letzterer trägt die Kleidung des Herrschers, wahrscheinlich um etwaige Meuchelmörder zu täuschen. Zuletzt folgte der Harem des Königs, aus 5000 Weibern bestehend. Jede einzelne Truppenabteilung ist an dem ihr eigentümlichen Trommelschlag erkennbar. Dabei bewegte sich alles sehr schnell, fast im Trabe vorwärts, einer Eigentümlichkeit aller Neger während der Kriegführung. Vor und während der Schlacht werden natürlich fortwährend Zauberkünste getrieben, um den Sieg herbeizuführen. Dem Getöse und dem Lärm, welchen die Waganda beim Auszug zum Kampfe machen, entspricht aber nicht ihr Mut und werden ganze Tage mit Schimpfereien und Zungengefecht ausgefüllt. Die Waganda sind überall als Krieger wenig gefürchtet und nur die Menge gibt meist den Ausschlag.

Endlich nahte der Tag der Abreise für Emin und trotz aller königlichen Versprechungen von seiten Mtesas erschienen nicht mehr wie zwölf Träger. Es ist dies ein höchst charakteristisches Zeichen für afrikanische Herrschermacht und ließ deutlich erkennen, daß trotz aller Tyrannei selbst eines so mächtigen Despoten wie Mtesa, der einzelne, selbst der Sklave eine weit größere persönliche Freiheit genießt wie irgend ein Europäer. Liegt es doch nicht einmal in eines Mtesa Hand seine Leute zu striktem Gehorsam zu zwingen.

Emins Mission scheint nicht so zu seiner Zufriedenheit ausgefallen zu sein, wie er **selbst** es gewünscht hatte, **denn er** sagt, daß **er sich** auf den Rückweg **nach** Mruli machte, froh, **der** unerquicklichen Position heil entgangen zu **sein**, welche ihm König Mtesas Mißtrauen gegen die ägyptische Regierung geschaffen hatte. **Auf dem** Marsche wurde eines **Abends** Emins kleine Karawane in einem Dorfe angegriffen. **Im Lager** seiner Träger erhob sich plötzlich wilder Lärm, Schüsse knallten. **Die** Wanyoro, in deren Land sich Emin befand, hatten sich an die Bananen= wein trinkenden Waganda Emins herangeschlichen. Sie **tauchten plötz**= lich aus dem Grase auf und schleuderten ihre Speere auf die ahnungs= **los** dasitzenden Leute, **ohne aber** glücklicherweise einen zu verwunden. Schnell gefaßt griffen diese jedoch zu ihren Gewehren und einige Schüsse vertrieben sofort die nur mit Lanzen bewaffneten Wanyoro, so daß, als Emin selbst herbeigeeilt kam, alles schon wieder in Ordnung war.

Am 8. April 1878 erreichte Emin wieder die Station Mruli und brach von dort aus einige Tage später nach der Station Magungo am Albertsee auf, eine kleine Strecke weit auf einem europäischen von **zwei** Ruderern getriebenen Boote bis zur Station Fauvera am Somerset=Nil zurücklegend. Der in unzähligen Windungen zwischen Papyruswäldern, Schilf, Uferurwald träge dahin gleitende Strom beherbergt eine große Menge Krokobile, und kaum war Emin **eine** halbe Stunde unterwegs, als das leichte Boot halb aus dem Wasser flog; **ein** enormer, dicht neben dem Fahrzeug auftauchender Kopf eines Nilpferdes belehrte die Reisenden, wem sie den Stoß zu verdanken hatten. Die Perspektive, sagt Emin, von einem fröhlichen Hippo einem Krokodil in den Rachen ge= worfen zu werden, ist nicht gerade verlockend; das kann aber auf solchen Gewässern leicht passieren, wie sich der Verfasser selbst zu überzeugen Gelegenheit hatte, als bei einer Fahrt auf dem prächtigen Ugallafluß im Lande Unjamuesi ein Nilpferd sein Boot an einer von Krokodilen wimmelnden **Stelle um ein** Haar umgeworfen hätte.

Auf der Station Fauvera ließ Emin Samen von weißen Erbsen aus Karagua und solchen von Melonenbäumen, Papai, zurück, wie er denn immer sein Augenmerk ganz besonders darauf richtete, Kultur= und vor allem Nährpflanzen überall einzuführen. Doch konnte Emin kulturell bis dahin noch nicht in dem Maße wirken wie später, da er im Juli des Jahres 1878 zum Gouverneur befördert wurde. —

Viertes Kapitel.

Gordon Pascha verließ zu Ende des Jahres 1876 die von ihm organisierte Äquatorialprovinz Hat el Estiva. Die Verwaltung wurde dem Amerikaner Prout übergeben, welcher sich durch seine Kartenaufnahmen des Kordofan von 1875—76, einen Namen gemacht hatte. Aus Gesundheitsrücksichten mußte jedoch Prout seinen Posten aufgeben und folgte ihm Ibrahim Effendi Fauzi, ein Protektionskind Gordons, als dieser 1877 zum Generalgouverneur des Sudan gemacht worden war.

Fauzi fiel aber in Ungnade bei Gordon, da er — nach dem verunglückten Versuch, das Bahr el Ghasalgebiet durch Fauzi als Mudir verwalten zu lassen — sich als Mudir der Äquatorialprovinz ebensowenig bewährte. Ja, Fauzi wagte es, sich durch Sklavenhandel zu bereichern, trotzdem er dazu bestellt war, dem Menschenhandel energisch entgegenzutreten. Gordon mußte ihn jetzt fallen lassen. Er wurde abberufen, nach der Station Sobat verbannt und sogar in Ketten gelegt und zuletzt nach Faschoda geschickt. Gordon war über seinen früheren Günstling derart empört, daß er an Junker schrieb: „Fauzi qui est à Faschoda sera fusillé!" Er begnadigte ihn aber wieder und sandte ihn als Miralai, d. i. Oberst, nach Kairo. Später begleitete er Gordon auf dessen letzter verhängnisvoller Reise nach Chartum.

Die Äquatorialprovinz war nun wieder einmal ohne Gouverneur und Gordon in einiger Verlegenheit wegen einer geeigneten Persönlichkeit. Nun hielt sich damals gerade (es war im Jahre 1878) Dr. Junker in Chartum auf, von seiner Reise nach den südlichen Ländern zurückgekehrt. Gordon bat ihn um seinen Rat wegen einer geeigneten Persönlichkeit und Junker brachte den damals noch als Arzt fungierenden Dr. Emin Effendi in Vorschlag. Gordon erhob anfangs Einwände, stimmte aber schließlich Junker bei und ernannte Emin unter dem Titel eines Bey zum Mudir der Äquatorialprovinz.

Damals war es auch, als Gordon Pascha, ebenfalls durch Dr. Junkers Vermittelung, den Italiener Gessi für den Feldzug gegen Soliman Siber im Bahr el Ghasal zu gewinnen wußte, trotzdem Gessi mit Gordon einen Vertrag abgeschlossen hatte, am Sobat Elfenbein zu kaufen. Und Gessi war es, welcher Emin das Dekret seiner Ernennung und Rangerhöhung im Juli 1878 überbrachte.

Seit Mehemed Ali hatten die nach allen Seiten immer weiter vordringenden Ägypter ihre Herrschaft nur auf Gewalt gegründet. Diese war in ihrer unmittelbaren Wirkung zwar insofern gut, als sie eine Art Ruhe und Sicherheit schaffte, besonders in denjenigen Ländern, welche nicht ausschließlich von Negern bewohnt waren, da sie dort bisher mangelte. Den Grundlagen aber, auf welchen man die ägyptische Herrschaft aufbaute, mangelte wegen der verfolgten einseitigen Ziele jeder ethische Gedanke, und deswegen war sie vollkommen verfehlt. Das Ziel, das man sich gesteckt hatte, war die Ausbeutung. Doch darf nicht verkannt werden, daß, trotzdem die Araber oder Ägypter sich im ganzen schwer an den Negern versündigt haben, es der ägyptischen Regierung als ein großes Verdienst anzurechnen war, daß sie die Negerländer unter ihre Oberhoheit zwang. Sie haben damit einen ersten bedeutsamen Schritt gethan, um Gesittung und menschenwürdige Kultur einzuführen. Für den Neger war im allgemeinen die ägyptische Herrschaft derjenigen ihrer eignen tyrannischen oder wenigstens rücksichtslosen Häuptlinge vorzuziehen. Leider nur trug die Art der Ausübung als natürlicher Ausfluß des Endzweckes: der Eroberung und Ausbeutung, den Keim des Unterganges schon in sich selbst.

Die Äquatorialprovinz Hat el Estiva, welcher Emin als Gouverneur vorstand, dehnte sich vor der Invasion der Mahdisten über ein enormes Gebiet aus. Der westlichste Punkt lag zwischen dem 3. und 4.° n. Br., etwas westlich vom 27.° östl. L. v. Gr. In weitem Bogen zog sich dann die Grenze nordwestlich auf dem 6.° n. Br. vom 30.° östl. L. v. Gr. in einer Ausbuchtung, die sich bis zum 29.° östl. L. v. Gr. auf dem 7.° n. Br. hinüberzog. Im Norden zog sich die Grenze auf dem 7.° n. Br. bis ungefähr zum 32.° östl. L. v. Gr. Östlich zog sich die Grenze von dem ebengenannten Punkt annähernd

6*

südöstlich bis zum Schnittpunkt des 33.° östl. L. v. Gr. mit dem 5.° n. Br., von da mit einer östlichen Ausbuchtung nach Süden herum, um dort zwischen dem 1. und 2.° n. Br. bis zum Mutan Nsige zu verlaufen, an dessen Westufer sie entlang in leichtem Bogen zu dem zuerst genannten Punkte verlief. Die Provinz wurde der ganzen Länge nach vom Nil, dem Bahr el Djebel, durchströmt. Im Westen des Bahr el Djebel lag:

1) Der Distrikt Rohl. Hauptort Ajak. ,Stationen: Schambé, Busi mit Lehssi, Rumbehk, Gohk mit ihren Dependenzen.

2) Distrikt Lado. Hauptort Lado. Stationen: Amadi mit Ssajabihn, Gondokoro, Redjaf, Beddén mit Dependenzen.

3) Distrikt Makraka. Hauptort Wandi. Stationen: Kabajendi, Kudurma, Ombamba, Gosa, Mundu, Loggo, Tambira, Kalika, Korobehk mit Dependenzen.

4) Distrikt Monbuttu (Gurguru). Hauptort Mbaga. Stationen: Gango, Kubbi, Tingasi, Gadda, Dongu mit Dependenzen.

5) Distrikt Kiri. Hauptort Labore. Stationen: Kiri, Muggi, Chor Aju.

Westlich und östlich vom Bahr el Djebel:

6) Distrikt Dufile. Hauptort Dufile. Stationen: Fatiko, Wabelai mit Dependenzen.

Südliche Distrikte:

7) Distrikt Faurera. Hauptort Foda. Stationen: Faurera mit Dependenzen.

Im Osten:

8) Distrikt Fabibek. Hauptort Fadjulli. Stationen: Farabjok, Fabibek, Fatjer, Fartjehl, Lobbohr mit Dependenzen.

9) Distrikt Lattuka. Hauptort Tarrangole. Stationen: Obbo, Kuron, Marangole mit Dependenzen.

10) Distrikt Bor. Hauptort Bor mit Dependenzen.

Gordon Pascha hatte von Baker nur drei Stationen übernommen, er selbst während zwei Jahren zwölf neue gegründet, und Emin konnte, nachdem er 1878 selbst Gouverneur geworden, in den Jahren 1883 bis 1885 auf die stattliche Reihe der oben aufgeführten Stationen blicken.

Die Aufgabe, welche nun Emin übernommen hatte, war eine ungeheuer schwierige. Trotzdem in dem Lande Ruhe und verhältnismäßige

Sicherheit herrschte, als Gordon gegangen war, so hatten sich die Verhältnisse unter seinen Nachfolgern doch erheblich verschlechtert, besonders unter Fauzi. Emins Erfahrung, welche er für seinen neuen Posten mitbrachte, waren zwar die eines alten, langjährigen Orient- und Afrikareisenden, sein Äußeres sowie sein Eindringen und Aufgehen in der islamitischen Welt erleichterten ihm die Arbeit sehr, aber er war bis dahin noch nie selbständig als Verwaltungsbeamter thätig gewesen.

Die Zustände, welche Emin vorfand, waren ungemein verwickelter Natur. Die Bevölkerung, dem größten Teile nach den Nigritiern angehörend, setzte sich aus einer Menge von Stämmen zusammen. Früher waren diese untereinander fast fortgesetzt in Fehde. Unter Gordons vorsorglicher Regierung hatten sie die Wohlthaten geordneter Zustände kennen gelernt und fühlten sich unter seinen mehrmals wechselnden Nachfolgern, besonders unter dem schändlichen Fauzi, doppelt unzufrieden, da allmählich wieder die alte, echt türkische Mißwirtschaft eingerissen war.

Mit dem Vordringen der Ägypter in den Sudan mehrte sich naturgemäß die Anzahl der Seriben in allen Teilen und damit hielt die Zunahme der Unzufriedenheit unter den Eingebornen gleichen Schritt, da dieselben in immer größere Abhängigkeit von der ägyptischen Regierung kamen. Das, was man im Prinzip mit der Anlage der Stationen gewollt hatte, war an und für sich gut, aber in der Ausführung schlecht. Gordon wollte in erster Linie Ruhe und Sicherheit schaffen, es sollte dem Sklavenhandel ein Ende bereitet, die Eingebornen von den Kriegen unter sich abgehalten und sie zu regelmäßigem Ackerbau oder besserem Betrieb der Viehzucht veranlaßt werden. Die Neger sollten zur Lieferung von Getreide, Rindern und Trägern verpflichtet sein. Besonders war es immer eine Hauptsorge der Regierung, für Händler und Reisende Träger zu beschaffen, bilden sie doch, sobald man die Wüstenregion verläßt, das einzige Transportmittel. Transporttiere haben sich in den äquatorialen Provinzen nur ausnahmsweise und in geringer Zahl akklimatisieren lassen, wie einige Pferde und Esel. Kamele können das feuchte Klima und von Regen durchweichten Boden überhaupt nicht vertragen, weil ihre Fußschwielen dadurch leicht zu eitern anfangen. Die Wege, welche den Verkehr vermitteln, sind auch hier, wie allerwärts in Afrika, jene etwas über spannbreiten Fußsteige. Durch den Verkehr der Eingebornen untereinander entstehen sie ganz von selbst und

wird für ihre Herstellung ebensowenig etwas gethan wie für ihre Unter=
haltung. Im allgemeinen verbinden sie in ziemlich gerader Linie die
einzelnen Ortschaften, wo man anders nicht gezwungen ist, Terrainfalten
oder Flußläufen zu folgen. Die Art der Entstehung der Pfade be=
dingt, daß sich dieselben in unzähligen kleinen Windungen dahinziehen.
Der nackte Fuß des Schwarzen ist gezwungen, jedem Hindernis, selbst
dem kleinsten, auszuweichen. Er umgeht Grasstrünke, Steine und selbst=
verständlich Büsche und Bäume, niemand nimmt sich Mühe und Zeit,
eines dieser Hindernisse hinwegzuräumen. Selbst über den Pfad ge=
fallene Äste und Bäume werden umgangen, es sei denn, daß man sie
mit dem Fuß wegstoßen kann. Warum auch sollte man sich dieser
Mühe und Arbeit unterziehen, weiß man doch nicht, ob man jemals
wieder diesen Weg wandeln wird, und für den Nachfolgenden strengt
man sich hier gewiß nicht an. Nur da, wo sehr alte Ansiedelungen
durch Wege miteinander verbunden sind, zeigt sich deutlich, wie der
Pfad im Laufe der Zeit immer gestreckter wurde. Emin hat in seinen
Gebieten auch keine Straßen geschaffen und mußte sich mit den vor=
handenen begnügen.

　　　Der Nil ist in der Äquatorialprovinz für die Schiffahrt nicht von
allzu hoher Bedeutung und für Boote und Schiffe immer nur auf kurze
Strecken hin befahrbar. Von Chartum vermögen Dampfschiffe, wenn
nicht das Fahrwasser vom sogenannten Sedd, das sind schwimmende Gras=
barren, versperrt ist, bis zur Station Lado zu gelangen, bei sehr hohem
Wasserstand sogar bis Redjaf. Von da an ist der Nil aufwärts bis
Dufile durch Stromschnellen und Katarakte verschlossen. Von Dufile
bis zum Albert Nyanza ist für die Schiffahrt das Wasser frei. Der
Somerset=Nil ist durch die Murchisonfälle nahe dem See ebenfalls unter=
brochen und die letzten Fälle finden sich beim Austritt des Stromes
aus dem Viktoria Nyanza. Gordon hatte seinerzeit zwei kleine Dampfer
auf dem Landwege von Gondokoro nach Dufile schaffen und sie dort
montieren lassen. Diese Dampfer waren Emin später von unschätzbarem
Werte. Das Haupttransportmittel waren und blieben die Träger. Neben
den Steuern und Abgaben an Lebensmitteln war die Lieferung von
Trägern die wichtigste von allen den von seiten der Neger zu leistenden
Verpflichtungen.

　　　Die einzelnen Vorstände der Stationen, Wekil oder Mudir ge=

nannt, hatten eine weitgehende Amtsgewalt, kraft welcher sie alle Abgaben und Fronbienste **im** weitesten Umfange erzwingen konnten. Im
Eingebornen sahen Türken und Araber nur den Abid, den gebornen
Sklaven, denen sie kein freundliches Wort gönnten, und bei jeder Gelegenheit ließen sie ihn ihre Superiorität fühlen.

Da die ägyptische Regierung die Gehälter, welche mit **wenigen**
Ausnahmen nur sehr niedrig waren, sehr unregelmäßig, oft **erst nach**
Jahren und selbst dann noch mit Widerstreben zahlte, so waren die Leute
vom Pascha bis zum Baschi-Bozuk herunter gezwungen, sich anderwärts
Hilfsquellen zu eröffnen und dies thaten sie in so ausgiebiger Weise,
daß z. B. ein Baschi-Bozuk, dessen Monatsgehalt 50—60 Mark betrug,
sich 30—40 Diener und Sklaven halten konnte. Alles natürlich zum Teil
auf Kosten der Eingebornen, welche man auf Razzien ausraubte und vielfach selbst als Sklaven fortführte, zum Teil auf Kosten der Regierung,
welche ja selbst dem Betrug Thür und Thor öffnete. Zur Ausführung
dieser Betrügereien kam es nur darauf an, daß der Oberbeamte und seine
Schreiber, welche amtliche Rechnung zu führen hatten, gemeinsame Sache
miteinander machten. Da es beiden Teilen von Vorteil war, so geschah
dies ausnahmslos.

Den Verkehr der Wekils oder Mudire mit den Eingebornen ver-
mittelten die Dragomane. Es waren **fast immer** Neger, welche man in
festen Dienst genommen hatte, **aber nicht als Beamte** betrachtete. Sie
spielten eine bedeutende Rolle. **Da** sie bei **den** Eingebornen infolge
ihrer Thätigkeit nicht zu den beliebtesten Personen gehörten, so siedelten
sie sich zu ihrer persönlichen Sicherheit in der Nähe der Stationen **an**
und bildeten oft ganze Dörfer. Die Dragomane mußten vor **allen**
Dingen für die Herbeischaffung etwaiger Träger sorgen. Der Wekil
zählte ihm so viele Strohhalme vor, als er Träger bedurfte **und be-**
stimmte ihm die Zeit, innerhalb welcher die Leute zu erscheinen hatten.
Es blieb dem Dragoman alsdann überlassen, mit dem Distriktshäuptling
die Zahl der auf jede Ortschaft entfallenden Leute zu bestimmen. Zur
Ausführung des Befehls gab man ihm immer einige Soldaten mit,
welche etwaige Widerspenstige mit der Peitsche zur Folgsamkeit trieben.
Auf dem Marsche hatten dann die Dragomane für Ordnung und Sicherheit des Gepäckes zu sorgen. Sie hatten also dieselbe Stelle wie der
Mdäwa Ostafrikas, nur daß dieser alles auf dem Wege des Vertrages

ohne Anwendung von Gewalt zu wege bringen muß, was ihm schon
von vornherein eine bessere Stellung sichert.

Ebenso verhielt es sich in bezug auf Lieferung von Getreide und
Rindern behufs Unterhalt der Stationen, denn keine derselben verpflegte
sich durch eignen Anbau. Nur hie und da wurde etwas Gemüsebau betrieben. Auf einzelnen Stationen waren wohl Versuche gemacht worden,
Getreide anzubauen, allein der Personalbestand aller Stationen war
durch unnütze Fresser und Sklaven zu groß, als daß dies in nur annähernd ausreichendem Maße hätte stattfinden können. Reichten die ge-
lieferten Vorräte nicht aus, so wurden Razzias unter unabhängigen
Stämmen unternommen. Es waren echte und rechte Raubzüge.

Emin beklagte sich selbst über die dortigen, durch die Danagla her-
beigeführte Mißwirtschaft, besonders über die Zustände in der Rohlprovinz. Seit Übernahme dieses Landesteiles von seiten der Regierung
aus den Händen der Chartumer Handelskompanie durch die ägyptischen
Beamten war gar kein Elfenbein mehr an das Gouvernement geliefert
worden. Die Bevölkerung lieferte zwar Abgaben in überreicher Menge
an Korn verschiedener Art, Honig, Wachs, Sesamöl, Fett vom Butterbaum, aber alles vergeudeten die Danagla in schamlosester Weise.
Der Viehstand war vollständig zu Grunde gerichtet worden, und nachdem die Bevölkerung ganz ausgeplündert worden war, wurden die Leute
haufenweise als Sklaven verkauft. Emin bezeichnet alles, was er bisher an Sklavenraub und Handel gesehen habe, als Kinderspiel gegen dasjenige, was er in den ausschließlich von Danagla verwalteten Gebieten
zu sehen bekam. Sklavenraub wurde ganz offen und systematisch betrieben.

Zur besseren Charakteristik der dortigen Zustände diene folgendes:
Im Dienste des Gouvernements in der Rohlprovinz standen außer dem
Wekil 40 von der Regierung angestellte Soldaten. Dazu kamen nicht
angestellte Personen, 96 an der Zahl, und 319 sogenannte Dragomane,
welche übrigens nie offizielle Beamte waren. Die Gesamtzahl der un-
produktiven Bevölkerung in und um den Ort Amadi, von dem Emin
spricht, betrug etwa 400 Mann, wenn man die offiziell angestellten ab-
zieht. Rechnet man dazu noch die Konkubinen, rechtmäßigen Frauen,
diese aber immer erst in zweiter Linie, Sklavinnen, Knaben zum Tragen
des Gewehres und der Rekw (d. s. Wasserflaschen), Kinder u. s. w. — zum
mindesten die vierfache Zahl — so erhält man die artige Summe von

etwa 2000 und mehr solcher „**Lilien** auf dem Felde", wie Emin sie nennt. Unter den amtlich durch koptische Schreiber hergestellten Listen, finden sich immer eine Anzahl sogenannter Uschuriß aufgeführt, das sind Zehntenzahler. Emin sagt, daß man ja nicht glauben dürfe, daß diese Leute den Zehnten oder auch nur den Tausendsten an das Gouvernement zahlen. Sie zahlen nicht nur nichts, sondern nehmen noch, was sie können. Für den euphemistischen Ausdruck in den Listen macht Emin den Verfasser derselben verantwortlich. Dieser versteht außerdem sehr hübsche Redewendungen zu formulieren und setzt als Beisatz hinter die aufgeführten Faqih: „hali an es sánas munkáta'a lillah te ala", d. h. „ohne jede Beschäftigung, **angewiesen auf** Gott, den Höchsten." Diese Faqih sind Bettelmönche, Arme, Besitzlose. Im Sudan wendet **man** die Bezeichnung auch auf alle solche an, welche des mohammedanischen Priesteramtes walten; dann auch auf alle diejenigen, welche aus Priesterschulen hervorgegangen und der Schrift kundig sind. Die Bevölkerung des Amadidistriktes rechnet Emin im ganzen auf höchstens 8—10 000 Neger und so springt das schreiende Mißverhältnis von selbst **in die** Augen. Denn diese 10 000 müssen die 2000 unnützen Menschen ernähren. Viehstand ist aber dort ebensowenig vorhanden wie Jagd. Alles ist auf Feldbau angewiesen, welcher neben der Nahrung auch noch das Korn zu der überall schwunghaft betriebenen Branntweinbrennerei liefert. Denn leider hat sich diese Unsitte auch unter **den** Eingebornen eingebürgert.

Man sollte nun glauben, daß man doch wenigstens die Produzenten in Ruhe gelassen haben würde, um ein angenehmes Leben führen zu können. Aber weit gefehlt, man stellte Emin fortwährende Klagen wegen geraubter Menschen zu, in zwei Tagen brachte man etwa 500 Fälle von Raub zur Anzeige. Früher wegen Sklavenhandel eingezogene Leute, unter andern ein gewisser Faqih Mohammed Salih von Bornu, war wieder auf freien Fuß gesetzt worden und hatte im Monbuttuland mit sechs bewaffneten Sklaven 26 Leute zusammen geraubt. Dem Distriktchef Rachit Bey vorgeführt, fiel es diesem gewissenhaften Beamten natürlich gar nicht ein, den Sklavenräuber festzunehmen, sondern er erteilte ihm nur einen Verweis, weil er in der Nacht in der Station erschienen war. Mit solchen Beamten mußte Emin wirtschaften. —

Doch dies waren nicht **die** einzigen Schwierigkeiten, welche sich

Emin gegenüberstellten. Gordon **Pascha** hatte zwar die Provinz organisiert und in ruhigem Zustande zurückgelassen, aber die finanzielle Lage
der Provinz war höchst unbefriedigend, eine übermäßige Schuldenlast
war ihr aufgebürdet worden. Die Schulden waren zum Teil durch die
erste Okkupation als eine unvermeidliche Ausgabe entstanden, dazu
häuften sich aber andre Schulden, welche eigentlich nicht der Äquatorialprovinz aufgebürdet werden konnten, ein Umstand, der nur durch die un-
zweckmäßige administrative Einteilung des ganzen Ägyptischen Sudan
möglich **war**. Infolge dieses Umstandes konnte es auch geschehen, daß
andre Gouverneure ihre Provinzen auf Kosten **der** Äquatorialprovinz
zu entlasten vermochten und dadurch in vielen Fällen ihre eignen oft
sehr daniederliegenden finanziellen Verhältnisse aufbesserten.

Emin beklagt sich selbst, wie schon gesagt, sehr bitter über alle diese
Zustände und besonders aber, weil man sich auf dem Gouvernement
nicht viel aus den Hat el Estiva zu machen schien. Die Dampferzu-
fuhren aus Chartum, welche doch eigentlich allein Emin ermöglichten,
sich zu halten, blieben oft genug aus. So **kamen in** der Zeit von
Emins Anstellung als Gouverneur im Jahre 1878 bis 1884 also
innerhalb sechs Jahren nur neun Dampfer aus Chartum in Lado an.

1878 brachte der Dampfer „Safia" ein wenig Waren. Der
Fluß war durch die Sedd, d. s. Gras- und Schilfbarren, verstopft.
Bis 1880. Nach der endlich erfolgten **Durchbrechung** jenes schrecklichen Hindernisses, **kam** im April endlich der Dampfer „Bordén" aber
ohne Waren. Erst im August desselben Jahres kehrte derselbe Dampfer
mit Tauschartikeln nach Lado zurück. Im Januar 1881 folgte der
„Um-Baba" (Dr. Junker schreibt „Embaba") mit Waren, der in demselben Monat noch **erschienene** „Bordén" kam wiederum leer in Lado
an. Im Juli 1881 brachte der „Safia" und im Dezember der „Bordén"
Waren, der im Juli 1882 erscheinende „Jsmaïlia" führte nichts mit
und 1883 im März kam zum letztenmal der Dampfer „Talahauïn" mit
nur wenig Tauschartikeln und **nur** 15 Kisten Munition. Von da an
erhielt Emin, des ausgebrochenen Aufstandes wegen, nichts mehr bis zu
seiner Abreise! Wie ein aus der menschlichen Gesellschaft Ausgestoßener kam
er sich **zu** dieser Zeit vor. — **Der** Dampfer „Jsmaïlia", welcher 1882
Emin von Chartum nach seiner Hauptstation führte, brachte trotzdem er
sich selbst darum bemühte, nichts mit, weil man ihm abgeschlagen hatte,

ein großes Boot für Waren mitzugeben. Früher war von Chartum
aus ein Verbot erlassen worden, Kaufleute nach der Äquatorialprovinz
ziehen zu lassen. Emin vermochte nicht die Aufhebung dieser thörichten
Maßnahme zu erwirken. Dadurch blieben sämtliche Beamte mehrmals
längere Zeit ohne Warenzufuhr und gerieten in die schlimmste Bedrängnis.
Gordon hatte seiner Zeit dies Verbot erlassen, Kaufleute nach dem
Süden ziehen zu lassen, weil er glaubte durch dieses Radikalmittel die
Sklavenausfuhr von dort zu verhindern, hob es aber später selbst wieder
auf, da er einsah, daß er damit das Kind mit dem Bade ausschüttete.

Auch von seiten der Chartumer Behörde erwuchsen Emin fortwährend Schwierigkeiten. Selbst bis in jene bisher so unzugänglichen
Gebiete machten sich die unzweckmäßigen und auch hier wie überall jeden
Fortschritt hemmenden Maßregeln einer mächtigen Büreaukratie geltend,
welche alles in derselben Weise behandeln wollte. Man ließ Emin oft
lange Zeit ohne alle Nachrichten, was allerdings zum Teil dem schon
mehr erwähnten „Sett" oder „Sedd" wie ihn Dr. Junker nennt, zuzuschreiben war.

Dieser Sedd, Vegetationsbarre des Nil, ist eine ganz eigentümliche Erscheinung, welche aber nur oberhalb von Chartum, besonders aber stromaufwärts von der Vereinigung des Bahr el Arab mit
dem Bahr el Djebel stattfindet. Dr. Junker gibt uns den besten
Aufschluß über diese lästige Verkehrsstörung, welche oft die Schiffahrt
auf dem Nil stromaufwärts von Chartum vollständig unterbricht. Der
Nil hat von Redjaf an bis zum Einfluß des Bahr el Arab ein
so geringes Gefälle wie kein andrer Strom der Welt, so daß oft
nur der Druck der nachfließenden Wassermengen aus den Quellseenge-
bieten eine Strömung erzeugt. Auf der ganzen Strecke ausschließlich
durch vollkommen flaches Land fließend, haben sich sehr zahlreiche Altwasser gebildet, welche entweder als eine Art Bucht immer mit dem
Nil in Verbindung stehen oder während der Zeit des niederen Wasser-
standes, vom Flusse getrennt, zahllose Seen, Teiche und Pfützen bilden.
Auf diesen Altwassern entstehen abseits der Strömung Vegetationsdecken
aus Gräsern, Papyrus, Pistien und andern schwimmenden Wasserpflanzen, welche nur ganz lose am Untergrunde haften. Diese Vegetationsdecken bilden Inseln von kleinem oder größerem Umfange, welche
bei stets gleichem Wasserstande allmählich die ganzen Altwasser bis auf

ben Grund ausfüllen würden. Allein dem wirken zwei Faktoren ent=
gegen. Einmal das Steigen des Nil, während dessen die Grasinseln
vom Boden losgerissen werden und dann der Wind, welcher die losge=
rissenen, nunmehr frei umherschwimmenden Inseln aus dem ruhigen
Wasser in den Strom treibt, so daß man oft nach ganz kurzer Zeit
vollständig veränderte Verhältnisse finden kann, indem vorher über und
über mit Vegetation bedeckte Stellen eine ganz freie Wasserfläche bieten,
während der Strom selbst ganz verstopft sein kann. Die Inseln treiben
im Anfang frei in der Strömung, so daß die Schiffe dazwischen
navigieren können und wenn sie in geringen Mengen auftreten, so
passieren sie abwärtstreibend, ohne sich zu vereinigen. Erscheinen die
Grasinseln aber in großer Masse, so vereinigen sich sich immer mehr,
dabei zu mächtigen Inseln anwachsend und setzen sich schließlich in der
langsamen Strömung an einer Verengung oder häufiger an der Biegung
fest und füllen schließlich die ganze Breite des Stromes aus: ein Sedd
ist entstanden. In einem solchen Sedd war seiner Zeit der unglückliche
Gessi geraten, von oben her hineinfahrend. Von der Sobatmündung
stromabwärts an sind übrigens solche Stauungen wegen der starken
Strömung nicht mehr möglich und bilden die treibenden Grasinseln kein
Hindernis mehr für die Schiffahrt.

Ist irgend wo eine Verstopfung entstanden, so kann dieselbe ent=
weder durch den Wasserdruck und den Wind wieder beseitigt werden,
oder es tritt eben der entgegengesetzte Fall ein, die entstandene Gras=
barre wird stärker und fortwährend neu hinzukommende Grasinseln ver=
größern dieselbe und machen sie durch den ausgeübten Druck immer fester
und dicker, so daß sie manchmal ein bis zwei Meter ins Wasser ein=
taucht, welches unter der Barre weiterströmt. Bei längerem Bestehen
des Sedd kommt als mitwirkende Ursache einer größeren Verdichtung
ein fortwährendes Neuwachstum hinzu und die anfänglich locker zu=
sammengefügte Barre verfilzt sich zu einer zähen, festen Masse, als ein
für die Schiffahrt ganz unüberwindliches Hindernis. Selbst Nilpferde
und Krokodile gehen, dahinein durch irgend welche Umstände geraten,
rettungslos zu Grund.

Im Bahr el Ghasal sind die Umstände der Seddbildung weniger
günstig wie auf dem Nil. Dort ist es möglich sich mit dem Dampfer
wenn auch oft nur schrittweise durchzuarbeiten, während es auf dem

Bahr el Djebel oft langer und besonders schwieriger Arbeit bedarf, um das Fahrwasser wieder frei zu machen. Die Barre muß alsdann strom-abwärts in Angriff genommen und stückweise, oft unter den größten Anstrengungen, losgerissen werden. Die so abgelösten Stücke werden manchmal mittels eines zweiten Dampfers in schnellere Strömung bugsiert.

Eine anhaltende Verstopfung **des** Nils, welche sich nicht schließlich doch selbst gebrochen hätte, ist dennoch ein verhältnismäßig seltenes **Er-**eignis. Bekannt gewordene größere und anhaltende Sedbbildungen **fallen** in das Jahr 1863, ferner 1870 und 71, wo die Expedition **Sir** Samuel Bakers durch eine entstandene Grasbarre bedeutende Verzögerung gelitten hat. **Die Barre** war damals derart fest, daß der Bahr el Seraf, welcher **eine** kleine Strecke stromaufwärts vom Sobat mündet und etwas unterhalb der Station Schambe sich vom Hauptstrom des Nil abzweigt und sonst unzugänglich ist, von Baker benutzt werden mußte, so daß man geradezu von einer Verlegung des Nil sprechen konnte. Erst 1874, unter der persönlichen Leitung des energischen Jsmael Ejub Pascha, welcher damals Gouverneur von Chartum war, gelang es, den von 1870 an unbeweglichen Sedd zu beseitigen.

Aus alle dem geht hervor, daß Emin einer scheinbar kaum zu be-wältigenden Aufgabe gegenüberstand. Daß er aber nicht davor zurück-schreckte, ist nur dem hohen Jdealismus Emins, seiner Menschenliebe und Aufopferungsfähigkeit zuzuschreiben. Weiter kam bei ihm als treibender Faktor hinzu: seine Begeisterung für die Wissenschaft. Dieselbe war und blieb seine Lieblingsbeschäftigung, allein die hohe Auffassung seiner Pflichten hielt ihn davon zurück, sich ganz seinen wissenschaftlichen Forschungen hinzugeben, was er nur auf Kosten seiner übernommenen Pflichten hätte thun können. Er widmete diesen Forschungen daher auch immer nur die Zeit, welche ihm durch Verzögerungen frei wurde oder opferte ihnen mehr wie einmal die Ruhe der Nacht. Sein Freund Fellin sagt in diesem Punkte über ihn, daß ihm um so größere Ehre gebühre, als er inmitten aller ihn umgebenden Schwierigkeiten und bei der Selbst-beherrschung, welche er sich in bezug auf seine Lieblingsbeschäftigungen auferlegte, immer noch Arbeiten ausführte, welche allein genügt hätten, den Ruf **eines** Mannes zu begründen.

Emin, welcher schon als Arzt, wie wir gesehen haben, vielfach im

Lande umher gereist war, kam nun fast gar nicht mehr zur Ruhe. So sehen wir ihn denn auch bald nach seiner Ernennung vom Dezember 1878 bis Januar 1879 auf einer kleinen Inspektionsreise von Dufile nach dem südöstlich landeinwärts gelegenen Fatiko ziehen und im November desselben Jahres ging er nach dem Albert Nyanza, dem Mwutan Nsige, wie er bei den Eingebornen heißt.

Emin machte die Fahrt in dem Dampfer Khedive, den einst Sir Bakers Ingenieure in Gondokoro zusammengestellt hatten und welcher dann wieder auseinander genommen worden war, um zu Land nach Dufile transportiert zu werden, wo er aufs neue zusammengefügt nun mit Emin nach Süden dampfte. Der Dampfer begegnete einer Menge schwimmender Gras- und Schilfmassen; denn auch in diesem Teile des Nil kommen noch Verstopfungen vor. Hinter Bora fand Emin eine früher beinahe unpassierbare Barre durch vorigjährigen hohen Wasserstand ganz beseitigt. Emin war mit der Absicht von Dufile weggegangen, bei dem Häuptling Wadelai eine neue Station zu gründen, für den Fall, daß es derselbe erlaube. Der Distrikt war sehr gut angebaut und machte, wie sich Emin ausdrückt, einen sehr wohnlichen Eindruck, wozu auch die Zuvorkommenheit und Freundlichkeit der Bewohner viel beitrug. Trotzdem nun das Land der ägyptischen Herrschaft unterworfen war, mußte Emin mit seinem Dampfer doch erst eine Zeitlang in der Nähe warten und Boten zu Wadelai senden.

Während der Dampfer vor Anker gegangen war, beobachtete Emin am entgegengesetzten, dem Ostufer, eine ganze Herde Elefanten 30—40 Stück ganz friedlich in dem schilfigen Gelände weiden. Ein Beweis für den enormen Elefantenreichtum jener Gegenden zu damaliger Zeit.

Bald nach der Ankunft hatte sich ein lebhafter Handel mit den Eingebornen entwickelt. Sie brachten Holz, Bataten, Kürbisse, Bananen und Hühner, welche in großer Menge dort gediehen, zum Tausch gegen Glasperlen. Emin fand es nötig zu bemerken, daß er ungehindert die kleinen Dörfer vor der Ankunft der Boten besuchen konnte. Es zeigt sich damit wiederum, wie schwer es ist, in so ausgedehnten Gebieten, wie die Äquatorialprovinz es war, die faktische Anerkennung einer Herrschaft zu erzwingen und welche Mühe es Emin, der jeder Gewalt abhold war, gekostet haben mag, seine Pläne zu verwirklichen.

Am Abend kam ein vom Häuptling gesandter Bote, welcher einen großen Elefantenzahn für **Emin** mitbrachte, **und** den Auftrag hatte, sich über dessen Absichten zu informieren, **ob** dieselben gute oder böse seien; als er von Emin zu ihrer Zufriedenheit aufgeklärt worden war und Geschenke für sich und seinen Häuptling, welcher unter andern einen Tuchkaftan bekam, in Empfang genommen, kehrte er zurück.

Die Morgen sind zu jener Jahreszeit, es war im November, **sehr** nebelig, eine Erscheinung, welche in den **Tropen immer frembartig** anmutet.

Nachdem sich der Nebel am nächsten Morgen verzogen hatte, **kam** ein rechter Bruder des Häuptling Wadelai, Namens Gimoro, von 300 Negern begleitet und überreichte Emin ebenfalls einen Elefantenzahn. Gimoro war ein kräftiger und intelligent aussehender Mann. Um den glattgeschornen Kopf hatte er grüne Ranken gewunden, eine für Neger sehr seltsame Dekoration. Seine Arme waren mit hübschem Eisenschmuck geziert. Die ganze Kleidung bei ihm bestand aus einigen über die Schulter gehängten Ziegenfellen.

Nachdem er seine Geschenke, welche wie immer in Glasperlen, Stoffen und Kupfer bestanden, erhalten hatte, erzählte er, daß Wadelai nicht habe selbst kommen können, **weil er zu** dick sei, um gehen zu können. Der gestern Abend überbrachte Kaftan sei viel zu eng. Wadelai sei so dick, daß, wenn er sitze, ein Kind auf seinem Bauche stehen könne.

Nach einer langen Verhandlung gelang es Emin, durch Gomoros Vermittelung vom Häuptling die Erlaubnis zu erwirken, bei seiner Residenz eine Station anzulegen, die Station Wadelai, welche später als der Hauptsitz Emins noch viel von sich reden machen sollte. **Emin mußte aber das** Versprechen geben, seine Leute und Soldaten **aufs** strengste zu beaufsichtigen. Auf Emins Bitte ward sofort Holz für **den** Dampfer herbeigeschafft, ein Zeichen, daß die Leute verhältnismäßig gutmütig waren und man leicht mit ihnen auskommen konnte.

Die Lur oder A-Lur, in deren Geleit sich Emin hier befand, sind ein hübscher Schlag Menschen, meist von Mittelgröße, schwarz mit einem rotbraunen Schimmer mit schönen Zähnen und kleinen Füßen. Die Kleidung besteht nur aus kleinen Fellen, welche über der rechten Schulter geknüpft werden. Schmuckgegenstände werden viel getragen, bestehend in Eisenzierat aller Art, Elfenbeinringe, Kollier aus Zähnen, lange konische Messing-

ohrgehänge, Halbmonde aus Messing. Sehr beliebt schienen auch Halsbän-
der aus übereinander gereihten Eisenringen, von unten nach oben enger
werdend. Häufig sieht man durchbohrte Unterlippen, gewöhnlich mit einem
langen Strohhalme darin. An Haarfrisuren waren alle möglichen Formen
vertreten, turmartig aufgebaut. Perücken und Kaurikappen, spiralig auf-
gewundene Flechten und Korkzieherlöckchen, wobei viele das Haar mit roter
Erde oder zerriebenem Holz rot färben. Am eigentümlichsten war die
Bemalung der Leute. Ein Weib hatte unter anderen die Beine grau
mit roten Linienmustern und auf jeder Wange einen hochroten Fleck
gemalt. Es ist eigentümlich, wie duldsam hierin die Neger in Bezug
auf Toilette gegeneinander sind. Es wird niemals einem Neger oder
einer Negerin einfallen, einen andern wegen einer sonderbaren Tracht
oder Bemalung zu verspotten und sei dieselbe noch so komisch und
lächerlich.

Emin hatte viel zu leiden von gewöhnlichen Hausfliegen, welche
sich auf alles niederließen, auf Hausgeräte, die Haut, die Augen, die
Speisen, in diese hineinfielen, direkt vielleicht von einer eiternden Wunde
oder den kranken Augen eines Kindes, wenn nicht von noch schlimmeren
ekelerregenderen Dingen herkommend, so daß man häufig bei ihrem Erscheinen Widerwillen vor dem Essen empfindet. Der Verfasser hatte
ebenfalls oft die Gelegenheit derartiges zu beobachten und zählte einst in
Katanga, als er mit einer dünnen Gerte einmal nach zahlreich das Tisch-
brett bedeckenden Fliegen schlug, 44 Stück durch einen Schlag getöteter
Fliegen. Es ist dies, wennschon die Fliegen nicht stechen, eine höchst
unangenehme Plage. Auf dem Dampfer Emins erschienen am Abend
eine solche Menge einer grünen Florfliege, daß man ganze Haufen
davon zusammenkehren konnte.

Auf der Station Magungo angelangt, verwendete Emin seine
freie Zeit zum Beobachten und Sammeln, doch machte sich für ihn der
ungenügende Vorrat an Spiritus und Pflanzenpapier sehr unangenehm
bemerkbar, besonders aber mangelte ihm Schreibpapier, so daß er sehr
haushälterisch mit seinem kleinen Vorrat umgehen mußte, was viel dazu
beigetragen hat, daß er sich eine so kleine Schrift angewöhnt hat. In
Magungo wurde Emin durch eine Gesandtschaft Mtesas aus Uganda
überrascht. Mtesa und dessen erster Minister Katikiro schickten ihm Geschenke und Briefe. Außerdem erhielt er solche von Arabern, die sich

Am Albert Njanja.

in Uganda aufhielten, sowie französischen und englischen Missionaren Nachrichten.

Von Magungo aus steuerte der „Khedive" in die dunkelmeergrünen Wellen des leichtbewegten Sees. Zunächst erreichte Emin die kleine Station Mahagi am Wasserstrand des Albertsees inmitten üppiger Kornfelder.

In der Nähe des Ortes Mahagi besuchte Emin das Dorf Toa, dem Häuptling Ssonda gehörig. Die Häuser sind in der auch in Unjoro allenthalben üblichen Weise durch Konstruktion eines großen, beinahe halbkugeligen Gerippes aus biegsamen Zweigen und Ruten hergestellt. Dieses wird im Innern durch eine große Menge gerader Pfähle, die meist in Reihen gestellt sind, gehalten. Nur die Vorder-seite zum Eingang wird besonders gehoben und gestützt. Das Ganze wird mit dicken Schichten langen Grases, von der Erde ab ein-gedeckt und der Eingang besonders überdacht, so daß hier ein kleiner gedeckter Vorplatz entsteht. Eine solche Hütte läßt, falls sie groß genug ist, an Sauberkeit, Bequemlichkeit und Kühle nichts zu wünschen übrig. Durch Strohwände wird der allerdings nur vom Eingang her Licht er-haltende Innenraum in verschiedene Abteilungen geteilt und mit Schlaf-stätten versehen. In der Mitte befindet sich der Feuerplatz. Die Schlaf-stelle für den Hausherrn befindet sich in der Ecke, wo aus kurzen Pfählen eine Art feststehende, mit Querhölzern versehene Bettstatt her-gerichtet wird. Auf vier Pfählen, welche bei einer ungefähren Höhe von $^3/_4$ Meter oben gegabelt sind, liegen rahmenartig vier Hölzer und auf diesen, dicht aneinander gereiht, sind Holzstäbe oder Palmblattrippen festgebunden. Die so erhaltene Fläche ist mit dem Kopfende etwas er-höht, als Unterlage beim Schlafen dient entweder eine Palmblatt- oder Schilfmatte, welche am Kopfende zusammengerollt ist, als Kopfunter-lage, oder Häute oder Rindestoffe; dann dient ein armdicker Holzklotz als Kopfkissen. Kürbisgefäße und Schalen von allen Dimensionen, Thon-gefäße von runder und halbkugeliger Form, Stroh- und Bastmatten bilden hier die einzigen Hausgeräte. Hier und da sind Bündel von Saatkorn, Tabak oder vielleicht auch Salz sauber in Blätter eingewickelt aufgehängt. Das Bild, welches uns Emin hier von einem innerafri-kanischen Hütteninterieur entrollt, paßt, abgesehen von der Form der Hütte faßt ganz genau auf alle andern Hütten Afrikas, sei es am Kap, an der West- oder Ostküste oder am unteren Nil.

Neben den Hütten des Dorfhäuptlings, die nur durch ihre Größe und einen aus Kuhdünger und Schlamm hergestellten glatten, ebenen Vorplatz zum Tanz sich auszeichnen, stehen gewöhnlich ein bis zwei leere, winzige Hütten, als einzig wahrnehmbares Zeichen, daß auch hier der Mensch der Anlehnung an ein außerhalb der sichtbaren Welt liegendes höheres Etwas bedarf, es sind nämlich Fetischhütten. Auch einige weiß= gestreifte Aloepflanzen, denen man geheimnisvolle Kräfte zuschreibt und sie hier bei Zauberformeln zur Anwendung bringt, finden sich vor. Die Kornmagazine sind meist cylinderförmig, einige aber in ihren unteren Ab= schnitten halbkugelig und stehen auf einer Art Pfahlrost. Die kegel= förmigen Deckel sind zum Abheben eingerichtet. Eine Menge dicht ge= flochtener, sehr geräumiger Fischreusen von Kegelform, sowie Fischspeere deuten auf schwungvoll betriebenen Fischfang, während die Abwesenheit aller Jagdtrophäen beweist, daß man diesen Sport auch hier nicht liebt. Als Waffen dienen Lanzen und breitklingige Beile mit nach hinten aus= springendem Dorn. Jede Frau trägt an einem Lederriemen an der Gürtel= schnur ein kleines halbmondförmiges Messer.

Die Frauen waren jetzt eifrig mit Haushaltungsarbeiten beschäftigt, wozu das Klopfen und Reinigen des eben eingebrachten Eleusinenkornes mit einer Art hölzernen Hammers oder Keulen gehörte. Den Frauen liegt auch bei den Lur die meiste und schwerste Arbeit ob: Wasserholen, Kochen, Ausjäten des Unkrautes, Abschneiden und Einbringen des reifen Korns, ferner müssen die Weiber alle Thongefäße und selbst die Pfeifen= köpfe anfertigen. Zu diesem Zweck wird die den Termitenhügeln ent= nommene fette Thonerde in den Mehlmörsern zerstampft und mit Wasser angefeuchtet gut durchgeknetet, dann das Gefäß ohne Drehscheibe ge= formt, mit Geschirrscherben abgerieben und endlich mit Muschelschalen oder Eberzähnen geglättet. Wenn das ziemlich dünnwandige Gefäß in der Sonne sehr gut durchgetrocknet ist, wird es äußerlich nochmals leicht geglättet und dann, in einem offnen Holzfeuer geschichtet, gebrannt.

Die Männer erbauen die Hütten, bestellen die Felder, fischen und jagen, melken Kühe und Ziegen, trinken Bier, gehen müßig und rauchen. Eine sonderbare Pfeife ist dort viel im Gebrauch. Ein sehr langes Rohr hat von unten einen seitlichen Einschnitt, in welchen ein tüten= förmig gerolltes Blatt als Pfeifenkopf hineingesteckt und jedesmal nach Aufrauchen der minimalen Menge Tabaks erneuert wird.

Für die außerordentliche Fruchtbarkeit des **Landes** zeugt, daß Sorghum, die Kaffernhirse, zum zweitenmal in demselben **Jahre** geerntet worden ist, was in keinem andern Lande Afrikas **der Fall ist.** Emin fand
eine merkwürdige langhaarige Ziegenrasse, welche übrigens auch in
Uganda vorkommt. Die Haare streiften den Boden und fielen so dicht
über die Augen, daß die Ziege, wenn sie sehen wollte, den Kopf schütteln mußte. Damit das Haar nicht verderben konnte, wies man **den**
Ziegen eigens erhöhte und mit Gras bestreute Plätze an.

Die Kleidung ist auch hier sehr primitiv und besteht für **Männer
aus** kleinen Fellen oder Schürzen, für Weiber aus einem Schwanz,
welcher aus rotgefärbten Baumwollenfäden zusammengedreht hinten befestigt ist und aus **einer** nur drei Finger breiten Schürze, während
Mädchen auch **hier** ganz nackt **gehen.** Die Männer tragen statt des
Schildes eine **Art** Panzer, bestehend aus **einem** Streifen möglichst dicker
Büffelhaut von 1 m Länge und 37—40 cm Breite, welcher um Brust
und Leib gelegt und hinten mittels Schnüren zusammengehalten wird.

Weiter ging es dann mit dem **Dampfer.** Starker Wind von
Süden und geringe Ladung ließen den Dampfer sehr stampfen. Der
Himmel war bedeckt und dichte Nebel umwallten die Berge und ver-
hüllten vollständig die Ostseite des Sees. Das tiefgrüne Wasser war
durch den Wind zu kleinen weißen Wellen gefurcht, zwischen denen zahlreiche Plotus eifrig fischten. Die spärlich bewaldeten Berge waren schon
seit einigen Tagen in Rauch **und** Feuer gehüllt, welches in langen
Streifen die Abhänge hinauf **klimmend das** dürre Gras vernichtete.
Auch an diesem **See** konnte **Emin an den** Inundationsmarken kon-
statieren, daß der **See** um einen halben Meter gefallen war. **Nach**
kurzer Fahrt legt **der** Dampfer bei heißen Quellen an. Am Fuße ziemlich steil abfallender Felsen, liegt ein ungefähr 2 1/2 m breiter Sandstreifen,
über und über mit Steinfragmenten bedeckt. Aus allen Fugen **und**
Rissen quillt ein völlig klares, gelbliches, stark nach Schwefelwasserstoff
riechendes und schmeckendes Wasser hervor, welches **eine** Temperatur von
46° C., an andern Stellen 53,5° C. zeigt, während das nahe See-
wasser 29° C. zeigt. Die Luft über den Quellen war bis zur Höhe
von 1 1/2 m erwärmt und das Thermometer stieg dort sofort auf 38° C.
Die Vegetation war in der Nähe eine ziemlich üppige, Euphorbien, wilde
Dattelpalmen und Bambus in großer Menge umsäumten die Quellen.

7*

Emin sind vier heiße Quellen bekannt, sämtlich Schwefelquellen. Von Norden nach Süden gehend findet sich die erste westlich von der Station Lado, nicht fern von der Straße, welche von Niambara nach Makraka führt. Sie heißt Rillek. Dr. Junker hat dieselbe besucht. Hohes sonnenverbranntes Gras und dichter Buschwald wechseln am Wege dorthin, welcher an einem Felsenchaos vorbeiführt. Die an verschiedenen Stellen aus dem Erdboden aufsprudelnden Quellen speisen ein unregelmäßig geformtes etwa 25 Schritte haltendes Wasserbecken in einer nur geringen Bodeneinsenkung. Die Temperatur des Wassers, an verschiedenen Stellen gemessen, beträgt 50° C. Die nächste Umgebung der Quelle ist frei zu Tag tretender Felsenboden. Die nächste, von den Madinegern Amruppi genannte Quelle liegt an den Nordwestabhängen des Djebel Labilla oder Abul Ssala nordwestlich von Dufile. Die Schwefelquelle ist sehr heiß, 69° C., sehr mächtig und wie es scheint intermittierend, wenigstens wechselt das ausgeworfene Wasserquantum ganz bedeutend. In der Nähe liegt eine zweite Quelle mit kochendem Wasser. Die dritte 56° C. warme Quelle befindet sich im Schulilande 2½ Tagemärsche im Südwesten von Fatiko. Außerdem hörte Emin noch von einer Therme im Lande Turkanj, 12 Tagemärsche nach Ost und Südost von Fatiko. Aus jenem Lande wurden Emin damals, als er die Westküste des Muta-Nsige besuchte, noch lebende Kamele zugeführt.

Nach 4½ stündiger Fahrt ankerte der Dampfer in 3 m tiefem Fahrwasser, einer seichten sandigen Bucht bei Mahagi. Für das Vorhandensein zahlreicher Krokobile im See, sprechen die vielen Eierschalen dieser häßlichen Saurier.

Amtliche Geschäfte riefen Emin von hier aus nach Norden, so daß er die Rückfahrt antreten mußte und schon nach zwei Tagen war Emin wieder in Dufile. Von da aus betrat er eine bisher ihm neue Route über Djebel Labilla nach Fatiko und Fauwera, und waren schon nach ganz kurzer Zeit mit der neuen Station Wadelai Kommunikationen eröffnet.

Emin befuhr nochmals den Albert Nyanza von der Station Wadelai aus und zunächst wieder das Westufer entlang. Das am Ostufer liegende Unjoro ist unabhängig geblieben.

Bei dem Dorfe Famjimoro des Lurhäuptlings Boki am Westufer wird, nachdem der Nil stromaufwärts befahren worden ist, zuerst im

See geankert. Von Ferne bietet sich ein äußerst wohnliches Ansehen. Ein mit kurzem, **saftig** grünem Grase und schönen Baumbosketts bestandenes Vorland liegt am Fuße der ziemlich hohen Bergkette, weithin mit Hüttengruppen besetzt. Die Felder sind mit Erdnüssen und Mais bestellt, kleine Herden friedlich grasender Rinder und Ziegen, fleißige Leute beim Roden und Säen, am Flusse Wasser holende Frauen, spielende Kinder — alles das vereint sich zu einem Bilde der Ruhe und Behäbigkeit, wie man es leider nur selten findet, sagt Emin. Auf das Signal des Dampfers brachten die Leute sofort eine Menge trockenen Holzes, dessen Einschiffung erschwert war, der Dampfer mußte wegen des seichten Wassers weit draußen liegen und das Holz auf dem Kopf der Leute durch **das Wasser** getragen werden. Der Häuptling Boki kam selbst an Bord, doch trieb ihn das Rollen des Dampfers sehr bald wieder weg. **Von** da ging es weiter in südwestlicher Richtung, der Dampfer rollte sehr stark und machte die Fahrt sehr unangenehm. Zweimal auf der Strecke begegnete Emin enormen Scharen kleiner Fische, welche anscheinend nach Norden zogen. Das Wasser **war** von ihnen auf eine große Ausdehnung hin hellbläulich grün gefärbt und von den fortwährenden Bewegungen war eine Art Brodeln und gelegentlich auch Aufspritzen zu bemerken. Bei einem Holzplatze wurde wiederum Holz eingenommen. Die Nacht war sehr stürmisch und ein böser Wirbelwind jagte mehrmals über den See. Weiter nach **Südwest** fahrend, fand Emin etwas südlich von der schon im Jahre 1879 verlassenen Station Magungo, da wo er früher eine **Untiefe** umfahren hatte, eine schon bewohnte Insel. **Am** Strande lagen träge einige faule Krokodile in der Sonne. Emin erlegte eines derselben, welches $3\frac{1}{2}$ m lang war.

Die ganze Bevölkerung der Westküste des Albert Nyanza erkannte die Herrschaft Kabregas **von** Unjoro an. Dieser sandte den kleinen Häuptlingen zuweilen kleine Geschenke an Stoffen aus Sansibar oder einige feinere Rindenzeuge aus Uganda. Gegenleistungen existieren zwar eigentlich nicht, doch haben im letzten Kriege mit Uganda diese Häuptlinge Kabrega durch Übersendung von Pfeilen, Lanzen und Schilden unterstützt. Auch ist es schon vorgekommen, **daß** Kabrega eine Partie seiner **Leute** auf Ansuchen der hiesigen Häuptlinge über den See gesandt hat **und** in Gemeinschaft mit den Lurihäuptlingen Raubzüge in das Land hinter den Bergen von Londu machen ließ.

Schon seit zwei Tagen hatten die Aneroide vollständig abnorme Druckverhältnisse gezeigt. In der Nacht kam es endlich zu einem Sturm. Schon am Abend hatte es angefangen stark zu wehen, Blitz und Donner sowie Regen hatten für die Nacht nichts Angenehmes in Aussicht gestellt. Der Dampfer lag in genügendem Wasser und war durch die neugebildete Insel selbst vor dem Anprall der aus Süden heraufstürmenden Wogen geschützt, der Sturm heulte über das Schiff hinweg. Um Mitternacht sprang jedoch plötzlich der Wind nach Nordost um und nun begannen die Stöße des aufgewühlten Flusses gegen den Dampfer, dazu kam ein sintflutartiger Regen. Um die Lage noch zu verschlimmern, wurde der Anker locker und im Handumdrehen saß der Dampfer auf dem Grunde, welcher zum Glück aus Schlamm und Sand bestand. Jedesmal, wenn die weißgekrönten Wogen an die Breitseite des Bootes andonnerten, legte sich dieses über. Trotz der unerhörtesten Anstrengungen gelang es nicht, den Dampfer aus der unangenehmen Lage zu befreien, wohl aber die Gefahr dadurch zu beseitigen, daß durch Auslegen eines andern Ankers und Anholen des Schiffes dieses so weit zu drehen, daß die Wogen nicht mehr die volle Breitseite, sondern den Stern trafen. Die Stöße waren zwar noch sehr heftig, aber die Gefahr, daß das Schiff zerschlagen würde, vollständig vorüber. Erst um 5 Uhr morgens legte sich der Sturm, der Regen ließ nach, ein Anker wurde ausgebracht und das Schiff mit Hilfe der Neger und der rückwärtsschlagenden Maschine gehault. Gegen 7 Uhr war der Dampfer wieder flott, und da nur unbedeutende Schäden vorhanden waren, so dampfte der „Khedive" quer über den See nach dem andern Ufer. Es wehte immer noch und die ganze Fläche des Sees war nur weißer Gischt. Als der Dampfer über die schützende Insel hinaus war, begann der Tanz und ein guter Teil der Leute lag seekrank danieder, um sich erst am Land wieder zu erholen. In meist südlicher Richtung arbeitete sich der „Khedive" lustig vorwärts, wiederum quer durch ansehnliche Scharen von Fischen, denen in den tanzenden Wellen wohler zu Mute schien, wie den seekranken Leuten.

Kurz nach Mittag erschienen an der Ostküste im Grunde einer weiten halbmondförmigen Bucht drei bedeutende Dörfer, vor dem südlichsten derselben ward in nur 50 m Entfernung geankert. Doch die ganz offene Reede gewährte keinen Schutz, so daß der Dampfer abends ins tiefe Wasser gebracht werden mußte.

Die Gehöfte der Dörfer ziehen sich auf einer Hügelkette hin und sind durch enge und sehr schmutzige Gassen von einander getrennt, man empfängt von vornherein den Eindruck einer ziemlich dichten Bevölkerung. Jedes Gehöft ist von einem allerdings oft sehr defekten Zaun aus Rohr umschlossen und enthält dicht aneinandergedrängt eine Menge Hütten in Wanyorostil, dem bienenkorbartigen Aufbau, mit Rohrwänden im Innern, erhöhter Schlafstätte für den Hausherrn, Auspolsterung des Bodens mit Heu und entsetzlich vielen Flöhen. Überall wimmelt es von Hühnern. Eine große Menge von schlanken, Windspielen ähnlichen Hunden, meist von der allgemeinen lebergelben Farbe, treiben sich anscheinend herrenlos, jedenfalls aber pflegelos — denn sie sind furchtbar mager — umher und machen oft Zwangsanleihen im Innern der Hütten. Große Herden ausgezeichnet schöner Schafe und Ziegen, denen der salzhaltige Boden und die Bergweide besonders gut bekommen, weiden den spärlichen Graswuchs ab.

Zwischen den Hütten stehen hier und da Fikusbäume und am Strande rauschen die Riesenblätter einzelner schlanker Borassuspalmen, an deren Wedel eine Menge Webervögelnester hängen. Auch hier zeigen die Webervögel ihren äußerst zänkischen Charakter und ihr Zwitschern, Pfeifen und Streiten ertönte ununterbrochen, und die herabgefallenen Beutelnester, leer oder mit Eiern, bewiesen, daß die gelben Vögel auch zu Thätlichkeiten übergingen.

Die ganze Gegend war außerordentlich arm an Vegetation, was seinen Grund in der geringen Regenmenge trotz der Nähe des Sees hatte. Die aus dem See verdunstende Feuchtigkeit konnte sich nicht niederschlagen, da sie von scharfen konstanten Winden weggeführt wurde.

Der See ist in der Bucht von Kibiro ziemlich seicht und wimmelt von Fischen. Die Einwohner sind deshalb auch eifrige Fischer und den ganzen Tag in ihren großen, aus Baumstämmen gehöhlten Booten auf dem Wasser. Zur Fortbewegung dienen Bambusstangen und kleine Schaufelruder. Trotz der primitiven Schiffereigeräte wagen sich die Leute bei gutem Wetter über den See hinüber, um jenseits ihre getrockneten Fische zu verkaufen. Manchmal lassen sie sogar ihre Boote in der Obhut eines Häuptlings, um in die Berge zu steigen, wo sie einen bessern Absatz für ihre Ware finden. Es kommt übrigens zuweilen vor, daß die Schiffer und Fischer vom Wetter auf dem See überrascht werden und dann schwere Stürme zu bestehen haben und schon mehr wie ein Boot ist dabei zu Grunde gegangen.

Die Fische werden nur getrocknet und meist derart mangelhaft, daß sie höchst widerlich riechen, was aber die Konsumenten keineswegs vom Genuß abhält. Trotzdem Salz in großer Menge bei Kibiro vorhanden ist, so denkt niemand daran die Fische einzusalzen.

In der ganzen Umgebung Kibiros ist nicht ein Fleckchen Erde angebaut. Korn, Gemüse und Bananen sind nirgends zu haben, nicht einmal süße Bataten; selbst diese genügsame Kulturpflanze fehlt hier. Korn ist daher der begehrteste Tauschartikel und das angenehmste Geschenk, welches man jemand machen kann. Alle vegetabilische Nahrung für Kibiro stammt aus dem Innern des Landes und wird auf den Köpfen der Leute die steilen Berge heruntergebracht. Die Männer von Kibiro arbeiten gar nichts, sie sind zu faul dazu. Die Thätigkeit der Weiber aber ist um so ausgiebiger, sie allein sind es, welche sich mit der wichtigen Salzbereitung beschäftigen. Diese Salzbereitung hat sich zu einer richtigen Industrie entwickelt. Kibiro liefert nicht allein für den ganzen nördlichen Teil von Unjoro bis nach Mruli hinüber, sondern sogar für einen guten Teil von Uganda, das Lurland und die Schuli den Salzbedarf. Die Salzminen, wenn man sie so nennen darf, bilden daher einen für Kabrega äußerst wichtigen Besitz und noch vor einem eben zwischen Uganda und Kabrega beendeten Kriege hatte Mtesa, bevor er geschlagen worden war, angeblich 1000 Lasten Salz und Elfenbein verlangt, um von dem Kriege abzustehen.

Emin besuchte den Hauptplatz der Salzbereitung, der in geringer Entfernung von Kibiro liegt.

Geht man längs des Seeufers nach Norden zu, so fallen zunächst die künstlichen Einfahrtsstellen ins Auge, welche die Fischer in dem seichten See zum Schutze ihrer Boote gegen den Wellenschlag aus übereinander gehäuften Steinen errichtet haben. Etwas weiterhin passiert man den Bach, der aufgestaut, nur durch ein schmales Gerinne mit dem See in Verbindung steht, denn Wind und Wellen türmen den Sand so hoch, daß häufig der Abfluß geschlossen wird. Nachdem man einige Hütten hinter sich gelassen, wendet sich der Pfad landeinwärts. In zwei Terrassen hebt sich der Boden stufenförmig. Der Rand der obersten Stufe erhebt sich nur etwa 10 m über dem Seespiegel. Zwischen Hüttenkompleten hindurch, wo alles sehr unsauber aussieht, führt der Weg bald an den Rand der Salzwerke. Die Leute sind hier übrigens wegen ihrer Unsauberkeit zu entschuldigen, da sie selbst das Gras zum Ein-decken der Dächer gegen Salz kaufen müssen.

Die Salzschlucht bei Kibiro.

Die heißen Quellen, welche das Salz liefern, liegen am Fuße einer hohen Bergkette. Eine tiefe Schlucht öffnet sich, deren hinterstes Ende eine halbmondförmige Einbuchtung von senkrechten Abstürzen der Bergmaſſen gebildet wird. Den Boden bedeckt ein Chaos von Trümmern und Steinblöcken. Der Boden und die **Steine ſind derart heiß, daß** man die Hand nicht auflegen kann und ſogar der beſchuhte Fuß die **Hiße** empfindet. Von allen Seiten brodelt und ziſcht es, aufgurgelnde Gaſe entſtrömen dem heißen Schlamm. Unzählige kleine Quellen ent= ſpringen dem überhißten Boden und füllen die Luft mit ſchwefeligen Gaſen, in welche ſich ein leichter Erdpechgeruch mengt.

Die **Lufttemperatur** iſt ſo hoch, daß man wie in einem Dampf= bade nach Atem **ringt, und der von allen Seiten aufſteigende** Dampf des kochenden Waſſers, **erhöht den** Eindruck eines ſolchen **Bades.** Ka= biggo nennen die Wayoro dieſe Hexenküche. Ein hochintereſſantes Zeug= nis **der thätigen Naturkräfte. Unter Steinen aus Felsrißen,** direkt aus dem Boden ſprudelt das Waſſer **völlig klar,** im Glaſe ſieht es ein wenig gelblich aus **und ein** leichter Schwefelwaſſergeruch haftet ihm an. **Die Temperatur iſt von 85—90° C.** Vom Geſchmack ſehr ſchwach ſalzig, wirkt es **in größeren Quantitäten getrunken** leicht purgierend. Bei ſtillem Wetter quillt es ſtärker, bei **Wind** und Regen ſchwächer. Erdbeben ſind in Kibiro **eine ziemlich häufige Erſcheinung.**

In den hinterſten Teilen der Schlucht war **gar** keine Vegetation **bemerkbar.** Die oberen Ränder dagegen waren **mit** dichtem Gebüſch und **dornigen Sträuchern** beſtanden. Dazwiſchen **ganze Neſter** einer dor= nigen, weißgeſtreiften Aloe. In **der Nähe der eigentlichen Quellen** iſt wegen **des** beſchränkten Raumes und der hohen **Temperatur** jede Arbeit unmöglich. Folgt man aber ſeewärts dem ſonderbar **gewundenen** Ver= lauf der Schlucht, ſo glaubt man, wie Emin ſagt, in ein Goldgräber= lager geraten **zu ſein. Der** Boden der Schlucht iſt weiter nach **dem** Eingang **nach allen Seiten hin** völlig geebnet und von Steinen ge= ſäubert; in kleinen **etwas erhöhten und** ſauber von Steinen eingefaßten **Gerinnen hat** man das heiße **Waſſer nach** allen Richtungen **hingeleitet.** Haufen geſäuberter Erde liegen überall zur Arbeit bereit, jeder einzelne Werkplaß iſt vom nächſten **durch** eine Steinreihe geſchieden. Frauen und **Kinder ſind überall** eifrig beſchäftigt die ſalzige Erde aufzukraßen **oder die Durchſeiheapparate zu füllen. Am ſonderbarſten** aber nehmen ſich **die auf 2 m hohen, aus der ſalzigen Erde aufgemauerten Wände** aus, an deren Fuß die Filtriergefäße ſtehen und die von weitem den Eindruck einer Dorfruine machen.

Die Salzbereitung ist **eine** ziemlich einfache. Am Abend wird das zu bearbeitende Terrain durch Öffnen eines Gerinnes überrieselt und erst am Morgen die Überrieselung unterbrochen. Nachdem sodann während einigen Stunden das Terrain oberflächlich getrocknet ist, kratzen die Weiber mit halbmondförmigen Eisen die oberste Erdschicht **ab und** füllen damit kleine Tröge, aus denen sie wiederum zu kleinen Haufen **zusam-** mengeschüttet wird. Am **nächsten Tage** wird wiederum in Trögen eine Quantität dieser Erde mit Wasser gemischt und nun in die Filtriergefäße gebracht, einfache Thongefäße mit durchlöchertem und mit einer Schicht feinen Heus bedecktem Boden, auf drei Steine gestellt, welche die durch- geseihte Flüssigkeit in ein untenstehendes kleineres Thongefäß abtröpfeln lassen. Diese Apparate stehen reihenweise am Fuße jener Schlamm- wände, welche früher erwähnt wurden. **Ist** die Abtröpfelung zu Ende und hat der Fabrikant keine Eile, so wird die Lauge in freier Luft ver- dunstet und ein reineres, weißeres Salz erhalten, **soll** es aber eiliger gehen, so geschieht die Ausscheidung des Salzes durch Eindampfen, in- dem die Lauge zu Hause gekocht wird. Das so erhaltene Salz ist unreiner und dunkler.

Die eigentliche Kunst aber der arbeitenden Frauen besteht in der richtigen Mischung von Erde und Wasser ehe die Mischung zum Filtrieren kommt. Bei schlechtem Wetter und andauerndem Regen erleidet die Salzbereitung große Unterbrechung, weil der überschwemmte Boden als- **dann** nicht tauglich zur Salzgewinnung ist. In solchen Fällen hilft **man** sich durch Einreißen der aufgemauerten hohen Wände, welche aus salzhaltiger Erde bestehen.

Die durch Generationen fortgesetzte Abtragung der Bodenschichten der Schlucht haben diese eigentlich in ihrer heutigen Gestalt zu **einem** Produkt menschlicher Arbeit gemacht.

Emin meint, daß das Salz **nicht** den heißen Quellen entstamme, da sie aus Primitivgestein hervorbrechen, sondern daß sie nur den salz- haltigen Alluvialboden aufschließen. Die Leute von Kibiro behaupten, daß, **wenn** starke Regen die Quellen abkühlen und den Boden durchfeuchten, die Salzgewinnung nicht stattfinden kann. Dies dürfte aber nur in der Auslaugung des Bodens durch das Regenwasser seinen Grund haben.

Das gewonnene Salz ist meist grobkörnig, von ziemlich dunkel- grauer Farbe und leicht bitterem Geschmack, der selbst für den Neger

bemerkbar ist. Der bittere Geschmack würde sich vielleicht durch wieder-
holtes Umkristallisieren entfernen lassen, aber der großen Nachfrage
wegen kann keine besondere Sorgfalt auf die Bereitung verwendet
werden. Das zum Verkauf bestimmte Salz wird zu cylindrischen Pa-
keten geformt und in trockene Bananenblätter eingewickelt. Ein solches
etwa 10—11 kg wiegendes Paket kostete damals 400 Kauri, welche
etwa 6,65 Frank entsprachen.

Das **Salz** hat einen sehr lebhaften Handel hervorgerufen. Als
gesuchte Tauschartikel galten Rindshäute und solche von größeren Antilopen, Sorghum und **Eleusine**, rohes Eisen und **Lanzenspitzen**, weniger
Messing in möglichst dicken Stangen. Glasperlen haben hier mehr den
Wert von Phantasieartikeln, denn selbst Hühner, Eier und Fische vertauscht man lieber gegen **Korn**. Tabak ist sehr teuer, Schafe und
Ziegen dagegen sind billiger.

Die Bewohner Kibiros sind reine Wanyoro mit intelligenten Ge-
sichtern, proportioniertem Bau und dunkler Hautfarbe. Die Kleidung
ist dieselbe wie die der übrigen Wanyoro. Bemerkenswert sind die
bequasteten Lederscheiden **auf den Lanzenklingen**. Klimatisch soll Kibiro
sehr befriedigend sein. Während Emins Aufenthalt kamen jedoch noch
einige sporadische Fälle von Blattern vor, **als** Reste einer großen Epidemie, welche auch in Wadelai viele Opfer gefordert hatte. Die heißen
Quellen werden von den Eingebornen in Krankheitsfällen vielfach zum
Baden benutzt, selbst **aus** dem Innern bringt man Kranke zur Kur
dorthin.

In **Kibiro** wurde Emin die angenehme Überraschung, von Dr. Junker
einen Brief **aus Uganda zu** erhalten. Als Anlage fanden sich Grüße
seines alten Bekannten Jbi, **früherem Sekretär** Mtesas und damaligem
Grenzchef **von Uganda, ferner ein** offizielles Schreiben von Nubar Pascha
sowie ein sehr freundliches **Schreiben** des Sultans von Sansibar.

Ehe Emin abreiste, bestieg er die Bergkette, deren Höhe er unter
mühsamem Aufstieg erreichte. Oben begegneten ihm eine Menge Leute,
welche Lasten von Brennholz schleppten.

Obgleich der Abreise nichts mehr im Wege stand, ließ sich Emin
dennoch durch den Häuptling Karoga **bestimmen**, noch einige Tage zu
bleiben. Ein Vorfall, **welcher für Emins** Nachgiebigkeit und Gutmütigkeit ebenso charakteristisch ist, wie für den Negerhäuptling der Wunsch

seinen Gast noch länger bei sich zu sehen. Er wollte ihn hinhalten und zwar nur, weil ihm der Gedanke, Emin bei sich zu wissen, nach den paar Tagen schon zur Gewohnheit geworden war. Es kostet dem geistesträgen Neger schon zu viel Anstrengung, **daran** zu denken: es muß etwas geschehen — wenn sich das auch nur darauf beschränkt, daß einige Abschiedsgeschenke ausgewählt, vielleicht ein Abschiedsbesuch gemacht werden muß, denn die Vorbereitungen dazu kosteten dem Mann Arbeit — wenn sie auch nur darin besteht, einige Befehle zu erteilen, und auszusinnen, was man etwa von dem Gast als Geschenk fordern soll. Einen andern Grund hat, wenn nicht gerade besondere Umstände vorliegen, ein Negerhäuptling kaum, **seinen** Gast zurückzuhalten, von dem er in den meisten Fällen sogar größeren Vorteil hätte, **wenn** er ihn baldigst entließe, indem der Europäer für schnelleres Fortkommen manchmal gern mehr schenkte. Ähnlich ist der Gedankengang **oder** vielmehr die Gedankenarbeit immer beim Schwarzen.

Der Häuptling Karoga kam gegen Abend zu Emin mit einer Menge Komplimente und wenig Eiern als Geschenk. Er entschuldigte sich mit der Ungunst der Zeiten und den fehlenden Zufuhren — ein hübsches Mittel, sagte Emin, den Wert der Gabe zu erhöhen — **und** empfahl sich höchst zufrieden, als er seinen Lieblingswunsch, ein Paar Schuhe zu bekommen, verwirklicht sah. Die **Neger sind mit ein** wenig Geld und gutem Willen so leicht zu befriedigen.

Gegen Mittag desselben Tages wurde Dampf aufgemacht und bei starkem Südwestwind, welcher den See in tausende kurze, weiße Wellen peitschte, wurde abgedampft. Das Schiff war voll Ziegen und Schafe sowie Tabak und Salz, da Emin seinen Leuten zu diesem Zwecke einige Rindshäute und Kaurimuscheln als Tauschmittel gegeben hatte. Anfangs durchschnitt der Dampfer ganz ruhig die Wellen, später aber rollte er derart, daß die meisten Leute seekrank wurden. Nach einigen Tagen war Emin wieder in Wadelai und ging von da aus nach Lado zurück.

Emin erreichte auf seinen sämtlichen Exkursionen, daß die Eingebornen fortan jährlich zweimal Tribut oder Abgaben zahlten. Die Häuptlinge lieferten Elfenbein, die Unterthanen derselben Korn. In Begleitung oft nur eines einzigen Soldaten zogen 30—50 Träger mit schweren Lasten an Getreide oder Hülsenfrüchten zu den Hauptstationen und dort wurden die Vorräte aufgespeichert. In vielen Ortschaften genügte **ein** einziger Soldat zur Aufrechterhaltung der Ordnung und zum Eintreiben des Tributes. Als Gegenleistung verlangten die Eingebornen zunächst nur Garantie für Eigentum und Leben und Herstellung von Ruhe und Sicherheit.

Von Wadelai aus besuchte Emin die östlichen Stationen Fadibek und Fatiko. In einem der Dörfer unterwegs war in **der Nacht ein Leopard** eingedrungen und hatte einen Mann getötet, er war aber dann verscheucht worden. Am nächsten Tage schon fand das Begräbnis statt; **denn** die dortigen Madistämme bestatten ihre Toten. Unmittelbar vor der Hütte wurde eine kreisrunde, etwa ein Meter im Durchmesser haltende und 1¹⁄₂ Meter tiefe Grube gegraben, in welche der Tote mit angezogenen Knieen und Armen und mit einem Felle bekleidet, lauernd hineingesetzt wurde; dann füllte man die Erde ein, stampfte sie fest **und bedeckte** das Grab mit Steinplatten, welche auch häufig dolmenartig aufgestellt werden. Die zurückgelassenen Frauen, welche der Sohn des Verstorbenen erbt, weinten **dabei in sehr bezenter Weise** und bald ging jeder wieder seinen Geschäften nach.

Ein merkwürdiger Aberglaube herrscht bei den Madi, welcher sich in ähnlicher Form auch bei andern afrikanischen Stämmen wiederfindet. Emin hörte nämlich von der Existenz eines Dorfes, dessen Bewohner **die Eigenschaft haben** sollten, sich bei Nacht in einen Leoparden verwandeln zu können und dann Menschen zu töten und zu verzehren.

Einige Tage später betrat Emin Schulidistrikte. In einem kleinen Schulidorfe **schenkte ihm der** Häuptling drei Körbe Mehl und bezeugte seine Ergebenheit durch abwechselndes Erheben der Hände Emins, welche er zuletzt umdrehte, die Innenfläche beleckte und dann mit der Hand abwischte.

Emin berührte auf seinem Marsche Fadibek. Das Gouvernement besaß hier früher schon eine gut gelegene gesunde Station, als aber Gordon Pascha, um Ersparnisse **zu** machen, die **Aufgabe** aller südlichen Stationen anordnete, mußte auch Fadibek verlassen werden, obgleich ihre Erträgnisse an Elfenbein die jährlichen Kosten weit überstiegen. Seitdem **hatte der** dortige Häuptling Aguok wiederholt gebeten, man möge bei ihm wieder eine von regulären Soldaten besetzte Station gründen und hatte zu diesem Zwecke selbst Elfenbein als Geschenk nach Fatiko ge-

bracht. Seinen Wünschen konnte nun entsprochen werden und mit Hilfe
der Schwarzen wurde jetzt eifrig an **den Gebäuden** gearbeitet. Sie
versprach eine der schönsten der ganzen Provinz zu werden. Der Häuptling Aguok hatte sich in Kleidung und Manieren vollständig zum
Dongolaner gemacht. Er sprach passabel **arabisch,** saß und schlief auf
Ankarebs und bewirtete seine Gäste nach arabischer Manier mit Kaffee,
was aber nicht hinderte, daß seine Weiber und Kinder sich im nationalen Kostüm, d. h. nahezu nackt, nur mit **kurzen Baumwollenschwänz-**
lein geschmückt, präsentierten. Die Schuli haben eine größere Vorliebe
für Glasperlen, als alle andern Stämme **jener** Gebiete; besonders sind
blutrote und weiße opalisierende geschätzt. Die Männer flechten Kaurimuscheln und Perlen ins Haar. Eisenschmuck ist auch hier überall
Mode. Die eisernen Panzerhalsbänder bringen die ganze unterliegende
Halsmuskulatur zum Schwinden. In der Nähe der Hütte des Häuptlings arbeitete ein Schmied. Sein Blasebalg bestand **aus** zwei großen
Thongefäßen, welche unten in einen in rechtem Winkel ausgezogenen,
als Luftkanal dienenden Halse endeten. Die oberen Öffnungen sind mit
lose gebundenen Ledern geschlossen, in deren Mitte je ein Stab befestigt
ist, um jene leicht auf und ab zu bewegen, wodurch der Luftstrom erzeugt wird, welcher durch dieselbe Öffnung aus- und einpassiert, da der
Blasebalg kein Ventil hat. Ein **Knabe setzte das primitive** Instrument
in Bewegung. Ein großer Stein bildete den Amboß, ein kleinerer den
Hammer. Zum Glätten der geschmiedeten Stücke dient ein Stück Eisen.
Das Löschen in Wasser ist nicht gebräuchlich. Der Schmied arbeitete
gerade Gebisse für Esel, deren es in Fadibek sehr viele gibt.

Männer und Frauen durchbohren die Lippen und stecken **polierte**
Quarzstücke oder Strohhalme hinein, so daß es aussieht, als sei der
Mund mittels eines Pflockes geschlossen.

Als Bekleidung für die Männer dienen Felle von Antilopen,
Ziegen und Schafen und sehr häufig Leopardenfelle. Wer immer einen
Fetzen Stoff erlangen kann, behängt sich irgendwo damit, wobei der
Kopf am meisten bevorzugt wird. Für Straußfedern existiert eine sehr
große Vorliebe. Man trägt sie als Kopfschmuck und werden die weißen
Federn mit Eisenocker rot gefärbt.

Mädchen gehen auch hier vollständig nackt, Frauen nahezu. Der
30 cm lange Schwanz aus Baumwollfaden; welchen verheiratete Frauen

hinten an ihre Gürtelschnur hängen, sowie ihre etwa drei Finger breite
Schambedeckung, ebenfalls aus Baumwollfäden hergestellt, bilden die
ganze Toilette. Mädchen tragen häufig nur fünf bis sechs an der Gürtelschnur herabhängende Fäden. Eisen- und Messingringe, wo immer sie
anzubringen sind, verkünden durch ihr Klirren schon von weitem die
Ankunft solcher Weiber. Die Schulifrauen sind in der Jugend nicht
häßlich und oft findet man wirklich hübsche Gesichter unter ihnen.
Sie stehen aber nicht im besten Ruf und man sagt ihren Männern
nach, daß sie für etwaige Extravaganzen ihrer Ehehälften nicht gar zu
empfindlich seien.

Bei den Schuli herrscht dieselbe eigentümliche Sitte wie bei den
Madi in bezug auf Knaben und Mädchen. Zwischen den Häusern
des Dorfes zerstreut sieht man einzelne über den Boden erhöhte Bauten,
die sehr großen Kornbehältern gleichen, jedoch eine ovale Eingangsöffnung
zeigen und mit Thon glatt gestrichen sind. Vor derselben ist häufig
eine aus Hölzern zusammengebundene Bank angebracht, um besser ein-
steigen zu können. In diesen Häusern schlafen die Mädchen, sobald sie
sich der Pubertät nähern und zu ihnen gesellen sich dort zwanglos die
mannbaren Knaben. Wenn eines der Mädchen schwanger wird, so ist
ihr bisheriger Gefährte verpflichtet, sie zu heiraten und ihrem Vater den
üblichen Brautpreis zu zahlen.

In jedem Dorfe finden sich auch noch Konversationssäle für
Männer und Frauen. Unter dem großen Strohdach stehen eine Menge
schräg auf stehengelassenen Ästen ruhende Baumstämme, auf welche man
sich meist rauchend ausstreckt, um auszuruhen. Hohe Gerüste, eine Art
Warte, von denen aus man das flache Land weithin übersehen kann,
bilden den Lieblingsaufenthalt für junge Männer. Überall findet man
die in ganz Afrika verbreiteten kleinen Zauberhütten, Zauberpflanzen,
für Jagd- und Kriegszwecke mit Schädeln und Knochen behangene
Bäume finden sich allenthalben.

Nach einigen Tagemärschen erreichte Emin Fatiko, um nach einem
Aufenthalt von mehreren Tagen weiter nach Fauvera zu marschieren.
Er erreichte ohne andre Schwierigkeiten als die durch den Marsch gebotenen, die obengenannte Station, welche erst seit 14 Tagen wieder
mit Leuten besetzt war. Den Häuptling Rionga fand Emin durch den
vielen Branntwein und Bananenbiergenuß noch stupider als früher.

Der Ort liegt sehr günstig von fruchtbarem Terrain umgeben. Der schwere, graue Thonboden liefert besonders gute Erträge an Mais; der Nil Fische in Menge. Sehr viele Python, boakonstriktorartige Schlangen, finden sich. Die Eingebornen töten häufig 2½—3 Meter lange Exemplare **und** essen dieselben sehr gern. Das Fett dieser Schlangen gilt als sehr gutes Mittel gegen rheumatische Schmerzen und Ohrenschmerzen. Hyänen und Löwen, welche dem Volksglauben nach in unversöhnlicher Feindschaft leben, kommen ebenso häufig wie Leoparden vor. Man kann hieran sehen, wie schlechte Beobachter die Neger sind. Sie sagen, daß sich Löwe und Hyänen fortwährend befehden und der Löwe von zusammengerotteten Hyänen stets überwältigt, oder doch wenigstens in die Flucht geschlagen werde. Der Neger gefällt sich eben außerordentlich in Paradoxen. Die Hyänen folgen in Wahrheit immer der Spur der Löwen, um sich die Reste ihrer Mahlzeit anzueignen. Oft umschwärmen sie scharenweise fressende Löwen, um sich dann, wenn diese gesättigt ihre Beute verlassen, darauf zu stürzen. Dieses Verhalten **nehmen die** Schwarzen dann für einen Sieg der Hyänen, welche in der That die denkbar feigsten Tiere sind. Von Fauvera zog Emin zu Anfina, dessen Dorf ebenfalls am Nil lag.

Festlich gekleidet, in Reih und Glied, **mit** wallendem ägyptischen Banner und krachenden Salven empfingen die Leute Anfinas Emin in Panjatoli. Der Häuptling selbst war in englischen Flanell gekleidet und geleitete Emin ins Innere seines Hüttenkomplexes, wo ihm eine Hütte zum Wohnen angewiesen wurde, während Emins Leute außerhalb der Umzäunung bleiben mußten. Als Gastgeschenk überbrachte man sofort in Massen süße Bataten, Hühner, Eier, Mehl, reife und unreife Bananen sechs Elefantenzähne und eine Ziege. Eine Kuh und das unvermeidliche Bananenbier war für Emins Gefolge bestimmt. Das Gegengeschenk verursachte Emin diesmal einiges Kopfzerbrechen, denn hier konnte er den großen Häuptling nicht mit einigen Glasperlen abspeisen. Es schien jedoch das ausgewählte Geschenk Anfinas Gefallen erregt zu haben, denn er ließ noch einiges ausgezeichnete Bananenbier nachfolgen. Anfina gehörte, wie Emin schon wiederholt betont hatte, zu den wenigen Gentlemannegern. Dieser Häuptling stammt übrigens auch von Wahuma ab. Er ist neben Mtesa der einzige Schwarze, welchem Kleidung und was sonst von Zivilisation eingeführt wurde, zum Bedürfnis geworden ist und ebenso ist er wie Mtesa der einzige, welcher zum Essen Teller und Schüsseln, zum Trinken Gläser benutzt.

Kaum war es übrigens Abend geworden, so mußte Emin die Un= annehmlichkeiten der Gastfreundschaft über sich ergehen lassen. An vier verschiedenen Stellen dröhnten die Trommeln, und Chorgesänge, von energischem Händegeklatsche begleitet, antworteten dem Recitativ des Vor= sängers. Höchst amüsant äffte dabei einer der Leute Emin nach, die Namen von Bergen, Choren, Pflanzen u. s. w. erfragend und notierend; selbst das Visieren mit der Bussole wurde nicht vergessen. Wie heißt das Dorf hier vor uns, fragte der Vorsänger und „Kibjabja" antwortete er sich selbst, worauf das Chor „Kibjabja" aufnehmend, das Wort wohl zehnmal wiederholte. Der Tanz dauerte bis 3 Uhr morgens; schon um 5 Uhr war jedoch alles wieder munter.

Die auffallendsten Erscheinungen unter der umherlungernden Menge waren die Witschwesi, Zauberinnen, deren es am Hofe eines jeden Wawitufürsten in Menge gibt. In gelbbraune und schwarzgefärbte Rindenstoffe gekleidet, so daß der ganze Körper verhüllt war, trugen sie außerdem noch Felle von Ziegen, Schafen, Leoparden und die teuren, sehr geschätzten Otterfelle und verzierten den Kopf mit allen möglichen Dingen. Schön waren die Damen keineswegs, mochten sich auch kaum zu Vestalinnen geeignet haben, aber gefürchtet sind sie und können sich deswegen viel erlauben. Wie stets, wo professionelle Interessen ins Spiel kommen, suchen auch sie sich in Sonderbarkeiten zu überbieten. Eine z. B. grunzt alle Augenblicke, eine andre spricht in der höchsten Fistel, dort setzt sich eine neben jemand und verlangt, man solle ihr die Schultern reiben und den Kopf beugen, was dann auch geschieht. Ein Mann aber sticht vor allen hervor, er stellt sich gänzlich taub, schwatzt die dummsten Geschichten, antwortet aber auf keine Frage, horcht aber sofort auf, wenn man pfeift. Derartige Zauberer mit ihrem ein= fältigen Gebaren kommen in ganz Afrika vor.}

Emin verfaßte von Wadelai aus, wohin er nach dem Ausfluge zurückgekehrt war, am 28. November 1879 einen Bericht und sagt darin, daß er infolge einer schweren Verwundung, welche ihm den Marsch von Fatiko nach Wadelai sehr qualvoll gemacht habe, nicht zum Routen= zeichnen gekommen. Auf welche Weise und bei welcher Gelegenheit er sich diese Verwundung zugezogen hat, berichtet er leider nicht.

Emin hatte schon damals als Ergebnis seiner vielfachen amtlichen Reisen neue Massen von Elfenbein zur Versendung bereit und da er außerdem Kontrakte mit südwärts wohnenden Häuptlingen geschlossen, hoffte er, daß das Gouvernement in Chartum wohl mit ihm zufrieden sein werde.

Der Häuptling Mbio, der seit 18 Jahren als ganz unzugänglich **galt,** lud Emin **aufs** freundlichste zum Besuche ein, und er faßte infolgedessen auch den Plan, diesen Niam=Niam=Häuptling, dessen Elfenbeinreichtum sprichwörtlich geworden war, zu besuchen. Überall wurden **neue** Stationen erbaut, Zweigstationen vorgeschoben und ein regelmäßiger 14tägiger Postdienst eingerichtet. **Die** Boten mußten zu genau vorgeschriebener Zeit **eintreffen** und sich die Stunde der Ankunft und des Abganges notieren lassen. Die Äquatorialprovinz zählte zu jener Zeit 1400 Soldaten und Offiziere und etwa 200 Irreguläre.

Die Sicherheit war schon damals so groß, daß man fast allenthalben mit dem **Stocke** spazieren gehen konnte, für den Neger der ideale Zustand eines **Landes.**

Wir hören nun **von** Emin erst wieder **am 29.** März 1881 in Gondokoro, **der alten Hauptstadt am Bahr el Djebel.** Die Station **war** seiner Zeit **durch** Baker **befestigt, aber durch** das allmähliche Versanden des Nilarmes, an dessen östlichem Ufer **sie lag,** für Schiffe immer unzugänglicher geworden. **Da der** Fluß in späteren Jahren einen mehr westlichen Lauf nahm, so versumpfte der Arm, an welchem Gondokoro lag, immer mehr, was nicht ohne Einfluß auf die Gesundheitsverhältnisse des Ortes blieb. Die Sterblichkeit unter den Leuten, welche aus Chartum dorthin kamen, war eine erschreckend große geworden. Gordon verlor mehrere Offiziere, katholische Missionare wurden **durch** Fieber und Dysenterie dezimiert.

Die Hauptstation **der** Äquatorialprovinz wurde nach Lado verlegt und Gondokoro von Gordon ganz verlassen. Erst seit 1878 war es wieder mit 10 Mann Soldaten belegt, als Zweigstation von Lado, welches schon 1874 gegründet worden, und zwar nur wegen der dortigen Limonenbäume. Das Land um Gondokoro gewinnt durch die vielen von der Station aus sichtbaren Berge ein merkwürdiges Ansehen, dessen Eigentümlichkeit noch durch die vielen kleinen Barigehöfte, alle umgeben von hohen Euphorbieneinzäunungen, erhöht wird.

8*

Emin **brach** mit einer Karawane von Gondokoro aus auf, **um über** Tarrangola nach Agaru im Südosten zu marschieren. Unterwegs passierte er am ersten Tage einen Bergrücken, auf welchem weithin in der Sonne glitzernde Marienglasplatten sichtbar waren. Eine Menge der Träger desertierte aus Angst, in feindliches **Gebiet zu** geraten, am zweiten Tage. In diesem Distrikte scheinen die Häuptlinge alle Regen- macher zu sein, wenn **dies** Handwerk auch zuweilen die übelsten Folgen mit sich bringt, wie z. B. der Vater eines Häuptlings von seinen eigenen Unterthanen erschlagen wurde, weil er als Regenmacher nicht im stande war, nach einer langen, trockenen Periode, Regen herbeizuzaubern.

Emin passierte eine weite Fläche, welche dort Kabenokola genannt wird, ein wahres Elefanteneden, wo Emin Hunderte dieser Tiere in Trupps umhermarschieren sah. Hier am Chor Ginetti in der Provinz **Latuka** ist das Land reich bewaldet und sein Wildreichtum ein geradezu unerschöpflicher. Elefanten, Büffel, Giraffen und Zebra, Wildschweine, Tausende von Antilopen in allen Arten und Strauße treiben sich auf **den saftig** grünen Waldlichtungen und **im** lichten Walde umher. Zu ihrem Fange liegen um die von Emin besuchte **Station Okkelo oder** Wakkala nicht weniger als 17 Fallgruben. Das Vorhandensein des vielen Wildes ist für die Eingebornen ein wahrer Segen, während **alles** Rindvieh, ebenso Reittiere wie Esel und Maultiere nach kurzer Zeit zu Grunde gehen. Schwellungen an verschiedenen Körperteilen, Verlust des Appetits, Abmagerung führen bald zum Tod. Die Veranlassung sind enorme Massen von Eingeweidewürmern; auch das erlegte Wild wimmelt geradezu von diesen Schmarotzern. Es ist dies eine Erscheinung, welche immer in salzarmen Gegenden zu Tage tritt. Eine Plage, welche dem großen Wildreichtum zuzuschreiben ist, sind die vielen Zecken, welche man sich nach jedem **Ausfluge** ablesen muß. Infolge des zahlreichen Auftretens von Wild ist auch Raubzeug sehr häufig, und bald gewöhnt man sich an das Vorhandensein einer Menge Löwen, Leoparden, kleinerer **Katzen und** Hyänen. Gefürchtet werden auch hier nur, wie in ganz Afrika, die Leoparden, welche häufig genug Menschen zerreißen, während **die** Löwen, welche man oft zu zweien oder dreien in Gebüschen ruhen findet, niemals jemand anfallen. Die Neger erzählen, daß sie unter der Botmäßigkeit eines Häuptlings Lottor stehen, eines äußerst einfachen, gutmütigen Mannes, welcher stets zwei Löwen in seinem Hause gezähmt hält, wie sich Emin selbst überzeugen konnte. Solange man ihm hin und wieder Geschenke von Ziegen und Korn gibt, erlaubt er seinen Löwen nicht, sich mißliebig zu machen. Die Löwen sind in jenen Gegenden, da sie überreiche Nahrung finden, geradezu gutmütig; daß man sie aber vielleicht aus Aberglauben respektiert, beweist der Umstand, daß, als sich einer in der Fallgrube gefangen hatte, man schnell den Häuptling

Borassuspalmen.

Lottor rief, welcher mehrere starke rauhe Stämme in schräger Richtung in die Grube hineinstellte, so daß der Löwe daran emporklettern konnte, um die Grube zu verlassen. Nachdem er die Zuschauer, darunter Emin, anerkennend angebrüllt hatte, zog er, unverletzt und ohne jemand anzu= greifen, seines Weges.

Von einem zweiten Häuptling erzählt man, daß er die Macht be=

size, Wild von den Fallgruben fern zu halten. Als man diesen einst, einer Zwistigkeit wegen auf der Station Okkela gefangen hielt, habe sich das Wild so lange von der Station ganz fern gehalten, bis man den Häuptling durch Geschenke wieder versöhnt hatte.

Die Frau eines andern Häuptlings ist wieder bekannt wegen ihrer Macht über die sehr zahlreichen Krokodile des Chor Ginetti. Der Fischfang wird dort sehr eifrig von Frauen betrieben und zwar mit langen Schleppnetzen aus starken Fasern, welche von 5—6 Personen über das Wasser gespannt und dann aufs Land gezogen werden. Große Fische werden dann mit Stöcken erschlagen und Krokodile, welche mit gefangen werden, läßt man einfach wieder frei.

Etwa 1 ½ Stunden nordwestlich von Okkela liegt ein prachtvoller Borassuspalmenwald, eine in ganz Afrika nicht sehr häufige Erscheinung. Der Wald ist etwa vier Stunden lang und stellenweise zwei Stunden breit. Er liefert den Eingebornen in Menge die manchmal beinahe kindskopfgroßen Früchte, welche außen grün, innen tief orangegelbe Farbe haben. Das cremeartige Fleisch ist von zahlreichen zähen Fasern durchwachsen. Wegen des scharfen, fast fauligen Geschmackes ist der Genuß ein sehr zweifelhafter, besonders auch noch, weil sich die äußerst zähen Fasern fortwährend in den Zähnen festsetzen. Der Verfasser hat zuerst die Beobachtung gemacht, daß das Fortkommen der Borassuspalme an das gleichzeitige Vorkommen von Elefanten und Büffel, unter Umständen auch Nilpferden gebunden ist, und daß da, wo diese Tiere ausgerottet werden, die Borassuspalmen ebenfalls allmählich aussterben. Die Früchte können nämlich erst keimen, wenn sie in die Erde eingedrungen sind und dies kann bei ihrer Größe nur dadurch geschehen, daß sie während der Regen- oder Überschwemmungszeit durch die großen obengenannten Tiere in den weichen schlammigen Boden eingetreten werden. Die Eingebornen pflanzen die Kerne und sobald sie zu keimen beginnen, werden sie ausgegraben und entweder roh oder gekocht gegessen.

Ein zweites Dorf, welches etwa fünf Stunden von Okkela entfernt liegt, versorgt sich ebenfalls aus diesem Palmenwald mit Früchten. Da aber Elefanten und besonders Paviane auch teil daran haben wollen und vor allem die letzteren manchmal gegen die Früchte sammelnden Weiber und Kinder sehr aggressiv vorgehen, so sind die beiden Dörfer übereingekommen, abwechselnd Wachtposten zum Schutze der Weiber und Kinder auszustellen.

Unmittelbar neben der Station liegt das eigentliche Negerdorf Okkela, eine uralte Ansiedelung. Die ursprüngliche Dornen- und Busch- umzäunung hat sich im Laufe der Zeit in ein unentwirrbares Dickicht von Büschen, Dornsträuchern, Unterholz und Hochbäumen verwandelt, so daß außer durch die künstlich offengehaltenen Zugänge die **Passage** ganz unmöglich ist. Der das Dorf umgebende Wall ist stellenweise mehr als 1 km breit und würde diese natürliche Festung sogar einem **Angriff mit** Schußwaffen lange mit Erfolg trotzen können. Im Innern dieser **Wald**- **feste** liegt auf einem sehr **großen freien Platze** das Dorf, welches, **da** der Häuptling Tschulong in einer **Fehde** erschlagen wurde, von **seiner** Frau beherrscht wird, **bis das einzig** ihr gebliebene Söhnlein heran- wächst. Zahlreiche Hüttenkomplexe, durch Einzäunung und sehr schmutzige enge Wege von einander getrennt, bilden das aus Strohhütten eigen- artiger Form errichtete Dorf. An einem Ende derselben stellt eine be- sondere Einzäunung um einen mächtigen Fikusbaum den Versammlungs- ort für die Männer dar. Schräge von Pfählen gebildete Lagerstellen, hohe Gerüste, die weite Umschau gestatten, finden **sich** und sind zu allen Tageszeiten von jüngeren und älteren **Männern** besetzt, welche **dort** rauchen, plaudern und Politik treiben.

Die Männer sind meist ganz nackt, mit Eisen oder seltener mit sehr geschätztem Kupferzierat geschmückt. **Als** besonders wertvoll gelten lange Messingspiralgewinde, deren dicker Draht aus Sansibar über Ta- bora und Uganda seinen Weg dorthin findet. Kauri sind dort fast ganz wertlos. Perlen sind mit Ausnahme cylinderförmiger dunkelblauer Glas- perlen gar nicht geschätzt. Man verwendet dieselben zu Halsbändern und Gürtelschnüren. Kleine blut- und korallenrote Perlen werden zur Verzierung der Kopfbedeckungen verwendet. Diese Kopfbedeckungen gleichen beinahe vollständig Helmen von antiker Form. Sie sind aus verfilzten Menschenhaaren hergestellt und außer mit den schon erwähnten Perlen mit Kupferplatten, Kauri, leeren Messingpatronenhülsen, Früchten geziert; als Hauptschmuck gilt ein den Reiherstutzen ähnlicher Federbusch aus allen möglichen bunten Federn zusammengestellt, was veranlaßt, daß **man** den Vögeln der Feder willen nachstellt.

Von Waffen werden nur Speere und Schilde geführt. Die Leute sind vorzügliche Jäger und außerordentlich mutig; sie betreiben die Jagd entgegen andern Negern mit Leidenschaft und schlagen es selbst

nicht allzu hoch an, einen Leoparden auf den Schilden zu empfangen,
wobei es selbstverständlich manchmal recht erhebliche Verletzungen gibt.
Sie greifen mit dem Speere Elefanten und Rhinozeros an und, was
noch mehr sagen will, selbst den Büffel, welcher in Latula sehr häufig
ist und selbst Menschen oft annimmt. Die alten Bullen sind, wie überall,
die gefährlichsten und scheinen sich dort zuweilen ein Vergnügen daraus
zu machen, Menschen anzufallen. Ein solcher alter Bulle hatte bei
Okkela in acht Tagen zehn Menschen schwer verwundet, bis er endlich
mit 23 Schüssen erlegt wurde.

Es finden sich in Okkela und dem ganzen Lande auffallend wenig
Männer im Verhältnis zu den Weibern, und so mag es sich erklären,
daß die ebenso häßlichen als massiven Latukaweiber und Mädchen sich
keiner besonderen Züchtigkeit rühmen können und die respektiven Männer
als sehr nachsichtig gegen ihre robusten Ehesponse gelten. Die wehrfähige Bevölkerung Okkelas ist auf etwa 120 Mann zu veranschlagen,
80 junge und 40 solche, welche Helm und Elfenbeinarmbänder tragen,
womit man voll ausgewachsene Männer meint. Grauköpfen wird kein
sonderlicher Respekt gezollt, wahrscheinlich verspottet man sie dort ebenso
wie bei andern Negern, wenn sich Altersgebrechen einstellen. Die Zahl
der Frauen für jeden dieser Männer mag fünf bis sechs betragen. Der
Preis für ein ausgewachsenes starkes Mädchen ist 22 Rinder, in Okkela
20 Schafe und 40 eiserne Lanzenspitzen. Die Frauen kann man hier
nicht als das zartere Geschlecht bezeichnen, sie schleppen Lasten, vor
denen ein Mann zurückschrecken würde. Eine ganz absonderliche Mode
der Frauen ist die, die kleinen Handnetze zum Fischen gewöhnlich als
einzige Bekleidung um die Hüften geschlungen zu tragen; eine solche
netzbekleidete stämmige Schöne, mit einer Last auf dem Kopfe und der
unvermeidlichen kurzen Tabakspfeife im Mundwinkel, würde anderswo,
meinte Emin, gewiß Furore machen.

Die Toten werden auf einem Fell auf der rechten Seite liegend
beerdigt. Nach etwa zwei Monaten werden die Knochen wieder ausgegraben und gereinigt in einem großen Thongefäß unter einem Baum,
am Wege, oder hinter dem Hause des Verstorbenen aufgestellt. Im
Krieg Gefallene oder Erschlagene läßt man dagegen da liegen, wo sie
gefallen sind. Einer auch im Süden, in Unjoro und Uganda geübten
Sitte zufolge werden, im Falle verstorbene Verwandte ihren Angehörigen

im Traume erſcheinen, bei den genannten Thongefäßen mit den Knochen kleine Opfer gebracht und der Verſtorbene dabei erſucht, ſich ſolcher Beſuche in der Folge freundlichſt zu enthalten. Kleine Kinder werden rechts außerhalb der Hüttenthür beerdigt und auf ihrem Grabe einige Sorghumſtauden gepflanzt — „ein gewiß poetiſcher Brauch", ſagt Emin.

Sehr eigentümlich iſt die Behandlung des Tabaks. **Sobald die grünen** Blätter die nötige Reife erlangt haben, werden ſie zerſtoßen **und** daraus ein ſchweres, flaches und rundes Palet geformt. Dieſes **wird in** Blätter gehüllt, einige Zeit der Sonne ausgeſetzt, dann aber im Schatten bewahrt. Öffnet man ein ſolches Brot, ſo findet man es im Innern vollſtändig verſchimmelt. **Es wird zum** zweitenmal der Sonne ausgeſetzt, dann ganz fein zerſtoßen, mit Waſſer zu einer Paſte angefeuchtet und daraus ohne weiteren Zuſatz wiederum runde Brote geformt, **um** dann als ſehr geſuchter Artikel verkauft zu werden.

Auf ſeinem Weitermarſch berührte Emin das große Dorf Laronio des Häuptlings Latomé, auf einem Hügel gelegen inmitten einer leicht wellenförmigen Ebene. Die wehrfähige Bevölkerung beläuft ſich auf **etwa** 1000 Mann. Latomé beanſprucht die Oberhoheit über etwa 13 Dörfer und übt ſie auch gewiſſermaßen durch ſeine gute Politik aus. Die Schwarzen **geſtehen** ihm dieſelbe aber nur wegen ſeiner angeblichen Kunſt, Regen zu machen, zu. Die Bauart des Dorfes iſt für Afrika eine höchſt ſonderbare. Durch Anhäufung von Steinen zu kleinen Mauern ſind am ganzen Hügel eine Reihe kleiner übereinanderliegender Terraſſen geſchaffen worden, auf welchen einzelne Gehöfte und Hütten dicht nebeneinander aufgebaut ſind. Jede einzelne iſt von ſtarkem Bambusrohrzaun umſchloſſen, aber immer durch ſtarke Paliſſaden ſo befeſtigt, daß Kugeln kaum durchſchlagen können. So wurden durch die **an**einander ſtoßenden und übereinander liegenden Gehöfte, zwiſchen **denen** nur ſehr enge Gäßchen meiſt ſteil aufwärts führen, ganze Paliſſadenreihen und Bambuswälle geſchaffen, welche in Verbindung mit dem ſteilen Berge und den ſtets kriegsbereiten Einwohnern Laronio zu einem der am beſten verteidigten Plätze des Landes machen. Eine Anzahl von oft dreiſtöckigen Wachttürmen geſtatten den Wächtern freien Überblick über das Land. Latomé, der Häuptling, **iſt** ein verſchlagener, redegewandter Menſch, der aber auch zu Thaten ſchreitet, wie er z. B. einige Jahre vor Emins Beſuch 103 wohlbewaffnete Dongolaner niedermachte. Er ſchenkte Emin

Lebensmittel und Elfenbein und zum Abschied einen etwa 90 Pfund schweren Zahn.

Nachdem Emin sein Ziel Agaru erreicht hatte, nahm er den Rückweg über Fadibek, von wo er Fajulli besuchte, und von da über Obbo nach Labore am Nil, wo er am 26. Mai 1881 ankam. Emin hatte die ganze Reise zur Abhilfe an ihn gelangter Klagen gemacht. Die Soldaten, darunter noch viele ägyptische, erlaubten sich allenthalben Ausschreitungen und deshalb entließ er die Ägypter nach und nach, um sie durch Eingeborne zu ersetzen. Er konnte nach seiner Rückkehr nach Labore an den Konsul Hansal in Chartum schreiben, daß seine Reisen dem Gouvernement außer der Regelung des Dienstes, Inspektion des Geleisteten, Beaufsichtigung der Beamten und Schutz und Förderung der Negerbevölkerung noch pekuniären Nutzen abwerfen, möge daraus hervorgehen, daß er an das Gouvernementsmagazin etwa 10 Zentner Elfenbein und 5—6 Pfund Straußenfedern abgeliefert hatte, welche ihm von den Negerhäuptlingen als Gegengabe für seine Geschenke gebracht worden waren.

Die Station Lado lag am linken Nilufer, welches nur wenig erhöht den Strom einfaßt. Dr. Junker gibt uns eine eingehende Schilderung dieser Niederlassung. Am Ufer liegen mehrere kleine, mit Zinkblech gedeckte Magazingebäude, zwischen denselben steht, durch eine Schilfrohrumzäunung abgesondert, die Behausung des Gouverneurs, von Bananen umgeben. Auch am Flußufer und weiter landeinwärts liegen einzelne Bananenpflanzungen. Zwischen den Magazingebäuden, der Wohnung des Gouverneurs und einigen Eingebornenhütten am rechten Ufer, von denen eine als Divan, Rats- und Empfangssaal dient, und den übrigen Behausungen der Seriba ist ein etwa 30 Schritte breiter, dem Fluß paralleler länglicher Platz, von dem zwei Straßen vom Flusse abführen; diese werden von zwei andern rechtwinkelig gekreuzt. Dazwischen liegen Hütten der Beamten, Soldaten mit ihren Familien. Breite Wege innerhalb der Umzäunung führen um die Hüttenkomplexe herum. Die Umzäunung wird verstärkt durch eingegrabene Pfähle. Mehrere Thore, welche bei Nacht geschlossen und durch ausgestellte Posten bewacht werden, führen ins Freie hinaus. Am Ufer, nahe an der Seriba, sind einige Gemüsegärten angelegt. In ägyptisch-sudanischer Weise sind die kleinen Felder der Beete von niedrigen Erddämmen umgeben, um mittels der Schöpfräder mit Wasser berieselt zu werden.

Abends sowohl wie morgens bei Sonnenunter- oder -aufgang wird ein Trompetensignal gegeben zum Auslöschen, beziehungsweise Anzünden **des** Feuers. Ebenso müssen bei heftigem Winde der Feuersgefahr wegen sämtliche Feuer ausgelöscht werden.

Das war Emins Hauptresidenz, wohin er aus den östlichen Provinzen zurückgekehrt war — um am 15. September **1881 das heiße** Lado wieder zu verlassen, und zwar, wie er uns selbst erzählt, **mit Ge-** fühlen, wie sie etwa ein Schüler am ersten Ferientag empfindet.

Diesmal galt seine Reise der Inspizierung der Provinz Rohl. Emins Führer in den ersten Tagen war der Häuptling Tombe, der Sohn des früheren Häuptlings Langadjo. Tombe trug eine Flinte, welche **er** als Knabe bei einem Angriff von Dongolanern erbeutet hatte. Dieselben hatten auf das Anwesen seines Vaters einen Sturm unternommen. Dieser schlug aber bei einem von Emin auf seinem Wege gesehenen Baume die Dongolaner in schimpfliche Flucht, nachdem er 80 derselben getötet hatte. Der in der Nähe befindliche Chor wurde danach in verdorbenem Arabisch Chor Njamini, d. h. Chor der Achtzig, genannt.

Im Dorfe Djubba mußte so lange verweilt werden, bis Träger aus Moru erschienen waren. Der Häuptling Tombe hatte seine große Noggara, d. i. Trommel, rühren lassen, vor Emins Hütte aufgestellt und bald dröhnten die Schläge weit übers Land als Einladung zum Tanz. Sofort strömte denn auch das Volk herbei, denn der Neger ist immer zum Tanz aufgelegt, und schnell waren zwei lange Reihen gebildet, eine von Frauen, die andre von Männern, eine jede Person mit zwei Stäben aus hartem Holz, welches, aneinandergeschlagen, einen fast metallischen Ton von sich gibt. Im Dreiachteltakt setzte nun die große Pauke, von kleinen Trommeln begleitet, ein. Die aneinander geschlagenen Stäbe begleiteten und Chorgesang leitete den Ball ein. Aus dem hüpfenden Rhythmus dieser ganz hübschen Produktion entwickelte sich ein langsamer Marsch von Frauen und Männern zugleich, rings um **die** Pauke einen Reigen führend. Doch lange dauerte das feierliche Gebaren nicht. Die Pauke ließ einige Kapriolen hören, einzelne junge Männer sprangen hoch auf und krähten sich an wie erzürnte Hähne, einzelne **besonders** eifrige Frauen ließen das allen Negerweibern geläufige Tremulieren hören, und auf einmal befand sich alles im Allegro furioso. Hochauf sprangen die Männer, im Niederfall wieder elastisch aufschnellend,

die Stäbe klapperten, der Gesang schwoll an, hier und da avancierte
eine Frau zwischen die Männer, hüpfend und den Körper nach links
und rechts schwingend, während sich die Arme wie die Flügel einer
Windmühle drehten. Die Einladung wurde sofort angenommen, zu zwei
und drei sprangen und balgten die Männer um die Frauen. Allgemeiner
wurde die Lust. Die Männer warfen die unbequemen Kleider ab, die
Frauen ließen ihre Schürzen und Schwänze fliegen, bis ein rasender
Rundtanz um die Pauke geführt wurde; die Frauen als innerer, die
Männer als äußerer Ring, ein wahres Pandämonion, beleuchtet vom
roten Schein der Fackeln, welche von den Tanzenden geschwungen, ihre
Funkenschauer weithin stieben ließen.

Man weiß bei solchen Gelegenheiten wirklich nicht, was man mehr
bewundern soll: die unermüdliche Ausdauer der Tanzenden, die doch bei
Tage gearbeitet haben, oder das ursprüngliche, genuine Vergnügen, das
sich in all diesen blitzenden Augen und funkelnden Zahnreihen spiegelt.
Frauen mit Kindern auf dem Rücken, ganz besonders aber kleine Kinder,
von vier bis fünf Jahren, sind die unermüdlichsten Tänzer, und vielleicht
ist es gerade diese dauernde und stets wiederholte Gymnastik, welche den
Negerkörper so heil zur Entwickelung bringt und Verkrüppelungen ausschließt. Nach den Erfahrungen des Verfassers ersetzen diese unglaub-
lichen und so sehr häufig ausgeführten Tänze die bei uns geübten körperlichen Übungen, Turnen, Reiten, Schwimmen, Fechten u. s. w.

Bemerkenswert war hier, daß den Negern dieser Gegend Obscöni-
täten beim Tanzen ganz fremd sind, während die Tänze der Bantuneger
eigentlich nichts andres darstellen, als eine gewisse naive Verherrlichung
des intimsten Umganges beider Geschlechter, und wird hier der Grundsatz
„naturalia non sunt turpia" gelten müssen. Emin sagt, Dr. Schweinfurths geistreiche Bemerkung, daß die Musik der Neger (wenigstens die
jener Neger, welche er besucht hat) der Musik der Elemente abgelauscht
sei, könne ohne jeden Zwang dahin erweitert werden, daß auch ihr Tanz
nur eine Mimik der in der Natur gebotenen Vorgänge sei. Das Umtanzen
der Frauen durch die Männer, die Anfeuerung dieser durch die Frauen, selbst
die anreizende und versprechende Plastik vieler Körperbewegungen, alles das
findet sich im Tierreich bereits vorgezeichnet. Die bei allen Negervölkern,
trotz mannigfacher, geringfügiger Abänderungen stets gleiche Grundidee
dieser Tänze zeugt am besten für die gemeinsame Quelle der Entstehung.

Die erste Hauptetappe von Emins Reise war Kebiba, von da ging es weiter nach Biti immer in nordwestlicher Richtung.

Auf dieser Reise ergaben sich bei der Durchsicht der von den Beamten geführten Listen, die früher erwähnten Mißverhältnisse bezüglich der Verwaltung und konstatierte Emin die große Anzahl von Faulenzern, welche ausschließlich auf Kosten der Eingebornen lebten. — **Das Land** in **der** Umgegend von Biti war damals buchstäblich von Elefantenherden bedeckt, doch wagte es niemand, die Riesentiere anzugreifen. Wie **lange** wird es noch dauern, daß Rohl und das ganze damals zur Äquatorialprovinz gehörige Gebiet die edlen Tiere noch in solcher Menge beherbergen?

Emin traf in Biti die Anordnung, daß alles Gesindel, welches das Land plünderte und ausraubte und ohne Beschäftigung sich umhertrieb, unverzüglich die Provinz zu verlassen habe. Die Ackerbauer mußten sich verpflichten, die Neger nicht zu belästigen und eine jährliche Abgabe im Werte von 100 Piastern zu zahlen. Auch ihnen wurde angedroht, für den Fall, daß Klagen von seiten der Eingebornen gegen sie verlautbart würden, wegen übler Behandlung derselben oder Erpressungen, ebenfalls Landes verwiesen zu werden. Die Gewerbetreibenden entrichteten eine jährlich zu fixierende **Steuer und** unterlagen denselben Vorschriften. Ein Faqih wurde als Schullehrer in Dienste des Gouvernementes genommen. Alle übrigen wurden nach Chartum geschickt.

Die Zahl der Angestellten betrug nur 40 Mann, welche zudem über vier bis fünf kleine Stationen verteilt waren und vollständig genügten, um die armen Eingebornen ganz und gar zu terrorisieren.

Ein Offizier und 50 Mann waren für die Folge genug, **um** Ordnung und Sicherheit zu schaffen und für gerechte und liberale Eintreibung der Steuer zu sorgen. Emin befreite nach und nach **auf seiner** Reise eine Menge widerrechtlich als Sklaven zurückgehaltener Neger **und** sandte schon nach einigen Tagen 105 unter Bedeckung nach ihren verschiedenen Heimatländern. Die komischste Figur unter den Freigelassenen **war** einer jener berühmten Akka, Namens Assika, ein lärmender Geselle.

Diese Akka entstammen einem ganz eigenartigen Volke. Dr. Schweinfurth war der erste, dem es vergönnt gewesen, jene merkwürdigen Menschen zu sehen. Er berichtet auch am ausführlichsten darüber, widmet er ihm doch ein ganzes Kapitel seines berühmt gewordenen Buches. Dr. Schwein-

furth hörte zuerst Berichte von Augenzeugen über diese Zwerge, wenn
er abends auf dem Hinterteil seiner Nilbarke die Erzählungen über Abenteuer und Fahrten belauschte. Je häufiger er dergleichen Erzählungen
zuhorchte, um so öfter stieß er auf die alte Pygmäensage und sein Erstaunen über die Erfindungsgabe der Erzähler wuchs von Tag zu Tag;
denn was wußten diese Leute von Homer und Ovid, von Juvenal
und allen den alten Dichtern!

Schon im Altertum, während des frühesten Zeitalters, besaß die
griechische Litteratur eine Pygmäensage, denn Homer schon singt in der
Iliade: „Mit vogelartigem Geschrei der Kraniche, die fliehend vor Win-
terkälte und Regen unter Krächzen und Schreien den ozeanischen Strömen zueilen, um den Faustmännchen (Pygmäen) Tod und Verderben
zu bringen, so stürzten die Troer in den Kampf" (Iliade, Buch III, 2).
Gestalt und Form erhielt aber der Begriff der Pygmäen erst durch
Aristoteles, welcher berichtete: „Die Kraniche ziehen bis an die Seen,
oberhalb Ägyptens, woselbst der Nil entspringt, dort herum wohnen die
Pygmäen und zwar ist dies keine Fabel, sondern die reine Wahrheit.
Menschen und Pferde sind, wie die Erzählung lautet, von kleiner Art
und wohnen in Höhlen. Herodot hatte schon ein Jahrhundert früher
von ihnen gehört."

Erst am Hofe des Monbuttukönigs Munsa war es Schweinfurth
vergönnt, zum erstenmal einen jener Zwerge von Angesicht zu Angesicht zu
sehen. Eines Nachmittags erscholl lautes Geschrei in seinem Lager dort und
man brachte ihm auf der Schulter eines Mannes ein seltsames Männchen, es hockte auf des Trägers rechter Schulter und hielt ängstlich
dessen Kopf umklammert und warf scheue Blicke nach allen Seiten.
Dr. Schweinfurth konnte endlich seine Augen weiden an der hand-
greiflichen Verkörperung tausendjähriger Mythe. Der Name des Zwerges
war Adimokuh und das Haupt einer Familie, welche eine halbe Stunde
von Munsas Residenz eine kleine Pygmäenkolonie darstellt. Aus dem
eignen Munde des Zwerges erfuhr er, daß der Volksname der Zwerge
Akka sei. Die Akka bewohnen weite Gebiete und ist auch in aller-
neuster Zeit Stanley mit ihnen in Berührung gekommen, wovon wir
später hören werden.

Unser Akka war nur 1½ Meter hoch und trug, seiner Größe angemessen, Miniaturwaffen, Bogen, Pfeile und Lanze. Emin berichtet

uns aber, daß die eigentliche und einzige Waffe dieser Zwerge, Bogen und Pfeile sind.

Dr. Schweinfurth vermochte den Zwerg dazu zu bewegen, Waffentänze seiner Heimat aufzuführen. Grenzenlose Heiterkeit erregte seine Produktion. Etwas Komischeres, Possierlicheres hätte kein Clown zustande bringen können. Trotz seines großen Hängebauches, trotz **der kurzen** Säbelbeine, leistete der schon bejahrte Adimokuh wahrhaft Unglaubliches an Sprungkraft und Gewandtheit. Seine Bewegungen waren **von** affenartiger Schnelligkeit und Lebhaftigkeit, wie auch sein Gesichtsausdruck dabei. Alle Anwesenden mußten sich vor Lachen den Bauch halten.

Dr. Schweinfurth gelang es, einen kleinen Akka gegen einen Hund einzutauschen, welchen **er von den Bongo** mitgebracht hatte. Der Hund war viel größer wie die Monbuttu=Hunderasse, so **daß** er die Habsucht Munsas reizte **und** er so auf einen derselben erpicht wurde, daß er einen Akkaknaben von 14—15 Jahren dafür gab. Der Knabe starb jedoch in Berber an einer langwierigen Dysenterie, welche er sich durch seine Unmäßigkeit im Essen zugezogen hatte. Dr. Schweinfurth sah sogar einmal, leider nur bei Nacht, einen Haufen von hundert Akkakrieger, Tililili, wie sie die Niam=Niam nennen.

Die Zwergvölker, welchen die Akka angehören, wohnen auf einem Gebiet, welches sich längs des Äquators erstreckt.

Die Akka zeigen nach vielen Richtungen hin eine ganz auffällige Übereinstimmung mit den Buschmännern Südafrikas. Die mattgelblich braune Hautfarbe, das nicht so entschieden, wie beim Neger gekräuselte Haar, der fehlende Bartwuchs, der Prognatismus, der eingefallene Nasenrücken, wie überhaupt der ganze Körperbau. Jedoch weisen die Akka nicht das eingeschrumpfte **und** Mumienhafte der Buschmänner auf, auch nicht die zusammengekniffenen Augen, welches beides aber ganz gut aus klimatischen Einflüssen zu erklären ist.

Die Akka sind ein Jägervolk par excellence, von großer Sinnesschärfe und schlauberechneter Geschicklichkeit, aber auch außerordentlich boshaft. Njewue, der Akkaknabe Schweinfurths, machte sich ein besonderes Vergnügen daraus, nächtlicher Weile auf Hunde seine Pfeile abzuschießen. Mit geradezu teuflischer Erfindungsgabe verstehen sie es, dem Wilde Fallen und Schlingen zu stellen. Alle Akka, überhaupt alle Zwergvölker, zeigen eine große Menschenscheu, was der Verfasser aber nur ihrer Kleinheit zu schreibt, welche immer den Spott normaler Menschen herausfordert. Die allgemein, immer und überall von den Zwergen nach dieser Richtung hin gemachten schlimmen, unangenehmen Erfahrungen, welche ihnen noch obendrein ihre Körperschwäche so deutlich vor Augen führt, haben diese Menschenscheu erblich und damit zur Stammeseigentümlichkeit gemacht, ebenso wie die Bosheit, welche doch wohl auch im Grunde denselben Ursachen ihre Entstehung verdankt.

Den Zwergvölkern der Buschmänner, denen wegen ihrer Bosheit und Tücke alle Südafrikaner den Tod geschworen haben, stehen nun zwar in dieser Richtung die Akka nicht nach, aber sie genießen, wie auch die schon früher von Du Chaillu entdeckten Zwerge der Obongo, die Protektion von mächtigen Häuptlingen. Sie spielen nämlich eine Rolle dort wie die Waldkobolde oder Heinzelmännchen der Märchen, sagt Dr. Schweinfurth. Sie, die Akka, verhelfen den Monbuttu oder andern Stämmen zu guter Jagdbeute. Wahrscheinlich würde das Verhältnis kein so günstiges sein, besäßen die Monbuttu ebenso Viehherden wie die Kaffern. Die Akka würden die Rinder sicher ebenso als jagdbare Beute betrachten, wie die Buschmänner und eine ebenso große Freude daran haben, ihre Pfeile in die Leiber der Kühe zu jagen.

Was die Größe dieser sonderbaren Menschen angeht, so beträgt das mittlere Maß derselben 1,5 Meter, es sind also keine Zwerge im Sinne unsrer Märchenbücher. Sehr auffallend ist das Verhältnis der Schulterbreite; dieselben sind für die Länge der Akka und aller Zwergvölker enorm breit und verleihen daher ihrer Gestalt etwas sehr untersetztes. Auffallend ist noch die Zierlichkeit und Kleinheit der Hände mit den schmalen, spitzen Fingern und die feinen Glieder, während der Kopf unverhältnismäßig groß ist.

Emin berichtete über die Akka, daß sie in eine große Anzahl kleiner Stämme ohne feste Wohnsitze zerfallen und in verschiedenen Gebieten nomadisierend umherziehen. Findet sich eine ihrer Gesellschaften in der Nähe der Niederlassung eines eingestammten Häuptlings ein, so erbauen sie ganz kleine Hütten, in welchen die Verheirateten wohnen, während die Unverheirateten sich mit Sonnendächern begnügen. Gewöhnlich wählen sie die Ränder von Wasserläufen mit Urwäldern, welche gute Verstecke bieten und nur in solchen Gegenden, wo gute Jagdbeute in Aussicht steht. Den Häuptlingen liegt die Verpflichtung ab, den Akka

Cerealien und sonstige Vegetabilien zum Unterhalt zu liefern. Als Gegengabe erhalten sie Felle, Schwänze, Federn und zuweilen im Tausch= handel Fleisch. Weigern sich die Leute, ihnen etwas zu geben, so sind die Zwerge sehr rachsüchtig und gefährlich. Emin beobachtete ihre Ge= wandtheit im Erlegen von Vögeln. Sie schossen dieselben mit Pfeilen, denen sie zuvor die Eisenspitze abgenommen hatten.

Emin hatte Gelegenheit, zwei Akka die Freiheit wieder zu schenken.

Von Biti zog Emin nach Bufi. Er kam unterwegs bei dem Berge Jere vorbei (Djebel Jere) in dem sich weit ausgedehnte Höhlen hineinzogen, welche den Eingebornen wiederholt als unzugängliche Zu= fluchtsorte gegen die eindringenden Türken gedient hatten. In einer Höhle soll ein tiefer Spalt bis aufs Wasser gehen und ein dort hin= eingefallener Gegenstand im Flusse wieder zum Vorschein kommen.

In der Nähe der Station Bufi angelangt, stieß Emin auf Pfahl= bauten. In einer 3 m hohen recht defekten Umzäunung von Bambus erhob sich, von mehr als 300 starken, über mannshohen Pfählen ge= tragen, eine Plattform von 25 m Breite und 28 m Länge, aus Holz und Reisern gebildet und mit Thon und Kuhdung zu glattem Estrich gestrichen. Der Raum unter derselben zwischen den Pfählen ist der Küche, den Vorräten und Wasserkrügen sowie den Reibsteinen vorbehalten. Auch schlafen die Diener dort. Ein viereckiger Ausschnitt in der Mitte der Plattform gibt dem unteren Raum Licht. Leitern führen nach oben. Der obere Raum, durch eine Rohrwand in eine äußere und eine innere Abteilung geschieden, weist in jener zwei große Hütten von je 15 Fuß Durchmesser mit niedrigen, 1 m hohen Lehmwänden und hohem, spitzem Kegeldach als Behausung für den Hausherrn auf. Die innere enthält als Frauenabteilung sechs kleinere Hütten. Diese Bauart ist besonders deshalb komisch, weil kein plausibler Grund für das Errichten derartiger Bauten vorhanden ist, da weder der Boden sumpfig, noch Termiten vorhanden sind.

Die ganze Station Bufi ist eine Anhäufung solcher Gehöfte, unter welchen sich die von den Danagla bewohnten nur durch größeren Schmutz auszeichnen. Jedes Gehöft war ursprünglich mit einem Bambuszaune umhegt, welche aber meist zerfallen sind, was um so merkwürdiger ist, als die zahlreichen Leoparden Menschen sogar bei Tage aus den Häusern holen, wie dies gerade bei Emins Eintreffen stattgefunden hatte.

Auch hier herrschte, trotz der denkbar günstigsten Bedingungen für **Ackerbau** die ewige Misere der Sklaverei. Kein Mensch dachte an eine **andre** Art der Bestreitung seiner Existenz, als durch Raub, Plünderung und Sklavenhandel.

Das schändliche Sklavengetriebe machte Emin so viele Arbeit, daß ihm die Tage manchmal **zu** kurz erschienen. Innerhalb dreier Tage hatte er 180 Sklaven aus der nächsten Umgebung der Station Busi an ihre **Verwandten und die** Häuptlinge zurückgestellt und immer noch trafen Leute aus der Umgegend ein, um ihre Verwandten zu reklamieren. **Bei den Beamten hatte er** auf gar keinen Beistand zu rechnen; der berüchtigte **passive** Widerstand gegen alle Anordnungen, machte jedes gedeihliche Wirken unmöglich. Kein Mensch will nur eine Hand rühren; man sagt zu allem ja, bleibt aber dabei ruhig auf dem Ankareb sitzen. Dabei die Klagen der mißhandelten Bevölkerung und die völlige Verwüstung **des** Landes. Zwei Danagla hatten hier Eunuchen gemacht und verkauft. Ganze Züge von Sklaven wurden in **den** Monbuttudistrikten geraubt und hierher gebracht. Kinder wurden den Eltern weggestohlen und schließlich um **eine Flasche** Branntwein oder eine alte Hose **verkauft.** In welchem Umfange dies betrieben wurde, geht schon zur Genüge daraus hervor, daß Emin in wenigen Tagen 250 Monbuttu befreit und nach **ihrer Heimat** zurück befördert hat.

Wenn Dr. Schweinfurth den Monbuttuweibern Lascivität vorgeworfen hat, so scheint nichtsdestoweniger ihre Anhänglichkeit an ihre Männer **und das Gefühl für** Familienbande dadurch unbeeinträchtigt zu bleiben.

Eines Tages um Mittag, gerade zur rechten Visitenzeit, wurde Emin durch Damenbesuch überrascht. Ungauna, die erste Frau des früheren Chefs des Monbuttudistrikts Kubbi, war den ganzen weiten Weg **von** Monbuttu gekommen, um nach Lado zu gehen und ihres Mannes **Frei**gebung von Emin zu erbitten. Sie hatte unterwegs gehört, daß er **frei sei und** sich in Emins **Gefolge** befinde, war über Makraka geeilt, **um ihn zu sehen** und kam nun zu Emin, um ihm **zu danken.** Von mittlerer Figur, ziemlich wohlbeleibt, von sehr dunkler, jedoch deutlich gelb durchschimmernder Hautfarbe und wie **alle Monbuttu mit** sehr hübschen und **was** mehr sagen will, sauber gehaltenen Händen begabt, war sie bis **auf die kaum in Betracht zu** ziehende Schambedeckung in Gürtelform **völlig nackt.** Im rechten Nasenflügel saß ein blank polierter Eisenknopf,

Gerichtsitzung.

sonst trug sie keine Verzierung. **Die** Haartracht war den Umständen gemäß der hiesigen angepaßt und der Chignon zu einer Menge bis zur Schulter reichender Löckchen und Wulste aufgelöst.

Allerliebst war die Gelassenheit, mit welcher sie beim Eintritt in Emins Hütte sofort einen Stuhl nahm und sich setzte, während **der** mitgenommene Dragoman, ihr Schwager, stehen mußte. Es **war dies ein** recht merklicher Unterschied zwischen dem Gebaren der Frauen der **Busi**neger und den Monbuttu und zeigte die höhere soziale Stellung letzterer **sehr** deutlich. —

Von Busi ging Emin **weiter** immer in Nordwestrichtung. Bei einer Rast fand er eine Stelle, wo der Rasen ganz mit Exkrementen einer Eichhörnchenart bedeckt ist, welche Exkremente die Eingebornen pulverisiert zur Heilung alter Wunden verwenden, weil sich das Tierchen von allerhand aromatischen Kräutern ernährt.

Von einem kleinem Dorfe aus begleitete Emin eine eigenartige Musikbande: ein junger Mann blies auf einem mächtigen, aus langen Kürbissen zusammengestellten Horn, indem er das Schalloch bald verkleinerte, bald vergrößerte und **dadurch** allerlei Modulationen in seiner Musik erzielte, die bald dem Trompeten eines erzürnten Elefanten, oder dem Brüllen eines Stiers, bald auch Piano dem Schnurren einer großen Katze glich. Dazu klapperten andre **mit** Holzstäben und begleiteten ihn mit eintönigem Gesang. Unter dieser Musik setzte sich der Zug in Bewegung, und welche Lungen gehörten dazu, um auf dem unebenen, mühsamen Wege nicht müde mit solchem Brüllen zu werden?

Bei Emins Anrücken im Agahrdistrikt, begrüßten die Eingebornen in ihm das Hereinbrechen einer neuen Zeit, denn schrecklich hatten bisher die Sklavenräuber hier gehaust. In der Station Ajak hatten einen Tag vor Emins Erscheinen die Danagla 300 Sklaven an ihre Angehörigen und Häuptlinge zurückgesandt aus Angst vor dem Gouverneur der Äquatorialprovinz. Nicht gering muß Emins Ansehen und Macht gewesen sein, wenn er mit seiner kleinen Schar Soldaten — es waren ihrer nur zehn — so große Furcht erregen konnte den 200 wohlbewaffneten Danagla gegenüber, welche auf dem freien Platze der Station Ajak am Rohifluß aufgestellt waren, ihn zu empfangen. Die Bevölkerung bestand neben den Eingebornen Agahrs aus dem Abschaum von Chartum, Berber, Dongolanern u. s. w. Wer immer dort kein Auskommen finden

9*

konnte und zur Arbeit zu faul war, hatte sich in Ajak Hütten gebaut und lebte, nachdem er sein Haus mit Weibern und Dienern angefüllt hatte, auf Kosten der Neger wie Gott in Frankreich. Die Chartumer allein mochten 300 Mann zählen, die unproduktive Bevölkerung, die Faulenzer und Mitesser betrugen ungefähr 1500 Personen. Es war nicht zu vermeiden, daß bei solchen Verhältnissen die überreiche Produktion des Landes an Korn, Sesam, Sesamöl, Fett des Butterbaumes, Wachs, Erdnüssen u. s. w. nicht allein vergeudet, sondern sogar trotzdem noch über Hunger geklagt wurde. Einen wahren Ekel empfand hier der menschenfreundliche Emin vor diesen Zuständen.

Von Ajak marschierte Emin nach Rumbehl, dem Hauptort der Mudirie Rohl.

Die Station wurde durch den berüchtigten Alfonso de Malzac, Sklavenhändler und früheren französischen Gesandtschaftsattaché in Athen, gegründet und nach einem Häuptling benannt. Nach Malzacs Tode erstand sie der Siebenbürger Linder, von ihm nacheinander Halil Schami, Tohami und Ghattas und zuletzt die Regierung, deren Autorität bis zu Emins Ankunft nur nominell war. Ursprünglich der Elefantenjagd halber errichtet, gewann der Ort im Laufe der Jahre Ansehen als Zentralpunkt und die ·sehr dichte Bevölkerung mit der außerordentlich reichen Produktivität hatte sie, trotz ihres Wassermangels und der ungünstigen Lage bald zum Hauptsammelplatz der Chartumer Elfenbein- und Sklavenhändler gemacht. Mitten aus einem Chaos von Gruben, Erhöhungen, Pfützen, erhob sich wie eine Insel die Station, ein Gewirr von Hütten auf der Erde und auf Plattformen in der früher beschriebenen Art: ein regelloses Durcheinander, welches jeder Beschreibung spottete. Fußbreite, mit Unsauberkeit jeder Art bedeckte Pfade, führten durch das Wirrwarr und da auch die unter den Hüttenplateaus belegenen Räume von Massen von Sklaven bewohnt waren, welche nach ihrer Weise Haushalt führten, so vermehrten sich Unrat und Gestank ungeheuer.

Emin setzte an einem Tage 165 Sklaven in Freiheit und später noch 400 Leute, welche in der Umgegend geraubt worden waren.

Die Agahr sind ein kurioses Volk. Höflich und komplimentös bis zum Exzeß. Selbst nach mehr als zwanzigjährigem Bestehen der Chartumer Herrschaft, ist es nur selten möglich, unter den selbstbewußten Schwarzen Träger zu erhalten. Die Sklaverei hat sich übrigens bei ihnen eingeführt und mit ihr das verderbliche Branntweintrinken, als die einzigen Zivilisationsergebnisse der langjährigen Danagla-Invasion.

Die Sitten und Gebräuche der Agahr **oder Dinka**, welche hervorragende Viehzüchter sind, blieben unberührt und **sei** nur einiges hervorgehoben. Mädchen gehen bis zu ihrer Verheiratung vollständig nackt und mögen sie auch lange Jahre unverehelicht bleiben. Wer **die** Brust eines solchen Mädchens berührt, muß die üblichen Kühe hergeben **und** das Mädchen heiraten. Die Agahr verheiraten nie ihre Mädchen **an** Angehörige andrer Stämme. **Auf** Ehebruch erfolgt Todesstrafe oder Erlegung von acht Rindern.

Die Waffen der nackt gehenden Männer sind zwei bis drei lange sehr breitblattige Lanzen mit Klingen ohne Widerhaken, schwere Wurfstöcke oder Keulen und ein großer Schild aus Büffelhaut.

Im Strohdach der Hütten hausen eine Menge kleine Schlangen, wie denn überhaupt diese Reptilien eine große Verehrung bei den Agahr genießen und nicht getötet werden dürfen. Im ganzen Agahrland ist der große Python africanus sehr häufig und einzelne dieser oft riesigen Schlangen finden sich als priviligierte Hausgenossen in den Hütten der Dörfer. Besonders sind es die Frauen, welche mit den Schlangen Freundschaft geschlossen haben, sie zuweilen mit Fett einreiben und sogar manchmal kleine Quantitäten Fett in den Rachen gießen. Derart eingewöhnte Schlangen sollen niemals Ziegen oder Schafe nehmen, selbst wenn sie hungrig sind, sondern immer nur im Walde jagen und dann manchmal zu ihren Freunden zu Besuch kommen, wo sie dann, wie Leute erzählten, stets willkommen sind.

Eine gute Eigenschaft der Agahr ist ihre Sauberkeit, welche **sich** nicht nur auf den Körper, sondern auch auf ihre Wohnstätten ausdehnt.

Eine ganz eigenartige Pariakaste bilden unter **den** Dinka die Derr, Leute von sehr dunkler Hautfarbe, mittelgroßer, gedrungener Gestalt. Sie sind ein besitzloses Jägervolk, ohne feste Wohnplätze, leben von den Erträgnissen der Jagd und arbeiten zuweilen als Schmiede, dürfen aber die Dinkahütten nicht betreten. Sie kennen eine eigentümliche Art der Jagd. In ihren Distrikten, welche sie durchziehen, gibt es eine rotbraune, meterlange, sehr giftige Schlange, welche sie zu fangen verstehen. Ein Wassertümpel wird dann ringsum mit Dornenverhau umgeben und an dem einzig offen gelassenen Zugang wird die Giftschlange mit durch-

bohrtem Schwanz so befestigt, daß das Wild beim Passieren der Öff=
nung zum Wasser hin von der Schlange gebissen wird. Die Derr sollen
sich so an einem Tage zwei bis drei Antilopen verschaffen.

Von Rumbehk aus inspizierte Emin auch die Stationen im Lande der
Gohk, wo unter den Eingebornen die sonderbare Sitte herrscht, daß, sobald
ein junger Mann einen Büffel, Elefanten, Löwen oder Leoparden erlegt
hat, seine nächsten Angehörigen einen Tanz veranstalten, bei welchem
die Mutter des Jägers in ganz richtigem adamitischen oder vielmehr
evaitischen Kostüm figuriert. „Das sind die Lenden, welche jenen Jäger
geboren haben", so rühmt sie sich den Zuschauern gegenüber, während
ihr Sohn den rechten Arm weit von sich streckt, um den Anwesenden be=
greiflich zu machen, daß es nicht geraten sei, sich solchem Arme zu nähern.

Auf dem Marsche kam Emin in Gefahr durch einen Savannen=
brand seiner ganzen mitgeführten Habseligkeiten und Notizen im hohen
dürren Grase zu verlieren. Glücklicherweise aber bot ein breiter Gürtel
frischen Grases am Rande eines Regenbaches den Flammen Einhalt.

Während er die Nacht in einem kleinen Dorfe verbrachte, ertönte
ununterbrochenes Löwengebrüll, dem jedesmal ein lautes a·y (nicht y·a
schreit der Esel. Es ist unbegreiflich, warum dieser so oft citierte Tierlaut
immer und überall falsch wiedergegeben wird), der beiden für Kranke
mitgeführten Esel antwortete.

Am 5. Dezember 1881 beobachtete Emin auf der Station Amadi,
wieder auf dem Rückweg nach Lado begriffen, eine totale Mondfinsternis,
welche, wie er sagte, von den Dongolanern durch Zusammenschlagen
aller Blechgefäße und schrillem Geschrei gefeiert wurde. Man kann es
aber nicht Feier nennen, im Gegenteil beabsichtigen damit die Musel=
manen, wie immer bei solchen Gelegenheiten, ein von ihnen vermutetes
dem Mond oder der Sonne zustoßendes Unglück abzuwenden.

Der Verfasser befand sich an jenem Tage in Jgonda, der Haupt=
stadt des Landes Ugunda in Unjamuesi östlich vom Tanganika. Die
dortigen Eingebornen, Wanjamuesi, bemerkten die Mondfinsternis gar
nicht, trotzdem der Himmel außerordentlich klar war und sagten schließ=
lich, vom Verfasser darauf aufmerksam gemacht, daß es möglicherweise
Wolken sein könnten, wenn überhaupt eine Veränderung stattgefunden hätte.

In Amadi erhielt Emin Briefe aus der Meschra er Rehk, daß
in Lado der Dampfer „Borbén" jeden Augenblick eintreffen könne und

dies trieb Emin um so mehr zur Eile an, als seit 4. Juli kein Dampfer mehr von Chartum eingetroffen war. Nach Emins Ankunft in Lado kam am 15. Dezember 1881 der sehnlichst erwartete „Bordén" wirklich an und brachte Waren mit.

Von Lado aus schrieb Emin einen Brief an **Dr.** Schweinfurth unter dem 25. Dezember 1881. **Dr.** Schweinfurth hatte wegen der indischen Elefanten angefragt, welche der Khedive Ismael Pascha, sechs Stück von Kairo aus, nach dem Sudan geschickt hatte. Die Tiere legten den weiten Marsch von weit über 3000 km bis Lado unbeschädigt zurück und hatten sechsmal schwimmend den Nil passiert.

Im Dezember 1881 lebten aber nur noch drei derselben, sie waren damals in Makrala stationiert, konnten aber nicht zum Transport verwendet werden, da es an tauglichem Personal zur Wartung fehlte. Es war der größte Fehler Gordons, sagte Emin, den er seiner Zeit begehen konnte, wegen ein paar Guineen die aus Indien mitgenommenen Wärter zurückzusenden, ehe noch andre taugliche Wärter herangebildet worden waren. Jetzt waren die Elefanten einigen Schilluk anvertraut, welche, wie alle Neger überhaupt, für Tiere nur insoweit Interesse fühlen, als sie genießbar sind. Die Ankunft der Elefanten hier fiel außerdem in die Zeit der Flußsperre, wo Emin gerade genug zu thun hatte, um, für 1½ Jahre von jeder Verbindung, selbst von Chartum, abgeschnitten, sich selbst und seine Leute vor dem Untergang zu bewahren. Trotz der ausgiebigsten Versprechungen an die Negerhäuptlinge, war es ihm nie geglückt junge Elefanten zu erhalten. Er versprach sich aber bei hinreichender Sorge und gut geschultem Personal viel von der Verwendung dieser Tiere zur Abstellung der ewigen Trägermisere.

Kamele dagegen, welche man nach Lado gebracht hatte, befanden sich ganz wohl und versahen den Postdienst zwischen Redjaf und Lado. Esel hielten sich immer nur wenige Jahre. Wahrscheinlich erlagen sie dem Fieber. Selbst die aus dem östlichen Langoland geholten, wo man sie herdenweise der Milch wegen züchtet, vertragen das Klima von Lado nicht. Damals hatte auch Emin zwei zweijährige Büffelkühe. Sie waren noch jung gefangen worden und mit den Kühen großgezogen, aber immer etwas wild. Emin hatte Kaninchen eingeführt, welche sich gut hielten und gediehen. Sehr gut vermehrten sich türkische Enten, welche er zuerst von einem in Uganda ansässigen Sansibararaber erworben

hatte. Diese Enten und der Melonen= oder Papayabaum, ebenfalls von
ihm eingeführt, waren nun in der ganzen Äquatorialprovinz zu finden.

Was den Handel angeht, so berichtet uns Dr. Junker darüber,
daß Handelsartikel als solche bei den Negern in der ägyptischen Äqua=
torialprovinz noch keine oder nur sehr geringe Verbreitung und Ver=
wertung gefunden haben, da der Handel mit den Negern dort kaum
das Anfangsstadium überschritten hat, d. h. er ist fast nirgends über seine
niedrigste Stufe, das Austauschen von Geschenken ohne Feilschen, hinaus=
gekommen. Wenn vom Import von Waren aus Chartum nach Lado
und in das Bahr el Ghasalgebiet die Rede ist, so darf darunter nur
verstanden werden: erstens der minimale Handel, welchen einige mit Er=
laubnis der Regierung zeitweilig hinaufgekommene Privathändler mit den
dortigen arabischen Beamten treiben; zweitens Warensendungen der Ver=
waltung in Chartum, welche die Bedürfnisse der in den Negerländern
stationierten Beamten und Soldaten decken sollten. Junker nimmt an,
daß von der ganzen Wertsumme kaum 10 Prozent in Perlen, Zeugen
und Kupfer als Entschädigung für geliefertes Elfenbein auf die Neger=
häuptlinge entfallen. Wenn in der nächsten Nähe von Lado auf kaum
einstündige Entfernung unter den Augen von Emin mit den dortigen
Barihäuptlingen und Negerdragomanen sich auch ein sichtbarlich freudig
begrüßter kleiner Handel anbahnte, die Dragomanen dort selbst die
ägyptischen Thaler und kleinere Münzen annahmen und in der Station
wieder verausgabten, so waren das doch nur sehr lokale Erscheinungen,
die sich dicht bei der Zentralstelle wohl entwickeln konnten, doch ander=
wärts fehlten. Das Handeln und Feilschen blieb auf die Stations=
insassen beschränkt; der Neger draußen war und blieb geknechtet bei
Frondienst und gewaltsamer Eintreibung, durch die ja das Nötige be=
schafft werden konnte. Genügende Ware von Chartum, deren Angebot
allmählich einen geregelten Handel hätte anbahnen können, blieb stets
aus und lähmte die besten Absichten Emins. Unter den Beamten aber
hatte niemand ein Interesse, Neuerungen freudig zu begrüßen, durch
welche sie sich in ihrem egoistischen Treiben benachteiligt sahen. Es er=
hellt daraus deutlich, wie auch bis in die kleinsten Details hinein Emin
Schwierigkeiten entgegenstanden und bei sogar so anscheinend selbstver=
ständlichen Dingen wie beim Handel, wo man Tausch oder Kauf als
etwas ganz Natürliches anzusehen gewohnt ist.

Fünftes Kapitel.

Die Geschichte des Sudan! Welch trauriges Bild von Blut und Greuelthat. Seit dem Eindringen der Türken unter Mehemed Ali in jenes von der Natur so reich gesegnete und gut bevölkerte Land nichts wie ärgste Bedrückung der Eingebornen und Plünderung. Mit dem Schwert gewonnen, konnte es auch nur mit dem Schwert gehalten werden, denn nichts geschah, um die Bewohner des eroberten Landes mit den neuen Verhältnissen zu versöhnen. Nur nehmen hieß es, nehmen, wo und wie man konnte. Es ist der Fluch der bösen Thaten, daß sie fortzeugend Böses nur gebären, und das Böse häufte sich im Sudan so sehr, daß die Folgen nicht ausblieben und das Land schließlich für den Eroberer verloren ging.

Der ganze Sudan war in große Bezirke geteilt, denen Hokmdare, d. h. Gouverneure, vorstanden. Diesen Hokmdaren war die Verwaltung in die Hand gegeben und ein Generalgouverneur war für die Eintreibung der festgesetzten Steuersummen verantwortlich. Ein jeder dieser Hokmdare dachte nur an sich und regierte nach dem Grundsatze après moi le déluge, denn außer dem, was man in Kairo an Steuern verlangt hatte, wollte auch der Hokmdar seine Taschen füllen. Dasselbe wollten die Hokmdare der einzelnen Provinzen, dasselbe auch sämtliche Beamten bis zum letzten Baschi-Bozuk herab. Dadurch wurde die Steuerlast, welche auf der Bevölkerung lag, eine ganz unerhörte. Alles, was irgend welchen Ertrag versprach, wurde besteuert, es wurden Grund- und Verzehrungssteuern, Einfuhr- und Handelssteuern eingeführt, so daß dem Ackerbauer kaum noch die Mittel zum Lebensunterhalt seiner Familie blieben. Man ging sogar so weit, auf die bei den nubischen Mädchen gebräuchliche Infibulation eine Steuer zu legen. Dies System veranlaßte allmählich eine gänzliche Entvölkerung der ungemein fruchtbaren Nilniederungen von Dongola und Berber, die Auswanderung nahm zuletzt derartigen Umfang an, daß die Nilufer in Nubien streckenweise ganz und gar veröbeten. Die Bevölkerung und zuletzt die Regierung der betreffenden Distrikte verarmten vollständig. Die Ausgewanderten hatten sich alle südwärts begeben, um dort als Sklavenhändler und Räuber in den Negerländern umherzuziehen.

Derartige Ausbeutung der Länder mußte natürlich große Erbitterung gegen die türkische Regierung hervorrufen. Noch mehr aber erbitterte die unglaublich rohe und rücksichtslose Art der Steuereintreibung. Die drückendsten Abgaben bildete die Kopfsteuer, welche weder Fellachen noch Beduinen freiwillig zahlten. Zum Eintreiben wurden die schon erwähnten Baschi-Bozuks verwendet, welche die armen Leute in unverschämtester Weise ausraubten und plünderten. Sie lebten üppig mit großem Gefolge bei minimalem Gehalt auf Kosten der Bevölkerung. Die Steuerverweigerer wurden an den Daumen oder Händen aufgehängt, oder gebunden und nackt den glühenden Strahlen der Mittagssonne im heißen Sande eines trockenen Flußbettes ausgesetzt. Dabei verstanden es die Häuptlinge, sich und ihre Familien steuerfrei zu machen, so daß die Steuer oder der vom Stamme zu zahlende Tribut fast ausschließlich von der ärmsten Klasse aufzubringen war.

Bisher hatten bei den Beduinenstämmen zwischen dem Weißen Nil, Kordofan und Dar-Fur Kaufleute, sogenannte Djelaba, die Steuer in barem Geld an die ägyptische Regierung bezahlt, dagegen mußten jene kopf- und herdenreichen Stämme den Kaufleuten eine bestimmte Anzahl Sklaven liefern. Diese Sklaven wurden in den Negerländern geraubt. Ein etwaiger Fehlbetrag wurde durch Rinder gedeckt. Konnte nun der betreffende Stamm die Zahlung nicht leisten, so verweigerte natürlich der Djelaba die Zahlung der Steuern an die Regierung und diese sandte in einem solchen Falle sofort Baschi-Bozuks, welche in kürzester Zeit dafür sorgten, daß ein solcher unglücklicher Stamm ganz und gar verarmt war. Die Beduinen wurden dadurch von Jahr zu Jahr erbitterter.

Nun mischte sich Europa auch noch in die Angelegenheiten der schon hart bedrängten Sudanesen, indem man von Europa aus auf die Berichte von europäischen Reisenden hin dem Sklavenhandel Schwierigkeiten bereitete. Dadurch wurden alle Interessenten geschädigt: die

ägyptische Regierung, welcher es immer schwerer wurde, die Steuern
einzutreiben; die Danagla als Sklavenräuber und Kleinhändler konnten
nur unter den größten Schwierigkeiten ihre Menschenware absetzen und
wurden viele auch in ihrem jetzigen Berufe brotlos: die Beduinen,
welche ebenfalls die Sklaven für ihre Tributzahlungen nicht mehr verwerten konnten, denn die Djelaba konnten diese Sklaven wegen des **Verbotes** des Sklavenhandels nicht mehr verkaufen. Die Viehzucht **treiben-**
den Beduinen sahen sich nun gezwungen, sich ihrer Herden zu entäußern
und damit war ihre ganze Existenz bedroht.

Als nun gar an Stelle der Türken von seiten der ägyptischen
Regierung „Christenhunde", mit welch schönem Titel die Europäer belegt wurden, die Leitung der Geschäfte übernahmen, wurde der Haß
gegen die Türken zu einem ganz unversöhnlichen. Die solchergestalt von
der ägyptischen Regierung seit ihrer etwa 70 Jahren dauernden Herrschaft ununterbrochen genährte Unzufriedenheit hatte ihre Ursache demnach
eigentlich in der sozialen Frage jener Länder und nahm als solche einen
immer bedrohlicheren Charakter an, um zuletzt auf das religiöse Gebiet
übertragen zu werden. Einmal auf diese Bahn geleitet, brach der schon
lange glimmende Brand in helle Flammen des Aufruhrs aus, der
Mahdi trat auf.

Auf seine Fahnen schrieb er „völlige Abgabenfreiheit" und damit
hatte er einen völkerbewegenden Gedanken in Worte gekleidet, welcher
schon lange alle Gemüter bewegte. Der Mahdi fand den Boden wohl
vorbereitet für diese Idee. Dies erklärt die ungeheure Gefolgschaft
desselben und seine späteren Erfolge. Er verhieß die Befreiung von
dem verhaßten Joche der Türken und Christen, und um den Fanatismus zu erregen und vor allem um sich Gehorsam und Disziplin zu
sichern, predigte er das Anbrechen des prophezeiten Gottesreiches und
gab sich für einen Gottgesandten aus.

Der Islamismus glaubt an eine Mission des Messias, eine Idee,
welche er dem Christen- und Judentum entnommen hat. Der Islamismus glaubt auch an Jesus und seine Mission, am jüngsten Tage den
Antichrist, hier der „Deddjâl", der Teufel, genannt, zu besiegen, an die
Göttlichkeit von Jesus aber glaubt er nicht. Bis zum Erscheinen Mohammeds gab es nach dessen Lehren fünf Propheten: Adam, Noah,
Abraham, Moses und Jesus, deren jeder von größerer Bedeutung als

sein Vorgänger war. Jesus steht demzufolge über allen alten Propheten, aber unter Mohammed. In dem letzten großen Kampf, welcher dem Weltuntergange vorangehen wird, erscheint Jesus dann wieder als der Helfer eines noch größeren wie Mohammed, und dieser allergrößte ist der „Mahdi".

Das Wort Mahdi ist von dem arabischen Verbum „hadaya" = leiten, lenken, abzuleiten und bedeutet einen, welcher geleitet, gelenkt wird. Die Fundamentallehre Mohammeds sagt nämlich, daß niemand einen eignen Willen hat, sondern alles vom unabänderlichen Schicksal geleitet wird. Von Zeit zu Zeit nun sendet Gott, sagt der Islamismus, erleuchtete Männer, welche die Menschheit belehren und aufklären, und diese sind die Propheten. Ein Prophet ist ebenso unwissend, wie alle andern Menschen, aber Gott macht ihn zu seinem Vermittler, er leitet ihn und daher stammt der Name „Mahdi".

Der Koran spricht zwar nicht vom Mahdi, es scheint aber dennoch, daß Mohammed einen solchen vorhergesagt hat, aber ohne sich irgend eine bestimmte Vorstellung davon gemacht zu haben. Die Tradition wenigstens legt ihm Worte in den Mund, daß Gott einen Mann aus Mohammeds Familie senden werde, und sei es auch erst am Ende aller Dinge, welcher der Gerechtigkeit wieder zum Rechte helfen werde und sei die Welt noch so sehr von Missethat und Sünde erfüllt.

Nun hatte aber Mohammed keinen andern ihn überlebenden Nachkommen als seine Tochter Fatimah, welche mit ihrem Vetter Ali verheiratet wurde. Beide hinterließen zwei Söhne, Hassan und Hussein. Das Kalifat kam jedoch nach Mohammeds Tode zuerst dreimal in fremde Hände. Abu Bekr, Omar und Osman wurden nach schweren Kämpfen nacheinander Kalifen, ehe der von Mohammed adoptierte Ali zu dieser Würde gelangte. Seine Söhne gingen in den Kämpfen gegen die mächtigen Omaniden unter, und diese waren es, welche den Islamismus in alle Welt verbreiteten. Echte Nachkommen Mohammeds stammen nur von Alis Blut und nur aus diesen wird Mohammed hervorgehen. Nun behaupten aber alle herrschenden Familien der einzelnen Länder, in direkter Linie von Mohammed abzustammen, und die Idee des Mahdi machte die Runde in der ganzen mohammedanischen Welt: bei den Persern, den Berbern, den Türken, im Sudan und in Ägypten. Der im Jahre 1881 im Sudan erstandene Mahdi ist also nicht der erste und wird auch nicht der letzte bleiben. Der erste Mahdi erstand schon etwa 50 Jahre nach Mohammeds Tod in Persien.

Zwei Mahdi erhoben sich sodann in Afrika, der erste im 10. Jahrhundert in Ägypten, er gründete **als** einer der glorreichsten Anhänger Mohammeds die Dynastie der Fatimiden. Seine Dynastie herrschte dreihundert Jahre. Der zweite erschien im 12. Jahrhundert in Marokko und gründete dort die Dynastie der Almohaden. Auch die **Türkei hatte** schon ihre Mahdi. Einer von ihnen war derjenige, welcher 1666 unter Mohammed IV. erschien, jenem Sultan, welcher Wien fast genommen hätte.

In Ägypten erhob sich 1799 ein Mahdi. Er stammte aus Tripolis, fiel aber in den Kämpfen Napoleons I. in Ägypten.

Doch jetzt zu unserm jetzigen Mahdi. Er heißt Mohammed Achmed.

Von mittlerer Gestalt hat er eine hellbraune Farbe, etwa wie Kaffee mit Milch, und einen schwarzen Bart. Auf jeder Wange drei parallele Narben als Tättowierung, welche man dort Chal nennt. Die einen behaupten, man mache diese Tättowierung, um Augenkrankheiten **zu** verhindern, andre sagen, es seien Zeichen der Frömmigkeit. Die Nubier zeichnen übrigens ihre Sklaven im Gegensatz zum Freien mit diesen drei Schnitten auf der Wange. Ferner trug der Mahdi das Siegel der Weissagung, womit auch Mohammed auf seinen Schultern gekennzeichnet war.

Es soll eine warzenartige mit Haaren bedeckte Erhöhung von der Größe eines Taubeneies gewesen sein. Alle fünf Propheten sollen ein ähnliches Zeichen am Körper gehabt haben. Der Prophet Mohammed erklärte sein Muttermal als einen Beweis für die Göttlichkeit seiner Mission. Seit Mohammeds Tod hatte es keiner der verschiedenen Mahdi mehr an sich gehabt. Unser Mahdi wies dieses Zeichen, Chal, auf der rechten Wange auf.

Mohammed Achmed war in Dongola gegen das Jahr 1260 der Hedschra, 1846 unsrer Zeitrechnung, geboren. Sein Vater hieß Abdallahi, seine Mutter Amina. All dies war für den Mahdi höchst bedeutsam, denn eine sehr alte Tradition sagt, **daß** der Name des Mahdi und die Namen seiner Eltern dieselben sein werden, wie die des Propheten Mohammed gewesen sind. **Dies traf** hier also alles ganz genau ein. Das Alter für einen Propheten ist 40 Jahre, weil dieses das Alter Mohammeds war, als er sich erhob.

Unfer Mahdi konnte schon als Knabe von 12 Jahren den ganzen Koran auswendig. Sein Vater war tot, seine zwei Brüder, älter wie er, von Beruf Schiffbauer, glaubten in ihrem jüngeren Bruder den Stoff für einen großen Hakim entdeckt zu haben und ließen ihn statt das Schiffszimmermannhandwerk weiter zu betreiben, auf ihre Kosten bei zwei Schriftgelehrten, Abd el Dagun und El Gurachi, welche in der Nähe Chartums angesiedelt waren, und dann in der Madresse (Schule) der Grabmoschee des Chartumer Schutzheiligen Schech Hogeli studieren. Der Faqih, welcher die Schule leitete und das Grab hütete, machte den Anspruch, ein Nachkomme des Heiligen zu sein und durch diesen mit dem Propheten Mohammed selbst in Verwandtschaft zu stehen. Von diesem ansehnlichen Heiligen wurde Mohammed Achmed erst in die Geheimnisse des Alphabetes eingeweiht. Bei Berber, in dem Dorf Gubuschi vollendete er mit dem 15. Jahre seine Studien und widmete sich nun der Laufbahn eines Heiligen, zu welcher er schon frühzeitig den Beruf in sich fühlte. Bei Kawa am Weißen Nil ließ er sich als Faqih nieder.

Die Fuqará (Sing. Faqih wörtlich Arme) bildeten eine Art niederer Geistlichkeit und sind dort zugleich Landärzte. Sie können lesen und schreiben, wissen im Koran mehr oder weniger Bescheid, wodurch allein sie schon bei der ganz und gar unwissenden Menge zu Ansehen kommen. Sie zeichnen sich der großen Mehrzahl nach durch wirklich reinen, einfachen Lebenswandel aus, enthalten sich des Genusses aller Narkotikas. Manche sind wirklich und aus Überzeugung fromm. Sie erwerben ihren Unterhalt durch Unterricht, Koranauslegungen, Ablesen von Gebeten, fertigen die bekannten Amulette an, welche aus Koransprüchen auf kleine Papierstreifen geschrieben bestehen und die dann vom glücklichen Besitzer in ganz kleine Ledertäschchen oder Baumwollstoffe eingenäht um den Hals getragen werden. Sie sollen kugelfest machen und gegen Krankheiten schützen. Diese Fuqará üben, wie sich leicht denken läßt, großen Einfluß auf die Bevölkerung aus und allenthalben werden sie mit Ehrfurcht behandelt. An einigen Orten haben sie ganze Dorfschaften gebildet, wie z. B. das Priesterdorf Damer bei Berber am Nil. Von den Fuqará sind die Fuqaha (Sing. Faqir) zu unterscheiden. Dies sind Rechtsgelehrte, obwohl die Fuqaha, die Kabi, Mufti, angesehene Häuptlinge, auch öfters Fuqará sind.

Nach Vollendung seiner Studien und nachdem seine Mutter gestorben war, siedelte Mohammed Achmed nach der Insel Aba im Weißen
Nil über. Dort weilte er 15 Jahre in freiwilliger Zurückgezogenheit, so
wie der Prophet Mohammed angeblich 15 Jahre zur Vorbereitung seiner
großen Mission brauchte. Aba ist heute für die Sudanesen geheiligt.
Mohammed Achmed war so äußerlich eine genaue Kopie des **Propheten
und hatte** auf Aba das Leben eines Asketen begonnen, was aber **bei**
einem Islam die Heirat nicht ausschließt. Er nahm ein Mädchen **aus**
dem Stamme der Baqara-Beduinen, die Tochter des großen Schujuch **oder**
Häuptlings derselben, und sicherte sich auch durch Familienbande einen
dominierenden Einfluß auf seine Umgebung, einen Einfluß, welcher durch
seinen stets wachsenden Ruf großer Frömmigkeit immer befestigter wurde.

Die Heirat hinderte übrigens Mohammed Achmed keineswegs, sein
asketisches Wesen weiter zu treiben. Wie der Prophet, welcher ihm in
allen Äußerlichkeiten als Vorbild diente, hauste er in einem Erdloche.
Er klagte und weinte fortwährend über die Schlechtigkeit der Menschen.

Im Juli 1881, dem Jahre 1300 der Hedschra, welches das Anbrechen einer neuen Zeit für den Islam bezeichnet und während welcher
der ganze Erdball der Lehre Mohammeds unterworfen werden sollte,
begann Mohammed Achmed damit, Briefe an seine Fuqarakollegen zu
versenden, worin er sich für den erwarteten letzten Propheten, den
Mahdi, erklärte, welcher berufen sei, den Islam von seinen Verun-
staltungen zu reinigen und seine Herrschaft über die ganze Welt zu
verbreiten. In bombastischer, dem Koran entlehnter, altertümlicher
Sprache erzählte er seine Berufung zum Propheten durch **Traum-**
erscheinungen des Erzengels und bedrohte alle, welche seinem Rufe keine
Folge leisten wollten, Christen, Heiden und Mohammedaner, mit zeitlicher
und ewiger Vernichtung. Er verkündete das Ende der türkischen Herrschaft, daß sich der Sudan auf allen Seiten erhebe und daß er selbst
alsdann nach Mekka ziehen werde, um sich dort durch den Großscherif
anerkennen zu lassen. Zahlreiche Emissäre sollten überall Anhänger
werden. Zuletzt **forderte** er auf, der Regierung, welche ketzerisch sei,
keine Steuern zu zahlen und predigte überhaupt Abgabenfreiheit.

An den Generalgouverneur, sowie den nächsten Gouverneur und
die Stammeschefs sandte er Briefe mit der Weisung, daß sie seine
geistige Oberhoheit anerkennen, vom schlimmen Lebenswandel ablassen,

das Volk nicht mehr bedrücken und seinen Anweisungen Folge leisten sollten. Ein kleiner Haufen exaltierter Araber, meist Stammesgenossen und Anverwandte umgaben den neuen Mahdi.

Der Mahdi hatte den Plan gemacht, den ganzen Sudan für sich zu gewinnen, dann nach Ägypten zu marschieren, hierauf die falsch-gläubigen Türken zu unterwerfen und zuletzt das tausendjährige Reich in Mekka zu gründen, um von da aus die ganze Welt für den Islam zu gewinnen.

Durch die Aufforderung keine Steuern zu zahlen, hatte er sich der Aufwiegelung schuldig gemacht.

Schon am 11. August 1881 sandte der damalige General-**gouverneur des Sudan**, Rauf Pascha, eine militärische Expedition nach **Marabieh, um** zu erfahren, was der Mahdi für eine Persönlichkeit sei und denselben unter Umständen nach Chartum zu bringen. Statt aber mit dieser Aufgabe einen tüchtigen Offizier und eine genügende Streit-macht zu betrauen, wurde der berüchtigte Abu Saud mit nur 200 Mann abgeschickt. Innerhalb 15 Stunden wurde Aba erreicht. Abu Saud begab sich zum Mahdi, aber statt sich desselben zu versichern, ließ er sich mit ihm in theologische Diskussionen ein und ging dann wieder auf seinem Dampfboot nach Chartum zurück, um dort auf seinen Lorbeeren auszuruhen.

Er berichtete: „Ich kam nach Aba und fand dort Mohammed **Achmed** mit einer Umgebung von 5—600 Mann, alle mit Eisenketten umgürtet und mit gezogenen breiten Schwertern um den Propheten stehend, der auf einem erhöhten Stuhle saß, mit einem Stabe in der Rechten. Als ich ihn fragte, was er denn eigentlich wolle, sprach er von seiner Mission und der Erscheinung des Propheten Mohammed, welcher ihn als Mahdi berief; wer nicht an ihn glaube, sei kein echter Islam. Ich antwortete ihm, daß ich und die Regierung ja **ebenso** islamitisch sei als er selbst. Er aber verneinte dies, weil wir duldeten, daß die Christen Kirchen hätten, ja, sie sogar beschützten und die Re-gierung überdies Steuern eintreibe. Als ich ihm riet, sich nicht gegen **die** Regierung aufzulehnen und sich zu ergeben, da er derselben gegen-**über** nichts machen könnte, weil sie über Soldaten, Hinterlader, Kanonen und Dampfschiffe verfüge, sagte er: „Wenn die Soldaten auf mich und meine Anhänger schießen, so werden uns die Kugeln kein Leid thun und wenn ihr mit den **Dampfern kommt, werden** diese mit ihren Kanonen versinken.

Rauf Pascha mußte sich nun entschließen, ernstlich gegen den Mahdi vorzugehen, so schwer es ihm auch wurde. Er gab den Befehl zur Ausrüstung einer Expedition. Unter richtiger, entschlossener Führung wäre die aufgebotene Streitmacht mehr als genügend gewesen, **um** alles im Keime zu ersticken. Diese krankte aber an dem **Hauptübel aller** ägyptischen Truppen, sie war gänzlich ohne Disziplin.

Um das Kommando stritten sich drei Männer, von denen jeder natürlich im Rechte zu sein **behauptete**. Der eine, Ali Effendi, weil er **eine** Suria (Kebsweib) des Generalgouverneurs zur Frau genommen hatte; er glaubte infolgedessen **ganz** besonders geeignet zu sein und protegiert **zu werden**. **Der zweite hieß** Ibrahim Effendi und beanspruchte das Kommando, weil **er** im Range ältester Offizier **war**. Zuletzt Abu Saud, **den** man thörichterweise nochmals geschickt **hatte und** welcher nun auf seine erste Sendung pochend, aus diesem Grunde alleiniger Befehlshaber sein wollte. Die Uneinigkeit der drei Offiziere hatte schon beim Abmarsch am 10. August begonnen und dauerte auf dem ganzen Wege fort. Die Expedition setzte sich aus 300 Mann **mit den** drei obengenannten Offizieren zusammen, mit einigen Kanonen, welche auf zwei Dampfern nach Aba gingen. Bei dem **Dorfe Mohammeds** angekommen, entstand ein heftiger Streit, **ob die Landung** bei Tage oder Nacht erfolgen sollte. Nachdem man **sich für** die Landung bei Tage entschieden hatte, brachte man eine ganz kleine Abteilung etwa einen Kilometer nördlich vom Dorfe an Land und ohne alle Ordnung liefen die Leute wie eine Schafherde dem Ali Effendi nach. Dieser erblickte einen Mann, welcher von einem Haufen Araber umgeben, die Regierungstruppen aufmerksam beobachtete. Ali Effendi glaubte, in ihm den Mahdi Mohammed Achmed **vor sich** zu haben. Um als Held und **rasch ent-** schlossener Mann den andern zuvorzukommen, schritt er auf **den ver-** meintlichen Mohammed Achmed zu, fragte ihn, warum er Unruhe und Aufstand erregte, und ohne eine Antwort abzuwarten schoß er ihn nieder. Leider hatte er nicht Mohammed Achmed getötet, und im nächsten Augenblick war Ali Effendi und sein kleiner Trupp bis auf den letzten Mann niedergemacht. Demselben Schicksal verfiel Ibrahim Effendi und die Soldaten, welche in kleinen Trupps herzugeeilt kamen und sich weigerten,

auf die von ihnen für heilig gehaltenen Männer zu schießen. Die an=
geblichen Heiligen genierten sich aber durchaus nicht, von ihren Waffen
Gebrauch zu machen, sondern massakrierten im ganzen 130 Soldaten,
die übrigen warfen ihre Waffen weg und entflohen eiligst.

Der eine Dampfer war inzwischen bis nahe an das Dorf Aba heran=
gefahren. Abu Saud, welcher noch an Bord war, befahl dem Kanonier,
auf den Mahdi zu schießen, als dieser zu Pferde in wenigen Schritten
Entfernung vom Dampfer erschienen war. Der Kanonier hatte aber beim
Anblick des Mahdi derart den Kopf und allen Mut verloren, daß er
weder Kugeln noch Pulver finden konnte und als er endlich nach ängst=
lichem Hin= und Herlaufen geladen hatte, schoß er, sein Ziel verfehlend,
in die Luft. Mohammed Achmed wandte sein Pferd und ritt ruhig nach
seinem Dorfe. Abu Saud aber kehrte mit den Soldaten, welche ge=
flohen waren, nach Chartum zurück.

Dieser erste Erfolg des Mahdi führte ihm sofort eine Menge
Anhänger zu. Der Mahdi nützte seine Rettung und die Verwechselung
mit dem getöteten Offizier selbstverständlich in seinem Interesse als über=
natürliche Vorgänge aus.

Das erste Blut war nun in dem religiös=politischen Unabhängig=
keitskriege der Sudanesen vergossen. Es sollte aber noch in Strömen
fließen und die Opfer an Menschenleben nach Zehntausenden zählen.

In Kairo und Chartum hatte man im Anfang den unverantwort=
lichen Fehler begangen, die ganze Bewegung nur für eine religiöse zu
halten und übersah die politisch eminente Gefahr ganz und gar und
als man diese erkannt hatte, zeigten die Ägypter eine gänzliche Un=
fähigkeit, der Bewegung Herr zu werden, aus so kleinen Anfängen sie
auch emporgewachsen war. Wenn zu jener Zeit ein Gordon oder Gessi
in Chartum am Ruder gewesen, so wäre es sicher nicht über die An=
fänge der Rebellion gekommen, sie hätten die rechte Ursache, die soziale
Unzufriedenheit erkannt und Abhilfe geschafft.

Rauf Pascha erhielt nun einen jener merkwürdigen Briefe des
Mahdi von folgender Fassung:

„Im Jahre 1300 (1881). Im Namen Gottes des Ehrwürdigen,
Allmächtigen! Im Namen Gottes des Gnädigen und Barmherzigen.
Lob sei dem großmütigen Herrscher und Segen auf unsern Herrn Mo=
hammed und sein Geschlecht.

„Und dieses ist gesandt vom Diener seines Herrn, von Mohammed dem Mahdi, Sohn des Said Abdallah, an seine geliebten Freunde in Gott und an alle, die ihm folgen und beistehen zur Wiederaufrichtung und zum Siege des Glaubens; und was ich Euch wissen lasse, o Freunde, daß Gott, er sei gelobt und verherrlicht, in seinem einzigen Buche (Koran) gesagt hat: O Ihr, die Ihr da glaubet, soll ich Euch zeigen einen Handel, der Euch retten wird von großen Qualen, nun so glaubet

Zusammentreffen mit dem Mahdi.

an Gott und seine Abgesandten und führt den Krieg auf dem Wege des Herrn, mit Eurer Habe und Euren Leibern und Eure Folgsamkeit wird Euch Segen bringen, wenn Ihr es nur lernen wolltet! Und wenn Ihr dies verstanden und dies festhaltet, so wisset, daß Gott mich berufen hat zum Kalifat und daß der Prophet, Herr des Lebens, Gott segne ihn, verkündet hat, daß ich der erwartete Mahdi sei und mich gesetzt hat auf seinen Stuhl über die Fürsten und Edlen. Und Gott hat mich unterstützt mit seinen Engeln und mit den Propheten und den

Erwählten und desgleichen mit den Gläubigen unter den Dschinns (Dä-
mone, Genien).

„Und er hat auch gesagt: Gott hat Dir Zeichen Deiner Sendung
gesetzt und diese sind die Warzen auf Deiner rechten Wange und noch
ein andres Zeichen gab er mir, und dieses ist: daß aus dem Lichte
eine Fahne erscheint, welche mit **mir in der Stunde des Kampfes!** getragen wird vom Engel Asrael (Todesengel), Gott segne ihn! Und er
hat mich auch wissen lassen, daß, wer an **meiner Sendung zweifelt,** nicht
an Gott noch an seinen Propheten glaubt, daß, **wer mich** anfeindet, ein
Ungläubiger ist und wer mir den Krieg macht, **trostlos und verlassen**
sein wird in beiden Wohnstätten (Himmel und Erde) und daß seine
Kinder eine gute **Beute sind für** die Gläubigen. Wählet, was bei Gott
ist, mit freudigem Willen und reiner Ergebung, denn es gibt keine Gewalt und keine Kraft als bei Gott dem Erhabenen, dem Großen und
Allmächtigen. Der Friede sei mit Euch.‟

Nach **Abu** Sauds jämmerlichem Mißerfolg gegen den Mahdi gab
Rauf Pascha dem Gouverneur von Kordofan, Said Pascha, den Befehl,
einige Kompanien der regulären Truppen **auszurüsten** und gegen den
Mahdi zu marschieren, da dieser ganz **offen die** Absicht ausgesprochen
hatte, nach Verlauf der Regenzeit nach Kordofan zu ziehen. Die drohende
Gefahr erkennend, **ging der Mahdi** mit einem großen, **gut** bewaffneten
Gefolge über den Nil **nach Westen in das** Takalegebirge und setzte sich
am Djebel Gedir, nordwestlich von Faschoda **fest.** Dort predigte er in
offener Rebellion den Baggara den Krieg gegen die Türken, wie die
Ägypter allenthalben im Sudan genannt werden. Während dessen plünderten und raubten die Regierungstruppen, reguläre und irreguläre, die
arabischen Dörfer auf der Ostseite des Flusses und trieben dadurch den
noch treuen Rest der Bevölkerung jenes **Gebietes** mit Gewalt dem Aufruhr in die Arme.

Der Mahdi erhielt immer größeren Zuwachs; er ernannte seine
Veziere und Generale und verteilte den ganzen Sudan unter dieselben;
seine Person umgab er mit vier Männern, welchen er den Titel Kalife
gab. Sie sollten die ersten vier Nachfolger des Propheten Mohammed im Kalifat darstellen. Abdallah, der Sohn des Said Mohammed,
trat an die Stelle des ersten Kalifen Abu Bekr; dieser Abdallah war
der Emir, d. i. der Obergeneral, des Mahdistenheeres. Scheich Ali

kam an Stelle Omans, Said Mohammed, Sohn des Senussi, stellte Osman und als vierter Said Mohammed Scherif den Kalifen Ali, den Schwiegersohn des Propheten Mohammed, dar.

Inzwischen war der Gouverneur Mohammed Said Pascha mit einigen Kompanien regulärer Truppen gegen Mohammed Achmed den Mahdi vorgegangen. In einer Nacht lagerten die feindlichen Truppen so nahe bei einander, daß die Rebellen, welche sich klugerweise still hielten, die Signale der ägyptischen Truppen ganz deutlich vernehmen konnten.

Mohammed Said Pascha, der Gouverneur von Korbofan, war ein feiger, abergläubischer Alttürke. Er atmete erleichtert auf, als er, gegen die Mahdisten vorrückend, das Nest, wo sie gelagert hatten, leer fand. Statt dem Mahdi zu folgen und ihn in einem seiner Schlupfwinkel ab= zufangen, kehrte er nach einem Monate nach El Obeid, der Hauptstadt von Korbofan, zurück, nachdem er solange bei Kawa unthätig gelagert hatte. Als Vorwand für seinen Rückmarsch mußte die zur Zeit einge= tretene Nilüberschwemmung dienen.

In Chartum geriet die Bevölkerung in große Aufregung, denn es hatte den Anschein, als ob die Bewegung rasch um sich greifen wollte, so daß man unter andern befürchtete, daß die Sklaven, welche die Hälfte der Bevölkerung dort bildeten, entfliehen und sich den Aufstän= digen anschließen möchten. Chartum war zudem nicht befestigt. Alle aber waren darüber einig, daß eine große ägyptische Garnison zur Sicherung des Platzes unbedingt notwendig sei. Der Mudir von Fa= schoda, ein Kurde, Namens Raschid Bey, welchem Rauf Pascha den strengsten Befehl gegeben hatte, sich und sein raublustiges Gesindel in der Station zu halten, nahm sich nun vor, der Welt zu zeigen, was ein tüchtiger, kriegs= und thatenlustiger Mann zu vollbringen im stande sei. Nachdem man ihm zweimal die Erlaubnis abgeschlagen hatte, vorzugehen, unternahm er auf eigne Faust einen Kriegszug, um den Mahdi zu ver= nichten.

Mit 400 Mann regulärer Truppen und 1000 Schilluknegern, welche von ihrem Häuptling (Mek) Kaikun Bey, geführt wurden, brach Raschid Bey nach dem Djebel Gedir, dem Schlupfwinkel des Mahdi, auf. Der Expedition hatte sich auch ein Deutscher, Karl Berghoff, welcher als Sklaveninspektor in Faschoda angestellt war, angeschlossen.

Auch hier zeigte sich wieder die gänzliche Unfähigkeit der Ägypter

gefährlichen Situationen gegenüber. Mit unerhörter Sorglosigkeit und
Unordnung, als gälte es nur ein Handelsunternehmen, bummelte der
Kriegszug seinem Ziele entgegen. Die gewohnte Unterschätzung des
Feindes rächte sich durch eine fast völlige Vernichtung des Expedi-
tionskorps.

Nach viertägigem Marsch erreichte Raschid Bey am 8. Dezember
1881 den Djebel Gedir. Sofort ging er zum Angriff über. In
kurzem, wütendem Gefecht wurden fast sämtliche Truppen sowie der
größte Teil der Schillukneger von den gut berittenen Baggara-Beduinen
mit ihren Lanzen niedergestochen. Raschid Bey, Karl Berghoff, Kaikun,
der Schillukhäuptling, und sämtliche Offiziere wurden niedergemacht. Nur
wenige der Truppen entkamen und brachten die traurige Botschaft nach
Faschoda. Reiche Beute an Gewehren, Munition und Proviant fiel dem
Feinde in die Hände. Die Station Faschoda stand nun ganz offen;
in Chartum geriet man in die größte Besorgnis um ihretwillen, und
Rauf Pascha sandte sofort 200 Mann dorthin.

Die Schilluk waren durch den Tod ihres Häuptlings und ihrer
Krieger derart erbittert, daß jeden Augenblick ein Aufstand unter ihnen
auszubrechen drohte. Der Mahdi aber enthielt sich jeder Demon-
stration.

Zu derselben Zeit, als die Nachricht von der Niederlage Raschid
Beys nach Chartum kam, wurde Rauf Pascha durch fortwährende Hiobs-
botschaften in die größte Verlegenheit gesetzt. Slatin Bey, der Gouverneur von Dar-Fur, war in größter Bedrängnis wegen der in seiner
Provinz ausgebrochenen Erhebung.

Die Abu Roof in Sennar, die Koahla am Blauen Nil, die Rise-
gat am Bahr el Arab, die Kababisch im Norden Kordofans, die
Bischari um Berber waren alle in höchster Erregung und konnten
jeden Tag losschlagen. Da wurde Rauf Pascha abberufen und von
Kairo aus Abd el Kader Pascha zu seinem Nachfolger bestimmt. Für
den Sudan errichtete der Vizekönig ein neues Ministerium. Abd el Kader
nahm den Titel eines Ministers an und betraute den seit Gordons Abgang
als Vizegouverneur funktionierenden Giegler Pascha, einen Bayern,
mit der interimistischen Regierung. Giegler Pascha sandte sofort einen
umfangreichen Rapport ein, in welchem er auf das Bedenkliche der Lage
aufmerksam machte. Abd el Kader ließ eine neue Expedition vorbereiten.

Von zwei Zentralstellen wurde sie ausgerüstet und sollte einen kombinierten Vormarsch gegen den Mahdi unternehmen. Den Kern bildeten die aus Kordofan und Dar=Fur zusammengezogenen regulären ägyptischen Truppen, zu welchen einige Kompanien aus Chartum mit etwa 1500 Irregulären Baschi=Bozuks und andre kamen. Die Irregulären warb man unter den von Gordon entlassenen Soldaten, Dongolanern und den regierungstreuen Araberstämmen an, besonders unter den Schaikie, welche immer kriegerischen Mut bewiesen hatten und welche man durch Vorausbezahlung mehrmonatlichen Soldes in gute Stimmung brachte. Ihr Befehlshaber war Mohammed Bey Soliman el Schaikie. Zum Oberkommandanten der gesamten aus 13 Kompanien Regulärer und 1500 Mann Irregulärer bestehenden Armee, im ganzen 3000 Mann mit einem kleinen Artilleriepark, bestellte Giegler Pascha den Mudir (Gouverneur) vom **Sennar,** Yussuf Woled el Schalläli. Die Wahl dieses Mannes war von Seite Gieglers ein Fehler. Jedem mit **den** Verhältnissen betrauten Menschen war es unerklärlich, wie Giegler Pascha diesen Menschen an die Spitze des Unternehmens stellen konnte. Yussuf hatte schon Gessi bei seinem Feldzuge gegen Soliman Siber unendliche Schwierigkeiten bereitet. Er war von Geburt ein Dongolaner, ein Mensch, welcher wenig Respekt einflößte, ein vollständiger Ignorant, von Beruf Hauptsklavenhändler, der Mörder des durch Dr. Schweinfurth bekannt gewordenen Monbuttuhäuptlings Munsa.

Gleich zu Anfang wurde der Marsch der Operationsarmee durch ganz unnützen Aufenthalt in Faschoda verzögert. Die Schwierigkeiten steigerten sich durch die anbrechende Regenzeit, während welcher die Straßen überschwemmt, der Boden in Sumpf verwandelt wurde. Mitte März ging Yussuf Pascha mit den Chartumer Streitkräften in Dampfschiffen den Nil aufwärts. Die Truppen waren vorzüglich bewaffnet und verproviantiert. Mehr als 1000 Lastkamele zogen von Kordofan mit ins Feld. Giegler Pascha hatte keine Mühe gespart, um die Expedition feldtüchtig auszurüsten und sowohl den Offizieren wie den Mannschaften die Wichtigkeit des Unternehmens klar gemacht, ihnen Ordnung und Wachsamkeit ans Herz legend. Besonders wies er auf die gefährliche Taktik des Mahdi hin, die Truppen vor Tagesanbruch anzugreifen. Die unbeschreibliche Sorglosigkeit der ägyptischen Truppen gab immer genügende Gelegenheit dazu.

Yuffuf Pafcha war kaum mit feiner Armee aus Chartum aus=
gezogen und noch nicht über Kawa hinausgekommen, als fchon 500
Dongolaner mit ihrem Solde für mehrere Monate voraus, mit Waffen
und Munition zum Mahdi defertierten. Die Expedition vergnügte fich
unterwegs mit Mriffatrinken (einheimifches Bier) — denn ein Irregu=
lärer reift nie ohne Mriffatopf, einen Rofenkranz zum Beten und eine
oder mehrere Konkubinen. Yuffuf Pafcha, welcher felbft ein Irregulärer
war, wies den Rat erprobter, unter feinem Befehl geftellter, regulärer
Offiziere zurück, marfchierte mit einer an Wahnfinn grenzenden Sorg=
lofigkeit und Achtlofigkeit. Der unentbehrliche Biertopf und die Ver=
wendung der Lafttiere für den Transport von Waren und öffentlichen
Dirnen aus Fafchoda, ftatt zum Transport von Waffer für die halb=
verdurfteten Soldaten waren die Hauptmomente, welche eine Kataftrophe
herbeiführen mußten.

Am 7. Juni kam es zum Kampf. Yuffuf Pafcha hatte ohne Vor=
poften und Rekognoszierung des Terrains, inmitten eines Keffelthales
ein Lager aufgefchlagen. Er ließ die Soldaten ihre Waffen ablegen,
worauf man fie nach Waffer und Holz ausfchickte. Der Feind, welcher
in gedeckter Stellung hinter Büfchen und Gras herangefchlichen war,
ließ fich diefen Vorteil nicht entgehen, **er** ftürmte heran und durchbrach
die in aller Eile formierten Karrees der Ägypter, welche in dem nun
folgenden Gemetzel bis auf wenige Mann niedergemacht wurden. Die
vielen Kamele, der endlofe Zug von Weibern, Sklaven und andern
Nichtkombattanten, welche der Armee folgten, trugen viel zu der Ver=
wirrung bei. Kaum 200 vermochten fich von 3000 zu retten. Die
Nachricht von dem Untergang diefes fo pompös infzenierten Unternehmens
wirkte in Chartum wie ein Donnerfchlag. War doch Giegler Pafcha des
Sieges fo gewiß, daß er fogar nach Kairo telegraphiert hatte, Ver=
ftärkung der Sudanarmee fei unnötig.

Emin erreichte um jene Zeit, auf feiner Infpektionsreife begriffen,
Fafchoda. Die Nachricht von der Vernichtung der Armee Yuffuf Pafchas
überwältigte ihn beinahe. Emin war die Station Sobat auf feinen
Wunfch zugeteilt worden. Diefe hatte nämlich fortwährend Raubzüge
nach Emins Gebiet unternommen, folange fie noch zu Chartum zählte.
Dies war nun abgeftellt. Emin berührte Sobat und traf mit dem dor=
tigen Schillukhäuptling **ein** Abkommen wegen Briefbeförderung zu Land

nach Chartum. Auf der Station Bor lebten seine Beamten im besten
Einverständnis mit den Eingebornen. Seit Emin die Danagla aus-
getrieben hatte, und damit der Sklavenraub dort aufgehört hatte, fühlten
sich die Neger wieder freier von dem früheren Druck. Früher hatten
die dortigen Stämme aus Furcht vor den Danagla ihre Heimat verlassen und auf den Schilfinseln des Nil ein elendes Dasein als Fischer
gefristet, jetzt aber hatten sie schon wieder große Strecken Landes **bebaut.**
Das Gouvernement fuhr ebenfalls gut dabei, denn die Abgaben an
Getreide, die einzigen, welche erhoben wurden, hatten sich in der letzten
Zeit verdoppelt.

Die Strecke zwischen Bor und Lado bildete auf dem Westufer **des**
Nil eine fast ununterbrochene Reihe von Dörfern und Hütten. Es
kommt eben nur darauf an, sagt Emin, die Neger gegen Raub und
Plünderung zu schützen, für das Anwachsen der Bevölkerung sorgt er
schon selbst. Als Emin wieder auf seiner Station Lado angelangt war,
hatten sich während seiner Abwesenheit einige kleine Unfälle ereignet;
man wollte mehrmals Rinder rauben, aber jedesmal hatten die Urheber
ihr Leben dabei eingebüßt. Sonst war alles ruhig, und in allen
Teilen seiner Provinz herrschte Frieden. König Kabrega aus Unjoro
hatte Emin wieder zum Besuch eingeladen, doch hinderte ihn die viele
Arbeit dorthin zu gehen. Die südlichste Provinz des ägyptischen Sudan
war damals der einzige Teil des ungeheuren Gebietes, welcher im tiefsten
Frieden lag, während sonst überall der Aufruhr in hellen Flammen
ausgebrochen war.

Besonders verpflanzte sich die Bewegung nach Sennar. Am
6. April 1882 meldete eine Depesche des Mudir von Sennar die Be-
drohung der Stadt durch mehrere tausend Baggara-Beduinen, welche
von einem Verwandten des Mahdi, dem Scheich Amr el Malaschef geführt wurden. Diese ganz unerwartete Nachricht brachte in Chartum
den größten Schrecken hervor, da man sich dort in völliger Sicherheit
wegen dieser wichtigsten Provinz des Sudans gewiegt hatte. Man
glaubte, daß der Aufstand auf die südlichen Provinzen beschränkt bleiben
würde und hatte gar nicht daran gedacht, daß diese Kornkammer Chartums jemals bedroht werden könnte. Chartum war gänzlich von Truppen
entblößt, die leitenden Persönlichkeiten verkannten noch immer die wahre
Ursache des Aufstandes und verschlossen sich hartnäckig der Erkenntnis,

daß die ganze Bevölkerung der nicht von Negern bewohnten Distrikte in höchster Aufregung befindlich war. Konsul M. Hansal, ein durch mehr als zwanzigjährigen Aufenthalt in Chartum mit den Verhältnissen aufs genaueste vertrauter Gewährsmann schrieb damals: die Hintertreibung des Sklavenhandels, die Monopolisierung der wichtigsten Handelsartikel, die allgemeine Geschäftslosigkeit, die barbarische Behandlung der Steuer=zahler durch die Exekutivorgane, das sind die Hebel, welche die Völker zum Aufstande treiben. Die Revolution entspringt jetzt nicht mehr religiösem Fanatismus, als vielmehr dem allgemeinen Unwillen gegen die Landesobrigkeit.

Der Gouverneur von Sennar, Hussein Bey Schukri, erbat sich von Giegler Pascha die Erlaubnis, die Rebellen, denen er gewachsen zu sein vorgab, angreifen zu dürfen, was ihm telegraphisch bewilligt wurde. Bei Tagesanbruch fand der Ausfall der Garnison statt, doch wurde sie von den Baggara geschlagen und in die Stadt zurückgetrieben, wo die Rebellen ein Blutbad anrichteten. Vor den öffentlichen Gebäuden aber mußten sie Halt machen, denn von den Dächern derselben wurde den Arabern durch wohlgezielte Salven sehr bedeutende Verluste zugefügt. Solange das Telgraphenbüreau noch nicht von den Rebellen zerstört war, konnte der Vizegouverneur in Chartum von dem bis zum letzten Augenblicke pflichttreu ausharrenden Beamten von Minute zu Minute ein genaues Bild von dem Vordringen der Rebellen erhalten: Jetzt kommen sie in die und die Straße, sie stechen den und den Beamten oder Kaufmann nieder, jetzt dringen sie in den Hof der Mudirie! Sie plündern die Stadt u. s. w., bis plötzlich jede Meldung aufhörte, die Araber hatten sich des Telegraphenamtes bemächtigt, die Apparate zer=schlagen und die Leitung zerstört.

Die von den Rebellen geschlagene Besatzung von Sennar hatte sich nach den öffentlichen Gebäuden, besonders der Kaserne zurückgezogen und mußte die Stadt gänzlich der Plünderung überlassen. In der Verwirrung und Demoralisierung des Augenblickes wären die Araber gewiß auch mit Erfolg in das Mudiriegebäude und die Kaserne einge=drungen, wenn sie nicht die Verwundung Amr el Makaschefs, ihres Führers, zum Rückzuge veranlaßt hätte. Zunächst hatte diesem Umstande Hussein Bey Schukri mit der Besatzung und einer großen Anzahl Weiber und Kinder die Rettung zu verdanken. In der festen Kaserne geborgen,

konnten die Soldaten die Rebellen in Schußweite entfernt halten. Dieselben belagerten nun aber während sieben Tagen die in der Kaserne
und ihrer Umgebung eingeschlossene Besatzung und die Nachricht von
dem angeblichen Siege der Mahdisten in Sennar verbreitete sich im
ganzen Lande mit größter Eile und führte den Mahdisten tausende von
Zuzüglern zu.

Es sollen nach glaubwürdiger Schätzung etwa vierzigtausend Menschen in und um der Stadt gelagert haben. Die Kapitulation schien
unabwendbar, während die Zuversicht der Derwische **von Tag zu Tag**
wuchs; da erschien der ägyptische Offizier Salah Aga mit seinem Häuflein Schaikie vor der **Stadt.** Die Aufständigen waren über ihr Verhalten im völligen Zweifel. Sie dachten nicht daran, daß zwischen
Sennar und Chartum eine telegraphische Verbindung bestanden hatte.
Sie schickten Boten **an** Salah Aga und ließen ihn fragen, ob er es
mit den Türken oder mit ihnen halte. Der Aga täuschte sie über seine
Absichten und marschierte in geschlossener Kolonne mitten durch die Reihen
der Aufständigen, faßte zehn Schritte vom Flusse entfernt, durch diesen im
Rücken gedeckt, Position, ließ ein Karree formieren, die Munition aus-
schütten und rief: „Ndrub jä aulad!" „Schießet, meine Kinder."

Vom Morgen bis Nachmittag 4 Uhr stürmten die fanatisierten
Mengen der Rebellen das Karree, aber vergeblich, Hunderte und Hunderte,
Tausende sogar wurden niedergeschossen und bereits drohte dem Helden-
häuflein der Mangel an Munition, **als sich die** Araber zurückzogen und
Sennar war gerettet. Selbst die Belagerten hielten die ihnen so unerwartet erschienenen Befreier im Anfange, ehe das Mißverständnis **auf-**
geklärt worden war, für Feinde und hatten einige Schüsse zu ihnen
hinübergesandt.

Der Aga wurde von der Stadtbevölkerung mit einem Jubel aufgenommen, welcher nach all der tagelangen Angst wohl erklärlich war.
Man feierte ihn wie einen Halbgott und man drängte sich an ihn heran,
um seine Kleider zu küssen.

Von allen Seiten liefen jedoch **in** Chartum die unglücklichsten
Meldungen ein. Unter fortwährenden Gefechten am Weißen Nil in der
Djesirah und in Kordofan, welche mit wechselndem Glücke geführt wurden,
gewann der Mahdismus immer mehr Boden. Die Gouvernementskanzlei
in Chartum glaubte im Interesse der Beruhigung alle Ursache zu Besorg-

nissen ableugnen zu müssen und selbst der Absendung von Telegrammen
der Konsuln nach Kairo wurden in Chartum Schwierigkeiten bereitet,
weil Giegler Pascha immer noch hoffte, durch energisches Vorgehen
baldigst Ruhe zu schaffen. Seine Erwartungen sollten aber getäuscht
werden.

Giegler Pascha dirigierte **nun sofort sechs** Kompanien regulärer
Truppen von Kalabat aus nach Abu Harras am Blauen Nil. In
Chartum wurde in aller Eile ein Korps gebildet **von 270 Mann und**
er selbst fuhr **am 15. April** mit 200 Soldaten auf zwei Dampfern
nach Sennar.

Inzwischen hatte Karkobj 95 km oberhalb Chartum kapitulieren
müssen. **Die** Bewohner entzogen sich durch Zahlung von Tribut der
Plünderung und um vor den fanatisierenden Horden das Leben zu
retten, nahmen Kaufleute, Griechen und Juden zum Schein den Islam
an und zogen als Derwische gekleidet, in Prozession in der Stadt um=
her. Kurzum überall gärte es bedenklich und kleine Reibereien zwischen
Arabern und Soldaten fanden überall statt.

In einem Dorfe, drei Stunden nördlich von Abu Harras, in
Mohammed Aschra, war ein Scherif, Namens Mohammed Taha, auf=
getreten, welcher sich Vezier el Mahdi benannte. Vom Mahdi hatte er
als Zeichen seiner Bevollmächtigung ein Schwert erhalten und stachelte
nun seinerseits die Einwohner der Gegend zur Revolte auf. Er bedrohte
bald Messalamia. — Vor dem zwei Stunden landeinwärts vom Flusse
gelegenen **Dorfe mit seinen** Truppen angekommen, ließ Giegler Pascha
den Scherif auffordern, sich zu stellen und seine Agitation zu verant=
worten. Die Antwort lautete: „Ist der Pascha ein Christ, so ist er ein
Ungläubiger **und folglich unser Feind,** ist er ein Türke, dann ist er ein
Ketzer und erst recht unser Feind." Die acht Soldaten, welche die Auf=
forderung überbracht hatten, waren niedergemacht worden. Nun schickte
Giegler den Sandschak Yussuf Aga el Melek mit 100 Soldaten und
50 Schaikik, um den Scherif gewaltsam zu den Dampfern zu bringen.
Die kleine Truppe wurde aber überwältigt und die Leute nach ver=
zweifeltem Widerstande in wütendem Handgemenge getötet. Yussuf Aga
wurde gesteinigt. Sogar die Weiber des Dorfes mischten sich in den
Kampf; die jungen Mädchen zeichneten sich besonders durch megärenhafte
Wildheit aus, zahlreiche Bißwunden an den Toten zeugten für ihre

Kampfart. Hier wie in allen bisherigen Kämpfen bedienten sich die Rebellen ausschließlich der Lanzen und **Schwerter, von** den **erbeuteten** Gewehren wurde kein Gebrauch gemacht. Vielleicht **aus** Mangel an Munition oder wegen der Unfähigkeit, mit Hinterladern umzugehen.

Von den Derwischen und Fuqarah wurde das Gewehr **als** eine ketzerische Waffe geächtet. Später aber, als die Beute **an** Gewehren und an Munition enorm groß wurde und die ägyptischen **Soldaten** massenhaft zum Mahdi überliefen, gelangte auch das Gewehr in **den** Reihen der Rebellen zu seinem mörderischen Rechte.

Giegler Pascha war nun genötigt, nach Abu Harras zu gehen und dort auf dem im Nil verankerten Dampfer die Ankunft der Truppen aus Kalabat **zu erwarten.** Vor Ankunft derselben wurde der Scherif Mohammed **Taha von einigen hundert** Schaikie attackiert, welche aber ebenfalls vernichtet wurden. **All diese** Kämpfe zeigten übrigens, daß sich die Ägypter ausgezeichnet schlugen, solange die fatalistischen Unter= gebenen der Regierung nicht an die Unbesiegbarkeit des falschen Pro= pheten glaubten. Als ihnen aber Niederlage auf Niederlage, fast aus= nahmslos durch elende Führung veranlaßt, beigebracht wurde, demorali= sierten sie gänzlich und gingen haufenweise zum Mahdi über.

Giegler Paschas Situation wurde immer bedenklicher und erst die Ankunft Ali Raschefs, des neu ernannten Mudir von Sennar, besonders aber der Schukuriefürst Schech Auad **el Kerim** mit 2500 meist gut berittenen Reitern seines Stammes befreiten ihn aus seiner fatalen Lage.

Auad el Karim, seine sechs Söhne, seine Neffen, alle Edlen des Stammes in Kettenpanzern, mit Arm= und Beinschienen, einen **spitzen,** schön geformten Stahlhelm auf dem **Kopfe,** auf feurigen Vollblutpferden, bildeten eine Schar, welche wie Helden aus den Kreuzzügen jetzt im neunzehnten Jahrhundert märchenhaft wirkten. Der Fürst **begrüßte** Giegler Pascha mit Kuß und Umarmung und versicherte ihn **seiner** und seines Stammes Ergebenheit und Treue. Auad el Kerim hatte allerdings, wie Buchta meinte, durch seine persönliche Freundschaft mit Giegler Pascha und durch die ihm in Chartum schon zu Gordons Zeiten erwiesene rücksichtsvolle Behandlung leichte Wahl, wem er sich an= schließen sollte.

Man verabredete für den nächsten Tag einen Angriff. Bei Tages= grauen wurden die Truppen in Gefechtsordnung formiert, der Pascha und der greise Schukurïefürst hielten Ansprachen an die Leute, sie stachelten **ihren Ehrgeiz** und feuerten die beutelustigen, durch die Verluste der letzten Tage im höchsten Grade erbitterten Schaikïe durch Zusage der Beute an. Das Dorf des Scherif Mohammed Aschra, liegt wie Abu Harras am rechten Ufer des Blauen Nil. Zwischen dem Fluß und dem Dorfe steht ein Wald; hart am linken Ufer gegenüber liegt eine kleine Seriba, welche vom Sandschek Osman Aga besetzt wurde, um die in der Nähe befindliche Nilfurt zu bewachen. Die regulären Truppen aus Kalabat nahmen Aufstellung vor dem Dorfe, mit der Front gegen den Fluß; hinter ihnen hielt Auad el Kerim mit seinen **Panzerreitern** und Schukurïe, die Soldaten durch die bestimmte Erklärung zum Aushalten zwingend, daß jeder derselben, welcher kehrt machen sollte, von den Lanzen der Schukurïe durchbohrt werde.

Der Scherif Mohammed Taha kam den Truppen an der Spitze Hunderter laut betender und schreiender Derwische zu Pferde entgegen. Die Kugeln der Ägypter räumten gründlich auf; dreimal erneuerte sich der Ring von Derwischen, welche den Scherif wie einen Wall umgaben. Die Leichen häuften sich übereinander, der Scherif aber blieb unverwundet. Da ergriff die ägyptischen Soldaten abergläubische Furcht und laut riefen sie: „Der Scherif ist unverwundbar." Ohne die drohend erhobenen Lanzen der Schukurïe wären sie zweifellos davongelaufen.

Um den Scherif häuften sich die Toten immer mehr, denn alt und jung, Weiber und Kinder ließen sich dezimieren, ohne einen Schritt zu weichen, von Minute zu Minute steigerte sich der religiöse Wahnsinn. Endlich wendete der Scherif sein Roß, um aus dem Leichenhaufen herauszukommen, da stolperte es, fiel, eine Kugel schlug dem vorn übergebeugten Scherif gerade vom Scheitel aus durch den Kopf und er sank selbst zu den Toten.

Nun ergriff die Fanatiker heilloseste Panik; die Schaikïe, erhitzt vom Kampfe, erbittert von den großen Verlusten der letzten Gefechte, richten unter den Fliehenden ein entsetzliches Blutbad an. Weder Weiber noch Kinder wurden geschont, trotz aller Bemühungen Giegler Paschas, **welcher** das Weib und den Knaben des Scherif, nachdem sie **ergriffen worden waren, auf seinen** eignen Armen nach dem Dampfer trug, um sie vor der Wut der Schaikïe zu schützen. In dem Grabmal eines Heiligen glaubten sich viele sicher, aber die Schaikïe schossen durch

Angriff Awad el Kerims auf den Scherif Mohammed Taha.

Thüren und Fenster so lange hinein, als sich noch etwas regte und ein Laut sich hören ließ. In den Eingebornenhütten lagen Tote und Ver= **wundete** durch= und übereinander, alles wurde den Flammen überliefert. Diejenigen, welche nach **dem** Flusse **stürzten, um** sich zu retten, wurden von Osman Agas Leuten nieder geschossen.

Die Leiche des Scherif, welcher man den Kopf schon **halb vom** Rumpfe getrennt hatte, wurde auf einem Ankareb (Bettgestell) mit Teppichen bedeckt, auf den Rücken eines Kamels gebunden und, umringt von den umher galoppierenden begeisterten Panzerreitern, mit tosendem Hallo vor Giegler Pascha gebracht, nach dessen eignem Ausspruche eine unbeschreibliche, aufregende, bei aller Wildheit hoch malerische Szene. Der Kopf des Scherif trat nun eine Rundreise in den Orten am Blauen Nil an und wurde schließlich am Marktplatze in Chartum auf= gesteckt. Giegler Pascha ging nun nach **Sennar,** welches, wie wir schon gehört haben, unterdessen durch **Salah** Aga befreit worden war. Die aus Kalabat unter Ali Raschef gekommenen Truppen verfolgten nach der Vernichtung des Scherif Mohammed Taha bei Abu Harras im Bunde mit den Schukurië die Rebellen bis über Sennar hinaus. Die Koahlabeduinen, welche schon **zum** Aufstand bereit waren, legten die Waffen **nieder. —**

Am 12. Mai 1882 traf der neue Generalgouverneur und Minister des Sudan, Abd el Kadèr Pascha, ein. Man empfing ihn feierlich, fast enthusiastisch. Abd el Kadèr war in Wien erzogen worden und hoffte durch Einführung einer reinen Militärverwaltung Ordnung **zu** schaffen. Doch was konnte nun ein einzelner gegen die Fehler fast eines Jahrhunderts machen, besonders da er, ehe an eine Reform ge= dacht werden konnte, zuerst überall das aufrührerische Land zur Ruhe hätte bringen müssen.

Der von seinen **in** Sennar erhaltenen Wunden wiederhergestellte Achmed el Makaschef, welcher ungefähr 10000 Araber um sich ge= sammelt hatte, wurde von Salah Aga geschlagen und **selbst im** Kampfe getötet. Er wurde durch seinen Bruder ersetzt **und** griff den Hafen= ort Duèm am Weißen Nil mit 14000 Menschen an, vermochte aber nicht den inzwischen befestigten Ort, trotzdem **er von** nur 500 Mann verteidigt wurde, zu nehmen. Obwohl die Rebellen nur mit Schwert und Lanze kämpften, **so** stürmten sie dennoch den Ort während

vier Stunden, bis sie sich mit einem Verluste von 3000 Mann zurückzogen. Die Ägypter warfen die Leichen in den Nil, dessen Wasser dadurch auf Wochen verpestet wurde. In der Provinz Sennar herrschte
wieder Ruhe.

Ebenso verloren die Mahdisten bei einem Sturme auf Bara bei
El Obeid von 20000 Mann deren 3000, aber Bara, von 800 Mann
verteidigt, blieb eingeschlossen. Von nun an gingen die Rebellen in
Kordofan offensiv vor; der Mahdi kündete mit der größten Zuversicht
die Eroberung dieses Gebietes an und vollzog dieselbe auch innerhalb
sechs Monaten. Die Schwierigkeit, den Aufstand zu unterdrücken, war
um so größer, als nicht nur die Zuversicht der Araber und ihre Zahl
von Tag zu Tag wuchsen, sondern auch durch das Auftreten Achmed
Arabis in Ägypten eine Unterstützung von dort nicht zu erwarten war.

Sechstes Kapitel.

Seitdem der Vizekönig Ismael Pascha im Februar 1879 einen Offiziersaufstand zur Sprengung des Ministeriums Nubar Pascha organisiert hatte, war der Armee bedauerlicherweise der Beweis geliefert, wie ihr allein in Ägypten die **materielle** Macht gehörte und die Regierung und der Khedive dieser Armee gegenüber ganz ohnmächtig war. Aus dem Amte gesetzte Große, der abgesetzte Vizekönig Ismael Pascha, immer noch von Italien **aus** intrigierend, und manche Fehler der neuen Regierung hatten in der ägyptischen Armee seitdem ständige Unruhe und Gärung erhalten. Seit Jahren schon kamen unzählige kleine Fälle offenen Widerstandes, Ungehorsams und **Meuterei** zum Durchbruch. Die verschiedensten Angriffe, welche im Sommer 1881 gegen das Ministerium Riaz gemacht worden waren, hatten zu keinem Erfolge geführt. Ein neuer Kriegsminister, Daud Pascha, sollte sich nun bemühen, die verrottete Armee zur Disziplin zurückzuführen.

Am 4. September 1881 nachmittags war der Khedive von seinem Sommeraufenthalte in Alexandria zurückgekehrt. Die dorthin abkommandiert gewesene Kairiner Garnison folgte ihm nach. Am 9. September brach plötzlich zu aller Überraschung ein offener Militäraufstand **aus**, um so überraschender, als noch einige Tage vorher die amtlichen Blätter Ergebenheitserklärungen verdächtiger höherer Offiziere veröffentlicht hatten. Als Anlaß zu dem Ausbruch gelten zwei Thatsachen: einmal die Ernennung einer mißliebigen Persönlichkeit zum Polizeipräfekten von Kairo. Der neue Polizeipräfekt hatte den Auftrag erhalten, den Haupträdelsführer der unzufriedenen Partei, den Obersten Arabi Bey, zu verhaften. Als weiterer Grund sollte gelten, daß ein unzuverlässiges Kairiner Regiment den Befehl erhalten hatte, nach Alexandria abzumarschieren, um

durch ein gutgesinntes von dort erfeßt zu werden. Die Chefs der
Kairiner Garnison aber, welche unter sich einig waren, hatten andre
Absichten. Der Khedive erhielt in der Mittagsstunde des oben ge=
nannten Freitag eine Zuschrift vom Obersten, welche ihm einen Protest
gegen die geplante Garnisonveränderung mit dem Hinzufügen mitteilte,
daß man sich um 9 Uhr (b. i. = 3 Uhr unsrer Zeit) auf dem Schloß=
plaße einfinden werde, um die Angelegenheit zu ordnen. Gleichzeitig
hatten die Offiziere Schreiben an die verschiedenen Generalkonsuln ge=
richtet, daß die bevorstehende Bewegung nur gegen die ägyptische Regie=
rung gerichtet sei und die Europäer nichts zu befürchten hätten. Sofort
begab sich der Khedive selbst nach der nächst dem Schloß gelegenen In=
fanteriekaserne; dort erklärte man ihm, daß das Regiment ruhig bleiben
werde. In die Citadelle, wohin er sich nun wendete, wurde er schon
nicht mehr eingelassen. Als er nun mit seinem Gefolge nach dem Schloß
Abdin zurückkehrte, wohin unmittelbar die Minister, der Kabi, der Scheik
ul Islam und sämtliche Generalkonsuln entboten worden waren, hatte
sich inzwischen die ganze Kairiner Garnison in Waffen versammelt. Die
Regimenter waren mit Musik nach Abdin gezogen, die Artillerie mit
bespannten Geschützen, im ganzen etwa 5000 Mann. Die Citadelle
war von einem Negerregiment besetzt worden. Oberst Arabi Bey, ein
geborner Ägypter, keiner europäischen Sprache mächtig, führte das Ober=
kommando. Seine Kameraden und die Truppen fügten sich ihm willig.

Es wurden nun Verhandlungen begonnen. Der junge Khedive,
welcher kaum auf die Treue der wenigen Schloßgardisten rechnen konnte,
befand sich in einer verzweifelten Lage. Die Rebellen forderten die Ent=
lassung von Riaz Pascha, Berufung einer Deputiertenkammer und Ver=
größerung der Armee auf 18000 Mann. Tewfik (sprich: Taufik) Pascha,
der Khedive, benahm sich übrigens den Umständen angemessen mit vieler
Würde. Im Schloß wollte er die Rebellen nicht empfangen. Persönliche
Annäherung an die Truppen gestattete man ihm nicht, und so bestand er
darauf, nachdem er sich vom Balkon des Schlosses auf den Plaß be=
geben hatte, daß Arabi Bey, bevor er zu ihm sprach, vom Pferde ab=
steigen und den Degen einstecken mußte.

Die nun im Schloß gepflogene Unterhandlung zeigte die gänzliche
Ohnmacht der Regierung im hellsten Lichte und endete damit, daß das
Ministerium Riaz demissionierte. Die Rebellen verlangten als Haupt

der neu zu bildenden Regierung Scherif Pascha, welcher aber nicht in Kairo anwesend war. Dieser Forderung mußte ebenfalls nachgegeben werden. Nun defilierten die Truppen unter den Klängen der Hymne des Khedive unter dem Balkon des Schlosses und akklamierten ihren so schwer heimgesuchten obersten Kriegsherrn. Vorher aber hatte der Khedive seinen Obersten eine Audienz bewilligt, doch nur einzeln, während welcher sie ihm ihre Ehrfurcht bezeugten. Zusammen hatten sie nicht zu

Arabi Bey.

erscheinen gewagt, aus Furcht zurückgehalten zu werden. Abends um 8 Uhr war wieder alles ruhig. Einstweilen war der Aufstand beendet. Scherif Pascha übernahm die Leitung, die Vorschläge der Armeekommission sollten ausgeführt werden, eine Vermehrung der Armee aber wurde nicht vorgenommen.

Hätten sich nun die Mächte entschließen können, die Türkei zu bewaffneter Einmischung, wie sie beabsichtigte, zuzulassen, so hätte die

Türkei Ägypten dieselben Bedingungen vorschreiben können, wie die Meu=
terer, und die Türkei wäre seelenfroh gewesen, ihre Oberhoheit über
Ägypten anerkannt zu sehen. Was dann später in Ägypten geschah,
das haben England und Frankreich in gleichem Maße verschuldet und
werden es vor der Weltgeschichte verantworten müssen.

Die Verhandlungen dauerten fort, die europäischen Mächte, beson=
ders England und Frankreich, rivalisierten nun voll Eifersucht darum,
entscheidenden und dauernden Einfluß in Ägypten zu gewinnen.

Von welch merkwürdigen Zufällen manchmal die Geschicke der
Völker abhängen, das zeigt Arabi Paschas Geschichte. Als derselbe noch
vor mehreren Jahren ein einfacher Mutazellim (Leutnant) in einem
Regimente war, dessen Kaserne im Nordosten von Kairo lag, hatte er
mit der hübschen Tochter eines in der Nähe wohnenden Landmannes
ein Liebesverhältnis angeknüpft. Arabi wollte das junge Mädchen hei=
raten. Damals dachte der junge Effendi nur an sein häusliches Glück.
Hätte er das Mädchen seiner Wahl heimführen können, so würde es
später anders um Ägypten gestanden haben. Indes das unabänderliche
Kismet, das Schicksal, hatte es anders bestimmt. Bei Gelegenheit einer
Truppenschau, welche Jsmael Pascha über das Regiment, dem Arabi
angehörte, abhielt, bemerkte des Paschas einziges, aber um so schär=
feres Auge unter den nicht allzu sorgfältig verschleierten Zuschauerinnen
den Gegenstand von Arabis Wünschen. Sofort war seine Begierde ge=
weckt. Er trat mit der Familie des Mädchens in Unterhandlungen, und
die Folge war, daß die Schöne gegen Zahlung einer Abfindungssumme
an ihre Eltern dem vizeköniglichen Harem einverleibt wurde. Ob Arabis
ehemalige Braut sich gutwillig fügte, ist unbekannt geblieben. Ihr Ver=
lobter aber nahm die Nachricht nicht mit Gleichmut auf, sondern be=
schloß, der frechen Macht gegenüber sein Recht geltend zu machen,
trotzdem es in dem Lande des echten Despotismus als ein großes
Wagestück erschien. In kühner Sprache erinnerte er in einem an den
Vizekönig gerichteten Brief den Machthaber daran, daß das betreffende
Mädchen einerseits keine käufliche Sklavin gewesen sei und daß ander=
seits das vorhergegangene Verlöbnis zwischen beiden die Braut nach
Landesgesetz zu seinem, des Bittstellers, Eigentum gemacht habe, lange,
ehe Jsmael Pascha Gefallen an dem Weibe gefunden.

Zur Ehre Jsmaels sei es gesagt, daß er die unerhörte Keckheit nicht mit einer Gewaltthat rächte. Obschon er nicht gewillt war, das Mädchen wieder herauszugeben, so verlieh er dem um sein Glück betrogenen Bräutigam einen höheren Offiziersrang mit dem Titel „Bey". Damit glaubte er sein Unrecht gesühnt und Arabi versöhnt zu haben.

Er hatte sich aber getäuscht. Arabi empfand von da an einen ganz unversöhnlichen Haß gegen den Khedive und übertrug denselben auf dessen sämtliche Familienmitglieder. Er soll geschworen haben, die Kränkung nicht eher als gerächt betrachten zu können, bis er eine Prinzessin aus dem Hause des Khedive zur Frau genommen haben würde, um ihr dann die Schmach anzuthun, sie zu verstoßen und an ihre Stelle eine Sklavin zu setzen.

Dieser Haß war neben Arabis maßlosem Ehrgeize die einzige Triebfeder seiner Handlungen, und so brachte er es dahin, an der Spitze der Unzufriedenen marschierend, durch seine Intrigen im Februar 1882 bei dem neuen Vizekönig Tewfik Pascha durchzusetzen, daß ihn dieser zu seinem Kriegsminister und Pascha ernannte. Die Erfolge machten Arabi immer kühner, besonders da er im Sultan einen starken Rückhalt hatte, trotzdem er ein Meuterer und Rebell war. Als Kriegsminister trat er vor den Khedive mit der Forderung, sowohl die europäische Finanzkontrolle, welche noch unter Ismael Pascha zum Heile Ägyptens eingeführt worden war, als auch alle europäischen Beamten überhaupt zu beseitigen. Der Khedive pendelte nun fortwährend, unfähig zu entschiedenem Handeln, zwischen der Türkei, England und Frankreich hin und her und konnte sich zu keinem entscheidenden Schritte aufraffen. Der Sultan aber verlieh dem früheren Rebellen eine hohe Ordensauszeichnung. Nun riß Arabi alle Gewalt an sich und stellte sich ganz offen an die Spitze der National- oder vielmehr Militärpartei und wiegelte das Volk zum Aufstand auf, indem er den Fanatismus schürte, so daß es am 11. Juni 1882 in Alexandria zu einem blutigen Auftritte gegen Europäer kam. Arabi begann Alexandria zu befestigen, wogegen jedoch die englische Regierung ganz energisch Protest einlegte, so daß Arabi es für das Beste hielt, sofort die Arbeiten einzustellen, besonders da sich die Kriegsschiffe der Engländer und Franzosen gefechtbereit hielten. Auf den englischen Kriegsschiffen wurde eine Komödie aufgeführt, welche eine schreckhafte Wirkung ausüben sollte und vielleicht auch ihren Zweck nicht verfehlte. Man hatte Granaten an Flaschenzügen an den Geschützen

hochgezogen, um jeden Augenblick schießen zu können; als ob Kriegsschiffe nicht so wie so fortwährend in derartigen Lagen gefecht- und also
auch schußbereit wären.

Die Militärpartei verlangte stürmisch die Entfernung des Khedive,
erkannte aber, was sie ja mit Arabi an der Spitze mußte, die Herrschaft des Sultans an. Die Spannung wurde so groß, daß man jeden
Augenblick den Ausbruch von Feindseligkeiten der fanatisierten Menge
befürchten mußte.

Da, am 11. Juni, traf das längst Gefürchtete ein. In Alexandria brachen Unruhen unter der Bevölkerung aus. Die Gereiztheit der
fanatischen Menge hatte einen bedenklich hohen Grad erreicht, und als
zwischen einem englischen Malteser und einem Araber ein wahrscheinlich
provozierter Streit ausbrach, war der Anlaß zu dem nun folgenden
Gemetzel gegeben. Der Pöbel, Leute schlimmster Sorte, hatte sich mit
Messern, Knütteln und Brecheisen bewaffnet und schwang wütenden
Blickes drohend seine Waffen gegen harmlose Spaziergänger. Ein Soldat
schlug mit dem Säbel nach dem Kawaß auf dem Bock des Wagens,
in welchem der englische Konsul saß, dann hielt man den Wagen
des griechischen Konsuls an, zog diesen vom Sitz und schlug unbarmherzig mit dem Stock auf ihn ein, so daß er schwer am Kopf verletzt
wurde. Der Pöbel wußte, daß der Gouverneur von Alexandria die Konsuln zu sich gebeten hatte, und lauerte ihnen nun förmlich auf. Der
Ingenieur eines englischen Panzerschiffes erhielt einen Pistolenschuß.
Der italienische Konsul wurde verwundet, der englische erhielt eine
schwere Wunde. Eine Menge Läden wurden geplündert. Abends um
7 Uhr war jedoch durch Militär die Ruhe vorläufig wieder hergestellt.
Im ganzen waren etwa 100 Menschen getötet worden.

Es begann nun eine allgemeine Flucht der Europäer. Frauen
und Kinder wurden auf den Kriegsschiffen untergebracht. Haufenweise
schifften sich die Europäer ein, um aus Ägypten abzureisen.

Die ganze europäische Kolonie verlangte das Eingreifen türkischer
Truppen, denn die ägyptischen schienen derart unzuverlässig, daß man
jeden Augenblick den Ausbruch einer Militärrevolte befürchten mußte.

Als nun wieder einiger Stillstand in der Angelegenheit eingetreten
war, hielt Arabi Pascha in Kairo heimlich Hof und durchfuhr unter stür-
mischem Jubel seiner Anhänger die berühmte palmengeschmückte Schubra-

allee. Tewfik Pascha, der Khedive, beriet inzwischen mit seiner Mutter über eine geplante Abdankung. Der unglückliche Khedive hatte es nicht verstanden, trotz seiner vielen guten Eigenschaften irgend welche Gesellschaftsklassen oder Parteien **für** sich zu gewinnen, selbst die Ulemas, denen er doch durch seine Frömmigkeit hätte wert sein sollen, gingen zu Arabi über, welcher, wie er sagte, für den Fall einer europäischen Einmischung auf seinen Säbel vertraute.

Der Khedive begab sich nun selbst nach Alexandria und überließ seine Hauptstadt dem rebellischen Kriegsminister, mit dem fortan die westeuropäischen Mächte als dem eigentlichen Machthaber zu rechnen begannen. Tewfik Pascha dagegen war allgemein unbeliebt und galt im Lande als der eigentliche Vertreter des europäischen Regiments und der Vorläufer einer französisch-englischen Besetzung.

Mitte Juni waren bei der fortwährend zunehmenden Unsicherheit schon 15000 Europäer aus Ägypten abgereist, deren ohne Geld und Stellung hinterlassene Dienerschaften die Unzufriedenen vermehrten und sich allmählich mit dem Gedanken an Plünderung, Mord und Totschlag vertraut machten. Ununterbrochen hielten Ruhestörungen, Schlägereien, Mordthaten die geängstigte Bevölkerung in Atem. **Die allgemeine Lage** wurde eine immer verzweifeltere und dennoch gebärdete sich der mit der Wiederherstellung der öffentlichen Ordnung betraute Abgesandte des Sultans, Derwisch Pascha, ein wahres Prachtexemplar türkischer Diplomatie, welches sich hinter der Maske eines biederen, derben Kriegers versteckte, mit großer Zuversicht. In Konstantinopel trat am 24. Juni eine europäische Konferenz zusammen, welche mit der Feder versuchte, Ordnung zu schaffen, wo doch schließlich nur das Schwert Erfolge bringen konnte. Anfang Juli mußte der vorher so siegesgewisse Derwisch Pascha doch vor Arabi Pascha, welcher in einem neuen ägyptischen Ministerium wiederum Kriegsminister geworden war, kapitulieren, indem sich Derwisch Pascha genötigt sah, das Zugeständnis zu machen, nur durch die Vermittelung eines Ministers statt direkt mit dem Khedive zu verkehren, während letzterer eigentlich doch nur der Vasall des Sultans in Stambul war und persönlich mit dessen Abgesandten zu unterhandeln verpflichtet war. Diese Nachgiebigkeit Derwisch Paschas ließ den Führern der Nationalpartei nur noch mehr den Kamm schwellen. Der Haß, welcher den jetzt so scharfen Gegensatz zwischen Arabern und Türken zum Durchbruch kommen ließ, wendete sich gegen die Träger des türkischen Einflusses, jene türkisch-tscherkessischen Offiziere, denen der Harem zu einflußreichen Stellen verholfen hatte; dieser Haß hat seit dem Militärputsch im September 1881 eine bedeutende Rolle gespielt. Die zweite Triebkraft der Bewegung war neben den inneren Mißständen die Erbitterung gegen die in Ägypten betriebene Raubwirtschaft des europäischen Kapitals. Die jüngere ägyptische Generation wendete sich so in gleichem Maße gegen Europa wie gegen die Türkei. Daß sich aber die eingeleitete Bewegung nicht chaotisch zersplitterte, sondern Häupter fand, welche dieselbe organisierten, dies ist in dem Umstande begründet, daß sich über der dumpfen, geistesträgen Masse eine dünne Schicht Halbgebildeter gelagert hatte, deren unklare Köpfe die Sache zu der ihrigen gemacht.

Am 9. Juli ließ der Sultan Arabi Pascha auffordern, nach Konstantinopel zu kommen, um sich für sein bisheriges Betragen zu verantworten, was Arabi indessen ablehnte. Immer höher wuchs die Spannung. Am 8. Juli schon hatte der englische Admiral Seymour an die Vertreter der andern Mächte ein Zirkular erlassen, daß dieselben ihre Staatsangehörigen auffordern möchten, Alexandria zu räumen und sich binnen 24 Stunden nach Empfang des Schreibens einzuschiffen. Am 9. Juli kündete Admiral Seymour der ägyptischen Behörde an, daß, im Fall innerhalb 24 Stunden die Forts von Alexandria nicht geräumt sein würden, er mit dem Bombardement derselben beginnen werde.

In Konstantinopel hatten unterdessen die Mächte ein Protokoll unterzeichnet, nach welchem keine der Beteiligten in eigennütziger Weise, ohne Zustimmung der andern, vorgehen sollte. Der Donner der Geschütze sollte schweigen, solange die Diplomaten am grünen Tische tagten. Doch kaum war die Tinte bei der feierlichen Unterzeichnung jenes Vertrages getrocknet, da brach England in frivolster Weise sein Wort. Ohne jeden Anlaß brach es eine Gelegenheit vom Zaun, die Forts von Alexandria zu beschießen. Sowohl der Khedive wie auch der französische Admiral behaupteten, daß die Ägypter keinerlei Bewegung gemacht hätten, welche das Vorgehen der Engländer hätte rechtfertigen und erklären können. Da sich ein natürlicher Anlaß nicht bieten wollte, sahen sich die Engländer gezwungen, an die Ägypter ganz ungeheuerliche Forderungen zu stellen. Sie verlangten nämlich nichts Geringeres als die Übergabe sämtlicher Forts. An die Bewilligung einer solchen Forderung konnte natürlich nicht gedacht werden, und so begannen denn die Kanonen zu sprechen und schleuderten Tod und Verderben über die ägyptische Stadt.

Die französische Flotte hatte sich nach Port Said begeben, dem englischen Admiral Seymour die Verantwortung über sein Thun überlassend. Die Schiffe der andern Mächte hielten sich nur außer Schußweite.

Nach englischen Berichten jedoch wäre Anlaß zur Beschießung Alexandrias gegeben gewesen. Das elektrische Licht der englischen Flotte **hatte** nämlich seine Schuldigkeit gethan. Man hatte von seiten der Engländer angeblich den Argwohn bestätigt gefunden, daß unter dem Schutze der Nacht trotz aller Versicherungen Arabis, Derwischs und des Sultans **die** Festungsarbeiten fortgesetzt worden seien. Zwei Nächte hindurch warf **das** elektrische Licht seine Strahlen auf den Hafen und die Forts, schreckte die Eingebornen mit abergläubischer Furcht und enthüllte zugleich angeblich die Thatsache, daß auf der Nordseite der Stadt neue Kanonen auf die Forts gepflanzt wurden. Schließlich sollen die Araber den Deckmantel ganz abgeworfen haben, indem sich bei hellem Tage, wie die Engländer behaupteten, Befestigungsarbeiten beobachten ließen. Seymour sicherte sich zuvor noch die Genehmigung des Londoner Kabinetts und so begann **er mit der** Beschießung.

Am Morgen des 12. Juli 1882 machte sich auf den 15 vor Alexandria liegenden englischen Kriegsschiffen eine lebhafte Bewegung bemerkbar, zwischen dem Admiralschiff Invincible und den übrigen wurden vielfach Signale gewechselt. Die amerikanischen, österreichischen, italienischen und russischen Kriegsschiffe blieben im Außenhafen liegen. Ein französisches Schiff beschützte mit englischen Kanonenbooten die aus etwa 25 Dampfschiffen bestehende Handelsflotte. Am Land bemerkte man in der Richtung von Mex eine Menge von Arabi ausgewiesener Araber und Beduinen, welche nicht die von ihm vorgeschriebene Menge Lebensmittel für drei Monate besaßen. Die drei für den Angriff bestimmten englischen Panzer „Alexander", „Sultan" und „Superb" lagen nördlich in der geraden Fortsetzung der Linie, welche das Fort und die Batterien von Ras el Tin und die Forts Ada und Pharo bilden. Plötzlich ertönte 7½ Uhr morgens ein Kanonenschuß, auf dem Admiralsschiff wurde ein langer Wimpel aufgezogen und einige Minuten später eröffnete der „Alexander" mit seinen 18 Tonnengeschützen das Feuer. Erst nach dem fünften Schuß, welchen der „Sultan" abgab, erwiderten

die Ägypter das Feuer aus dem Fort, welches zum Teil nach dem
Hafen, zum Teil nach der Seeseite hin armiert war. Etwas weiter befanden sich noch zwei kleine, unbedeutende Forts. Die großen Kanonen von
Fort Mex erwidern das Feuer. **Dort** machten seine 31 Geschütze eine
Viertelstunde lang einen Höllenlärm. Die Geschosse des „Inflexible" und
der „Temervire" treffen **fast ausnahmslos.** Man sah die Böschungen in
die Luft fliegen, wie die Erde aufgewühlt wurde und die Soldaten in
die Laufgräben flüchteten. Die Engländer feuern in angemessenen Pausen,
die Ägypter geben zuweilen Salven ab. Auf der Nordseite flogen schon
gegen 8 Uhr die zwei kleinen Forts in die **Luft, einen Trümmer-**
haufen zurücklassend. Der Palast des Khedive am Eingang des Hafens
Ras es Tin wurde auch nicht verschont, ein Teil stürzte zusammen und
fiel auf die vor demselben errichteten Batterien. Schließlich wurden auch
die 24 Kanonen von Fort Ras el Tin zum Schweigen gebracht und
zuletzt ebenso alle Verteidigungswerke der Ost- und Nordküste. Der „Invincible" beschoß die kleinen Redouten des Gabbari und der „Monarch"
brachte in wenigen Minuten das Feuer des Forts Napoleon zum Schweigen. Am Nachmittag wurde das Feuer überall eingestellt und um
5 Uhr war alles beendet. Die Engländer setzten einige Truppen ans
Land. Sie hatten fünf Tote und 37 Verwundete. Die Zahl der getöteten Ägypter sollte 350 betragen. Der „Sultan" mußte das Feuer
einstellen, da er seinen Panzerturm verlor, und die meisten Schiffe waren
getroffen, aber wenig beschädigt worden.

Die ägyptischen Soldaten und Offiziere hatten sich übrigens sehr
gut **und** tapfer benommen, durchaus nicht als die Feiglinge, für welche
man sie ausgeschrieen hatte.

Am nächsten Tage wurde die Beschießung kurze Zeit fortgesetzt.

Im Innern der Stadt aber sah es schrecklich aus. Als einige
Geschosse sich dorthin verirrt hatten, begann die Erbitterung des Pöbels
aufs höchste zu steigen. Arabi ließ noch die Gefängnisse öffnen und
nun brachen die Furien des Krieges auf allen Seiten los. Ein Bild,
welches aller Beschreibung spottete, entrollte sich: plündernde Horden
zogen umher, erstürmten Häuser, erschlugen die Thürhüter, drangen gewaltsam ein, raubten die Häuser aus und ·mordeten, was ihnen von
Europäern in den Weg trat. Hierbei geriet Dr. Schweinfurth, welcher
in Alexandria zurückgeblieben war, in die höchste Lebensgefahr durch

die Rebellen und hatte seine Rettung nur **seiner** Besonnenheit und
Kaltblütigkeit zu danken. Hunderte wurden hingeschlachtet, die Häuser
in Brand gesteckt, **wo** es nicht gleich gehen wollte, wurde Petroleum
zu Hilfe genommen, **ganze** Stadtteile in Aschen- und Schutthaufen
verwandelt, eine völlige Anarchie brach aus. Zwei Drittel aller europäischen Häuser brannten nieder, wie denn die ganze Stadt zu **zwei**
Drittel in Trümmern lag. Der Schaden an europäischem Eigentum
betrug Hunderte von Millionen. Der Handel war auf lange Zeit
gänzlich vernichtet. Schlimmeres Unheil hätten zehn Arabi Paschas
nicht anrichten können. England hatte damit eine That begangen, von
der ein Engländer selbst, Lowson, in der englischen Kammer ausrief,
es sei eine nationale Grausamkeit. Und welche Heldenthat war geschehen, mit den für den Feind fast unverletzlichen Schiffskolossen einigen
wenigen Kanonen gegenüberzutreten.

Wären an dem Tage, an **welchem** die Ägypter nach der Beschießung die Stadt räumten, die englischen Landungstruppen eingerückt,
die Plünderung und Brandlegung hätte nie stattgefunden, die Hunderte
von zurückgebliebenen Europäern wären nie ermordet und niedergemetzelt,
mit Stöcken gleich Hunden erschlagen worden. Am Morgen vor der
Beschießung waren noch ägyptische Offiziere als Abgesandte Arabi Paschas
bei Admiral Seymour eingetroffen, um das Bombardement abzuwenden
und Räumung der Forts anzubieten, es war umsonst.

Und welcher Streitmacht stand man gegenüber? Arabi Pascha
verfügte über **nur** 5000 Mann.

Die Beschießung von Alexandria ist ein Schandfleck in der **eng-**
lischen Geschichte, und Gladstone hat mit seiner niederträchtigen Politik
all das Elend zu verantworten, welches er heraufbeschworen hat. Ganz
Europa war entrüstet über die That.

Der Khedive wurde nach der Beschießung im Ras el Tin-Palaste
untergebracht, wohin er sich begeben hatte und wo 700 britische Ma-
trosen über sein Leben wachten. Außerhalb der Stadt stand Arabi
Pascha mit angeblich 9000 Mann kampfbereit.

Allmählich setzten sich die Engländer, so gut oder schlecht es gehen
wollte, **in dem** noch lange rauchenden Trümmerhaufen Alexandrias fest.
Der Khedive wurde gezwungen, Arabi Pascha abzusetzen. Dieser blieb
nicht müßig, **er** lenkte den Mahmudiekanal ab, welcher Alexandria mit

Waffer versorgte, und fanatisierte die Mengen zum Aufstand gegen die Engländer. Es gelang Arabi, mit großer Thatkraft die Bildung und Stärkung seiner Streitkräfte zu betreiben, so daß er allmählich etwa 30000 Mann brauchbare Truppen sammeln konnte, neben den allerdings zweifelhaften Beduinenstämmen.

Die Ereignisse, welche mit der Beschießung von Alexandria begonnen hatten, drängten England schließlich zum Kriege mit Ägypten und wurde General Wolseley mit Truppen dorthin geschickt. Nachdem die Engländer bei Kassasin beinahe eine Niederlage erlitten hatten, kam es am 13. September zu der entscheidenden Schlacht von Tel el Kebir.

Es war die Nacht vor dem Kampfe, als man um 1 Uhr das Losungswort ausgab. Die Truppen nahmen in Reihe und Glied Aufstellung, die Befehle erfolgten im Flüsterton und das Geräusch der Fußtritte erstarb im Sand. Nur hier und da war leises Waffenklirren vernehmbar und alles aufs höchste wegen des in Aussicht stehenden Kampfes gespannt. Die Kolonnen brachen ebenso schweigend auf, gefolgt von den Lastwagen, welche Lebensmittel und Munition mitführten. Rechts befand sich die Brigade Graham, dann kamen die Gardisten, welche beide Kolonnen gemeinsam vorgehen sollten. Zwischen diesen und dem Kanal ging die Artillerie mit 42 Kanonen vor unter General Goodenough. Auf der Eisenbahn rückte die Marinebrigade mit einem Vierzigpfünder auf einem Rollwagen vor. Im Süden des Süßwasserkanals marschierte die Hochländerbrigade voran, gefolgt von den aus Indien beorderten Truppen. Nach Norden, einen weiten Kreis beschreibend, waren Kavallerie und reitende Artillerie aufgebrochen, um dem Feind den Rückzug abzuschneiden. Früh am Morgen kam die erstere bis auf etwa 800 m an den Feind heran. Dort wurde eine kurze Rast zum Sammeln und zur Bildung der Schlachtlinie gemacht. Auf der Ebene herrschte vollkommene Stille und nur schwer konnten sich die Augenzeugen vergegenwärtigen, daß 14000 Mann im Halbkreis um den Feind standen, jeden Augenblick bereit, auf ein gegebenes Zeichen vorwärts zu stürzen auf die niederen Hügel zu, hinter welchen der Feind in doppelter Zahl, nichts Böses ahnend, ruhig schlummerte.

Der Angriff begann auf dem linken Flügel durch die schottischen Hochländer. Nur wenige Vorposten des Feindes befanden sich vor den aufgeworfenen Befestigungen bei Tel el Kebir und diese verschwanden sofort hinter die Schutzwehren, als sie die Gefahr erkannt hatten. Die Infanteristen gingen darauf im Laufschritt gegen die Festung vor, aus deren meilenweit sich hinziehenden Linien **die** Feuerstrahlen der Schüsse donnernd aufflammten und die frühere Morgenruhe durch das Schlachtengetöse verdrängten. Der Feind war endlich wach **geworden,** aber **seine** Kugeln vergruben sich fast alle unschädlich im Sand, **während die Kanonen** ihre Geschosse über die Angreifer hinwegschleuderten. **Es war** keine Zeit zum Zielen. Erst als der Tag anbrach, wurde ihr Feuer wirksamer. In dichten Scharen eilten die Leute Arabis jetzt den Abhang hinunter und füllten die Gräben, während man sich eben einigermaßen gegen **den** in Aussicht stehenden Anprall vorbereitete. Mancher englische Soldat sank in den Staub, **ehe der** Befehl zum Ausschwärmen kam **und der Sturm unternommen wurde.**

Mit gefälltem **Bajonett stürmte** die zweite Brigade die Höhen hinauf, ein wildes Hurrageschrei ausstoßend, die Reserven folgten und sprangen den ersten nach in die Gräben mitten unter die Araber, mit deren Leichen sich **die** Gräben bald ausfüllten. Die Wirkung war ungeheuer. Eine wilde Flucht begann. Die Waffen von sich werfend suchten alle das Leben zu retten, andre versteckten sich wie geängstigte Tiere und wurden mit leichter Mühe zu Gefangenen gemacht. Nachdem die erste Verteidigungslinie mit ihren Redouten genommen war, wurde unter brausendem Hurra das Fort Glacis genommen, zum drittenmal erschütterte das Hurra die Luft, den Berg ging's hinan, die Engländer sprangen über die Brustwehr, wo die Kanonen standen, und stachen die Kanoniere nieder. In wenigen Augenblicken war das ganze Fort vom Feinde gesäubert. Damit war Arabis Stellung rettungslos verloren. In wilder Flucht entwichen **die** Ägypter, von größter Panik erfaßt, **in** undisziplinierte Horden aufgelöst. Zwei Eisenbahnzügen mit Flüchtlingen gelang es zu entkommen, einem dritten zerstörte eine Bombe die Lokomotive, so daß er stehen bleiben mußte. Der Sieg der Engländer war ein glänzender, der verfolgte Feind wurde vollständig zersprengt. Arabi gelang es, allein auf einem Vollblutpferde zu entkommen. Später aber wurde er gefangen genommen und zur Verbannung nach Cypern verurteilt. **Der** Vizekönig hielt dann Ende September seinen Einzug in Kairo, welches die Engländer ohne Schwertstreich besetzen konnten, von englischen Truppen nach seinem Palais geleitet. Ein Araber sagte dabei: „der Khedive kehrt wie ein Kind in den Armen seiner Amme nach Hause zurück." Trotzdem er von den Engländern nach einer glän= zenden Parade feierlichst in seine Hauptstadt geleitet wurde, war der Empfang von seiten der Bevölkerung nur ein kühler, denn man sah in ihm fortan nur ein Werkzeug englischer Politik.

Dieser Aufstand, welcher gleichzeitig fast mit dem Mahdiaufstand im Sudan ausgebrochen war, war zu einem guten Teil schuld daran, daß der letztere so große Ausdehnung annehmen konnte, denn es war durch den englisch=ägyptischen Krieg unmöglich geworden, von Ägypten aus Truppen nach dem Sudan zu senden und mit gehörigem Nachdruck auf die Niederwerfung des Aufstandes hinzuwirken.

Siebentes Kapitel.

~~~~~~

Wir haben gehört, daß die Zuversicht der Rebellen in Kordofan eine immer höhere wurde. Am 8. September 1882 kam der Mahdi selbst, dem sich auf seinem Zuge Tausende von den Baggara, Hassanie und den andern Kordofanstämmen angeschlossen hatten, vor der Hauptstadt des Kordofan, El Obeïd, an. Nach der niedrigsten Schätzung sollen es etwa 60 000 Mann gewesen sein. Mit Tagesanbruch gingen die Rebellen zum Sturm auf die gut befestigte Stadt über, in welcher 6000 Mann konzentriert waren und welche von zwölf Kanonen verteidigt wurde. Der Anprall war ein so heftiger und ausdauernder, daß es trotz des gut gezielten und unterhaltenen Gewehrfeuers, trotz der dadurch bewirkten enormen Verluste **an** Menschen den Rebellen an diesem Tage fast gelungen wäre, die Stadt zu nehmen; sie drangen mit den zurückweichenden Soldaten im Handgemenge ein. Da ließ der Befehlshaber von El Obeïd, Iskander Bey, in die kämpfende Menge mit Granaten hineinfeuern, wodurch zwar an 300 ägyptische Soldaten getötet wurden, aber die Stadt war gerettet. Noch an zwei der folgenden Tage, am 11. und 14. September, ließ der Mahdi El Obeïd stürmen, verlor dabei aber an 15 000 Mann; der Rest wurde ganz und gar demoralisiert und die in den letzten Tagen zu ihm Gestoßenen zogen wieder ab. Wenn zu dieser Zeit der Mudir Said Pascha einen energischen Ausfall gemacht und den Mahdi angegriffen hätte, so würde derselbe sicherlich für alle Zeiten unschädlich gemacht worden sein. Aber der alte Pascha war im Zweifel, ob er nicht wirklich den berufenen Gottespropheten vor sich habe und ließ den Mahdi entkommen.

Mohammed Achmed benutzte nun die Unthätigkeit der Ägypter und gewann durch seine Beredsamkeit und seine unausgesetzten Agitationen

die Araber von neuem. Er änderte von nun an auch seine Taktik der=
art, daß man vielfach vermutet hat, er habe den Rat von Europäern
erhalten, nämlich offene Feldschlacht und Sturm auf befestigte Orte
möglichst zu vermeiden, den Feind von weitem einzuschließen und aus=
zuhungern und im ganzen Lande unausgesetzt zu beunruhigen. Der
Mahdi war bald wieder stark genug, diesen Ratschlägen Folge zu leisten.
Er schloß El Obeïd ein und belagerte es wie auch Bara. Beide Städte
teilten bald dasselbe Los. Am 17 Januar 1883 streckte die Garnison
von El Obeïd die Waffen, durch Hunger und Erschöpfung bezwungen.
Hunde, Esel, alles, was nur genießbar war, hatte man aufgezehrt. Der
Preis des letzten Huhnes war auf 500 Thaler gestiegen, der eines Scheffel
Korn auf 100 Thaler. Die Soldaten hatten ihre Gewehrriemen gegessen.
Die Besatzung hatte unter Iskander Bey tapfer ausgehalten, von Tag
zu Tag auf Ersatz hoffend. Da aber brach der Skorbut aus, die
Mannschaft war aufs äußerste erschöpft, mußte sich ergeben und trat
gleich in die Reihe der Mahdisten ein, ebenso wie alle Bewohner
El Obeïds. Mit dieser Übergabe fielen die Mitglieder der katholischen
Mission, elf Personen, darunter fünf Ordensschwestern, in die Gewalt
des Mahdi, welcher ihnen aber, trotzdem seine Bekehrungsversuche ver=
geblich geblieben waren, kein Leid that. Konsul Hansel in Chartum
gelang es indessen, die Freigebung der Missionare durch Zahlung von
40000 Mark zu erwirken.

Der Mahdi hielt nun einen feierlichen Einzug in El Obeïd. In=
mitten der Menge betrat er die Moschee, nur in ein schlechtes Hemb
und ein Paar grobleinene Hosen gehüllt, auf dem Haupte den grünen
Turban, das Zeichen seiner Abstammung vom Propheten, und hielt
dort ein Dankgebet ab. Er war nun Herr von ganz Kordofan und
blieb es bis zu seinem Tode.

Am 5. Januar bereits hatte sich Bara ergeben müssen. Man hatte
zwar Anstrengungen gemacht, den Ort zu entsetzen, aber dabei Fehler auf
Fehler gehäuft. Die Truppen waren vereinzelt und unter schlechter
Führung dorthin gesandt worden und wurden alle geschlagen. Zuletzt
wurde noch ein Versuch zur Wiedereroberung gemacht. Der Khedive
hatte im Januar 1883 mehrere englische Offiziere, aber ohne Ver=
mittelung der englischen Regierung, in Dienst genommen. Unter andern
den pensionierten Oberst der indischen Armee, Kolonel W. Hicks. Er

ernannte diesen zum Generalstabschef des Sudan und gab ihm sieben andre Offiziere bei. Die verabschiedeten und aufgelösten Truppen Arabis sollten nach Chartum gesandt werden. Die Mannschaften hatten einen derartigen Widerwillen gegen ihre neue Bestimmung, daß sie in Ketten zum Sammelplatz bei Kairo gebracht werden mußten. Waffen und Munition wurden gesondert nach Suakin gebracht. Das Menschen= material, aus dem sich die Armee zusammensetzte, war das schlechteste, was zu finden war, eine Horde unorganisierter Bauern, welche man von ihren Feldern weggeschleppt hatte. Nur die aus Negern gebildeten Regimenter waren gut.

Hicks erhielt Rang und Titel eines Pascha und erreichte im März 1883 mit seinem Stabe Chartum. Zum erstenmal griff er die Mahdisten in der Schlacht von Marabieh bei der Insel Aba an. Die Rebellen hatten 6000 Mann am Weißen Nil gesammelt und wollten aufs neue in Sennar einfallen. Am 6. April vereinigte sich Hicks Pascha mit den vom Gouverneur bei Kawa gesammelten Truppen. Die Stärke des vereinten Korps war auf 5000 Mann gebracht worden; 4½ Bataillone Infanterie, Arabis Soldaten, ein Kontingent Baschi=Bozuks und vier Schnellfeuerkanonen. Weil man es für unklug hielt, einen Christen mit dem Kommando in einem religiösen Kriege zu betrauen, so führte Suleiman Pascha nominell das Oberkommando. Am 29. April kam es dann zum Kampf.

Ein englischer Zeitungskorrespondent gab als Augenzeuge eine Schilderung jenes Kampfes bei Marabieh. Rechts vor der Front befand sich in etwa 300 m Entfernung ein Wald, aus welchem plötzlich Tausende von lanzentragenden Reitern unter Führung ihrer Hauptleute, welche bunte Standarten schwangen, hervorstürzten. Die Ägypter konnten gerade noch ein Karree formieren und eröffneten nun ein furchtbares Feuer, welches jedoch ohne Wirkung zu bleiben schien, denn mutig sprengte der Feind vor. Auf 500 Schritte herangekommen lichteten sich jedoch die Reihen; dennoch rückten die verwegenen Reiter immer näher auf. Einer nach dem andern sank vom Pferde, einzelne stürmten sogar, nachdem ihnen das Pferd unterm Leibe weggeschossen war, zu Fuß auf das feuerspeiende eiserne Viereck heran, um wie die übrigen den Heldentod zu sterben. Die Rebellen standen unter der Führung des Emir Makaschef, welcher wieder von seinen bei Sennar erhaltenen Wunden geheilt war.

Ruhig und anscheinend ohne alle Furcht umschwärmten die arabischen Reiter die Ägypter, um irgend einen schwachen Punkt auszuspähen, wo sie in die geschlossenen Reihen einbrechen konnten. Doch aller Mut war vergeblich; einer nach dem andern wurde niedergestreckt. Der Führer sank unter dem Kugelregen der Nordenfeld-Schnellfeuerkanone vor der linken Front. Nachdem das Gewehrgepraffel und der Donner der Geschütze eine halbe Stunde lang gewährt hatte, fingen die Reihen der Angreifer, die ihre Führer gefallen und ihre Banner in den Staub sinken sahen, zu wanken an. Mit jubelndem Aufschrei begrüßten dies die **Soldaten,** welche **fest und** kaltblütig den Platz gehalten hatten. Der Feind verschwand sodann im hohen Grase und die Front war frei. Die nachgesandten Granaten platzten in den Reihen der Fliehenden. Bald waren alle außer Sicht und nur einige Verirrte sprengten umher **und** stürzten sich einzeln gegen die Reihen der Ägypter, einem sicheren Tod in die Arme. Als sich der Rauch verzogen hatte, sahen die Tapferen den Boden mit Leichen bedeckt, der Sieg war erfochten und die Offiziere schüttelten sich die Hände.

Der große Verlust, den die Rebellen erlitten hatten, und der Umstand, daß sieben Hauptanführer und fast alle Derwische auf dem Schlachtfeld geblieben waren, wirkte auf die Mahdisten vollständig demoralisierend. Dieselben murrten darüber, daß der Mahdi sich immer weit vom Schusse **halte und** höchstens seinen Segen sowie einige Fahnen mit Koransprüchen übersende. Die Aufständigen zogen nun teils durch Sennar zum Blauen Nil, teils gegen das Gebiet der Dinka. Hicks Pascha ließ das ganze Dorf Aba, wo Mohammed Achmed mehrere Jahre als Heiliger gewirkt hatte, niederbrennen und dem Erdboden gleich machen. Seit dem Siege bei Marabieh war Chartum und Sennar wieder beruhigt und eine Menge rebellischer Stämme unterwarfen sich wieder. Auf dem Nil wurde, um ein Überschreiten des Stromes unmöglich zu machen, strengste Kontrolle geübt, und es würde wahrscheinlich wieder alles in ruhige Bahnen geleitet worden sein, wenn nicht die ägyptische Regierung den unglückseligen Plan gefaßt hätte, Kordofan wieder zu erobern. Es wurde eine Armee zu diesem Zwecke gebildet und Allah-ed-Din mit den Vorbereitungen zum Feldzuge beauftragt. Die Ausrüstung und Formierung der Armee leitete der nach Kairo zurückgekehrte Hicks Pascha als Generalstabschef. Um einen vernichtenden Schlag auszuführen wurden Unterhandlungen mit bisher unbeteiligt gebliebenen Stämmen des Kordofan eingeleitet.

Wie verrottet die Zustände im Sudan damals waren, zeigt das folgende. In Sennar fand Hicks die Truppen außerordentlich schlecht verproviantiert und ohne Fußbekleidung. In Abu Harras, in Rufa und Kedaref lagerte zwar Getreide in Menge, aber es waren keine Kamele zum Transport zu beschaffen und für Einkäufe auf dem Markte von Sennar fehlte es an Geld. Schlimmer aber noch war die Garnison **Fazogl**, 300 Mann stark, an der Südgrenze Ägyptens daran, deren Mudir der verdienstvolle deutsche Afrikaforscher Ernst Marno war. Die Herren der Regierung in Chartum hatten sich nicht entblödet, statt andrer Belohnung, Marno nach dem immer als Strafkolonie geltenden Fazogl zu versetzen, trotzdem er mit Aufopferung seiner Gesundheit der Regierung die größten Dienste geleistet hatte, **wie** z. B. mit der Eröffnung der von Pflanzenbarren gesperrten Flußkommunikation am Weißen Nil, am Bahr el Djebel und Bahr el Ghasal seiner Zeit, als er zugleich Gessi aus **dem** Sedd herausholte.

In Fazogl mußte er nun mit seinen Leuten hungern, und die Garnison sollte wegen der schwer zu unterhaltenden Verbindung nach Karkodj verlegt werden. Als jedoch ein in der Nähe ansässiger Scheich sich anbot, die Garnison mit Durrah und Fleisch zu versorgen, nahm man den Befehl zurück. Der Scheich lieferte aber nichts. Marno konnte sich und seine Leute nur dadurch vor dem Hungertod retten, **daß er** dieselben Raubzüge in der Umgegend unternehmen ließ. Die Eingebornen entflohen schließlich in die Berge, und nun war die Garnison aller Mittel zur Erhaltung beraubt. Sie sandte Marno nach Chartum, mit der Drohung, zu revoltieren, wenn man diesem Zustande nicht Abhilfe schaffe. Nur durch seine persönliche Einsprache konnte er eine Entscheidung herbeiführen. Alle schriftlichen Eingaben nach Chartum in dieser Angelegenheit hatten die gewissenlosen Beamten in Chartum einfach beiseite gelegt. Aber die Folgen aller Aufregungen, Entbehrungen und die Fieberluft in Fazogl hatten endlich auch für Marno die Katastrophe herbeigeführt. In Chartum kam er todkrank an und starb am 31. August 1882 an einer Lungenentzündung als ein Opfer seiner Berufstreue und seines Forschungseifers, aber auch als ein Opfer jener verrotteten, gewissenlosen Bande von Beamten.

12*

In Kairo betrieb man inzwischen, so eifrig wie dies unter ägyp-
tischen Verhältnissen möglich war, die Ausrüstung der neuen Armee.
Lord Dufferin hatte zwar den sehr guten Rat gegeben, Kordofan und
Dar-Fur ihrem Schicksal zu überlassen und die ägyptische Herrschaft auf
Sennar, Chartum, Berber und Sauakin zu beschränken, aber in Aussicht auf die Erträgnisse jener fruchtbaren Länder wollte man in Kairo
hiervon nichts wissen. In Chartum betrachtete man die Vernichtung des
Mahdi für ein Gebot der Selbsterhaltung, da jetzt Sendboten desselben
Versuche machten, die Bewohner von Kairo aufzuwiegeln. Es langten
nun mehrere Briefe aus El Obeïd in Chartum an, unter anderm einer
von Iskander-Bey, dem früheren ägyptischen Kommandanten von El Obeïd,
welcher nach dem Fall der Stadt auch zum Mahdi übergegangen war.
Dieser Brief ist als das erste offizielle Schreiben aus dem Lager des
Mahdi an die ägyptische Regierung in Chartum aufzufassen. In demselben wird dem Mahdi, welcher natürlich als der wahre Mahdi dargestellt wird, uneingeschränktes Lob erteilt, und eine Warnung an die
Ägypter erlassen, einen Angriff zu unternehmen, da dieselben sonst vernichtet würden. Zum Schluß wurde betont, daß die Mahdisten, trotzdem
sie in den Besitz großer Vorräte von Feuerwaffen, Gewehren und auch Kanonen und der entsprechenden Munition gelangt seien, dennoch keinen Gebrauch
davon machen, sondern nur mit Schwert und Lanze kämpfen werden.

Um die Erfolge des Mahdi zu paralisieren, wurde von Kairo aus
im Mai 1883 ein Bote an Adam, den Herrscher der Berglandschaft
Tekele, gesandt, um des Königs Adam Unterstützung zu gewinnen.
Dieser wie auch sein ganzes Volk stammte von Nubiern ab. Die Be-
wohner Tekeles zeichneten sich von jeher durch kriegerischen Geist und
Mut aus und hatten bisher alle Versuche der ägyptischen Regierung,
eine Unterwerfung herbeizuführen, mit Erfolg abgewiesen, so daß die
ägyptische Herrschaft dort kaum eine nominelle zu nennen war. König
Adams kurzes Antwortschreiben besagte, daß für den Fall die ägyptische
Armee den südlichen Marsch auf El Obeïd zu nähme, er sich derselben
mit seiner ganzen Macht anschließen werde, ebenso sein östlich wohnender
Freund Scheich Asaker, dem Mahdi aber wolle er für keinen Fall den
Durchzug durch sein Gebiet gestatten. Der ägyptische Kommissar, Ali
Effendi, welcher sich zur Aufrechterhaltung des Scheines einer ägyptischen
Herrschaft in der Hauptstadt von Tekele aufhielt, bestätigte König Adams

gute Gesinnung, warnte aber die ägyptische Regierung vor Abenteuern in Kordofan und fügte hinzu: „Hütet euch vor dem Rebellen, er ist äußerst schlau, er schläft bei Tage, marschiert bei Nacht und überfällt euch beim Morgengrauen. Seid vorsichtig und hütet euch vor Überfällen." Die Folge sollte zeigen, daß die Warnung dieses einfachen Leutnants nicht überflüssig war. Daß sie nicht beachtet wurde, war eigentlich selbstverständlich.

Zum Kommandierenden des Expeditionskorps wurde Hicks Pascha ernannt. Er hatte aber zuvor, am 23. Juli, seinen Abschied eingereicht, weil der nominelle Kommandant Suleiman Pascha in echt orientalischer Weise alle seine Anordnungen durchkreuzte und dem englischen Offizier alle nur denkbaren Hindernisse in den Weg legte. Hicks verlangte von der Regierung noch eine Verstärkung von 6000 Mann und eine Summe von 120000 Pfd. Sterl. Sir Edward Malet, der englische Generalkonsul in Kairo, übergab zwar dem Khedive die Bedingungen Hicks Paschas, verwahrte sich aber, was Hicks anging, vor jeder Annahme einer Verantwortlichkeit oder Gutheißung seiner Telegramme von Seite der englischen Regierung. Es war dies ein charakteristisches Zeichen des von England in den ägyptisch-englischen Beziehungen geübten Doppelspieles: England bürdete dem andern Teil die Verantwortung auf, raubte demselben aber die Möglichkeit freier Entschließung, indem es seinen Partner in eine Zwangslage versetzte.

Statt der verlangten 6000 Mann erhielt Hicks deren 3000 und statt 120000 Pfd. Sterl. nur 40000. Hicks unternahm nun trotz seiner nach jeder Richtung unzulänglichen Mittel, trotzdem die ihm zur Verfügung stehenden ungeübten Truppen schlecht organisiert waren, dennoch den Feldzug. Nach seiner eignen Überzeugung war das ganze Unternehmen aussichtslos und dennoch opferte er diese Überzeugung Erwägungen andrer Art. Er kann von den schwersten Vorwürfen nicht freigesprochen werden. Seine Schuld büßte er allerdings mit seinem Leben, allein leider opferte er mit seiner Person 10000 andre.

In Omdurmân bei Chartum wurde ein Lager errichtet und dort die Truppen konzentriert. Von dort aus begann auch die Operation. Die Gesamtstreitmacht betrug 10000 Mann. Lebensfrage für den Marsch war wegen des großen in Kordofan stets herrschenden Wassermangels die Wahl des Weges. Hicks entschloß sich unter den vier nach

El Obeïd führenden Karawanenstraßen den über Duëm zu wählen. Es stellte sich aber später die Notwendigkeit heraus, den Wasserbedarf für die ganze Armee tagelang mitschleppen zu müssen.

Am 8. September hielt Hicks Pascha Revue über seine Armee und am folgenden Tage erfolgte von Omdermân aus der Abmarsch. Hicks Pascha kam der vorausziehenden Armee zu Schiff nach Duëm nach und übernahm erst dort den persönlichen Befehl, wo sich auch der Hokmdar Allah-ed-Din Pascha mit seinem Stabe anschloß. Der Weg führte über Schett und Serega und sollte der 380 km lange Weg über Melbis zurückgelegt werden. Mit wie wenig Vertrauen dem Los der Expedition entgegengesehen wurde, bezeugt ein Bericht des Majors Baron v. Seckendorf vom 22. September 1882, derselbe hatte sich dem Zuge angeschlossen: „Schöne Zeiten haben wir nicht zu erwarten, der falsche Prophet wird endlose Schwierigkeiten bereiten. Er befiehlt über zahlreiche Kämpfer, hat mehr wie 15000 gute Hinterlader, 14 Kanonen und hält zwei befestigte Städte. Das wichtigste ist, daß er gut berittene Kavallerie hat und Fanatismus all seine Leute zu Helden macht. Das kann man von unsern Truppen gerade nicht sagen. Ich habe die Ägypter in drei Schlachten gesehen, aber es würde mir schwer fallen, einen Helden unter ihnen zu finden. Der Wassermangel ist schrecklich, alle Brunnen am Wege sind zerstört und zugeschüttet. Wir können nicht mehr Wasser wie für 24 Stunden transportieren, und man kann sich vorstellen, wie viel dies ist, wenn man bedenkt, daß 11000 Mann mit 6000 Kamelen, Pferden und Maultieren trinken wollen. — Wenn unsre Kavallerie zu rechter Zeit einen Angriff der Araber anzeigt, dann kann alles gut gehen, wenn diese uns aber überraschen und nur einmal schlagen, dann kehrt keiner von uns mehr heim, dann wird sich der ganze Sudan wie ein Mann erheben. Chartum und alles ist dann verloren und das Volk wird unbeschränkten Glauben in den falschen Propheten setzen."

Wie recht sollte er haben!

Die letzten Nachrichten datieren vom 30. September 1882 von Major Evans; unter anderm sagt dieser: „Die Hitze ist fürchterlich, an 30 Mann starben an Erschöpfung, Kamele fallen täglich zu Dutzenden. In einem elenden Dorfe, wo etwas Rast gehalten werden mußte, war das Wasser abscheulich. Der Feind soll in großer Stärke 30 Meilen von der Armee sein."

Schon von Chartum aus war die ägyptische Armee von Spionen umgeben, jede Bewegung derselben kam mit größter Schnelligkeit zur Kenntnis des Mahdi. Hicks und Allah-ed-Din gerieten nun in Streit und so trennte sich die Armee in zwei Teile. Das weitere Schicksal der Armee ist bis heute nicht völlig bekannt geworden. Wochenlang fehlten alle Nachrichten. Den ersten zuverlässigen Bericht brachte ein Kamel-treiber, dessen Erzählung wohl der Wahrheit am nächsten kommen dürfte.

„Bald nachdem die ägyptischen Truppen Duëm verlassen hatten, begegneten sie den Rebellen. Es fanden mehrere Scharmützel statt, welche mit dem Verlust einiger Baschi-Bozuks endete. Wir gingen dann nach Rahad vor, und nachdem wir uns dort mit Wasser versehen hatten, setzten wir uns in der Richtung von Alloba in Bewegung und trafen mit einem starken Rebellentrupp zusammen, den wir schlugen und ver-jagten. Am nächsten Tag (2. November) betraten wir einen Wald, durch welchen wir drei Stunden marschierten, und wurden nun von dem in großer Menge versammelten Feind überrascht. Es wurde jedoch ein Karree gebildet und nach lebhaftem Gefecht dem Feind eine schwere Niederlage beigebracht. Die Nacht verbrachten wir auf dem Schlacht-feld und verfolgten am nächsten Tage unsern Weg. Der Vorrat an Wasser war nahezu erschöpft. Kurz darauf kamen wir wieder mit einer starken Abteilung Rebellen in Kampf, welcher auch diesmal zu unserm Vorteil ausfiel. Wir schliefen auf dem Schlachtfeld und nahmen am 4. November die Richtung nach Kaschgil, wurden aber auf dem Wege vom Feinde überfallen, welcher ein lebhaftes Feuer eröffnete. Die Schlacht dauerte den ganzen Tag und die Nacht bis zum 5. November. Die ägyptischen Truppen fochten brav, litten aber außerordentlich viel vom Durst. Nach Beendigung des Kampfes rückten die Ägypter durch einen Wald auf einige Brunnen vor; nach einer halben Stunde wurden sie von neuem überrascht und von allen Seiten umzingelt. Der Feind richtete ein starkes Feuer auf uns, welches wir lebhaft erwiderten. Zu Mittag machten die Rebellen einen allgemeinen Angriff. Die Ägypter wurden, nachdem ihnen schließlich noch die Munition ausgegangen war und sich ein wütendes Handgemenge entsponnen, durch Hunger, Hitze und Durst völlig erschöpft, nach verzweifeltem Kampfe völlig vernichtet.“

Gordon meldet in seinem Tagebuche, daß nur 200 ägyptische Soldaten und einige schwarze Diener lebend davon gekommen seien.

Die Zahl der Getöteten soll so groß gewesen sein, daß der Mahdi später eine Schädelpyramide auf dem Schlachtfeld bauen ließ.

In der Schlacht von Kaschgil fielen Hicks Pascha, Oberst Farquhar, die Majore von Seckendorf, Warner, Massey und Evans, die Hauptleute Herlth und Matyuga (beide Österreicher), Stabsarzt Rosenberg (Deutscher), dann die beiden Zeitungskorrespondenten O'Donovan, der bekannte kühne Merwreisende, und Vizetelly. Der Diener v. Seckendorfs, ein preußischer Ulanen-Unteroffizier, desertierte drei Tage vor der Schlacht zum Mahdi und soll an der Schlacht an der Seite von dessen Anhängern teilgenommen haben, indem er als Offizier des Mahdi die Artillerie desselben befehligte. Ferner fiel Allah-ed-Din Pascha mit der größten Zahl der ägyptischen Paschawats und Beys, im ganzen über 1000 Offiziere außer den nach vielen Tausenden zählenden Mannschaften. Diese ungeheure Verlustliste spricht allein schon für die verzweifelte Tapferkeit **der** gesamten Armee.

Der Mahdi hatte, wieder seiner Gepflogenheit folgend, am Kampfe keinen Anteil genommen. Nach der Schlacht kehrte er nach El Obeid zurück, hielt, angethan mit gelbseidenem Oberkleide und grünem Prophetenturban, seinen Einzug als Triumphator und feierte seinen Sieg in einer großen religiösen Zeremonie.

Die Folgen der Niederlage von Hicks Pascha waren von der weitgehendsten Bedeutung für Ägypten. Die letzte Armee, welche das Land zu stellen vermochte, war ganz vernichtet. Chartum war in der gefährlichsten Lage, denn die Besatzung zählte nur 2000 Mann und würde unter Umständen sofort zum Feinde übergangen sein, ebenso die unzuverlässige Bevölkerung. Es zweifelte kaum noch jemand an der göttlichen Mission des Mahdi, und ununterbrochen strömten ihm neue Anhänger zu. Der ganze Sudan südlich von Chartum, mit Ausnahme der Äquatorialprovinz und Nubiens, war in der Gewalt des Mahdi, der **aber** merkwürdigerweise seine Siege gar nicht ausnutzte, sondern ruhig **in** El Obeid blieb.

Doch auch weiter im Norden sollte nicht alles ruhig bleiben. Im August 1883 verbreitete sich plötzlich die höchst beunruhigende Nachricht, daß in der Nähe von Suakin am Roten Meer Sendlinge des Mahdi erschienen seien und als bedeutenster dieser Sendboten entpuppte sich sogleich Osman Digma, **welcher** sich sofort an die Spitze der Bewegung stellte.

Osman Digma übte früher in Suakin das Amt eines Dellals oder öffentlichen Ausrufers aus. Er stammt aus einer türkischen Familie, welche sich seit etwa 80 Jahren in Suakin niedergelassen hatte. Der Großvater hatte ein Hadendoamädchen geheiratet und seine Abkömmlinge galten dem Stammesgebrauche gemäß, als vollblütige Hadendoa. Zwei Brüder waren es, welche gemeinsam ein Handelsgeschäft betrieben, dessen Hauptartikel in Sklaven bestand. Man verkaufte sie fast alle nach Arabien. Achmed, der eine, vertrat dies reelle Haus in Suakin, während Osman umherreiste und Einkäufe machte. Auf diesen Geschäftsreisen kam er naturgemäß mit vielen Menschen, auch einflußreichen Personen, unter andern Siber Pascha, in Berührung und wurde mit der Stimmung des Landes sehr vertraut. Daß dieselbe in immer größeren Haß gegen die ägyptische Herrschaft ausartete, entging ihm natürlich nicht.

Den beiden Digma wurden zwei Schiffsladungen Sklaven auf dem Weg von Suakin nach Djeddah von einem britischen Kreuzer gekapert. Die Brüder waren wegen der ferneren Unmöglichkeit, Sklaven nach Arabien hinüber zu bringen, genötigt, ihr Geschäft aufzugeben. Osman trieb sich eine Zeitlang umher und schloß sich aldann dem Mahdi an, welcher ihn zum Emir, das ist Oberbefehlshaber, ernannte. Mit einem Briefe des falschen Propheten versehen, begann er sofort die Hadendoa zu bearbeiten und gelang es ihm in der That schon nach kurzer Zeit, die kriegerischen Hadendoa vollständig zu rebellieren. Zu einer wirklichen Revolte kam es aber erst, als durch die englisch-ägyptischen Abmachungen gegen die Sklaverei die Existenz so unzähliger Sudanesen in Frage gestellt wurde.

Es ist von hohem Interesse, die Meinung eines hohen ägyptischen Beamten über diese mit dem Mahdiaufstand so eng verknüpfte Frage zu hören; derselbe äußert folgende, vollkommen mit den Erfahrungen des Verfassers übereinstimmende Ansicht:

„Die Sklavenfrage sieht sich ganz anders an, wenn man ihr in amtlicher Stellung begegnet. Humanitäre, welche gemütlich zu Hause sitzen und beim Glase Wein menschenfreundeln, finden nichts leichter in der Welt, als Sklavenhandel und Sklaverei abzuschaffen; ganz anders macht sich die Sache, wenn man die Verantwortung auf sich hat, für Ruhe, Sicherheit, Ordnung und Zufriedenheit zu sorgen in einem großen Lande wie der Sudan.

„Keinen geringen Teil der jetzigen traurigen Zustände im Sudan tragen die Hetzereien gegen die ägyptische Regierung, die sich dadurch veranlaßt sah, so strenge Maßregeln gegen die Sklaverei anzuordnen. Die Regierung kann nun ganz logisch fragen: »War es besser, als wir im Sudan nach unserm System und nach unsern Ideen regierten, wie jetzt, wo die Früchte eurer Ideen, die ihr uns aufgedrängt, reif sind?«

„Ich bin kein Beschöniger des türkischen Systems, aber es hat uns im Sudan musterhafte Ordnung geschaffen und niemand resp. keine fremde Regierung hätte so sinnlos dagegen arbeiten sollen, ohne gegebenen Falles besseres zu schaffen. England hat sich in diese Lage gebracht und nun, wo es seine Pflicht wäre, Truppen nach dem Sudan zu schicken, um Ordnung zu schaffen, sagt es, wir haben dort keine Interessen.

„Gut, wenn dem so ist, dann muß der Sudan sich selbst überlassen werden, denn Ägypten kann ohne fremde Hilfe, die es nicht bekommt, den Sudan sich nicht wieder unterthänig machen. Folgerichtig sollen die Völker im Sudan thun, was sie wollen, und daß der Sklavenhandel wieder blühen wird, ist selbstredend die erste Folge einer solchen Entwickelung der Frage.

„So nehme ich an, faßt Gordon die Sache auf, und ich stimme ihm ganz bei und bewundere ihn, daß er den Mut hat, der ganzen Welt und seinem eignen Lande die ungeschminkte Wahrheit zu sagen.

„Bis nicht eine andre kräftige Regierung sich des Sudan bemächtigt, kann keine Hoffnung vorhanden sein, dem Übel entgegenzutreten. Vor allem sollten Missionäre in ihrem albernen Dünkel, in der Sache Erfolg zu haben, eines besseren belehrt werden. Gordon sagte mir hier: »Der Sudan ist eine Frau, die bisher mit Ägypten verehelicht war. Diese Ehe ist nun getrennt. Will sich diese Frau wieder verehelichen mit einem andern (andern Macht), so kann sie es thun und dann wird sich etwas aus dem Sudan machen lassen.« Das Gleichnis ist ein ganz richtiges und bis dies geschieht, wird sich auch nichts in der Sklavenfrage thun lassen. Daß Gordon während seiner früheren Administration nicht nur oft zwei Augen zugedrückt hat, sondern die Sache noch insofern begünstigte, als er Kontrakte für Lieferung von Sklaven als für Soldaten abgeschlossene ausgegeben hat, ist uns Sudanesen allen bekannt. Auch hier würde ich ihn durch dick und dünn verteidigen. Die Anschuldigung, daß Gordon einen Durchgangszoll von 2½ Thaler per Kopf in Galabat erhob, ist falsch. So weit ist er nicht gegangen. Beamte in Galabat und andern Plätzen mögen dies schon auf ihre eigne Faust gethan haben, natürlich für sich, das ist zu ihren eignen Vorteil." Soweit der Beamte.

Schon am 5. August 1883 stand Digma an der Spitze von 2000 Habendoabeduinen und machte einen Angriff auf Sinkat und bald darauf **auf** Tamanieb und belagerte Tokar, ein **etwa** 80 km südlich von Sauakin gelegenes, schwach besetztes Fort. Anfang November wurde eine unter dem ägyptischen Obergeneral Mahmud Talma Pascha stehendes Korps, 550 Mann stark, welches herbeieilte, um Tokar zu entsetzen, **von** den Rebellen angegriffen und mit einem Verlust von 148 Mann, 1 Kanone, 300 Gewehren und Munition geschlagen. Unter den Toten befand sich auch der englische Konsul Moncrieff, welcher sich der Expedition freiwillig angeschlossen hatte. Die Araber waren 200 Mann stark und wird man sich angesichts dieser Thatsache ein ungefähres Bild von dem Wert der ägyptischen Truppen machen können. Die Rebellen beruhigten von nun an sogar Sauakin selbst.

Ein zweiter Versuch, Tokar zu entsetzen hatte am 2. Dezember denselben Erfolg wie der erste, von 700 Ägyptern entkamen im ganzen 35 Mann. Die übrigen waren niedergemacht worden.

Die ägyptische Regierung beschloß nun, General Valentin Baker mit dem Befehl über eine neu zu organisierende Armee zu betrauen. Die Truppen, welche sich aus dem denkbar schlechtesten Material zusammensetzten, Ägyptern, Türken, schwarzen Soldaten, einem halbeuropäischen Gendarmenbataillon, von ägyptischen, feigen und gänzlich unbrauchbaren Offizieren und einer Anzahl Europäer befehligt, waren unter keinen Umständen geeignet, gegen einen Feind, besonders einen so mutigen und fanatischen geführt zu werden. Selbst der Khedive warnte Baker vor unvorsichtigen Schritten. Das Verhalten dieser nur Hohn und Spott herausfordernden Gesellschaft, welche den Namen Armee gar nicht verdiente, während der Schlacht bei den Brunnen von El Teb am 3. Februar übertraf alle Voraussetzungen.

Die sogenannte Armee war abgerundet 4000 Mann stark mit 8 Kanonen. Auf halbem Wege zwischen Trinkitat und Tokar, in der Nähe der Brunnen von El Teb, wurden die Ägypter angegriffen. Baker und die europäischen Offiziere machten geradezu verzweifelte Anstrengungen, Ordnung in das sofort entstehende Durcheinander zu bringen. In

Todesangst und Entsetzen schoß die Infanterie ganz sinnlos drauf los, **die Kavallerie** war nicht zum Stehen zu bringen, alles löste sich in eine wahnsinnige, unbeschreibliche Flucht auf, welche, wäre sie nicht so traurig, fast komisch wirkte. Waffen, selbst Kleider warfen die Ägypter ab, um besser laufen zu können. Auf einer Strecke von 5 Meilen sah man nur wahnsinnig **um** ihr Leben rennende Menschen, welche **von** den in stetem Trabe folgenden Hadendoa mit Speeren und Schwertern niedergemacht wurden. Die Panik war derartig, daß die Feiglinge selbst an der Meeresküste nicht einhielten; in wildem Sturme drängten sie, eine Menge von ihnen völlig nackt, in die Boote, um auf die Trans= portschiffe, welche im Hafen von Trinkitat lagen, zu gelangen. Dort **erst, an Bord** der Schiffe fühlten sie sich in Sicherheit. Es war die schmählichste Niederlage, welche jemals ein Heer erlitten hatte. Die Verantwortung traf den General Valentin Baker. Die Schlächterei, denn anders kann man es nicht nennen, war eine ganz schreckliche.

Die Armee zählte genau 3715 Mann, davon waren 2373 ge= tötet worden. Unter den Toten befanden sich 11 europäische Offiziere. Valentin Baker Pascha, wie **alle Überlebenden entgingen nur** mit Not **dem** gleichen Schicksal. Da Saualin jetzt in äußerst bedrohliche Lage geriet, wurde es unter englischen Schutz gestellt, der Belagerungszustand erklärt und britische Marinesoldaten gelandet. Nun mußte England trotz Gladstones Widerstreben aktiv eingreifen und von da an fügte die eng= lische Politik einen Fehler zum andern, deren Summe zum Resultat **hatte,** daß der ganze Sudan für Ägypten verloren ging.

Seit dem Niederwerfen der Militärrevolte unter Arabi Pascha herrschte England thatsächlich in Ägypten. Das Ministerium Gladstone beschloß, trotz der Einsprache der ägyptischen Regierung, trotz der Ab= mahnung der wenigen Männer Englands, welche den Sudan aus eigner Anschauung kannten, den ganzen Sudan zu räumen und den Rebellen zu überlassen. Alle Gegenvorschläge, die Hinweise auf die Wichtigkeit **des** Sudan, auf die dort auf dem Spiel stehenden Interessen, auf die Gefahr, welche eine solche Räumung für die ägyptischen Beamten des Sudan haben müsse, alles half nichts. Sir Samuel Baker, der be= kannte Afrikaforscher schrieb: „Den Sudan opfern, heißt die Kornkammer der Welt wegschleudern." Gladstone, welcher damals als Premierminister **die** Geschicke Englands leitete, lehnte alle Vorschläge ab und bestand auf der Aufgabe des Sudan. Nachdem die englischen Hetzereien gegen die Sklaverei und den Sklavenhandel so schlechte Früchte gezeitigt hatten, wollte England von der ganzen Sache nichts **mehr wissen**, lehnte alle Verantwortung ab und traf Maßregeln zur Ausführung seiner Pläne. Scherif Pascha, welcher damals an der Spitze der ägyptischen Regierung stand, mußte dem englischen Einfluß weichen, und der gefügigere Nubar Pascha übernahm am 8. Januar 1884 die Bildung eines neuen **Kabi-netts** in Kairo.

Der Khedive Tewfik schien sich leichten Herzens in den Verlust zu fügen, welchen er mit dem **Sudan,** jenem ungeheuren Gebiete, erlitt. Seit 60 Jahren gehörte er zu Ägypten, seit der Eroberung Mehemed Alis. Wenn Tewfik zu großer Nachgiebigkeit fremden Maßgaben gegen-über beschuldigt wurde, so geschah dies mit Recht und ihn trifft die Ver-antwortung, eine so enorme Provinz wie den Sudan einem Abenteurer überlassen zu wollen, und die Schuld an der Vernichtung der Existenz der zahlreichen Beamten in gleichem Maße wie England. Wenn letzteres eine Expedition zur Rettung Emins ausgesandt hat, so trug es, abge-sehen vom Erfolg und Nichterfolg jener Expedition, nur einen verschwin-dend kleinen Teil seiner Schuld ab, den es an dem Zusammenbruch der ägyptischen Herrschaft im Sudan und dem Zurücksinken jener Länder in alte Barbarei und ewige zerfleischende Kämpfe, und zuletzt an dem Tode Gordons hatte.

Jedenfalls war man sich sowohl in London wie in Kairo nicht klar, **wie die** Räumung des Sudan zu bewerkstelligen sei. Lord Gran-ville schlug vor, Gordon mit **der** Aufgabe zu betrauen. Nubar Pascha aber, welcher eine starke Abneigung gegen die Aufgabe des Sudan hatte, wollte nichts davon wissen. Infolge dieser Ablehnung Nubar Paschas trat Gordon in die Dienste des Congostaates. Seitdem er die ägyp-tischen Dienste als Generalgouverneur des Sudan nach Absetzung Ismael Paschas verlassen hatte, war er in Indien, Mauritius, Südafrika und China gewesen. Allerdings immer nur kurze Zeit, aber zweimal hat er Gelegenheit gehabt, der Menschheit wesentliche Dienste zu leisten, einmal, als er eine Vereinbarung zwischen der englischen Kapkolonie und den Basuto anbahnte und das zweite Mal in China. Dort war es allein seiner Vermittelung zu verdanken, daß zwischen Rußland und China kein Krieg ausbrach.

Nubar Pascha wurde nun von dem englischen Vertreter Sir Evelyn **Baring** gedrängt, von der englischen Regierung einen geeigneten britischen Offizier zu erbitten und Gordon, welcher gerade nach dem Congo reisen wollte, vorgeschlagen. Am 17. Januar 1884 wurde dieser von Brüssel nach London berufen, am 18. traf er dort ein und reiste schon am Abend nach Ägypten ab.

Gordon erhielt die Instruktion, die Leitung bei der Räumung des Suban zu übernehmen.

Am 24. Januar langte er schon in Kairo an, wo er an demselben Tage von Sir Evelyn Baring empfangen wurde; am nächsten Morgen begab er sich zu Tewfik Pascha, welcher ihn zum Generalgouverneur des Suban mit absoluter Vollmacht ernannte.

Baring ergänzt die für Gordon in London aufgesetzte Instruktion, in welcher es unter andern heißt: „Die Anzahl der Europäer in Chartum wird als eine geringe angenommen, aber die Ortsbehörden schätzen, daß etwa 10—15000 Menschen Chartum verlassen werden, sobald die ägyptische Garnison zurückgezogen wird. Die ägyptische Regierung ist in hohem Grade besorgt, daß keinerlei Bemühungen unterlassen werden, den Rückzug dieser Leute zu sichern.

„Sie haben zu beachten, daß der Hauptzweck, welchen Sie zu erreichen haben, die Räumung des Suban ist. — Ein Kredit von 100000 Pfd. Sterl. wurde Ihnen beim Finanzdepartement eröffnet und weitere Summen werden Ihnen auf Verlangen gezahlt werden, wenn die obige Summe erschöpft sein sollte."

Seine ganze Instruktion lautete kurz gefaßt:

1) die Truppen, Zivilbeamten, Europäer aus dem Suban mit möglichst geringer Gefahr für deren Leben und Eigentum zurückzuführen;

2) eine Konföderation der seit Mehemed Ali aus ihren Stammsitzen vertriebenen und wiedereinzusetzenden Sultane als einen Ersatz der ägyptischen Verwaltung zustande zu bringen;

3) über die besten Mittel **zur** Sicherung und guten Verwaltung der Häfen des Roten Meeres zu berichten;

4) Rat zu geben, wie man dem durch die Aufgabe des Suban dem Sklavenhandel neu gegebenen Aufschwung entgegenarbeiten könne;

5) Anordnungen zur Bildung einer starken Regierung der Subanprovinzen zu **treffen**;

6) die öffentliche Ruhe auf einer sicheren Basis wieder herzustellen;

7) die Sicherheit der Handelsstraßen zu erhalten.

Es ist eigentlich merkwürdig, daß Gordon, der einsichtsvolle, sich an ein solches Programm heranwagte, da ja doch die Ausführung der unter 1) gegebenen Instruktionen in einem Lande wie der Suban, der noch dazu in hellem Aufruhr befindlich war, die unter 2) bis 7) gegebenen Anweisungen einfach unmöglich machte. Mit allen ihm zur Verfügung stehenden Mitteln, mit dem Aufgebot all seiner guten Eigenschaften, welche ihm ermöglichten jeder Situation gewachsen zu sein, begann er das schwierige Werk in Angriff zu nehmen. Sein unerschütterlicher Gottesglaube, welcher ihm von sich selbst die Meinung beibrachte, daß er von Gott zu seinen Missionen auserwählt sei, bestärkte ihn in seinem Vorhaben.

Je näher jedoch Gordon seinem Ziele Chartum rückte, um so deutlicher wurden ihm die Schwierigkeiten, welche sich ihm entgegenstellen sollten. In einem Schreiben aus Abu Hammed vom 8. Februar 1884 sagt er unter anderm, daß Land sei schon derart an ein geordnetes Regierungssystem, an Justizwesen, an Post und Telegraphen gewöhnt, daß nach Abzug der Beamten und nach Aufhebung all dieser Apparate der Suban völliger Anarchie preisgegeben würde. Fortwährend war er bemüht, andre Pläne auszusinnen, um einen Ausweg aus den als immer größer sich herausstellenden Schwierigkeiten zu finden. Im großen und ganzen hielt er aber immer an seinem Programme der „Subanisierung", wie er es nannte, fest. Er verstand barunter, den ganzen Suban von allen nicht subanesischen Beamten und Soldaten zu räumen, das Land seinen Urbewohnern zu überlassen, aber unter ägyptischer Oberhoheit. Über die Wahl der zu ergreifenden Maßregeln war er jedoch vor seiner Ankunft in Chartum nicht einig. Seine Ideen waren übrigens immer gemischt mit romantischen und philanthropisch schwärmerischen Neigungen, welche stets, und oft recht störend, sein Handeln beeinflußten und seinen klaren Blick manchmal trübten. So sprach er in einem Briefe an Stanley, als er sich noch mit der Absicht trug, nach dem Congo zu gehen, die Ansicht aus, daß er mit Stanley im Bunde und mit Gottes Hilfe die Sklavenhändler in ihren Höhlen töten werde, und hoffe, durch Verträge mit den eingebornen Häuptlingen dem Sklavenraube und -Handel ein Ende bereiten zu können. Und solche Ideen

konnte er noch haben nach allen seinen langjährigen Erfahrungen in
Afrika, wo er sich doch sagen mußte, daß man gegen den Sklavenhandel
und -Raub so leicht nicht vorzugehen im stande sei und Verträge mit
Eingebornen nur aus dem Lauf der Flinte diktiert werden können.

Schon in Kairo, mit den Vorbereitungen zu seinem Abmarsch nach
dem Sudan begriffen, kam ihm plötzlich der abenteuerliche Gedanke, den
König der Belgier aufzufordern, die Äquatorialprovinz und Bahr el Ghasal
zu besetzen. Nicht minder abenteuerlich war sein plötzlich gefaßter Plan,
selbst zum Mahdi zu gehen und die Sudanfrage mit diesem persönlich
zu ordnen. Der englische Vertreter in Kairo, Sir Evelyn Baring,
mußte ihm direkt befehlen, der fast wahnwitzigen Idee zu entsagen,
sich freiwillig in die Gewalt des Mahdi zu begeben.

Als Gordon auf seinem Marsche südwärts, den er am 26. Januar
1884 angetreten hatte, mit nur wenigen Begleitern in Berber angekommen war, berief er eine Versammlung von Notabeln und erließ eine
Proklamation an die Scheichs und Bewohner von Berber, in welcher
er erklärte, daß der Sudan fortan nur von den Eingebornen des Landes
regiert werden sollte, daß alle bis Ende 1883 rückständigen Steuern
und die Hälfte der für 1884 erlassen bleiben sollten, ernannte, getreu
seiner Instruktion, den Großscheich der Ababde, Hussein Pascha Kalifa,
zum Gouverneur von Dongola und Berber. In Chartum ließ er dann
Proklamationen ähnlichen Inhalts anschlagen.

Der Empfang Gordons in Chartum am 18. Februar 1884 war
ein ungeheuer enthusiastischer und gestaltete sich zu einer Willkommen-
Demonstrationen des gesamten Volkes. Seine Anrede an das Volk
wurde mit ungeheurem Enthusiasmus aufgenommen. Er sagte: „Ich
komme ohne Soldaten, aber mit Gott an meiner Seite, um die Übel
des Sudan gutzumachen. Ich will mit keinen andern Waffen kämpfen
als mit der Gerechtigkeit. Es soll keine Baschi-Bozuks mehr geben."

Zuerst hielt er einen Empfang auf der Mudirie ab, zu welchem
die ganze Bevölkerung, selbst der Ärmste Zutritt hatte. Auf seinem
Wege zwischen der Mudirie und dem Palast drängten Tausende vorwärts, um ihm Hände und Füße zu küssen und nannten ihn „Sultan,
Vater und Erlöser von Kordofan".

Achtes Kapitel.

Während in dem ungeheuren Gebiete des Sudan sich weltgeschichtliche Ereignisse abspielten und dort ein wütender, mit fanatischem Eifer geführter Krieg die ganzen Länder verwüstete und eine Provinz nach der andern in die Hände der Aufständischen übergegangen war, sehen wir Emin noch immer unbelästigt in seinen Gebieten umherreisen. Nirgends ein Zeichen von Unzufriedenheit. Welch glänzendes Zeugnis für diesen seltenen Mann, der es so verstanden hat, ein Land aus dem Sumpfe und Elend zu heben, wie er. Anfang März konnte er von Lado aus einen Bericht an Dr. Schweinfurth senden, worin er in schlichter Weise über seine Erfolge berichtet, und es ist fast unbegreiflich, wie es möglich war, daß, während im Norden ein solches Tohuwabohu herrschte, die am weitesten nach Süden vorgeschobene Provinz des ägyptischen Sudans sich nicht nur in einem Zustande großer Ruhe und Sicherheit befand, sondern Emin sogar im stande war, Überschüsse aus der Verwaltung zu erzielen.

Mit größtem Eifer hatte er Sammlungen von Pflanzenprodukten gemacht, von denen er sich irgend eine technische Verwendung versprach, und von seinen Anbauversuchen konnte er nur Gutes berichten. Dr. Schweinfurth hatte ihm eine Menge Samen gesandt und diese hatte Emin gesäet und weiter verbreitet. So unter andern verschiedene Bambusarten. Amerikanischer Mais fand unter den Negern immer weitere Verbreitung. Reis, bis dahin in jenen Gebieten unbekannt, gedieh nun in Lado und Dufile ausgezeichnet, der Melonenbaum (Carica Papaya) hatte sich schon über weite Gebiete verbreitet. Die Erdnuß Arachis ließ er stark kultivieren. Zwiebeln wurden in allen Stationen gepflanzt. Aber wie unendlich schwer war dies alles zu bewerkstelligen. Emin sagt

selbst **hierüber:** „Unsre Soldaten und Offiziere verstehen ganz **gut,**
daß ein gutgepflegter Garten dem Eigentümer nicht **allein** Vergnügen,
sondern auch greifbaren Nutzen abwirft. Aber da kommt die **Neger-**
natur immer wieder zum Durchbruch; ist die Pflanze zur Reife **gekom-**
men, so wird sie verspeist; Samen für die nächste Aussaat zurückzu-
behalten, daran denkt gewiß niemand — dazu ist ja Emin Bey **in**
Lado!" Hundertmal **hatte er Samen** gesandt und gebeten, solche zu
bewahren; hundertfache Versprechungen wurden gemacht; nahte die Zeit
der Aussaat, so schrieben die Leute um Samen. **Auch** Dattelpalmen
hatte Emin gepflanzt, welche in Makraka schon **Früchte** trugen.

Welch unendliche Geduld und Mühe dies alles kostete, mag daraus
hervorgehen, **daß** nach den Erfahrungen des Verfassers z. B. in Unjanjembe und Uganda, Ländern, welche schon seit etwa 80 Jahren **von**
Arabern besetzt oder wie das letztere fortdauernd bereist werden, erst **in**
den letzten 15 Jahren regelmäßig Reis gebaut wird, trotzdem die dortigen Bewohner, Wanjamuesi, den Reis immer gern aßen, wenn sie
auch die Durrah vorziehen; Papay, Mango, Mapera, Granatäpfel, alles
Früchte, welche jene Stämme mit Vorliebe an der Küste genießen und
welche in ihren Ländern, wie die Erfahrung der Araber zeigt, vorzüglich
gedeihen, hat noch keiner angepflanzt, trotzdem die Mühe des Anpflan-
zens sich darauf beschränkt, in einigermaßen feuchtem Boden ein Loch
zu stechen und die Kerne oder Samen hineinzugeben. Selbst die Ba-
nane, jene in bezug auf Pflege so sehr genügsame Pflanze, welche in
Unjamuesi ausgezeichnet gedeiht, wird nur sehr wenig kultiviert. Es
sind eben Neger, welche jene Länder bewohnen. Emin verstand es aber,
mit den gebotenen Mitteln zu wirtschaften und Überschüsse zu erzielen.

Nur Emins persönlichem Einfluß, seiner Einsicht und außerordentlichen organisatorischen Fähigkeit ist es zu verdanken, daß er trotz der
unverantwortlichen Vernachlässigung der Äquatorialprovinz von seiten
der Verwaltung in Chartum im stande war, mit seinen Beamten, denen
man weder Gehalt auszahlte, noch sie mit Tauschwaren und Kleidern
versah, die Provinz in solch gutem Zustande zusammenzuhalten. Die
Neger waren eben auf seiner Seite und machten es ihm und seinen
nur widerwillig dienstleistenden Beamten leicht, ihre Pflicht zu thun.

Das Land war, wie Emin schreibt, bis dahin völlig ruhig geblieben und in den Magazinen lagen 600 Zentner Elfenbein, eine

Menge Tamarinden, Fett vom Butterbaum, Arachisöl, Häute u. s. w.
Emins Leute hatten eine neue Station am Kibbi errichtet und die
Straße zwischen derselben und Wadelai besetzt, um die Elfenbeineinsendungen
von Monbuttu aus **nach** Wadelai gelangen zu lassen. In den übrigen
Provinzen sah es dagegen schlimm aus. Von Slatin hörte Emin da-
mals schon, daß er Lupton nach dem Bahr el Ghasal geschrieben **und**
ihn um Hilfe aus seiner verzweifelten Lage **bat.** Lupton traute aber
seiner eignen Provinz nicht und mußte **jede Unterstützung versagen.** Im
Bahr el Ghasalgebiet, von dem Gessi behauptete, er habe das Land von
allen Danagla befreit, wohnten und hausten deren noch gerade so viel
wie früher, etwa 5—6000. Emin hatte deren ebenfalls noch ein gut
Teil, er konnte sie leider nicht missen, da er sonst keine Soldaten
hatte. Er hielt sie aber von Anfang an unter eiserner Zuchtrute —
etwa so, wie man ein Bataillon Baschi-Bozuks im Zaume hält, sagte
er — sie liebten ihn nicht, aber sie fürchteten ihn **und** parierten deshalb.

Nach Ankunft des Dampfers von Chartum am 16 März 1883,
des letzten, welcher in der Äquatorialprovinz eintraf, schrieb Emin, daß
er Kautschuk in großen Mengen geliefert habe, leider aber, **wegen der**
Monopolisierung des Handels, nicht mit **der** kaufmännischen Welt in
direkte Verbindung treten durfte. Er **mußte alle Produkte nach** Chartum liefern, zähneknirschend fügt **er** hinzu, um **als Austausch** dafür die
schlechtesten Waren zu den höchsten Preisen statt Monatsgagen zu erhalten.

Im Juni 1883 brach Emin nach dem Monbuttulande auf. Er
schrieb damals, voll der seltsamen Eindrücke, an Dr. Schweinfurth: „Es
ist mir immer noch beinahe wie ein Traum, daß ich mich mitten in
Monbuttu befinde, und die fremdartigen Gestalten, welche mich umringen,
die überwältigende Pracht der Flora und Fauna, welche täglich **neue**
Formen **und** Gestalten in den **Vordergrund** treten lassen, **unterhalten**
den Zauber der Illusion. Und doch bin ich in Monbuttu und vor
einer halben Stunde noch hat mir König Munsas Tochter ihre beiden
kleinen Knaben zugeführt und mir von der Pracht des weiland väter-
lichen Haushaltes erzählt."

Emin war eigentlich nicht mit der Absicht aufgebrochen, nach Monbuttu zu gehen, er wollte nach Tambira, um neue Straßen von dort
nach den Nilstationen zu öffnen, da sich die Makraka wegen Überbür-
dung mit Getreide- und Elfenbeintransporten beklagt hatten. Unter-

wegs kamen Emin aber beunruhigende Nachrichten zu Ohren über die
Verhältnisse im Sandèhgebiet, so daß er, statt, wie beabsichtigt, nach
Süden, die westliche Route einschlug. Es war nämlich schon früher
gerüchtweise laut geworden und bestätigte sich jetzt, daß eine große Anzahl von Sandèhhäuptlingen entschlossen war, gestützt auf Verbindungen
in Makraka und Monbuttu, sich gegen die ägyptische Regierung aufzulehnen. Es waren dies übrigens meist solche Häuptlinge, welche von
den Danagla aus Dragomanen oder Faruch (Gewehrträgern) zu Häuptlingen gemacht worden waren oder sich selbst durch Gewalt zu solchen
erhoben hatten.

Kurz vor Emins Ankunft in Munduh hatte einer dieser Raub-
ritter, im Besitz von 35 Gewehren, welche er sich nach und nach verschafft hatte, ganz systematisch Weiber geraubt und wagte es sogar zuletzt, einen Offizier Emins 14 Tage lang als Gefangenen bei sich zu
behalten, sowie andern Reisenden ihre dem Gouvernement gehörigen
Waffen sowie die Dienerinnen zu rauben. Er erklärte dabei ganz offen,
daß er der Herr des Landes sei und keine andre Autorität über sich
anerkenne. Dies waren die ersten Anzeichen von Unruhen in Emins
Provinz. Emin schreibt nun selbst über diese Angelegenheit, daß das
Gebaren jenes Räubers selbst für seine Geduld zu viel gewesen sei
und es besonders angesichts der seit einiger Zeit in Monbuttu ausgebrochenen Unruhen Zeit zum Einschreiten sei. Leute hatte Emin nicht
bei sich, da alle unterwegs nach einer andern Ortschaft gezogen waren.
Als nun auf seine Einladung keiner der obenerwähnten Häuptlinge vor
ihm erschienen und somit offen der Gehorsam verweigert war, ging er
mit 20 Mann nachts nach dem Dorfe des am nächsten wohnenden, und
ehe noch die Aufsässigen Zeit hatten, zu ihren Gewehren zu greifen,
war die Beute gesichert. In größter Ruhe konfiszierte er einige 20
Gewehre, und nachdem den Leuten versichert worden war, daß weder
ihnen irgend ein Leid geschehen, noch ihre Habe weggeführt **werden** sollte,
zog Emin nach der Station Munduh zurück, von wo er den bei dem
Überfall gefangen genommenen Häuptling nach Osten in die Verbannung schickte. An demselben Tage wurde sodann in großer Versammlung ein neuer Häuptling gewählt und in aller Eile weiter südwestlich marschiert, um den Besitzer der 35 Gewehre zu erwischen.
Dieser aber hatte schon Lunte gerochen und sich allein aus dem Staube

gemacht. Er war und blieb verschwunden, während Emin sich der
35 Gewehre bemächtigte. In einer großen Versammlung von mehr als
40 Sandéhhäuptlingen wurde der Flüchtling für abgesetzt und an seiner
Stelle der rechtmäßige Erbe des Landes für erwählt erklärt. Am meisten
aber imponierte den Sandéh die Zurückstellung aller zusammengeraubten
Frauen an ihre Angehörigen. Es war auf diese Weise mit einem Schlage
die Ruhe wieder hergestellt und die Straße von den Erpressungen jenes
Raubgesindels frei.

Galeriewälder.

Emin zog nun erst ins Monbuttuland. Er wie auch seine Leute
wurden in den ersten Tagen in Monbuttu von einer sehr unangenehmen
Plage befallen. Die Leute klagten über Jucken und Brennen auf der
Haut und einige besonders empfindliche Menschen zeigten leichte Schwellungen, besonders an Händen und Füßen, sowie leichte Fiebererschei-
nungen. Dann kam Emin selbst an die Reihe: purpurrote Flecken erschienen auf dem Halse, im Gesicht, auf den Händen, unter starkem
Brennen erhoben sich in deren Zentrum kleine harte Knötchen und diese

vergingen nicht mehr. Emin entdeckte schließlich, daß es die Folge des Stiches einer kleinen Fliegenart **war**, welche in Bananenhainen vielfach vorkommen sollte, und da in Monbuttu viele Bananen gepflanzt werden, so war die Aussicht in dieser Beziehung nicht gerade sehr angenehm.

Emin besuchte auch **die** berühmten sogenannten Galeriewälder. Der italienische Reisende Piaggia war der erste, welcher diesen Ausdruck anwendete, und Dr. Schweinfurth hat **ihn** beibehalten, so daß sich dieser Name allgemein **eingebürgert** hat.

Dr. Schweinfurth schreibt über diese so interessanten, üppigen, echt tropischen Vegetationsformen: „Ein beispielloser Quellreichtum des Bodens, völlig entsprechend den letzten Schilderungen Livingstones von den Gegenden im Westen des Tanganika, den weder die geologische Beschaffenheit desselben, noch die dem Lande eigentümliche Regenmenge hinreichend erklärt, bewirkte hier ein beständiges Fließen aller Bäche; und während in den nördlichen Ländern die Flüsse offene Niederungen durchströmen müssen, wo sich ihre Wassermenge in einem dürftigen Terrain verringert, erhalten alle Wasserläufe im Niam=Niamgebiete von ihren tief eingeschnittenen Uferwänden her überall Zufluß an ununterbrochen hervorrieselnden Quellen. Das ganze Land, dessen Meereshöhe nirgends weniger als 2000 Fuß beträgt, gleicht einem stets gefüllten Schwamme. Infolgedessen finden Gewächse, welche in andern Strichen nach dem Fallen der Gewässer der gewohnten Bodennässe beraubt sein würden, hier das ganze Jahr hindurch geeigneten Boden, und die Thalsenkungen und Erdspalten, welche die Wasserzüge, sei es als kleine Gräben und Bäche, sei es als große Ströme durchfließen, schmücken sich mit der vollen Majestät des Tropenwaldes.

Bäume **mit gewaltigem** Stamme und von einer Höhe, die buchstäblich **alles in den Schatten** stellen, bilden hier dicht **gedrängte lückenlose** Reihen, in deren **Schutz** sich wieder imposante Gestalten im wirrsten Gemenge stufenweise abgliedern. Im Innern dieser Uferwälder gewahrt **man** Säulengänge, ägyptischen Tempelhallen ebenbürtig, in ewig tiefen Schatten gehüllt und von aufeinander gelagerten Laubdecken oft dreifach überwölbt. Von außen betrachtet, erscheinen sie wie eine undurchdring= **liche Wand** des dichtesten Blattwerkes; im Innern dagegen eröffnen sich überall Laubgänge unter den Säulenhallen voll murmelnder Quellen und Wasseradern. Die durchschnittliche Höhe des obersten Laubdaches

beträgt 26—35 m und scheint nirgends unter 23 m herabzusinken.
Palmen sind fast gänzlich ausgeschlossen und die wenigen Repräsentanten
dieser Fürsten des Pflanzenreiches gehören zur Region des Unterholzes.
Dichte Lianenmassen schwingen sich in Bogen von Baum zu Baum oder
umklammern Stamm und Ast, Orchideen hängen und sitzen an und auf
den Stämmen und Ästen. Rotang (spanisches Rohr) mit seinen palmen-
artigen Blättern und dornigen. Ranken schmücken die Bestände ebenso
wie der schöne Pandanus, dessen ananasartige gelben Früchte den be-
lasteten Ast mit seinen planartigen Kronen nach unten beugen. Auch
borniges Strauchwerk fehlt nicht und breitet sich sparrig als wildes
Unterholz aus, dessen zum Teil riesiges Laub die Dichtigkeit des grünen
Dunkels vermehrt. Am Boden selbst füllen fast undurchdringliche
Staudenmassen der verschiedenen Art die noch etwa übrig gebliebenen
Lücken in diesem großartigen Laubgewirre. Vor allem sind es rohr-
artige Gewächse, deren Halme bei 5—7 m Höhe dicht wie Wiesengras
bei einander sprossen und auf lockerem Schlamme stehen, in den der Ein-
dringling tief einsinken würde. Und nun die wunderbare Farnwelt,
zwar nicht durch ihre baumartigen Formen imponierend, wohl aber durch
unvergleichlich üppige Blattentwickelung. Als sonderbarste Farngestalt
fand Dr. Schweinfurth eine Pflanze, welcher er den Namen Elefanten-
ohr (Platycerium elephantotis) beilegte. Hoch oben auf Ästen und
Zweigen der Bäume sitzend in Gesellschaft der ellenlangen grauen Bart-
flechten saß das komische Ding, wie zwei Elefantenohren mit zwei lang-
herunterhängenden Ansätzen. Alle Stämme, wenn sie nicht überall dicht
mit Farn und andern Schmarotzern bewachsen, waren mit dem dichten
Geflecht rotbeerigen Pfeffers umstrickt.

So mochte das Auge hinschweifen nach allen Richtungen, überall
stieß es auf dichtes, lückenloses, undurchdringliches Grün. Da wo
schmale Pfade sich teils durch, teils unter die verworrenen Stauden und
Strauchmassen winden, um eine Thalwand zu ersteigen, bilden bloß-
gelegte Baumwurzeln die Stufen, welche das lockere Erdreich zusammen-
halten. Moderende Stämme, in dichte Moospelze gehüllt, hindern bei
jedem Tritt das gemächliche Fortschreiten in diesem Gewoge massigen
Grüns. Die Luft, welche man einatmet, ist nicht mehr die der sonnen-
hellen Steppe, nicht die der luftig kühlen Buschlauben von draußen, sie
haucht Treibhausatmosphäre unsrer Palmen- und Orchideenhäuser und

bei einer Temperatur von 25—30° C. herrscht eine beständig dumpfe Feuchtigkeit der Luft, von dem Hauche des Laubes erzeugt, dem man nicht zu entweichen vermag." Der Verfasser hat in dem von ihm entdeckten Viano- oder Mitumbagebirge im Quellgebiet des Congo ähnliche Wälder gefunden, welche in den Thaleinschnitten des Gebirges emporwucherten und ebenso wie die obenbeschriebenen Galeriewälder des Monbuttu- und Niamiamlandes von außen lange nicht den imposanten Anblick boten, den man aus der Tiefe der Bachsohle genießt, besonders da ein solcher Wald immer nur an seinem Ursprung auf der Höhe ganz über den Boden ragte, um dann von fern gesehen schräg im Boden zu verschwinden oder auch häufig ganz und gar in denselben versenkt zu sein. Bei all dieser Pracht und Üppigkeit, voll Staunen und Bewunderung aller Schönheit überkommt den Reisenden dennoch ein Gefühl des Unbehagens, wenn er in die imposanten Hallen eintritt, wo meist tiefes Schweigen herrscht. Die Stille, die drückend feucht warme Luft beengen die Brust, unwillkürlich denkt man an Fieber; der Boden, übelriechender gelber und brauner Schlamm, in dem sich ein orangegelber gallertiger Schleim vielleicht zum tausendstenmal zu Raseneisenstein umbildet, opalisierende Fettflecken schwimmen auf den Wassertümpeln; die Dornen und Brennhaare der Schlingpflanzen zerreißen die Haut, verursachen empfindliches Jucken, nirgends ein trockenes Plätzchen, wo man hintreten oder gar niedersitzen könnte. Moskito, Stechfliegen, unzählige Raubameisen zwicken und beißen, lassen sich aus ihren oft haushoch angebrachten Thonnestern von fünf- bis sechsfacher Kopfgröße oder aus den durch spinnegewebartige Fäden nestartig zusammenhaltenen trockenen Blättern herabfallen und versenken ihre Mandibeln in die Haut, daß man sich wie mit heißem Wasser übergossen fühlt; alles dies läßt nicht zu ruhigem Genusse kommen und eiligst verläßt man die weiten Hallen.

Emin sagt von dem Urwalde, daß man irre, wenn man glaubt, daß der von Norden das Monbuttuland Betretende sofort in undurchdringlichen Wald gelange. Prachtvolle Galeriewälder, wie oben beschrieben, bieten sich dem trunkenen Blick als erst breite Umsäumung selbst ganz kleiner Wasserfäden, aber zusammenhängender Urwald, in dem man stundenlang wandern kann, ohne einen Sonnenstrahl zu sehen, in welchem man den Regen auf die höchsten Laublagen schlagen hört, ohne daß er zu Boden gelangt, diese Region beginnt erst weiter westlich im A'Sandéh-

gebiet. Emin meint, daß das Monbuttuland ehedem von zusammen-
hängendem Hochwald bedeckt gewesen sei, daß aber die fortschreitende
Ausbreitung der Monbuttu diesen Urwald schon großenteils ausgerottet
habe und derselbe täglich mehr schwinde.

Am Mittag des 16. Juni 1883 langte Emin nach langem beschwerlichen Marsch durch **das** Grasmeer der sonnenburchglühten Steppe
endlich **am Ufer** des Uelle an, des großen noch heute nicht **ganz be-**
kannten Flusses. In einer Barke war Emin mit seinem Geleite an das
Südufer hinübergegangen, eine unabsehbare Menschenmenge geleitete **ihn**
unter dem Schalle der riesigen aus Elefantenzähnen gearbeiteten Hörner
zu dem Dorfe Djondi.

Die ausgedehnten Ölpalmpflanzungen, welche hier sehr häufig vorkommen, gaben dem **Dorfe einen** großen Reiz, welcher durch die schönen
Hallenbauten, die Sauberkeit der Leute und ihre Zuvorkommenheit
erhöht wurde.

Dr. Schweinfurth beschreibt **uns** eine solche Halle, diejenige des
ermordeten Munsa. „Sie war etwa 30 m lang, 15 m hoch und 18 bis
20 m breit. Dieser Bau war erst kurz vor Schweinfurths Ankunft dort
vollendet worden und bot einen sehr freundlichen Anblick. Er strahlte
von Glanz und Helligkeit. Alles Holzwerk an ihm schien wie glänzend
braun poliert und frisch gefirnißt; das war aber **nur** die natürliche
Farbe des zum Bau verwandten Materials. Ein zweiter, noch umfang-
reicherer Bau, der dicht daneben sich erhob und welchen die höchsten
Ölpalmen eben **nur mit** ihren Kronen überragten, trug dagegen bereits
Spuren seines Verfalles an sich, obgleich derselbe **erst** vor fünf Jahren
errichtet worden war. Der letztere, von allen Seiten geschlossen, **war**
in seinem Innern daher sehr dunkel und zu öffentlichen Versammlungen
minder geeignet. Beide Gebäude waren kleine Weltwunder in ihrer Art,
und um diesen Ausdruck zu rechtfertigen, für die Kultur Zentralafrikas
merkwürdig genug. Mit unsern Baumitteln, es sei denn, man hätte Fisch-
bein in Anwendung gebracht, wäre man nicht im stande gewesen, etwas
Ähnliches von gleicher Leichtigkeit und von solcher Widerstandsfähigkeit
gegen das Toben der Tropenorkane hinzustellen, wie die Königshalle
Munsas. Das in einem abgerundeten Spitzbogen kühn gewölbte Dach
der Audienzhalle ruhte auf drei langen Pfostenreihen, welche aus Baumstämmen von dem geraden Wuchse der Tanne hergestellt waren. Die

zahllosen Rippen und Sparren des Dachstuhles dagegen sowie alle übrige
Konstruktion waren ausschließlich aus Blattschichten der Weinpalme (Raphia
vinifera) zusammengefügt. Diese glänzend braunen Stäbe waren Stiele
und Mittelrippen des 8—12 m Länge erreichenden Blattes der genannten Palme, welche im Monbuttulande in allen Uferwaldungen anzutreffen ist. Sie geben in Zentralafrika ein beliebtes Baumaterial ab.
Der Fußboden der Halle war mit einem dunkelroten Thonstrich überzogen, fest und wohlgeglättet wie Asphalt. Eine niedrige Brustwehr
aus Lehm, bildete die Seiteneinfassung, indem sie unter dem bis nahe
zur Erde reichenden Dache noch einen offenen Raum frei ließ, welcher
auch von den Giebelseiten Licht und Luft in die Halle einließ."

Ganz eigentümlich und wie Mosaikarbeit aussehend nahmen sich
die Umwandungen vieler Hütten und Hallen aus; es werden nämlich
längere Rindenstreifen über das eigentliche Rohrgerüst der Wand dicht
angelegt und mit gespaltenem Rotang derart zusammengenäht, daß die
ganze Wand von Rinde bedeckt wird. Die Bevölkerung des Landes,
die Monbuttu, nehmen ihrer körperlichen Beschaffenheit wie auch ihrer
geistigen Anlagen nach eine Sonderstellung unter den Negervölkern ein.
Sie selbst sagen, daß sie aus Nordosten hergekommen seien. Die Verfassung der Monbuttu ist eine äußerst einfache. Die großen Chefs sind
erbliche Würdenträger und zwar vererbt sich das Reich vom Vater auf
den ältesten Sohn, dem die jüngeren zu gehorchen haben und es auch
meist thun. Oft auch kommt es vor, daß Erbfolgekriege ausbrechen.
Die Unterhäuptlinge werden vom König ernannt und oft bleibt bei ihnen
nach den gleichen Grundsätzen die Nachfolge in der Familie erblich.
Seit Einbrechen der ägyptischen Herrschaft ist aber vieles hierin geändert, indem an Stelle der rechtmäßigen Herren Dragomane der Danagla getreten sind. König Munsa war von dem damals als Haupt-
sklavenräuber und -Händler bekannten Yussuf ermordet worden, demselben,
welchen Giegler Pascha als Führer gegen die Mahdisten verwendete und
welchen dann später, wie wir gehört haben, die Nemesis ereilte.

Der größte Teil von Munsas Gebiet ist in den Händen Gambaris,
des Sohnes eines Schmiedes, welcher wiederum seine Brüder zu Unterhäuptlingen ernannte. Weiter in westlicher Richtung Kaboba, welcher
ebenfalls ein Parvenü ist. Östlich herrscht Jangara. Südlich Ssanga,
den die Araber den Kleinen nennen, ein Neffe Munsas, und weiter

Sſanga der Große, ſowie noch eine Reihe kleinerer Häuptlinge. Jangara, ein rechter und echter Monbuttufürſt, erwies ſich immer als ein treuer Anhänger Emins und der Regierung, etwas zaghaft, aber ehrlich und beſonnen. Gambari war ein Intrigant. Als Munſa von Yuſſuf getötet wurde, teilten die Sklavenhändler des erſteren Frauen unter ſich. Munſas jüngſte und Lieblingsfrau, Kattiroto, war Jangaras erſte Frau und Beraterin. Sie war vom größten Einfluß auf die Geſchicke des Landes. Jung war ſie nicht mehr, als ſie Emin ſah, auch nicht hübſch, und hatte, was für eine Monbuttufrau ſehr merkwürdig iſt, keine Kinder. König Munſas Tochter war mit Gambari verheiratet; eine eingebildete, ariſtokratiſche Perſon, welche das Halbblut ihrer Zwillingsſöhne durch um ſo feſteres Einſchnüren ihrer Köpfe zu verdecken ſuchte. Es herrſcht nämlich bei den Monbuttu der höchſt ſonderbare Gebrauch, welcher jedoch nur von den beſſeren Ständen und beſonders ſtreng von den herrſchenden Familien geübt wird, durch Einſchnüren mit dicht anliegenden Bändern eine Verlängerung des Kopfes der kleinen Kinder in der Horizontalachſe hervorzurufen, während die gewöhnlichen Monbuttuleute ziemlich runde Köpfe haben. Es iſt ganz merkwürdig, was man in Monbuttu und auch bei den ihnen verwandten Sandéh für ein Gewicht auf reine Nachfolge in väterlicher Linie legt. Munſas Söhne, von denen etwa 15 exiſtieren, ſind bei verſchiedenen Chefs zerſtreut. Die drei älteſten haben ein Dorf gegründet und ſollen Unglaubliches in Menſchenfreſſerei leiſten.

Emin empfing den Beſuch eines Bruders von Munſa, den er aus unverdienter Gefangenſchaft befreit hatte. Ein echter Negerfürſt, begleitet von einer Menge Leute, unter ihnen ein Albino mit langem blonden Bart. Sſanga, ſo hieß der Häuptling, brachte 20 ſehr elegant **bemalte** Damen mit. Schon lange, ſagt Emin, hatte ſein Herz ſich nicht **an** einer ſo eleganten und obendrein ſchönen Geſellſchaft erfreut als an dem Tage, wo dieſe Leute, verſtärkt durch Jangara und ſeine Frauen, einen Beſuch bei ihm abſtatteten. Würde ihn nicht die mehr wie mangelhafte Bekleidung dieſer Damen gar zu ſehr an Afrika erinnert haben, man hätte ſich zwiſchen all den Chignons bei einem äſthetiſchen Thee haben wähnen können. Zur Feier des Tages und nach Beſchenkung der liebenswürdigen Geſellſchaft mit einigen Glasperlen und Kupferarmbändern wurde Dr. Schweinfurths Buch hervorgeholt. Die Leute ge-

rieten in das höchste Entzücken, und noch sehr lebhaft erinnerte man sich
des Mbarik Pah, des Blätterverschlingers, wie man Schweinfurth **nannte**.

Dreimal wird in Monbuttu täglich gespeist. Aus dem Hause jeder
Frau kommt eine Holzschüssel voll reichlich mit Palmöl versetzter Speisen
an den Häuptling, welcher dieselben mit eigner Hand an seine Gäste
austeilt. Er selbst darf nicht öffentlich essen, sondern zieht sich dazu in
die Hütte seiner Lieblingsfrau zurück. Er läßt sich von ihr bedienen
und gibt auch ihr, wenn er gesättigt ist. Alles, was übrig bleibt, wird
vergraben. Die Speisen sind, da Vieh im Lande kaum existiert, meist
vegetabilische, wozu die Natur reichlichen Vorrat liefert. Yams, Bataten,
Sesam, wenig Eleusine, (Durrah und Penizillaria gibt es gar nicht),
Kürbisse und Früchte verschiedener Art und sehr viele Bananen. Hierzu
kommt verschiedenes Wild, sogar die Affen werden gegessen, Löwen
und Schlangen jedoch nicht, und merkwürdigerweise wird auch der Elefant verschmäht. Hühner und dann Eier, allerlei Vögel und als
Leckerbissen fette Insektenlarven werden gern verspeist. Ergänzt wird
das Menü durch Menschenfleisch. Die Anthropophagie war zu Emins
Zeiten noch ebenso verbreitet wie früher, wenn sie auch in der Nähe
der Stationen nur heimlich ausgeübt wurde. Es wird kaum jemand
beerdigt und der Leichenaustausch hat noch immer seine Geltung, indem
die Leute ihre Toten von Dorf zu Dorf austauschen, weil sie ihre
Verwandten nicht aufessen wollen. Geradeso wie bei den Sandeh gilt
jeder, welcher sich **des Genusses von** Menschenfleisch enthält, als eine
Ausnahme, und die Häuptlinge Nando und Jangara verdanken diesem
Umstand eine gewisse Berühmtheit. Daß auch die Akka Menschenfleisch
nicht verschmähen, davon konnte sich Emin wiederholt überzeugen.

Dr. Schweinfurth berichtet uns hierüber, daß der Kannibalismus
der Monbuttu den aller andern afrikanischen Völker übertreffe. Da sie
von einer Anzahl völlig schwarzer auf niederer Kulturstufe stehender und
daher von ihnen verachteter Völker umgeben sind, so eröffnet sich ihnen
daselbst die willkommene Gelegenheit, auf Kriegs- und Raubzügen sich
mit hinreichend großen Vorräten von dem über alles geschätzten Menschenfleisch zu versorgen. Das Fleisch der im Kampfe Gefallenen wird auf
der Walstatt verteilt und in gedörrtem Zustande zum Transport nach
Hause hergerichtet. Die lebendig Eingefangenen treiben die Sieger erbarmungslos vor sich her, gleich einer erbeuteten Hammelherde, um sie

später, einen nach dem andern, als Opfer ihrer wilden Gier zu ver-
speisen. Die erbeuteten Kinder verfallen nach den von Dr. Schweinfurth
gemachten Angaben als besonders delikate Bissen der Küche des Königs.
Es ging während Dr. Schweinfurths Aufenthalt bei Munsa das Gerücht,
daß für ihn fast täglich kleine Kinder eigens geschlachtet würden. Jedenfalls bot sich den Blicken der Fremden nur sehr selten Gelegenheit, Augenzeugen von derartigen Mahlzeiten der Eingebornen zu sein. Schweinfurth
selbst wurden zwei Fälle bekannt, wo er die Monbuttu mitten bei der
Arbeit überraschte, Menschenfleisch als Speise herzurichten. Das eine
Mal stieß er auf eine Anzahl junger Weiber, die eben damit beschäftigt
waren, vor der Thür ihrer Hütte auf dem geglätteten Estrich von Thon
die ganze untere Hälfte eines Kadavers durch Brühen mit kochendem
Wasser von seinen Haaren zu säubern. Durch diese Behandlung war
die schwarze Hautfarbe einem fahlen Aschgrau gewichen. Der ekelhafte
Anblick erinnerte ihn lebhaft an das Abbrühen unsrer Mastschweine. Ein
anders Mal fand er in einer Hütte den noch frischen Arm eines Menschen über dem Feuer zum Dörren und Räuchern hängend. Sichtbare
Spuren untrüglicher Anzeichen von Kannibalismus fanden sich auf Schritt
und Tritt. Da aber König Munsa wußte, daß die Menschenfresserei
seinen damaligen Gästen ein Greuel sei, so wurde sie während des
Aufenthaltes derselben in seinem Lande nur heimlich betrieben.

Bei den Niam-Niam fand Dr. Schweinfurth in der Nähe der Wohn-
hütten, auf den Haufen von Küchenabfällen aller Art, menschliche Ge-
beine und Bruststücke von Menschen, an den Ästen benachbarter Bäume
hin und wieder Arme und Füße aufgehängt, in halb skelettiertem Zustande und bei schlechter Trocknung im Schatten des dichten Laubes
übelriechend und die Luft in weitem Umkreis verpestend.

Schweinfurth erzählt noch eine andre selbst erlebte Geschichte. Es
war im Niam-Niam- oder A'Sandēhlande nach Beendigung eines Krieges.
Als er ein Gehöfte von Eingebornen betrat, fand er vor der ersten
Hütte eine alte Frau sitzen, welche damit beschäftigt war, Kürbisse zu
zerschneiden und als Speise herzurichten, dabei war sie von einigen
Knaben und Mädchen unterstützt. Ihr gegenüber, vor einer andern
Hütte saß gleichgültig ein Mann, sich mit seiner Mandoline die Zeit
vertreibend. Zwischen beiden auf einer Matte hingestreckt lag unbedeckt
und den glühenden Strahlen der Mittagssonne preisgegeben, ein neuge-

bornes Kind, es konnte erst in der vergangenen Nacht das Licht der
Welt erblickt haben und war noch so hell und rot wie das frische
Fleisch der inneren Leibesteile. Alle paar Minuten machte es eine
schwache Atembewegung. Die Begleiter Dr. Schweinfurths erzählten, es
sei das Kind einer auf dem letzten Raubzug erbeuteten Sklavin, welches
man dieser abgenommen habe, da die Pflege ihres Kindes deren Verwendung bei häuslichen Arbeiten beeinträchtigt haben würde. Das
Würmchen mußte sie zurücklassen, denn es war dazu bestimmt, als
leckerer Braten verwendet zu werden. Man ließ es erbarmungslos liegen,
bis es verendet sein würde und fand es selbstverständlich, dabei ganz
gelassen häuslichen Beschäftigungen nachzugehen, bis der Moment gekommen, das Kindlein in den Kochtopf zu stecken.

Menschenfett verwandten die A'Sandeh sehr viel. Dem Genusse an-
sehnlicher Quantitäten schreiben sie allgemein berauschende Wirkung zu.
Die Monbuttu genießen es natürlich auch. Selbst in Unjamuesi fand
der Verfasser Spuren von Kannibalismus. Es herrscht dort eine, übrigens
immer mehr verschwindende Sitte, nach einem Kampfe den Kopf eines
erschlagenen Feindes im Feuer zu verkohlen. Zu Pulver zerrieben wird
derselbe dann in eine Fleischbrühe aus Ziegenfleisch gerührt und von den
Kriegern je ein Schluck genossen und dabei von dem gerösteten Herz des
Menschen ein Stückchen abgebissen. Menschenfett von hingerichteten Zaube-
rern wird überall in Unjamuesi als allerdings teure Medizin verwendet. —

In betreff der Heirat vermischen sich, trotz der streng gesonderten
Klassen, häufig Mädchen aus besseren Ständen, selbst der Herrscherfamilie,
mit Leuten von gewöhnlicher Abkunft. Auch hier wird, wie immer üblich,
Brautgeld erlegt. Es ist nicht anstößig, daß ein zur Mannbarkeit ge-
langtes Mädchen, wäre es auch des Fürsten Tochter, sich nachts zu
ihrem Liebhaber begebe, der ein Diener sein mag. Auch sonst scheinen
Frauen ziemlich frei des Umganges mit Männern zu genießen; doch
findet sich öffentliche Prostitution nur selten. Natürlich herrscht auch
hier uneingeschränkte Polygamie, vermehrt durch den Umstand, daß die
Brautpreise gering sind. Die Monbuttufrauen sind ob ihrer Fruchtbarkeit bekannt, und viele Kinder werden als ein Segen betrachtet. Weib-
liche Kinder scheinen in größerer Zahl wie männliche geboren zu werden.

Wenn jemand stirbt, so wird er nur selten begraben, da er ja
einen guten Braten abgibt. Welch sonderbarer Widerspruch aber im

Charakter jenes Volkes, welches auf der einen Seite seine Toten verspeist, auf der andern Seite ein allgemeines Mitgefühl mit den Frauen
hat, welche ihre Kinder verlieren. Die eigne Frau nimmt überhaupt
eine höhere Stellung, wie bei den übrigen Negervölkern ein; wenn die
Frau auch für Kinder und Küche zu sorgen hat, so liegt doch die schwere
Arbeitslast der Feldbestellung, das Anfertigen von Thongefäßen und
Matten den Dienerinnen ob, und im eignen Hause sowohl wie außer-
halb genießt sie unbedingte Achtung. Kein Mann würde etwas von
Belang unternehmen, ohne zuvor seine Frau zu Rate zu ziehen, eine
Pantoffelherrschaft, welche nach des Verfassers und andrer Erfahrung
übrigens allen Negern gemeinsam ist, trotz der Ansicht der Schwarzen,
welche man unzähligemal von ihnen aussprechen hört, daß Weiber keine
Menschen seien. Bei den Monbuttu kommt es sogar noch vor, daß
Fraueneinfluß den Rat der Ältesten aus dem Felde schlägt.

Die Kleidung besteht aus Rindenstoffen, welche nicht durch Klopfen
sondern durch Ziehen gestreckt werden, sich aber nicht entfernt mit den
Rindenstoffen aus Uganda messen können. Die Männer tragen eine
bis zur Brust reichende Hose oder auch nur eine Art Badehose, andre
wieder zwei Schürzen, keiner aber geht nackt. Bei den Frauen aber ist
die Bekleidung eine äußerst geringe, an der keiner fehlenden Gürtelschnur
steckt nämlich vorn ein nur handgroßes Stückchen Bananenblatt. Alle
aber tragen über dem Arme einen spannbreiten Gurt von grobem Ge-
webe, welcher dazu dient, die Kinder zu tragen. Diesen Gurt legen sie
vor Fremden sitzend auf Stühle, welche sie beim Ausgehen meist mitschleppen
oder von einem Diener oder Dienerin nachtragen lassen. Beim Erheben
vom Sitze machen sie eine halbe Kreisdrehung, um dem Beschauer den
Rücken zu kehren, und den Stuhl an sich pressend, erheben sie sich dann.

Den ganzen Körper pflegen die Frauen mit schwarzem Gardenia-
safte in den mannigfachsten Mustern zu bemalen. Bald sind es Sterne,
bald Malteserkreuze, bald Blumen oder Bienen, bald streifenförmige
Zeichen, welche zebraartig über den ganzen Körper verteilt sind. Tiger-
flecken oder gescheckte unregelmäßige Muster, marmorierte oder schachbrett-
artige Kartierung und dgl. mehr. Derartige Zeichnungen halten zwei Tage
und werden sodann abgewischte durch neue ersetzt.

Die Männer beschmieren sich mit roter Schminke aus Erde oder
rotem Holze hergestellt, mit Fett vermischt.

Die Haartracht ist für beide Geschlechter dieselbe und besteht aus einem langen chignonartigen, cylinderförmig gestalteten Aufbau, welcher durch ein inneres Rohrgestell gestützt wird. Die Männer tragen auf diesen riesigen Frisuren, welche schräg nach hinten von der Stirn ausgehen, einen aus feinem Rohrgeflecht hergestellten cylinderartigen Hut, welcher an der Basis rund ohne Krempe, oben quadratisch ist. Obenauf stecken die Männer aus gespaltenen Federfahnen hergestellte Büsche.

Auch hier bei den Monbuttu wird ungeheuer viel getanzt. Dr. Schweinfurth hat einem solchen Tanze König Munsas beigewohnt. In der großen Halle des Herrschers war ein weiter Raum freigelassen worden und 80 Weiber des Königs saßen händeklatschend da auf ihren kleinen Schemeln und umgaben ihn in einem einreihigen Karree. Hinter den Weibern, welche damals in besonders abenteuerlicher Weise bemalt erschienen, standen die Krieger in vollem Waffenschmuck und ein Wald von Lanzen starrte zur Decke. Alle musikalischen Kräfte, über welche der König verfügte, waren aufgeboten worden: Kesselpauken, Holzpauken, Hörner, Pfeifen aller Art, Schellen und Glocken. Der König selbst war in ein phantastisches Kostüm aus Fellen und Fellstreifen gekleidet, ein Schurz verschiedener Haarschwänze umgürtete die Hüften, die nackten Beine waren mit klirrenden Ringen besetzt. In rasendem Tempo, die Arme wie ein Besessener nach allen Richtungen umherschleudernd, aber immer im Takte der Musik sprang der König umher. Die Beine schnellten bald horizontal am Boden hin und her, bald wurden sie hoch in die Luft geworfen. Die Musik tobte dazu in wüstem Einerlei.

Mit erhobenen Armen begleiteten die Weiber diese Klänge, die Hände zusammenschlagend. Munsa raste zuletzt in höchster Ekstase durch die Halle, welche an die Wut eines kreisenden Derwischs erinnerte. Jeden Augenblick schien es, als müsse er mit schäumendem Munde in epileptische Zuckungen verfallen, indes er hatte als Zentralafrikaner starke Nerven. Alle halbe Stunden etwa wurde eine Pause gemacht, ehe es von neuem losging. Die ganze versammelte Menge war in hohem Grade erregt und erst ein Gewittersturm mit sintflutartigem Regen trieb die Leute auseinander. Tänze der Frauen werden besonders abgehalten; in großem Kreise trippeln sie singend umher, umschlossen von doppelter Männerreihe. Der Ausdruck des Tanzes ist viel züchtiger als anderswo.

An Waffen tragen die Monbuttu große, aber sehr leichte Holz-
schilde von länglich rechteckiger Form, Bogen und Pfeil, Lanzen und
wurfmesserartige Schwerter. Die Eisenarbeit derselben ist eine fast un-
übertrefflich kunstfertige. Die Monbuttu üben Beschneidung und gilt ihnen
dies als ein Zeichen der Überlegenheit über **alle übrigen** Negervölker.

Emin hatte die Absicht, das Monbuttuland noch weiter **zu** bereisen,
und war in tiefster Regenzeit auf dem Wege nach Bellima, so **daß man**
oft genötigt war, Brücken über angeschwollene Bäche zu schlagen. An
Dr. Schweinfurth schreibt er darüber: „Sie hätten Ihre Freude gehabt,
den Gouverneur der Provinz, **mit der Axt in der** Hand, im **tiefen**
Wasser arbeiten zu sehen."

Kurz, bevor er Bellima im Juli 1883 erreichte, gelangte jedoch
eine Post in seine Hände, welche alle seine Pläne mit einem Mal **über**
den Haufen warf und ihn statt östlich, in Eilmärschen nach Norden führte:

Lupton Bey, welcher 2000 Bewaffnete hatte, **erwartete** nach dieser
Post jeden Augenblick, von den Arabern angegriffen zu werden. Die
Dinka hatten Rumbek im tiefsten Frieden überfallen, die ganze Garnison
und die Bewohnerschaft niedergemacht (nur sechs Mann entkamen) und
Waffen, Munition und Vorräte erbeutet. Emin war es völlig un-
begreiflich, wie dies zuging. Seitdem die Dinka im Bahr el Ghasal
aufsässig geworden waren, hatte Emin genügende Verstärkung auf Ajak
und Rumbek dirigiert, ihn konnte kein Vorwurf **treffen.** An der Rum-
bekaffaire waren, wie sich später herausstellte, **die Leute der Station**
schuld, **da die Dinka,** über die gegen Emins ausdrücklichen Befehl gemachten Razzien ergrimmt, aufsässig **geworden** waren. Zu nicht geringem Teil war Gessi daran schuld. Dieser wollte zwar **das beste in**
zweifellos ehrlicher Absicht, aber er ergriff nicht immer die rechten Mittel.
Die Dongolaner verfolgte er mit unerbittlicher Strenge, **so daß sie** zuletzt
einen unbegrenzten Haß gegen ihn hegten, und den Negern, welche ihn
als ihren Vater betrachteten, machte er zu viele Zugeständnisse, so daß dieselben durch ihn in den Besitz zahlreicher Schießwaffen gelangten. Emin
schrieb darüber an Dr. Junker: „Waffen haben sie ja genug, dafür hat Gessi
gesorgt." Sie lernten auf diese Weise bald ihre Macht kennen und natürlich auch mißbrauchen. Der Mahdiaufstand fand so im Bahr el Ghasal
wohlvorbereiteten Boden. Die direkte Ursache des Aufstandes im Bahr
el Ghasal war aller Wahrscheinlichkeit nach die zwangsweise Rekrutie-

rung, welche der Gouverneur der Provinz, Lupton Bey, auf Verord-
nung des Generalgouverneurs Abd el Kadèr Pascha in seiner Provinz
vornehmen mußte. Vom Mahdi bedrängt, in großer Not um Soldaten,
verlangte Abd el Kadèr von Lupton Bey die Stellung von 7000 Negern.
Woher sollten diese nun genommen werden und welche Mittel mußten
zur Anwendung kommen, um sie aufzubringen? Dr. Junker sah selbst
in einer Station mehrere Hundert dieser Unglücklichen, Knaben von 15
Jahren an und Männer jeden Alters, gekettet oder in Halsgabeln gezwängt.
Die Sklavenjäger raubten doch nur die jungen Weiber und die kleinen
Knaben und Mädchen, die, noch wenig zur Arbeit tauglich, für die be-
raubten Familien keinen so übergroßen Verlust brachten, als die gewalt-
same Entführung der kräftigen, arbeitsfähigen, die Familie erhaltenden
Männer. Der Stamm wurde dadurch vor allem der waffenfähigen Individuen beraubt. Lupton darf man deswegen keinen Vorwurf machen, er
führte nur gegebene Befehle aus. Da, wo die Dinka nicht genügend mit
Waffen versehen waren, unterstützten sie zahlreiche Anhänger des Mahdi,
welche unter ihnen erschienen. Lupton dagegen that sein äußerstes, um
die Ruhe wieder herzustellen; doch was wollen derartige Bemühungen
bedeuten, wenn man sich vergegenwärtigt, daß seine dem Königreich
Preußen an Oberfläche gleichkommende Provinz von nur 200 Mann
besetzt war. Die irregulären Truppen, durch Gessi auf eine geringe
Anzahl herabgebracht und durch Neger ersetzt, bestanden aus Dongolanern, Landsleuten des Mahdi. Sie erwiesen sich jedoch als unzuverlässig, ließen Lupton in der Stunde der Gefahr nicht nur im Stich,
sondern sie verrieten ihn noch dazu.

Lupton Bey, der Gouverneur von Bahr el Ghasal, hatte schon
sehr bald die Wirkungen des Aufstandes zu verspüren, denn schon im
November 1881 mußte er die oben genannten Mannschaften stellen.
Der Gouverneur des Dar-Fur, Slatin Bey, ein österreichischer Offizier,
von Gordon 1879 zu dieser Würde erhoben, zeichnete sich in den
Kämpfen gegen den Rebellenführer Harun aus: trotzdem er am 10. September 1882 durch eine Kugel in der rechten Hand verwundet wurde,
schlug er dennoch die Araber.

Im Dezember 1882 war Lupton Bey genötigt, seine irregulären
Truppen, welche dort Hoterie genannt werden, ein Ausdruck, welcher als
Korruption von „Coterie“ dem Französischen entnommen ist, zusammen-

zuhalten, da er alle Leute notwendig hatte, um den sehr zahlreichen und gut bewaffneten Rebellen zu begegnen. Die Dinkaneger revoltierten in der Zeit zwischen November und Dezember und im April 1883 befand sich das Bahr el Ghasal-Gebiet im traurigsten Zustand. Es hatten mehrere Gefechte stattgefunden und einmal wurden bei Dembo sogar Luptons Leute geschlagen, 74 Soldaten und Basinger und der Befehlshaber des Platzes getötet. Raffai Aga, ein im Dienste Luptons stehender, äußerst energischer und unternehmender Dongolaner, trieb die Araber zurück, machte viele Gefangene und tötete ihren Anführer, dessen Fahne in des Aga Hände fiel.

Mitte April jedoch mußte Lupton selbst mit einer Kompanie Soldaten aufbrechen, um Raffai Aga zu Hilfe zu kommen, da ihn dieselben nach der Einnahme von Dembo 'angriffen. Raffai Aga hatte seine Expedition mit 1250 Mann gegen die Dinka und Araber unternommen. Der Vizegouverneur Luptons, Sati Achmed Abu el Kassim, hatte dieselben schon wiederholt geschlagen und zwar mit seinen **900** Mann zwischen Meschra er Rek und Djur Ghattas, den Dinka ungefähr 2000 Rinder abgenommen, aber dennoch war kein Zeichen von Nachgiebigkeit zu merken. Später wurde er von den Rebellen eingeschlossen und die Straße nach Meschra er Rek war nun ganz von den Dinka blockiert. Lupton Bey meldete diesen Umstand an Emin und berichtete zugleich, daß Dr. Junker beabsichtigt habe, über Dem Soliman und Meschra er Rek nach Europa zurückzugehen. Dies war nun nicht mehr möglich, da der Weg nur unter Bedeckung von ein paar Hundert Mann zu passieren war. Emin schrieb deshalb an Junker und lud ihn in seiner und seiner Sammlungen Interesse ein, über Monbuttu zu ihm zu kommen. Zugleich gab er an alle Stationen die notwendigen Befehle, Dr. Junker Träger zu stellen und ihm behilflich zu sein. Fortwährend erhielt er nun unterwegs neue unangenehme Nachrichten. Die alte Seriba Gotzl el Hassan, nordwestlich von Ajal, war mit allen ihren Insassen verbrannt und Hassan, der Kommandant, niedergemacht worden. 500 Tote blieben auf dem Platze, der Verlust des Feindes war ebenfalls sehr groß. **Die** Dinka schienen diesmal Ernst zu machen. Alle Leute **aus** Shabbi und Kanna hatten sich auf Emins Gebiet geflüchtet, so lieb ihm **die** Verstärkung war, so unwillkommen war ihm der Beweis, daß das Feuer des Aufstandes immer weitere Ausdehnung nahm.

Auch die Grenzdistrikte wurden unruhig, aber bis dahin war kein weiteres Unglück zu beklagen.

Dr. Junker befand sich zu jener Zeit bei dem Niam-Niam Semio, kurz zuvor war er von seiner großen Reise nach dem Süden und Westen zurückgekehrt. Er hatte zweimal den Uëlle erreicht und drang bis zu seinem entferntesten Punkt, der Seriba Abdallah im Bezirke Ali Kobbos, vor. Er mußte nun seinen Plan, nordwärts reisend nach Europa zurückzukehren, ganz fallen lassen und folgte Emins Einladung nach Lado; er hoffte, von da mit einem Dampfschiff nach Chartum gelangen zu können.

Emin fragte wieder in Briefen an Dr. Schweinfurth, was die Chartumer sich eigentlich unter seinen Ländern denken, ob sie glaubten, **daß** er mit seiner Handvoll Leuten eine eigne Vorsehung besitze, und **ob sie** meinten, daß alle ihn umgebenden Neger nicht im stande wären, eines Tages über ihn herzufallen, wenn der Aufstand größere Dimensionen annähme?

Am 19. Oktober **1883 langte Emin wieder in Lado an.** Er scheint in den letzten Tagen **sehr krank gewesen zu sein,** da er sagt, es sei ihm recht bös gegangen und er hätte kaum geglaubt, wieder aufstehen zu können. Seine Leute standen noch im Dinkalande, wo bisher keine weiteren Unruhen ausgebrochen waren. In kurzer Zeit war alles **wieder** in Ordnung, die übrigen Gebiete der Äquatorialprovinz völlig ruhig. Emin hatte im Laufe der Zeit einen so großen persönlichen Einfluß auf die Häuptlinge gewonnen, daß er hoffte, glimpflich bei etwaigen Verwickelungen abzukommen. Danagla hatte er nicht viele, sondern dieselben nach und nach zu entfernen gewußt, er hielt sie jetzt mit seinen Negersoldaten in Schach. Sonst aber stand es mit allen Verhältnissen so gut, daß er sogar schreiben konnte, „die Erforschung und Ausbeutung schreitet ruhig fort", und rechnete er am Ende des Jahres auf einen für **jene** Gebiete ungeheuren, reinen Überschuß von 12000 Pfund Sterling = 240000 Mark: Welche Summe von Arbeit, welches Aufgebot von geistiger Anstrengung, welche Fähigkeiten, Energie, ja Begeisterung für **die** Sache gehörten dazu, ein derartiges beispielloses Resultat zu erzielen.

Emin hatte damals noch vollauf Zeit und Sinn, sich sogar mit seinen Kulturversuchen zu beschäftigen und war aufs höchste betrübt, daß der ausgetretene Nil seinen schönen Garten bei der Station Lado zerstört hatte; Rosen, Bambuspflanzungen, sogar der Reis waren ertrunken.

Von Lupton dagegen liefen immer schlimmere Nachrichten ein. Die Dinka verstanden guten Gebrauch von den Waffen zu machen, welche sie wiederholt in Gefechten gegen Luptons Leute genommen und welche ihnen Gessi seinerzeit gegeben hatte. Dazu kam, **daß** sämtliche Danagla eifrige Anhänger des falschen Propheten waren. **Das** Ausbleiben der Dampfer von Chartum brachte Lupton in die höchste Not, **denn die** Munition ging auf die Neige und Waffen waren überhaupt **zu wenig** vorhanden. Er mußte sogar Dr. Junker um Zündhütchen bitten. Endlich trat Mangel an Proviant ein und die Verbindung mit Emin **war** gänzlich unterbrochen.

Im August aber gelang es Lupton, die westlichen Dinka zu schlagen. Am 17. August kam Bohndorff, Dr. Junkers Präparator, bei Lupton an und Mitte September konnte er an Dr. Junker schreiben, daß sich nahezu alle Neger unterworfen hatten, so daß nur wenig Gefahr mehr zu bestehen schien. Meschra er Ret wurde von Rebellen attackiert, dieselben aber mit großen Verlusten zurückgeschlagen. Am 15. August 1883 war der Dampfer Ismailia in der Meschra angekommen, aber es dauerte über einen Monat, ehe Lupton Nachricht hiervon erhielt, weil die Straße dorthin von den Dinka verlegt war. Der Dampfer brachte einen Europäer, den Reisenden Juan Maria Schuver; derselbe wollte sich trotz allen Abmahnens der Leute den Weg nach Djur Ghattas mit nur fünf Mann Begleitern bahnen. Er erlag, als ein Opfer seiner Halsstarrigkeit, 1 ½ Tagemarsch von der Meschra den Speeren der Dinka.

Im Oktober begann für Lupton das Unglück. Er verlor Raffai nebst 400 Mann durch die Dinka. Im November gelang es ihm freilich nochmals, den Agahr- und Gohlstämmen der Dinka eine Niederlage beizubringen. Die Dinka verloren 400 Mann und 350 Rinder und gleich darauf in nochmaliger Niederlage gegen 1000 Mann an Toten und Verwundeten. Es war aber nur ein letztes Aufflackern seines sinkenden Sternes. Kurz darauf geriet er in die Gefangenschaft des Mahdi und bis heute hat man sich noch keine Gewißheit über sein Schicksal verschaffen können.

Neuntes Kapitel.

Bei Emin **begann es** nun auch zu gären. Am Ghasal saß schon zu Bakers Zeiten ein Häuptling, Loron, welcher sich durch immerwährende Umtriebe gegen die ägyptische Regierung hervorthat. Emin war es nach besonderem Bemühen zwar gelungen, denselben zum Freunde zu machen, allein in letzter Zeit hatte er sich wieder an die Spitze einer **Bewegung** gegen das Gouvernement gestellt. Es gelang ihm, verschiedene andre Häuptlinge zum Angriff auf die Station Lado einzuladen, da sich dort keine Munition und wenig Soldaten befanden, wie der Häuptling Loron wußte, so daß es sehr fraglich war, ob sich Emin würde halten können im Falle eines allgemeinen Angriffs der dortigen Bari. Am 21. Dezember empfing Emin von Dr. Junker einen Brief sowie einige Sammelapparate, welche ihm unendliche Freude machten. Der Tag der Ankunft war für ihn ein Festtag. In einem Briefe vom 18. Dezember 1883 an Dr. Junker zeigt sich recht deutlich sein jeder Großthuerei abholder Charakter und seine große Bescheidenheit. Der Italiener Casati, Emin nennt ihn hier zum erstenmal, war ein früherer italienischer Offizier, welcher schon seit 1880 jene Gebiete bereiste, hatte ihm einen Brief gesandt, der an Dr. Junker adressiert war, Emin jedoch aufgefordert, ihn zu lesen. „In demselben", schreibt Emin, „finde ich neben recht vernünftigen Ideen eine Lobpreisung auf mich. Ich möchte besonders Ihnen (Junker) gegenüber nicht gern in den Verdacht kommen, als veranlasse ich solche Demonstrationen, um die Welt meine Verdienste kennen zu lassen. Ich muß deßhalb herzlich **bitten**, im Falle Sie die Notiz zur Veröffentlichung bringen wollten, den Passus auszulassen. In nun beinahe neunjährigem Dienste am Äquator habe ich noch nie zur Reklame gegriffen, obgleich in Ägypten dies wohl nötig scheint, wenn man avancieren will."

Am 23. Januar 1884 langte Junker glücklich bei **Emin an.**
Erſterer fand die Verhältniſſe in der Äquatorialprovinz derart, daß ſie
für den Anfang ſeines Aufenthaltes bei Emin nach keiner Richtung hin
eine beſondere Gefahr in ſich ſchloß. Es war im Gegenteil den Truppen
Emins geglückt, nach dem Fall von Rumbek den Dinka eine ganz
gründliche Lektion zu geben. Ibrahim Aga aus Makraka, Gurguru
genannt, gelang es, von Emin geſandt, in jenen Gebieten die **Ruhe**
bald wieder vollſtändig herzuſtellen und Rumbek neu aufbauen **zu laſſen.**

Die Agahr waren durch die anfänglichen Erfolge der Dinka angeſteckt
worden und hatten verſucht, die ihnen läſtigen ägyptiſchen Eindringlinge
abzuſchütteln. Sie trugen ſo kaum **merklich** die Gärung **auf ihre öſt**=
lichen Nachbarn. Auf **die Berichte hin,** daß die Garniſon von **Schambé**
eingeſchloſſen ſei **und ſchon** Hunger leide, ſandte Emin von Lado aus
Barken unter **Leitung eines** ägyptiſchen Offiziers Abb el Wahab Effendi
mit 12 Mann Soldaten aus, um genügend Getreide aus Bor nach
Ghabé Schambé zu bringen. Ehe jedoch die Schiffe **dort** eintreffen
konnten, ging in Lado ſchon die Nachricht ein, daß Schambé von den
Schwarzen angegriffen, die ganze Garniſon niedergemacht und die Station
vernichtet ſei.

Nun war es notwendig, Schambé **abermals zu** beſetzen und auch
den Eingebornen dort eine ganz derbe **Lehre zu erteilen.** Ibrahim Aga
war nach der Bekämpfung der Agahr und **der** Neugründung der Station
Rumbek frei geworden, jedoch noch nicht nach Makraka zurückgekehrt.
Er bekam ſofort den Befehl, mit neu zuſammengezogenen Mannſchaften
nach Schambé zu ziehen, denn auch Buſi, Schambé am nächſten gelegen,
ſchien bedroht und mußte verſtärkt werden.

Auch in Latuka war bereits früher über Unſicherheit geklagt worden
und verlangte man auch dort Verſtärkung. Nun mußte man ſchon an
Räumung denken, denn es würde unklug geweſen ſein, jene Gebiete
weiterhin zu halten. Emin gab daher, gleich nachdem Latuka gefallen
war, den Befehl, die Provinz zu räumen, und ſollten ſich die Garniſonen
auf Obbo zurückziehen. Mit der Station Bor beſtand zu Lande keine
Kommunikation. Barken hätten nur bei Nordoſtwind, welcher erſt nach
der Regenzeit wehte, zurückkommen können, zudem fehlte es an guten
Barken und beſonders an guten brauchbaren Segeln. Es war daher
ſeit dem letzten Dampfer **am** 16. März 1883 keine Nachricht mehr von

dort nach Lado gelangt. Wie es dort stand, ließ sich nicht einmal vermuten, doch enthielt es eine starke Garnison von 200 Mann und hatte sich von jeher selbst verproviantieren können, so daß man wegen Vor keine allzugroßen Sorgen zu haben brauchte. Sogar unter den Bari um Lado hatten sich einige unruhige Köpfe gezeigt, aber Emin hatte es gut verstanden, durch energische Maßregeln einem Umsichgreifen der Erregung sofort vorzubeugen.

Es war Ende März 1884 seit einem vollen Jahre kein einziger Dampfer mehr von Chartum eingetroffen. Die Unruhen an den Grenzen mehrten sich aber derart, daß im März 1884, wie oben gesagt, nicht nur aus der Idara (Bezirk) Latuka alle Stationen eingezogen werden mußten, sondern auch aus den Bezirken Fauvera und Fabibek im Osten. Die Soldaten mußten bis zu weiterer Verwendung an den südlichen Stationen konzentriert werden. Es blieb dann in der Richtung nach Süden außer den Stationen am Bahr el Djebel nur die Station Fatiko bestehen, um jenseit des Flusses bei Dufilé das östliche Gebiet der Schuli, welches eine reiche Kornkammer war, nicht zu verlieren.

Ibrahim Aga kam am 21. April vom Rohl zurück. Er berichtete, daß große Mengen Blutes geflossen seien und er alle Rädelsführer und Häuptlinge habe hängen lassen. Nach Amadi und Bufi, wo zunächst die Gefahr drohte, daß die Neger dem Beispiel der Schwarzen bei Schambé folgen und Bufi angreifen könnten, schickte Emin Dongolaner hin.

Am 23. Mai 1884 kam die Post von Lupton Bey an. Emin gab nun sofort den Befehl nach Makraka, daß Ibrahim Aga nach Lado zurückkehren solle, denn es war jetzt hauptsächlich nötig, derartige Vorsichtsmaßregeln zu ergreifen, welche einen Übertritt der Regierungsbeamten oder sonstiger Araber zu den Rebellen unmöglich machten. Ibrahim Aga war selbst Dongolaner, jetzt zwar in angesehener Stellung, aber wer konnte für ihn Garantie übernehmen. Er genoß Emins Vertrauen und dieser wollte ihm mündliche Instruktionen geben.

Ende Mai erfuhr Emin, daß sich das Gouvernement Bahr el Ghasal dem Heere des Mahdi ergeben hatte, nachdem Lupton von allen seinen Leuten verlassen worden war. Scheich Keremalläh, der Kommandierende der Okkupationsarmee, schrieb nun an Emin, daß der ganze Sudan verloren, Chartum belagert, Hicks und Allah-ed-Din mit 36 000 Mann gefallen seien, und forderte Emin auf, sich zu unterwerfen, d. h. sich in

Person bei ihm einzufinden und zu diesem Zwecke mit seinen sämtlichen
Leuten nach dem **Bahr el** Ghasal aufzubrechen.

Von Geheimhaltung **ben** Leuten gegenüber konnte gar keine Rede
mehr sein. Emin **ließ daher** sogleich seine höheren Beamten der Station,
die drei Offiziere, Schullehrer, Oberschreiber, einige Departementsschreiber
und andre zu einer Versammlung zusammenrufen, in welcher ihnen
Keremalláhs Brief vorgelesen **wurde.** Nach **Befragung** der Ansicht
eines jeden einzelnen und mit Rücksicht **darauf, daß** selbst eine so große
Armee wie diejenige Hicks Paschas **dem** Mahdi keinen Widerstand habe
leisten können, ferner in anbetracht **des Umstandes,** daß auch Lupton
das Bahr el Ghasal=Gebiet **hatte** übergeben müssen und zuletzt und
hauptsächlich, **weil eine so** rasche Konzentration **der** Truppen Emins,
wie es unbedingt notwendig gewesen wäre, um dem Mahdi Widerstand
zu leisten, unmöglich erschien, wurde einstimmig beschlossen, auch Hat el
Estiva zu übergeben, um jedes weitere und unnütze Blutvergießen zu
vermeiden. **Emin war** damals, wie Junker sagt, seinerseits sogleich
bereit, der Aufforderung des Emir Keremalláh Folge zu leisten **und
nach** dem Bahr el Ghasal zu gehen. Es sollte ein Brief an Keremalláh geschrieben werden und die nun erfolgende Wahl des Überbringers
fiel auf Emin. Emin schrieb sogar am **27.** Mai an Dr. Schweinfurth,
daß es Wahnsinn wäre, den Kampf aufzunehmen ohne Gewehre, Munition **und** ohne zuverlässige Leute, die Danagla vor **und** hinter sich.
In einigen Tagen wolle er nach dem Ghasal gehen.

In der Sitzung stellte er auch die Frage an die Anwesenden, wer
ihn auf seiner Reise dorthin begleiten wolle. Es fanden sich mehr Leute
dazu bereit, als wünschenswert erschien, ob aus orientalischer Höflichkeit
oder aus Furcht und Respekt vor dem Mahdi war nicht ersichtlich. Es
wurden dazu bestimmt der Kadi, **der** Schulmeister, zwei Schreiber und
ein Offizier. „Ich wußte wohl", sagte Emin damals, „daß mit meiner
Entfernung der Anarchie Thür und Thor geöffnet sei und ein Hand=
streich der Makraka=Danagla auf Lado die ganze Provinz ins Verderben
gestürzt hätte. Von der andern Seite wäre es unklug, die mir ge=
wordene Mission, den Brief zu überbringen, abzulehnen, obgleich es von
vornherein klar war, daß, sobald ich einmal **im** Bahr el Ghasal an=
gelangt war, für mich kein Rückweg existierte, sondern ich wie Lupton
nach Kordofan zu gehen . hatte."

Inmitten all dieser Wirrnisse, zu welchen noch der Mangel an Getreide kam, brach am 1. Juni morgens ein Brand in bedenklicher Nähe der Magazine aus und zerstörte in kurzer Zeit einen großen Hütten= und Häuserkomplex, welcher fast nur von koptischen Schreibern bewohnt war. Während früher bei derartigen Vorkommnissen jedermann Hand anlegte, erwies sich diesmal der Fanatismus von seiner aller= schlimmsten Seite. Emin war nämlich ganz auf die Soldaten ange= wiesen, um löschen zu können; als er einen mohammedanischen Schreiber fragte, warum er nicht helfe, antwortete er: „Das sind ja Christen, lasse nur!" Emin setzte nun den Leuten in einer andern Versammlung die Sachlage auseinander und erklärte ihnen, daß seine Abwesenheit nur Unheil anrichten würde. Er schlug daher vor, statt seiner den Kadi zum Überbringer des Briefes zu machen. Dieser unterstützte Emin zu dessen Verwunderung darin und so wurde am 3. Juni die Deputation abgesandt. Die meisten Stadtbewohner gaben derselben das Geleite bis vor die Thore. Die Aufgabe der Abgesandten sollte darin bestehen, die Verhandlungen mit dem Mahdi so lange hinauszuziehen, bis man in Chartum im stande sein würde, Dampfer und Boote zur Reise dorthin zu senden; ferner sollte erwirkt werden, daß die Äquatorialprovinz von jeder Invasion frei bliebe. Sodann aber möge der Mahdi dahin wirken, daß man gegen die sudanesischen Soldaten keine Ausschreitungen begehe.

Es hatten nämlich drei brave sudanesische Soldaten, welche in die Ge= walt der Mahdisten im Bahr el Ghasal geraten, dann aber geflüchtet waren, berichtet, daß Lupton von seinen eignen Leuten, welche seit lange mit den Rebellen im Einverständnis waren, verraten worden war und nach Kordofan zum Mahdi reisen mußte. Lupton soll zur Übergabe und Reise nach Kordofan verleitet worden sein durch schmähliche Lügen und Betrügereien der Seinen; man soll ihn böse behandelt haben und einst, als er rauchte, haben peitschen wollen. Seine Uniform sei ihm vor ihren Augen zerfetzt worden. Unmittelbar nach der Besetzung von Dêm Sibêr durch die Danagla haben diese alle Bücher und Dokumente des Gouvernements verbrannt, die Magazine geöffnet und geplündert und die Waffen und Munition an sich genommen, sowohl die in den Maga= zinen befindlichen als die der Soldaten, und an Meistbietende gegen Sklaven oder Geld verkauft. Die Soldaten selbst wurden in Ketten gelegt. An den folgenden Tagen wurden sodann auch die Soldaten

Emins tteßbenz Lado in Flammen.

öffentlich verkauft, teilweise aber von früheren angeblichen Herren reklamiert. Während ihrer Gefangenschaft hatte man ihnen das Essen in Löchern vorgeworfen, welche in die Erde gescharrt worden waren.

Indessen hatte Emin den Befehl gegeben, die Stationen in Monbuttu einzuziehen und den dortigen Verweser Rihan Aga mit allen Soldaten und Arabern nach Makraka beordert. Ebenso sollten die Stationen südlich von Ndirsi und Rimo in Makraka eingezogen werden, so daß die Äquatorialprovinz immer kleiner wurde. Ibrahim Aga hatte wiederholt den Befehl erhalten, nach Labo zu kommen, um mit Emin zum neuen Propheten zu gehen.

Unmittelbar nach der Abreise der zum Mahdi geschickten Mission ging Dr. Junker nach Süden und blieb vorläufig in Dufilé, von wo aus er über Sansibar nach Europa zurückzugehen gedachte.

Emin aber hielt es für geraten, die unnützen Esser zu entfernen, und da es in Makraka Getreide in Hülle und Fülle gab, so wurden die Schreiber und Gerichtsbeamten dorthin gesandt.

Nun empfing Emin von Ibrahim Aga einen Brief aus Makraka, welcher meldete, daß er nach Amadi nebst dem dorthin beorderten Maultier Emins gegangen sei und ihn erwarte, um mit ihm zusammen nach dem Bahr el Ghasal zum Mahdi zu gehen.

Nach Ibrahim Agas Abreise, rief sofort ein in Ägypten geborner Offizier die sämtlichen Unteroffiziere zusammen, befahl ihnen, Lebensmittel soviel wie möglich zusammenzuraffen und dann könne jeder hingehen, wohin er wolle, denn es gäbe keine Regierung mehr. Die Folge davon war eine große Panik, zumal schon eine Menge Danagla zu Keremallah gegangen waren. Emin sandte nun sofort einen Offizier mit zehn Mann nach Makraka, um den Offizier zu arretieren und die Leute zur Raison zu bringen.

Da kam eine neue Hiobsbotschaft, welche Emin nicht nur bestürzt machte, sondern auch schmerzlich überraschte. Ibrahim Aga, den Emin von Stufe zu Stufe befördert und welcher sich bisher immer als zuverlässig bewiesen hatte, war schon seit einiger Zeit damit beschäftigt gewesen, die Danagla von allen fernliegenden Punkten um sich zu vereinen, schrieb aber inzwischen, um Emin zu täuschen, Briefe voll von Ergebenheitsausdrücken und Versicherungen seiner unwandelbaren Treue. Da plünderte er, als er sich stark genug fühlte, mit einem Male die Magazine

in Wandi in Makraka. Durch einen ihm ergebenen Offizier ließ er die
wenigen, dort befindlichen sudanesischen Soldaten und Offiziere zum
Treubruche auffordern, wurde aber abschlägig beschieden. Dann setzte
er sich mit den ihm zugelaufenen Danagla in Bewegung. Das Boot
auf dem nun hochgeschwollenen Jaïfluß war auf seinen Befehl versenkt
worden, um alle Verbindungen nach Lado hin abzuschneiden.

Auf dem Marsche von Makraka, welches östlich von Lado liegt,
ging er, dieser Himmelsrichtung folgend, nach Kabajendi. Überall wurde
unterwegs geplündert. Die Greuel der früheren Sklavenjagden wiederholten sich nun in dem bis dahin so friedlichen Lande. Alles, was
von Eingebornen zu erwischen war, Männer, Frauen und Kinder,
wurde fortgeschleppt. In Kabajendi wurden Regierungsgebäude und
Magazine geplündert und auch Privatbesitz nicht geschont. Den Stationschef Mustapha Aga aus Chartum legte man in Ketten und seine gesamte Habe wurde weggeschleppt. So entpuppte sich Ibrahim Aga!
Von da zog die Horde nach Kuburma, wo Quartier genommen wurde,
um geraubtes Getreide zu Mehl, als Provision für den Marsch, vorzubereiten und zum Teil zu Bier zu verarbeiten. Schließlich aber entzweiten sich die Deserteure. Ibrahim Aga wurde, wegen der an Mustapha
Aga begangenen Gewaltthat eingesperrt, entkam dann aber mit fünf
Mann. Derartige Menschen vergessen immer, daß sich das, was sie
gegen andre verüben, sich zuletzt gegen sie selbst kehrt.

Die nach dem Bahr el Ghasal entsendete Mission hatte wenig
Glück; schon gleich zu Anfang entzweiten sich die Mitglieder derselben.
Der Kadi, welcher sich in Lado als der Retter der Provinz gerierte,
hatte sich nicht entblödet, in Ajak öffentlich vor Soldaten und Danagla
zu erklären, daß er nur zu dem Zwecke nach dem Bahr el Ghasal ginge,
um von dort Hilfstruppen zu holen, mit welchen zurückgekehrt er Emin
aufknüpfen und seine Beamten und Offiziere enthaupten wolle. Als
Ungläubige verdienten alle, samt und sonders, den Tod. Der Schulmeister stand ihm bei, während die andern sich schämten und Einspruch
dagegen erhoben. Der Streit ging zuletzt in Thätlichkeiten über, welcher
mit der Überwältigung des Kadi endete. Die andern Mitglieder setzten
dann ihre Reise weiter fort, während der Kadi und der Schulmeister nach
Lado zurücktransportiert werden sollten.

Dies zeigt, mit welchem Gesindel Emin zu arbeiten hatte. Zu

verwundern ist dies übrigens nicht, denn alle Schwarzen, ohne Aus=
nahme, sind zu allem fähig und jeder noch so geringe Anlaß kann ihre
Meinung gänzlich umstimmen.

Der Wekil von Ajak verließ Anfang Juni, gegen Emins ausdrück=
lichen Befehl, seine Station, da es ihm dort etwas zu heiß wurde.
Keremallah sollte die Absicht haben, sich nach Lado zu begeben. Emin
war, wie er an Junker schrieb, in der letzten Zeit so grau geworden,
daß sich alle darüber wunderten — „hoffentlich lebe ich nicht, um den
völligen Zusammenbruch all meiner Arbeit und Mühen zu sehen" —
fügte er hinzu. Gegen Ende Juni traf der von Ajak durchgebrannte
Wekil Osman Effendi **bei Emin ein.**

Ein aus Kordofan kommender Mann erzählte, daß der Mahdi
seinen Leuten einige geschlossene Körbe gezeigt und gesagt habe, daß
Gordon an der Spitze von 60 000 Mann, mit Geld und allem reich=
lich versehen, von Ägypten abgegangen sei und komme, mit ihm Krieg
zu führen. In den Körben seien die Seelen dieser 60 000 Mann,
20 000 werde die Erde verschlingen, andre 20 000 würden in die Lüfte
verschwinden und der Rest sich zum neuen Propheten schlagen. Leider
sollte sich diese Prophezeiung erfüllen.

Am 25. Juni schrieb Emin, daß sich alles zum bessern zu wenden
schiene, doch wisse man nicht, ob es die Ruhe vor dem Sturme sei,
oder ob der Groll der Vorsehung sich endlich erschöpft habe. Emin hatte
veranlaßt, daß sich die Bombe in Makraka erhoben, um Ibrahim zu
verfolgen. Der mit der Verfolgung betraute Häuptling Rihan hatte
geschworen, Ibrahim Aga lebendig oder seinen Kopf zu bringen. Die
Verfolger schlichen sich in der Nacht an die Lager der Deserteure heran
und durchschnitten die Stricke der gewaltsam aus ihrem Stamme mit=
geführten Träger. Mehrere Danagla hatten sie getötet, andre schwer
verwundet und als Gefangene nach Kabajendi gebracht. Offiziell durfte
Emin von alle dem zwar nichts wissen, aber er hoffte durch Organisation
eines Guerillakrieges in den Niam=Niamländern den Danagla die Straßen
zu verlegen.

Inzwischen kamen die Truppen aus dem Sudan teilweise an. Mit
blutendem **Herzen**, sagte Emin, habe er die Stationen, welche nicht
durchaus nötig **waren**, aufgeben müssen und die Distrikte Fauvera, Fadibek
und Latuka im Osten völlig geräumt. Die dadurch disponibel gewor=

benen Truppen wurden teilweise zur Verstärkung der am Nil gelegenen
Stationen verwendet, zum größeren Teil aber nach Makraka und Amadi
dirigiert. Diese wiederholten Räumungen — einige Stationen waren inzwischen wieder besetzt und mußten zum zweitenmal verlassen werden —
trugen nicht zur Erhöhung des Ansehens der Regierung unter den
Negern bei. Hätte man von vornherein einen andern Weg eingeschlagen,
so wäre es nicht soweit mit den Verlusten gekommen; das unheilvolle
Verhinderungssystem, die halben Maßregeln, das Spielen mit der
Sklavenfrage, die hohlen Redensarten über sudanesische Gleichberechtigung,
dies alles rächte sich jetzt und so war das, was Emin immer voraus-
gesagt hatte, eingetroffen.

Wie schwierig schon damals Emins Lage war, kann man aus dem
Umstand ermessen, daß, als in der Nähe von Amadi durch die Unvor-
sichtigkeit eines Offiziers fünf Mann getötet wurden und bei dieser Gelegenheit die Danagla fünf Remingtongewehre und 100 Pack Munition
erbeuteten, Emin diesen kleinen Verlust an Waffen und Munition einen
herben Schlag nannte.

In Rumbek hatten sich die Faruch, Waffenträger, Dragomane
u. s. w. empört und die arabischen Insassen verschiedener Seriben niedergemacht, sich aller Waffen und Munition bemächtigt und standen in
offenem Kampf mit den Danagla. Hierauf flohen alle Faruch des
Distrikts Djur Ghattas — etwa 300 — zu den erstgenannten, nachdem
sie zuvor die kleine Station Tondj vernichtet hatten. Die Danagla in
Djur Ghattas wurden zerniert und so waren alle Verbindungen nach
Westen abgeschnitten. Bei der Überrumpelung von Tondj hatte auch
der verräterische Ibrahim Aga den Tod gefunden, eine Nachricht, welche
später durch Augenzeugen bestätigt wurde.

Emin war die ganze Zeit von der nur 120 km stromabwärts
liegenden Station Bor abgeschnitten und erhielt zu seiner größten Freude
am 24. Aug. 1884 von zurückgekehrten Soldaten die Nachricht, daß in
Bor alles wohlauf und eine von Emin dorthin gesandte Barke mit
Korn, Munition und Leuten glücklich in Bor angelangt sei.

Mitte September aber konnte Emin an Dr. Junker in Dufile
schreiben, daß es in Lado so still sei und er in einer solchen Gemüt-
lichkeit lebe, daß einem ganz angst werden könne. Sogar das Sand-
befragen hat aufgehört. Es ist nämlich im ganzen Sudan das Be-

fragen der Zukunft nach gewissen sich auf einer kleinen ausgebreiteten
Sandfläche bildenden Zeichen sehr beliebt. Jedermann befleißige sich
eines möglichst ehrbaren Lebenswandels, vermutlich, fügt Emin hinzu,
um die zürnende Gottheit zu besänftigen.

Emin war übrigens die ganze Zeit über nicht müßig geblieben, er
hatte die Station Lado in eine kleine Festung umwandeln lassen, mit
tiefem Wallgraben, hohen Wällen, Bastionen und Zugbrücken. Die
Zustände hatten sich aber schon gegen Ende bedeutend verschlimmert, fortwährend wurde die Bevölkerung beunruhigt durch die widersprechendsten
Gerüchte. Emin begann zu verzagen, denn die ewige ungeheure geistige und
körperliche Anstrengung mußte schließlich ihre Wirkung ausüben. So
schrieb er am 22. Oktober 1884 unter anderm an Dr. Schweinfurth:
„Wenn es nun einmal ans Sterben gehen soll, so wollen wir wenigstens
einen ehrlichen Soldatentod sterben und weit ist das nicht von uns, glaube
ich. Ich mag's meinen Leuten nur nicht zeigen, aber viel Hoffnung
habe ich wahrhaftig nicht mehr, um so mehr als ein neuer Brief von
Keremalläh davon spricht, daß Chartum vom Mahdi belagert werde."

Als Kuriosum erwähnt Emin, daß Neger aus dem Sudan erzählt hätten, daß eine Menge wohluniformierter, englischer Soldaten
auf dem Wege zu ihm seien. Es ist dies eines jener der lebhaften
Negerphantasie entsprungenen Gerüchte, welche man in Afrika gar zu
häufig zu hören bekommt und welche oft auf gar nichts basieren. So
erzählte einst ein Schwarzer dem Verfasser eine ähnliche Mär und
schwor Stein und Bein zusammen, daß er die Wahrheit berichtete, er
wollte sogar seine Flinte zum Pfande dafür lassen. Es sollte nämlich
diesmal von Sansibar aus nach Tabora in Ostafrika eine große Karawane von 76 Europäern auf dem Marsche sein, welche der Schwarze
selbst gesehen haben wollte. Er beschrieb ganz genau verschiedene Rang-
abstufungen der Weißen, ihre Zelte, die Flagge als französische, so daß
man annehmen mußte, es seien Missionäre. Eine Menge Esel sollten
die Europäer als Reittiere mitführen. Einer sei krank und habe er
selbst geholfen, ihn eine Zeitlang zu tragen. Dieser sollte einen roten
Vollbart haben und eine kleine Narbe auf der Stirn. Die Karawane
müsse in 14 Tagen in Tabora eintreffen! — An der ganzen Geschichte
war, wie sich später herausstellte, nicht ein einziges wahres Wort, weder
eine europäische noch eine arabische Karawane war damals unterwegs.

Die ganze Geschichte war der Phantasie des Berichterstatters entsprungen, welcher zudem nicht einmal von der Küste kam.

Bei unserem Fall war übrigens etwas Wahres insofern, als sich die angekündigten englischen Soldaten als Sansibarkaufleute entpuppten, welche bei Kabrega in Unjoro Elfenbein und Sklaven einhandeln wollten. Die Nachricht verdankte Emin Leuten des Häuptlings Anfina. Als diese zu Anfina zurückkehrten, gab ihnen Emin Briefe an englische und französische Missionäre, und an den englischen Generalkonsul in Sansibar mit der Bitte, die ägyptische Regierung davon zu verständigen, daß, trotzdem Emin und die ganze Provinz mit allen Beamten in größter Bedrängnis sich befände, alle wohlauf seien und er die Absicht habe, sich bis auf den letzten Mann zu verteidigen. — In Chartum schien man ihn längst aufgegeben zu haben, meinte er, hielt man es doch nicht einmal der Mühe wert, sich in Verbindung mit den Leuten in der Äquatorialprovinz zu setzen. Welch bittere Gefühle mögen manchmal Emins Brust bewegt haben, wenn er für all seine Mühen so gut wie gar keine Anerkennung fand und man es in Ägypten nicht einmal für notwendig hielt, ihm auch nur Nachricht zukommen zu lassen.

Um so eifriger aber waren die Danagla im Ghasal bemüht, Emin und seine Beamten, den Händen der ungläubigen Neger zu entreißen und „zum Lichte der Wahrheit zu bringen", wie Keremalläh in seinen Brandbriefen schrieb.

Dr. Junker war am 18. September 1884 wieder von Dufile nach Lado zurückgekehrt, in der Hoffnung, endlich doch noch einen Ausweg zu finden, der ihn nach Europa zurückbringen könnte; die Hoffnung, daß von Chartum her ein Dampfer erscheinen würde, hielten Emin und Junker immer noch für möglich. Von Keremalläh war wieder ein Brief eingetroffen, ähnlichen Inhalts wie die früheren, doch diesmal mit der Drohung, er werde selbst nach Lado kommen. Zu derselben Zeit wurde eine von zwei Seiten bestätigte Nachricht gebracht, daß 1600 Mann Rebellen in Manduggu erschienen seien. Amadi im Norden von Lado wurde in Verteidigungszustand gesetzt. Da die Danagla in jenen Distrikten sehr unzuverlässig waren, so ließ Emin dieselben entwaffnen und sie als Gefangene zunächst nach Dufile senden.

Am 15. November 1884 erhielt Emin Nachricht, daß die rebellischen Danagla vor Amadi erschienen seien und das Dorf Takfaras bejetzt hätten. Die Station Amadi liegt am Ostufer des Jaiflusses, der zu jener Jahreszeit viel Wasser führt, in der trockenen Zeit aber leicht zu passieren ist im Gebiet des angegriffenen Häuptlings Takfara. Derselbe war der Regierung immer sehr ergeben und der Station durch reichliche Lieferung von Getreide und andern Lebensmitteln stets **von größtem** Nutzen. Als aber die Rebellion ausbrach, hielt er **es** von vornherein mit den Mahdisten, in dem Glauben, durch Dienstleistungen bei denselben größeren Nutzen aus der Situation ziehen zu können, statt eins mit der Regierung zu sein, und besonders hoffte er dadurch seine Habseligkeiten retten zu können. Amadi wurde bald darauf belagert und ein Ausfall endete unglücklich für die Belagerten. Emin sandte zur Verstärkung Munition aus Lado und beorderte Makraka und Bombé dorthin. Diese Makraka und Bombé hatten sich bisher als treue Bundesgenossen für Emin erwiesen und lohnten so die gute Behandlung, welche er ihnen hatte angedeihen lassen, und welche stets das Ziel seiner Bestrebungen war.

Der Chef der Station Amadi, Murdjan Aga, zeigte sich aber leider immer unentschlossen und unthätig. Die Danagla hatten das Dorf Takfaras verschanzt und dadurch den Belagerten in Amadi **einen Angriff** auf die Belagerer sehr erschwert. Der Getreidemangel erhöhte zudem die Schwierigkeit der Situation.

Zu derselben Zeit brachten einige Offiziere aus der Station Bor die Trauerbotschaft, daß die Hälfte der Besatzung von den Negern niedergemacht worden, die Station ohne Vorräte sei und sich unmöglich lange mehr halten könne.

Emin selbst schlug sich währenddessen mit Dr. Junker so gut **es** gehen wollte durch. Zu essen gab es rote Durrah, welche übrigens einen unangenehm bitteren Beigeschmack hat, während die weiße Durrah **wohl**schmeckend ist, Fleisch, hie und da etwas Gemüse und Früchte. Statt des Zuckers gab es Honig. Aus dem Wachs wurden Kerzen gemacht. Es ist ganz eigentümlich, wie fast alle Afrikareisenden des Zuckers oder Honigs gedenken. Es scheint der Genuß von Zucker ein wirkliches Bedürfnis für den Tropenreisenden zu sein, welches kaum entbehrt werden kann. Der Verfasser erinnert sich einer Periode aus seinem Leben in Afrika, wo er und sein bald darauf verstorbener Kollege Dr. Böhm während der Dauer von zwei Monaten, durch ungünstige Umstände veranlaßt, keinen Honig bekommen konnte. Zucker war schon seit einem Jahre ausgegangen, ebensowenig gab es dort Zuckerrohr noch Bananen. Es war bei einer gemeinsam mit einem Häuptling ausgeführten Belagerung. Täglich liefen nun der Verfasser und Dr. Böhm in den Wald, um nach irgend einer süßen Frucht zu suchen, welche aber nur sehr selten zu finden war, und schließlich stellte sich ein Heißhunger, ja geradezu eine Gier nach etwas Süßem ein. Als dann endlich der erste junge Mais, noch unreif in Wasser gekocht oder am Feuer geröstet, von sehr angenehmen, süßlichen Geschmack, erschien, verdarben sich beide den Magen durch zu reichlichen Genuß und als schließlich nach der langen Entbehrung etwas Honig zu bekommen war, war es geradezu ein Freudentag, der freilich wieder verdorbenen Magen zur Folge hatte. Schon seit einem vollen Jahre vollkommen von der Zivilisation abgeschlossen, indem inner- halb der letzten 13 Monate nicht ein Brief von irgend welcher Seite in beider Hände gelangt war, würden dieselben, vor die Wahl zwischen Honig und die Briefe gestellt, zu dem Honig gegriffen haben. Für Emin und Junker mußte der Samen einer Malvenart geröstet den Kaffee ersetzen; der Absud davon schmeckte gar nicht übel.

Ganz hübsche Schuhe wurden von Emins Handwerkern dort ange- fertigt, die sämtlichen Weber aber, welche es verstanden, auf Handwebe- stühlen das sogenannte Damur, einen groben Baumwollstoff herzustellen, waren ebenfalls unter die Heiligen, d. h. zu den Rebellen gegangen. Emin hatte aus diesem Grunde Mtesa von Uganda gebeten, Sansibarhändler mit Stoffen zu senden, um solche irgendwie einzutauschen, denn der Mangel derselben machte sich ganz empfindlich bemerkbar.

Am 2. Dezember kam es bei Amadi zu einem harten Kampfe, welcher von Morgens bis Mittag währte. Die ägyptische Besatzung verlor an Mannschaften und Offizieren 12 Tote und 18 Verwundete und zwar meist durch Lanzenstöße. Dies erklärte sich daraus, daß die Danagla die Agahr zur Hilfe gerufen hatten, welche in großer Anzahl erschienen waren. Die Leute der Station hatten zwar zuerst die Lager der Rebellen gestürmt und ihnen große Verluste beigebracht, wurden dann aber durch die Übermacht der Neger zum Weichen gebracht und mußten sich zurückziehen, konnten aber die Verwundeten mit sich nach der Station Amadi führen. Eine Menge Danagla blieben auf dem Platz. Der Anführer derselben, Abdullahi war nun dadurch gefährdet, daß sich in seinem Rücken Niam-Niam erhoben hatten und auch die Agahr waren über die vielen Verluste ärgerlich, welche sie unnützerweise erlitten hatten.

In Lado fanden zwei ziemlich starke Erdstöße statt, welche die aufgeregte Bevölkerung noch mehr erschreckte. In Bor passierte das Unglück, daß die Leute auf einer behufs Verproviantierung unternommenen Razzia beinahe aufgerieben wurden. Immer neue Aufregung, neue Schwierigkeiten! Emin sandte unmittelbar nach Empfang der Nachricht zwei Segelboote mit Korn, Leuten und Munition nilabwärts nach Bor. Nach Amadi ging eine Expedition von **165 Mann mit** Gewehren bewaffneter Soldaten und 800 mit Lanzen **und Schilden** ausgerüsteter Bombé, Moru und Makraka, um endlich die **Station** zu befreien. Emin hoffte, **daß** diese Kriegsmacht genügen werde, wenn nicht aus dem Ghasal Verstärkung zu den Rebellen stieße. Keremalläh hatte Emin schon seit Monaten keinen seiner Brandbriefe gesandt, was früher alle 14 Tage stattgefunden **hatte**. An Schweinfurth schrieb **Emin unter** andern: „Denken Sie sich, die Lumpen, (die Leute Keremallähs) haben ein Ehrenkleid für mich an Abdullahi (Anführer der Rebellen) gesandt." Wahrscheinlich sollte Emin bei seinem für zweifellos gehaltenen Übergang zu den Rebellen damit beehrt werden. Von seiner Mission, welche den Brief zum Mahdi bringen sollte, schrieb er: „Wo meine Ghasalmission sich befindet, wissen die Götter; hoffentlich haben ihr die Neger den Garaus gemacht, denn es war eine so ausgewählte Gesellschaft von Schurken, wie man sie für Geld nicht haben kann." Aber man soll den Teufel nicht an die Wand malen! Emin erhielt bald darauf ein ganzes Paket Briefe aus Amadi zugesandt, kurz nachdem er an Dr. Schweinfurth geschrieben hatte, **wobei er** unter andern meinte, daß man **ihn wohl** längst zu den Verschollenen zähle. Er selbst hielte sich für bombenfest und es schiene ihm, als sei er nicht tot zu kriegen.

Die Briefe aus Amadi meldeten, daß einer seiner früheren Schreiber, Osman Effendi, mit 400 Bewaffneten und einem Raketenapparat vom Bahr el Ghasal gekommen und zu den Rebellen gestoßen sei, mit Abdullahi und einem Genossen, Hassan Adjib, welchen Keremalläh gesandt hatte, um Emin abzuholen. Aller Widerstand sei vergeblich: Der ganze Sudan bis Suakin habe sich dem Mahdi angeschlossen; Chartum sei eingenommen (damals war es noch nicht der Fall) und

viele Leute seien dort Hungers gestorben. Keremalläh befand sich den
Nachrichten zufolge in Dêm Siber, umgeben von Tausenden von Ara-
bern und Beduinen aus Kordofan. · Es sollte Birindji, ein alter Sklave
Sibers, mit etwa 2000 Mann im Anzuge sein, um die Truppen, welche
Lado angreifen sollten, zu verstärken. Natürlich fand sich unter der Sen-
dung auch ein Brief Keremallähs in dem altbekannten Ton gehalten, vor.
An demselben Tage, wo die nun in Emins Händen befindlichen Briefe
in Amadi angekommen waren, hatte übrigens ein heftiger Angriff auf die
Station stattgefunden, bei welchem die Danagla abgeschlagen wurden und
50 Tote auf dem Platze ließen.

Emin erwog nun selbst die Möglichkeit eines Rückzuges nach Süden
über Unjoro und Unganda. Gleich darauf brachte ein von Amadi
zurückgekehrter Bote die Nachricht, daß statt der angeblichen 2000 Mann
deren nur 300 vor Amadi ständen und sämtliche von den Mahdisten
herstammenden Nachrichten darauf berechnet seien, Angst einzujagen und
irre zu leiten; dennoch sagte Emin: „Mag sein oder nicht, beim Rückzug
nach Süden bleibt es." Am 26. Januar 1885 verließ Junker Lado
zum zweitenmal, um nicht mehr dahin zurückzukehren. Er weilte bis
zum November desselben Jahres bei Anfina.

In Bor war unterdessen alles wohlauf bis auf vier Leute, welche
sich unvorsichtigerweise von der Station entfernt hatten und getötet worden waren. Der Wekil der Mudirie Bor, Namens Osman Effendi,
hatte sich im Segelboote nach Lado begeben, nachdem er unterwegs
18 Pack Munition auf Büffeljagd vergeudet hatte. Die übrigen in
Bor zurückgebliebenen Leute zögerten, nach Lado aufzubrechen, und zwar
aus denselben Gründen, welche ihnen später die Abreise nach Sansibar
so schwer machten.

Man muß nur bedenken, daß unter anderm ein einfacher Offizier
26 Personen in seinem Hausstande hatte, welche ihn und seine sechs
Konkubinen bedienen mußten. Ein Schreiber hatte 28 Diener und Konkubinen, ein Soldat 12, ein andrer 16. War der Weg an für sich
unsicher, so mußte der Transport und der Unterhalt dieser Leute immer
ein sehr schwieriger sein. Dreiviertel der Sklaven aber würden bei
einem eventuellen Abmarsch entlaufen. Dies war der Hauptgrund, weshalb sich die Besatzung nicht entschließen konnte, die allmählich notwendig
gewordene Räumung der Station vorzunehmen. So wie sich hier im

kleinen die Vorgänge abspielten, so würde Gordon, für den Fall er die Räumung des ganzen Sudan hätte vornehmen können, um die ägyptischen Beamten und Soldaten in Sicherheit zu bringen, im großen denselben Verhältnissen gegenüber gestanden haben. Sein Auftraggeber hatte ihn vor eine unmöglich zu bewältigende Aufgabe gestellt.

Da also die Leute in Bor, wie angedeutet, erklärt hatten, ihre Station nicht verlassen zu wollen, so sah sich Emin genötigt, von den Stationen Dufile, Labore und Makraka alle disponibeln Truppen kommen zu lassen, mit denen er selbst nach Bor marschieren wollte, um „die tollen Kerle dort", wie er sagte, nach Lado zu senden.

Bei dem hart bedrängten Amadi hatte inzwischen wieder ein Gefecht stattgefunden, bei welchem der Chef der Rebellen, Abdullahi, von einer Kanonenkugel getroffen wurde, welche ihm Pferd und Bein zugleich zerschmetterten. Die nächtlichen Angriffe wurden nun von den Rebellen eingestellt. Von den Danagla sollten etwa 150 Mann entflohen sein und ein bei einem Ausfall gefangenes Mädchen sagte aus, daß die Belagerer Getreide zum Abmarsch vorbereiteten.

Am 2. Februar machten die in Amadi Belagerten einen Generalangriff auf das verschanzte Lager der Rebellen unter der persönlichen Leitung Suleiman Agas. Während des sehr hitzigen Gefechtes, welches von früh bis Mittag dauerte, fiel eine Granate in das Lager der Rebellen, zündete und verursachte einen großen Brand, infolgedessen die ganze Munition explodierte und eine Menge Rebellen und Basinger tötete. Das Lager wurde zuletzt von Emins Leuten gestürmt und der Erde gleich gemacht, sie selbst hatten nur ganz wenig Verluste erlitten.

Dennoch hielten die Rebellen vor Amadi immer noch stand, was sie nur deswegen konnten, weil Murdjan Aga, der Befehlshaber von Amadi, ein unentschlossener und gänzlich unfähiger Mensch ausschließlich darauf bedacht war, seine Taschen zu füllen und dabei nicht einmal die Hinterlassenschaften verstorbener Offiziere schonte.

Mitte Februar wollte Keremallâh selbst vor Amadi mit 2000 Mann erscheinen, wie er in einem Briefe an Murdjan Aga schrieb, indem er ihn dabei zur Übergabe aufforderte. In Wahrheit kam er nur mit 300 Mann, darunter kaum 50 Araber, hatte aber noch eine Menge Neger mit sich geführt. Mit diesen Leuten gelang es ihm Amadi ganz einzuschließen. Sein ganzer Artilleriepark bestand in einem Raketenapparat und

einer Kanone. Da Keremalláh den Ort sogar vom Flusse abschnitt, so muß=
ten sich die Belagerten Brunnen graben, welche glücklicherweise genügend
Wasser lieferten. Emin stellte nun eine Hilfstruppe von 120 Mann zu=
sammen, welche Amadi entsetzen und Munition dorthin bringen sollten
(10 000 Patronen). Um Amadi fanden fortwährend kleinere Gefechte statt.
Während eines heftigen Regengusses versuchten die Rebellen zu stürmen
und schleuderten 25 Kanonenkugeln und 4 Raketen in die Station, ohne
aber irgend welchen Schaden damit anzurichten; und als der Soldat,
der den Raketenapparat bediente, während des Gefechtes niedergeschossen
wurde, sandte Keremalláh sofort die Kanone und den Apparat auf das
andre Jaiufer, da keiner seiner übrigen Leute die Geschütze zu bedienen
verstand. Den Angriff, welcher vollständig zurückgeschlagen wurde, hatten
zwei von Emins Leuten, welche aus Amadi zu den Rebellen überge=
gangen waren, veranlaßt, indem sie angaben, daß die Belagerten Hungers
sterben müßten. In Amadi brach aber schließlich wirklich Hunger aus,
so daß man sogar Rindshäute zu essen begann.

Emin blieb inzwischen mit nur 50 Soldaten und 2 Offizieren in
Lado zurück und teilte mit den letzteren die Nachtwachen.

Feradj Aga, der Chef von Kani, hatte sich mit 210 Mann, welche
ihm Emin als Hilfstruppen gesandt, nach Amadi hin aufgemacht mit der
Absicht, den Ort zu entsetzen. Bei der Station griff er die Seriben der
Danagla an. Da aber das von diesen unterhaltene Feuer zu heftig war,
mußte sich Feradj Aga zurückziehen, wobei er einen Verlust an 11 Toten,
darunter ein Offizier, und 16 Verwundeten hatte. Er selbst hatte einen
Schuß ins Bein erhalten. Zu derselben Zeit machten die Belagerten
einen Ausfall, doch gelang es ihnen nicht, sich mit den Ersatztruppen
zu vereinigen, weil sich Feradj Aga zu eilig zurückgezogen hatte. In
dem belagerten Orte hatten dann die Soldaten wiederholt ihre Offiziere
und Murbjan Aga aufgefordert, einen Ausfall zu machen und sich nach
Makraka oder Lado durchzuschlagen. Unentschlossen verschoben diese je=
doch das Vorhaben von einem Tag zum andern.

Schließlich aber verließen Emins Soldaten unter Führung einiger
Offiziere Amadi und es gelang ihnen, sich nach Makraka durchzuschlagen,
wobei sie den Danagla=Rebellen schwere Verluste zufügten. Die Muni=
tion nahmen die Soldaten mit, ließen aber die Kanonen und deren Muni=
tion, sowie 2 sudanesische Offiziere und 15 Soldaten und alle Kranken

ohne Waffen zurück. Damit war das längst gefürchtete Ereignis eingetroffen, Amadi war in die Hände der Rebellen geraten.

Feradj Aga und Murdjan Aga, welch letzterer eigentlich durch sein
unentschlossenes, geradezu feiges Benehmen den **Verlust** der wichtigen
Station herbeigeführt hatte, langten in Makraka mit 236 Mann an.
Rihan Aga, welcher auch eintraf, wurde von Emin **zum Chef von**
Makraka ernannt.

Die Nachricht vom Falle Amadis verursachte natürlich **die höchste**
Bestürzung. In Lado gelang es **Emin** nur mit **der** größten Mühe, seine
Leute einigermaßen zu beruhigen. Sie wollten Lado sofort aufgeben und
das verlassene Gondokoro wieder **besetzen.** Von Makraka kam die Nachricht, daß die dortigen Mannschaften **ihren** Dienst nur mit dem größtem
Widerwillen versähen. Emin sah damals ein, daß gar keine Rede mehr
davon sein könne, **nach dem Süden zu** gehen; sobald man genötigt werde,
Lado zu verlassen, **müsse** das ganze Kartenhaus zusammenklappen und
er selbst von seinen **eignen** Leuten festgehalten werden. Ließen sich doch
Stimmen hören, daß Emin die Soldaten nach Süden führen wolle, **um**
sie an die großen Häuptlinge zu verkaufen, um sich selbst zu retten. Derartige Redensarten bekommt jeder Reisende in Afrika zu hören, sobald
die Situation einigermaßen gefährlich wird und der Europäer seinen Rückweg auf einer Route sucht, welche die Leute zunächst etwas von ihrem
Ausgangspunkt entfernt. Solche Anschuldigungen sind in Afrika geradezu
stereotyp und ganz ohne Bedeutung.

Am 1. April überreichten die Zivil- und Militärbeamten Lados
Emin eine Schrift mit dem Ersuchen, alle Stationen im Süden aufzugeben und sich auf die Linie Kirri-Lado zu beschränken. So selbst-
mörderisch ein solcher **Plan war, weil man** sich damit auf den unfrucht-
barsten Teil der Provinz beschränkt haben würde und man in Gefahr
geraten wäre Hunger zu leiden, außerdem aber die einzige Rückzugslinie abgeschnitten worden wäre, so ging Emin dennoch zum Schein auf
den Vorschlag ein und mußte vorläufig dahinzielende Befehle geben,
denn Überredungskünste hätten nichts gefruchtet.

Anfang April trafen wieder Briefe von Keremallâh ein, welche
von den Vorgängen bei Amadi Bericht erstatteten. Unter andern
meldete der Brief auch, daß Murdjan Aga und sein Leutnant Rahib
Aga unterwegs überholt, getötet und ihre Köpfe nach Amadi gebracht

worden seien. Der Brief schloß mit der Aufforderung, binnen zehn Tagen vom 10. Djumadi el Achir (26. März) solle sich Emin mit den höheren Beamten der ganzen Provinz in Amadi einfinden, widrigenfalls Keremalläh selbst am 20. des genannten arabischen Monats von Amadi nach Lado aufbrechen werde. Ein zweiter Brief Keremallähs, privatim an Emin gerichtet, besagte, daß er nur kommen wolle, um Emin beizustehen; es solle ihm nichts geschehen, nur möge er kommen, um sich zu ergeben.

Auch Leute, welche früher in Diensten Emins gestanden hatten und welche zu den Rebellen übergegangen waren, hatten an Emin eine Aufforderung sich zu ergeben gerichtet mit der Versicherung, daß ihm kein Leid widerfahren solle.

Die Danagla waren inzwischen nicht unthätig geblieben, sie hatten wiederum ihre Vorposten bis auf drei Tagereisen von Lado entfernt vorgeschoben und wiegelten die Neger der Umgegend auf. Nachzügler aus Amadi wurden erbarmungslos niedergemacht. Die Straße nach Makraka war gesperrt. Eine feindliche Abteilung hatte die wenigen in Kamari bei Wandi befindlichen Offiziere und Soldaten zersprengt und wandte sich nun gegen Wandi, das seiner Lage wegen unhaltbar war. Die Soldaten zogen sich hierauf in guter Ordnung auf Rimo zurück, um von da aus den Weg nach Redjaf einzuschlagen. Ehe sie jedoch diese Absicht ausführen konnten, erfolgte ein stürmischer Angriff auf Rimo. Nihan Aga, der Befehlshaber, warf aber die Danagla zurück und brachte ihnen eine totale Niederlage bei. Dieselben verloren eine Menge Leute, darunter vier Chefs. Emins Truppen erbeuteten viele Gewehre, eine Fahne und zwei Kisten Munition. Die Danagla flohen nun und wurden vier Stunden weit verfolgt. Emins Leute hatte fünf Tote, darunter einen Unteroffizier, fünf Verwundete und drei verwundete Offiziere. Das Gefecht bei Rimo scheint ein Hauptschlag gewesen zu sein, denn Keremalläh, welcher sich währenddessen in Kamari befand, ging sofort nach Amadi zurück und erteilte den Befehl, alles zur Abreise nach dem Ghasal vorzubereiten. Flüchtlinge, Leute Emins, welche früher von den Rebellen gefangen genommen waren, erzählten, daß der Feind fast gar keine Munition mehr habe und zum Abmarsch genötigt sei. Emins Leute begannen nach dem erfochtenen Sieg sofort den Marsch nach Bedden. In Lado aber herrschte Mangel an Getreide. Als Emin gerade damit beschäftigt war, die Befestigungen von Lado zu inspizieren, erhielt er Briefe von Keremalläh, eine ganze Postsendung. Die Briefe enthielten wie immer die Aufforderung, zu den Glaubensstreitern zu stoßen. Die wichtigste Nachricht jedoch war die vom Falle Chartums, welche **übrigens auf** Emin vorläufig, trotz ihrer ungeheuren Tragweite, keinen großen Eindruck machte, weil er zu sehr an die Lügenhaftigkeit der Leute gewöhnt war. Die Kopie des die verhängnisvolle Botschaft enthaltenden Briefes aber, welcher vom Mahdi an Keremalläh gerichtet war und **welche** nun dieser an Emin weiterbefördert hatte, sandte Emin an Dr. Junker nach Dufile. Diese Kopie lautete, **wörtlich** übersetzt, folgendermaßen:

Kopie einer gnädigen Ordre unsers Herrn des Mahdi (er sei gegrüßt) an seinen Vertreter Keremalläh Scheich Mohammed, Emir des Bahr el Ghasal und Hat el Estiva, datiert vom 12. Rabi Achir 1302 (28. Jan. 1885).

Im Namen Gottes, des Allbarmherzigen, des Allerbarmers! Preis sei Gott, unserm gnädigen Herrn, und unsre Gebete und Unterwürfigkeit an unsern Herrn Mohammed und die Seinen.

Und danach vom Sklaven, der seinem Gott ergeben, Mohammed dem Mahdi, dem Sohn Abdallahs, an seinen Lieben und Vertreter Keremalläh, den Sohn des Scheich Mohammed, den Gott in seiner Güte erleuchten und mit dem Auge seines Willens schützen möge. Amen.

Empfange von mir viele Grüße und das Erbarmen Gottes und seinen **Segen über Dich.** Ich thue Dir zu wissen, mein Lieber, daß gemäß dem unfehlbaren Versprechen Gottes und **seiner** unveränderlichen Güte die Stadt Chartum erobert **worden** ist, mit **der Hilfe** des Lebenden, des Ewigen und zwar am Montag, den 9. Rabi Achir des laufenden Jahres, frühzeitig **am** Morgen mit Hilfe der Truppen des Glaubens, die sich ans Werk begaben und die Verschanzung erstürmten im Vertrauen auf Gott, den Herrn **der** Welt, und in einer halben Stunde oder weniger befiel die Feinde Gottes, was ihnen gehörte: sie wurden vertilgt bis zum letzten und ihre Feste. Obgleich sie sich stark vorbereitet hatten, fielen sie beim ersten Anprall zersprengt ins Land unter den Händen des Heeres Gottes, der Glaubenstruppen, **und** suchten ihr Heil, indem sie in die Gehöfte drangen und die Thüren schlossen. Ihnen folgte unser Heer und tötete sie mit den Schwertern **und brachten** sie um mit den Lanzen, so daß die Klagen laut wurden und das Weinen sich mehrte und alle unterlagen. **Dann** bemächtigten sie sich **der übrigen,** die die Thüren geschlossen hatten **aus** Furcht vor der Annäherung des Leidens, und nahmen sie gefangen und sie töteten dieselben und **es blieben** von ihnen nur wenige Frauen und Kinder. Aber der Feind Gottes, Gordon, so oft wir **ihn auch ermahnt haben und** ihn geheißen

haben abzulassen und sich Gott zu ergeben, so hat er nie gewollt und zwar
weil er von früher her ein Rebell und Aufrührer ist. So fand er seines
Geschickes Ende und erntete mit Reue, was er gesäet an Vergehen, und
Gott versetzte ihn in das Haus seines Zornes (die Hölle), seinen Aufent-
halt, und so wurde der Haufen der Ungerechten vernichtet und Gott dem
Herrn der Welt sei Dank dafür, und wer es verdient, möge das Feuer zur
Strafe oder das Paradies bekommen durch Gottes Fügung, und Gott
beschütze Dich vor den Abtrünnigen! Amen! Mit der Einwilligung des
Höchsten und Größten, des Senders des Guten.

Und von unsern Anhängern starben den Glaubenstod zehn in dieser
Eroberung und von den andern wurde keiner verwundet oder geschädigt.
Und dieses ist eine Gnade von Gott, und von ihm ist der Sieg, und wir
haben uns niedergeworfen, ihm zu danken für den Sieg des Glaubens.
Und Du thue desgleichen und nimm meinen Gruß.

12. Rabi Achir 1302 (28. Jan. 1885).

Der Vertreter des Mahdi im Bahr el Ghasal und Hat el Estiva.

Keremallâh.

Siegel Keremallâh, Scheich Mohammed.

Diese Kopie ist dem Original konform Buchstabe um Buchstabe."

Emin beachtete die Briefe weiter nicht und auch auf seine Leute
machten sie keinen großen Eindruck mehr, da sie in der letzten Zeit zu
häufig eingelaufen waren und sich bis dahin immer als leere Drohungen
oder Lügen gezeigt hatten. —

Zehntes Kapitel.

Keremallähs Brief hatte aber leider diesmal nicht gelogen, sondern er stellte einen wahrheitsgetreuen Bericht im Lichte arabischer Anschauung dar. Gordons Aufgabe war es, den Sudan auf friedliche Weise **von** den ägyptischen Beamten zu räumen **und die** eingestammten Herrscher, deren Familien zum Teil seit Mehemed Alis Eroberungen ihres Thrones verlustig gegangen waren, wieder **einzusetzen**, um dadurch eine Art Föderation als Gegengewicht gegen **den** Mahdi zu schaffen. **Es** waren **das aber Utopien, von** welchen **sich** Gordon mit seinem unendlichen Schatz von Erfahrungen hätte **sagen** müssen, daß sie unausführbar seien. Allein seine Schwärmereien hatten ihm damit wieder einen Streich gespielt. Kurze Zeit nach seiner am 18. Februar 1884 erfolgten Ankunft in Chartum erschienen die ersten Mahdisten dort. Die Stadt war inzwischen ziemlich gut befestigt worden und unter Gordons Leitung hatte **man** die Werke noch bedeutend **verstärkt**. Die anfänglich sich nur auf eine Blockierung des Nil erstreckenden Feindseligkeiten der Mahdisten führten aber bald zu einer vollständigen Einschließung Chartums. Doch konnte Gordon während derselben noch immer Nachrichten nach außen gelangen lassen, so auch am 14. Dezember 1884 sein bis zu jenem Datum geführtes Tagebuch. Ein kleiner Zettel von demselben Tage langte am 2. Januar 1885 in die Hände der Engländer. Auf diesem win: n Stückchen Papier, so groß wie eine Freimarke, stand nur geschri n: Chartum all right!

In England war man aber nach langem Zaudern endlich zu der Einsicht gekommen, daß man, wollte man Gordon überhaupt noch retten, verpflichtet sei, ihm Hilfe zu senden, und so brach General Wolseley, der „einzige General Englands", wie er genannt wurde, auf, um mit

seiner Armee nach Chartum vorzubringen. Oberst Steward erhielt den
Auftrag, eine Expedition nach Chartum zu führen in der Stärke von
1200 Mann. Zwischen Gakdul und Metemneh bei Abuklea kam es
am 16. Januar 1885 bei den dortigen Brunnen zu einem Zusammen-
stoße mit den Mahdisten. Oberst Steward hatte gerade ein Lager aufschlagen lassen wollen, als sich nach der gewohnten Weise die Mahdisten
anschlichen, durch Gras und Büsche gedeckt. Oberst Steward gab nun
sofort den Befehl zum Angriff, wurde aber im nächsten Momente selbst
angegriffen. Es gelang gerade noch, ein Karree zu formieren. Mit
ungeheurer Wucht prallte die stürmende Reiterei der Mahdisten gegen
das Karree, welches bei dem ersten Anlauf zum Teil gesprengt und geteilt wurde, so daß die Engländer in höchster Gefahr schwebten. Der
Kaltblütigkeit Oberst Stewards und seiner Offiziere sowie der guten
Haltung der Truppen war es allein zu verdanken, daß sich das Karree
wieder schloß und die Aufständischen zurückgeschlagen wurden. Nun war
aller Mut und alle Todesverachtung der fanatischen Moslims vergeblich,
von seiten der Engländer erdröhnte Salve auf Salve und streckte die
Stürmenden haufenweise danieder. Als schließlich alle Mühe umsonst
war und die Mahdisten in dem furchtbaren Kugelregen geradezu nieder-
gemäht wurden, zogen sie sich fluchtartig zurück mit Hinterlassung von
etwa 1200 Toten. Die Engländer hatten 85 Mann und neun Offiziere verloren. Die Entscheidung aber hing damals an einem Haare,
ja anfangs schien sich der Sieg auf die Seite der Sudanesen neigen
zu wollen.

Am nächsten Morgen rückte man gegen Metemneh vor. In der
Ferne zeigten sich einige Staubwolken und bald darauf schwärmten die
Feinde von Metemneh hervor. Über ihre Stärke jedoch konnte man
sich keine Gewißheit verschaffen. Oberst Steward hielt es nun für das
beste, sogleich wieder selbst zum Angriff zu schreiten. Da sahen sich die
Engländer plötzlich von allen Seiten umringt und von einer großen
Übermacht vollständig eingeschlossen. Es mochten 10 000 Mahdisten sein.
Oberst Steward ließ nun einen Kreis schließen (die am Tage zuvor
Verwundeten wurden in die Mitte genommen), welcher nach außen durch
niederkauernde Kamele gedeckt war; hinter diesen feuerten die Engländer
hervor. Die Mahdisten überschütteten nun die Engländer mit einem
schrecklichen Kugelregen, welcher großen Schaden anrichtete, trotzdem sämt-

liche Mannschaften auf dem Bauche lagen, denn die aus großer Ent-
fernung abgeschossenen Kugeln der Sudanesen fielen im Bogen ein.
Doch auch diesmal siegte die Kriegskunst über die Tapferkeit der Übermacht. Haufenweise wurden die Mahdisten hingestreckt. Leider erhielt
Oberst Steward während des Gefechtes einen Schuß in die Eingeweide.
Die Sudanesen wurden schließlich durch das wohlgezielte Feuer der Engländer ins Wanken gebracht, und nun übernahm Oberst Wilson den
Befehl und machte mit einer sehr starken Abteilung einen Ausfall, die
Mahdisten langsam, aber stetig vor sich hertreibend. Die Schlacht dauerte
bis zum 23. Januar, ehe der Sieg vollständig zu gunsten der Engländer entschieden war. Die Sudanesen verloren wiederum 800 Mann.
Oberst Steward wurde an Bord eines Nildampfers gebracht und starb
dort nach einigen Wochen an seiner Wunde.

Allgemeiner Jubel herrschte nun nach dem schnell in England bekannt gewordenen Siege, man glaubte jetzt Herr des Sudan zu sein
und sah schon im Geiste, wie sich Wilson und Gordon in Chartum die
Hände schüttelten und sich gegenseitig gratulierten. Man begann schon
Pläne zu schmieden wegen der Zukunft des Sudan. —

Oberst Wilson ging inzwischen von Metemneh aus in einem
Dampfer den Nil hinauf und wollte sich in Chartum mit Gordon vereinigen. Da wurde er ganz unerwarteterweise von dort her lebhaft beschossen. Jetzt erst hörte er, daß Chartum seit dem 26. Januar 1885
im Besitz der Mahdisten war. Von einem Manne am Ufer erfuhr er
Gordons Tod. —

Die Stadt war durch den Verrat Farag Paschas gefallen. Am
26. Januar war es dem Verräter gelungen, die Hauptstreitkraft der
Chartumer, welche sich bis dahin sehr tapfer gehalten hatten, zu einem
angeblich bedrohten Punkte zu führen, währenddessen die Thore an der
entgegengesetzten Seite zu öffnen und den Feind einzulassen, welcher
in dem von Menschen entblößten Stadtviertel gar keinen Widerstand
fand und dann mit den im Rücken angefallenen Truppen leichtes Spiel
hatte. Gordon Pascha wurde, so viel man erfahren konnte, meuchlings
niedergestochen, als er aus seinem Palaste trat. Sein Kopf wurde vom
Rumpfe getrennt und als derjenige des Feindes Gottes, des Helfers
des Teufels überall im Lande umhergetragen. Der Mahdi selbst erschien nun in der Stadt und erlaubte eine dreitägige Plünderung und

Niedermetzlung der Eingebornen. Während des nun folgenden schrecklichen Blutbades sollen gegen 4000 Menschen gemordet worden sein.

Der Mahdi blieb nun in Chartum, erbaute aber die Stadt auf
dem gegenüberliegenden Ufer, wo früher das Fort Omdurman gelegen
war. Der erste Mahdi soll übrigens im Jahre 1885 an den Blattern
oder der Cholera gestorben sein und an seiner Stelle sich sofort ein
neuer erhoben haben. —

Oberst Wilson sah sogleich ein, daß er hier nichts auszurichten
vermochte, und kehrte sofort um, wobei er sehr heftig von beiden Ufern
beschossen wurde. Zum Unglück strandete sein Dampfer noch, doch konnte
sich die ganze Expedition auf eine Felseninsel retten, von wo sie dann
durch englische Truppen abgeholt wurde.

Die erste Nachricht vom Falle Chartums und dem Tode Gordons
gelangte am 5. Februar nach Kairo und England und dort bemächtigte
sich des ganzen Landes eine ungeheure Aufregung und Wut gegen
Gladstones zaudernde Politik, welche den ungeheuren Verlust veranlaßt
hatte. Die Erbitterung gegen ihn war so groß, daß ein Parlaments-
mitglied den Vorschlag machte, Gordon ein Denkmal zu setzen, welches
den unglücklichen Pascha darstellte, wie er von Gladstone meuchlings er-
stochen wurde. Allein der Sudan war verloren und ist es bis auf den
heutigen Tag geblieben. Es mehren sich jedoch die Anzeichen, daß es
mit der Mahdistenherrschaft zu Ende geht. Der neue Mahdi soll ein
tyrannisches Zepter schwingen und unter diesem Einfluß regt sich allgemeine Unzufriedenheit, welche sich sicher einer Tages gegen den falschen
Propheten wenden wird. Dann wird auch der Tag nicht mehr fern
sein, wo der Sudan den Europäern, d. h. den Engländern wieder zu-
gängig ist und England endgültig seine Hand auf Ägypten legen wird,
welches Land ihm ja so wie so nicht mehr entgehen kann. — —

Über all diese Ereignisse in und um Chartum blieb Emin jedoch
lange in Unkenntnis, da er von allen Verbindungen nach Norden wie
nach Süden zu jener Zeit vollständig abgeschnitten war.

Gegen Ende April berief er eine Versammlung aller Offiziere zur
Beratung wegen künftiger Maßnahmen; einerseits, welche Vorkehrungen
gegen eine in Lado zu befürchtende Hungersnot zu treffen seien, dann wegen
der etwa in Betracht zu ziehenden Verlegung der Hauptstation. Nachdem
Emin dem Major Nihan Aga das Präsidium übergeben hatte, zog er

Gordons Ermordung.

sich für eine halbe Stunde aus der Beratung zurück, um die Entscheidung unbeeinflußt zu lassen. In Kapitän Casatis Gegenwart wurde denn folgendes beschlossen: In anbetracht des Umstandes, daß in Lado, Redjaf, Bedden und andern Stationen nicht mehr genügend Getreide vorhanden war, um die von Makraka, sowie **andere 130 Mann**, welche vor einigen Tagen in Lado angekommen waren, alle **zu unter**halten, weil weiter die nächste Ernte **fern war und man durch Ent**sendung von Mannschaften zum Requirieren **die geringe vorhandene** Munition aufgebraucht haben würde, **wodurch** man der Gefahr **aus**gesetzt wurde, von der Gnade oder Ungnade der Neger abhängig **zu** werden — in **anbetracht all dieser Umstände** wurde beschlossen, **die** Frauen, Kinder **und** Gerätschaften nach Süden zu transportieren; die Stationen sollten **fernerhin** nur von Soldaten besetzt bleiben, mit Ausschluß sämtlicher Zivilpersonen. Im Notfalle sollten aber auch die nördlichen Stationen fallen gelassen und alle Stationen im Süden konzentriert werden. Als Rückzugslinie konnte nur der Weg nach Süden gewählt werden, weil die Straßen nach Norden alle ungangbar geworden waren und man nicht wissen konnte, ob nicht Chartum wirklich gefallen sei. Im Süden dagegen gewährten Dufile und Wadelai feste Stützpunkte mit vielen Kornvorräten und reichen Hinterländern. Von dort aus war doch wenigstens Hoffnung vorhanden, Briefe nach Sansibar und Ägypten gelangen zu lassen. Wenn aber alles fehlschlagen sollte, so konnte man sich ja Kabrega oder auch Mtesas Nachfolger in die Arme werfen. Emin hatte nämlich inzwischen die Botschaft von Mtesas Ableben und der Thronbesteigung seines Sohnes Mwanga **erhalten.** —

Es wurden nun **sofort** die notwendigen Befehle gegeben, daß in Lado drei Kompanien bleiben sollten und als Kommandant Major Rihan Aga ernannt. Casati war übrigens gegen den Plan, Lado aufzugeben, und zog sich erzürnt zurück.

Emin ging nun selbst, von seinen Offizieren darum gebeten, nach Gondokoro, um von dort den Transport der weiter nach Süden vorausgezogenen Leute zu überwachen. Er sah jedoch bald ein, wie wenig Ernst es denselben damit war, obgleich die Danaglarebellen ihre Vorposten schon bis nach Lado vorgeschoben hatten. Immer und immer wieder die alte Negerindolenz. Auch der Verfasser weiß davon manch Liedlein zu singen. Ist die Gefahr im Anzuge, so wollen die Leute schnell innerhalb eines Tages oder einer Nacht alles dasjenige nachholen, wozu sie Wochen notwendig gehabt haben würden. Bei jedem Kriege der Eingebornen kann man derartige Beobachtungen machen. In den weitaus meisten Fällen erfolgen bei Streitigkeiten rasch Kriegserklärungen. Statt daß nun ein mit Krieg bedrohter Häuptling sein Dorf befestigte, oder die vorhandenen Befestigungen ausbessern ließe, verschiebt er die Arbeiten meist von einem Tage zum andern, bis es zu spät ist. In der Stunde der Gefahr läuft dann alles weg und überläßt oft nach kaum versuchtem Widerstande dem Feinde die Position. So mochte es auch hier gewesen sein. Die Leute kannten die Gefahr; da sie ihnen aber noch nicht vor Augen gerückt war, so strengte man sich vorläufig noch nicht an. Das hatte ja noch gute Weile. Es kamen nun Emin Gerüchte zu Ohren, daß die in Lado gebliebenen Offiziere den Plan gefaßt hätten, einen Versuch zu machen, nach Norden zu gehen. Auf eine Anfrage Emins versicherten die Leute jedoch seinem Adjutanten, daß sie in unwandelbarer Treue an ihm hingen. Dennoch war der Eindruck derart, daß Emin zu fürchten begann, sich im Notfalle nicht auf die Leute verlassen zu können, eine Annahme, welche sich leider später bestätigen sollte.

Nach vierzehntägigem Aufenthalte in Gondokoro, wo ebenfalls Getreidemangel herrschte, setzte Emin seinen Marsch nach Süden fort. Casati, welcher in Lado zurückgeblieben war, holte Emin in Labore ein, wo dieser vollauf mit Getreideexpedition beschäftigt war. Die Pflege der bei Amadi Verwundeten und der Verwaltungsdienst nahm seine übrige Zeit in Anspruch, so daß er, wie schon seit lange, für wissenschaftliche Arbeiten gar keine Zeit mehr übrig behielt.

Dr. Junker war inzwischen zu Kamisoa, dem Sohne Riongas, gegangen und hatte Leute von Kabrega getroffen, ohne daß es ihm aber möglich geworden wäre, eine Verbindung mit Emin herzustellen.

Casati ging nach Wadelai voraus, wohin ihm Emin zu folgen gedachte, um den Versuch zu machen, mit Kabrega in Verbindung zu treten. Am 10. Juli langte Casati in Wadelai an und sollte nun hier bis auf bessere Zeiten das Hauptquartier aufgeschlagen werden.

Von aller Verbindung, sogar von Makraka abgeschnitten, war nun die einst so ausgedehnte Äquatorialprovinz auf ein ganz kleines Territorium zusammengeschrumpft, welches sich von Lado bis zum Albert

Nyanza höchstens 25 km breit an beiden Ufern des Nil hinzog, mit einem
Ausläufer nach Fatiko hin. Trotzdem Emin durch das Gefühl, von
Chartum und Ägypten aus verlassen worden zu sein, bedrückt wurde,
gab er dennoch seine Stellung nicht auf, sondern suchte zu retten, was
zu retten war, treu auf seinem Posten ausharrend.

Die Danagla ließen ihn zunächst in Ruhe, hatten sie sich doch
aus dem ganzen Makraka= und Bahr el Ghasal=Gebiet zurückgezogen,
aber man mußte darauf gefaßt sein, daß sie, wenn sie sich etwa in
Dêm Soliman konzentrierten, nach Verlauf der Regenzeit im Januar
1886 zurückkehren konnten. Selbst aber angenommen, daß sie nicht

Angriff auf Emins Leute.

wiederkehren sollten, befand er sich mit einer Hand voll Leute abge=
schnitten von allen Verbindungen und Zufuhren, mit geringen Muni=
tionsvorräten mitten unter tausenden durch die Kriege höchst erregter und
mißtrauischer Neger. Die Lage war eine ganz verzweifelte.

Während Emin aufbrach und auf dem Marsch nach Süden begriffen
war, wurde eine Abteilung seiner Leute von Metonegern, welche sich bis=
her immer unabhängig gehalten hatten, angegriffen und zersprengt. Jene
Abteilung war eine kleine Karawane, bestehend aus dem Haushalte eines
der Offiziere Emins, Namens Achmed Effendi, welche unter Begleitung
nur eines einzigen Mannes der großen Karawane vorausgeschickt worden
war. Am Tage des Abmarsches der Abteilung wurde Emin am Abend

gegen $\frac{1}{2}$11 Uhr plötzlich gerufen, um Achmed Effendis Diener zu empfangen, welcher bluttriefend vor ihm erschien. Der Diener hatte fünf schwere Lanzenwunden am Kopf und an den Armen. Er war am frühen Morgen mit den Ankareb (Bettstelle), auf welchen Achmed Effendis alte Mutter und seine älteste Tochter getragen wurde, vorangeeilt, um in der Morgenkühle marschieren zu können; 2½ Stunden darauf wurde die kleine Karawane bei einem trockenen Flußbett von den Metonegern, welche im Hinterhalte lagen, angefallen. Die Träger ergriffen sofort die Flucht. Achmeds Mutter und das Mädchen wurden mit Lanzen getötet und entkleidet. Er, der Diener, hatte vier Neger erschossen, mußte aber der Übermacht weichen und ins Gras entfliehen, wohin ihm nur eine der Dienerinnen, ein kleines Mädchen, folgen konnte, alle andern wurden getötet. Kaum hatte Emin, nach Anhörung der Meldung, den Verwundeten einen notdürftigen Verband angelegt, als schon die Gewehre der Postenkette knallten, welche man sofort nach dem Bericht von dem Überfall um das Lager gezogen hatte. Der Angriff wurde aber sofort abgeschlagen. Die Nacht aber verging in großer Aufregung. Emin sandte sogleich nach Labore um Verstärkung, und die gegen Morgen erschienenen 25 Mann wurden nach dem Kampfplatze gesandt, um nach etwaigen Verwundeten oder Toten zu sehen. Ohne Negern begegnet zu sein, kehrten die Leute zurück. Sie hatten auf dem Schauplatz des Überfalls zehn menschliche Kadaver gefunden, von denen vier vollständig von Hyänen und Geiern zerfressen und ganz unkenntlich geworden waren. Sechs Neger mit Schußwunden gaben noch Lebenszeichen von sich. Fetzen von Frauenkleidern, ein neuer Rahat (nubischer Mädchenschurz) und eine lange Haarflechte, wahrscheinlich von Achmed Effendis Mutter herrührend, fanden sich vor.

In Wadelai, wo Emin am 10. Juli 1885 anlangte, fand er eine große und bequeme Seriba und richtete sich sofort häuslich ein. Unterdessen hatten sich von Vor aus 54 Leute aufgemacht, um südwärts nach Gondokoro zu marschieren. Doch unterwegs wurden die Leute von Danagla überfallen und alle bis auf 23 Mann niedergemacht, welchen es gelang, nach Lado zu entkommen. Vor war zerstört worden. Emin hatte schon im Januar den Befehl gegeben, daß der in Lado kommandierende Major Soldaten nach der bedrohten Station senden solle; diesem war es aber nicht eingefallen, dem Befehl Folge zu leisten, und

jetzt erst, nachdem es zu spät war, sandte er in aller Eile 200 Mann
dorthin. Dieselben kamen auch glücklich bis Bor, vertrieben die Danagla
von dort und erbeuteten eine Menge Munition zurück. Statt aber
damit zufrieden zu sein und zurückzukehren, gingen die Leute thörichter=
weise nach Norden, sogar bis zum Bahr el Seraf. Wahrscheinlich hatten
sie, ihren Führer Fadl Allah Aga an der Spitze, die **Absicht** gehabt,
nach Chartum zu gehen. Am Bahr el Seraf wurde der Trupp **von**
Negern umzingelt und während der in der Folge ausgebrochenen Panik
völlig zersprengt. Von 180 Mann kehrten nur 43 zurück, und merk=
würdigerweise ohne auf dem weiten Wege bis nach Wadelai hin auch nur
eine Patrone verschossen zu haben. Die unmittelbare Folge war, daß die
Bari revoltierten, da sie nun die Schwäche Emins kennen gelernt hatten.

Anfang Oktober wurde die Station Lado von den verbündeten
Bari=, Dinka=, Schir= und Njambara=Negern angegriffen, nachdem die=
selben in der Nacht die Kühe des Gouvernements weggetrieben hatten.
Der Kapitän Mahmud Effendi verjagte zwar die Angreifer durch drei
Kanonenschüsse; dieselben schritten aber daraufhin zur Belagerung. Die
Hauptursache des Aufstandes der Neger in jenen Provinzen lag in der
Ausbeutung derselben durch die Stationschefs von Redjaf und besonders
Gondokoro. Diese Chefs ließen nämlich fortwährend Rinder und heim=
lich auch Menschen rauben. So hatte die Gewissenlosigkeit der Beamten
und Offiziere stets Unheil für Emin im Gefolge.

Mitte Oktober erschienen in Lado aufs neue Leute von Kabrega
unter Führung von Emins altem Freunde Mssige. Dieser sollte sich
im Auftrage seines Häuptlings davon überzeugen, ob der Chef der
Türken wirklich sein Freund Emin sei und sich ihm für diesen Fall
zur Verfügung stellen. Im Falle er aber eine andre Persönlichkeit
vorfände, solle er sofort abreisen, weil Kabrega mit dem ägyptischen
Gouvernement als solchem nichts zu thun haben wolle. Leider brachten
die Leute weder genügende Stoffe noch andre Dinge zum Verkaufe mit;
Sansibar=Araber, welche bei Kabrega eingetroffen waren, hatten eine
Menge Waren zum Versand nach der Äquatorialprovinz vorbereitet,
allein Kabrega wünschte, daß dieselben erst die Rückkehr Mssiges ab=
warten sollten, und erst dann, wenn sich der Weg als sicher erwiesen
haben würde, sollten sie mit ihren Waren nordwärts ziehen.

Mssige brachte Emin mehrere Briefe, einen von Abd er Rahman

16*

bin Abeïd, einem Verwandten des Sultans Saïd Vargasch, einen zweiten von Emins altem Bekannten aus Uganda, dem Massud bin Abeïd. Der Brief von Kabrega enthielt neben den üblichen Erzählungen und Klagen über das, was die „Turki" früher bei ihm gefrevelt hätten, die freundliche Einladung, Emin möge die Häuptlinge Kamisoa und Anfina, welche die Wege zu ihm sperrten, totschlagen. Ferner gedachte Kabrega Emins mit großem Lob und lud ihn zu sich ein, an die alte Freundschaft zwischen ihnen appellierend. Zuletzt machte er Emin Vorwürfe darüber, daß er ihm über den Krieg und seine Verluste sowie über die Vorfälle bei und um Chartum keine Mitteilung gemacht habe. Die beiden Araber schrieben nur Freundschaftsbezeugungen und erboten sich, alles, dessen Emin etwa bedürfe, zu senden. Die Briefe waren zur unaussprechlichen Freude Emins von einer Menge Geschenke begleitet, das meiste **von** Kabrega selbst. Eine Gora Merikani, grober Baumwollschirting, welcher in einem Stück von 36—40 Yard Länge und 1 Yard Breite zwei- spannenbreit gefaltet ist, ferner bunte Taschentücher, Ugandamatten, Rindenstoffe, Salz, Bohnen, sehr guten Tabak und auch etwas Kaffee. „Denken Sie nur", schrieb Emin damals an Dr. Schweinfurth, „welch rätselhaft wertvolle Gabe in diesen Tagen der Not, und dann der Ge- danke, Stoffe von Sansibar hier zu erhalten!"

Sämtliche Gaben wurden sofort an die Offiziere verteilt. Emin **dachte bei** solchen Gelegenheiten, wie er unzähligemal bewies, an sich immer erst zuletzt.

Mit den nach Unjoro zurückkehrenden Gesandten schickte Emin je zwei gleichlautende Schreiben in englischer und französischer Sprache an die Generalkonsuln in Sansibar; durch deren Vermittelung sollten die Briefe an das ägyptische Gouvernement in Kairo weiter befördert wer- den, um dieses von der Lage der Dinge in der Äquatorialprovinz in Kenntnis zu setzen. Emin bat die Araber und Kabrega, die Briefe an Missionäre in Uganda gelangen zu lassen. Emins Dampfer brachte sodann Kabregas Gesandtschaft am 1. November, mit einigen Geschenken versehen, bis nach Kibiro am Mutansige.

Am 3. Dezember 1885 kam ein Dampfer mit der Nachricht, daß Lado noch immer belagert sei. Die Station Redjaf war von einer großen Zahl Bari und Dinka angegriffen worden, welche aber unter Verlust von ungefähr 500 Toten und vielen Verwundeten zurückgeschlagen wurden. Ein späterer Angriff brachte den Negern ebenfalls große Verluste, denn Redjaf war sehr gut verschanzt und mit Munition versehen.

Die Antwort Kabregas langte erst 24 Tage später bei Emin an. Kabrega hatte den Arabern die Erlaubnis nicht erteilt, nach Wadelai zu kommen. Die Überbringer der Antwort erschienen mit sieben Knaben, welche Kabrega gesandt hatte, um sie arabisch lesen und schreiben lernen zu lassen. In dem Schreiben des Königs wurde Emin gebeten, die Knaben ja nicht spielen zu lassen. Ferner brachten die Boten **wiederum Stoffe**, und die Nachricht, daß Kabrega Emins Briefe direkt nach der Küste, statt durch Vermittelung der Missionäre, gesandt habe, was nicht **an**genehm war, weil dadurch die Gewißheit, daß die Briefe die Küste erreichten, ganz zweifelhaft geworden war. Später stellte sich heraus, daß man alle unterschlagen hatte.

So war Emin wieder um eine Hoffnung ärmer.

Dr. Junker entschloß sich nun, zu Kabrega zu gehen, um von da aus Europa zu erreichen, was ihm auch später gelang. Auf **dem** Dampfer Khedive ging er mit dem Apotheker Emins, einem braven jungen Mann, Namens Vita Hassan, den Nil hinauf nach Kibiro und gelangte auch wirklich 1888 wohlbehalten in seine Heimat.

Emin erhielt am 14. Februar 1886 Nachricht von Dr. Junker und Vita, daß beide wohlbehalten bei Kabrega angekommen seien. Vita hielt sich am Tage der Ankunft dort in seiner Hütte auf, als ein Diener der bei Kabrega eingetroffenen Sansibarleute mit einem Manne Kabregas eintrat. Als sich der letztere einen Augenblick abwandte, warf der Sansibarite zwei Zettel vor Vita hin und ging dann wieder mit seinem Gefährten fort. Von den Zetteln war einer an Vita selbst in arabischer Sprache gerichtet; den andern, in französischer Sprache geschriebenen **über**gab er sofort Dr. Junker. Die Zettel rührten von Mohammed Biri her. Dieser sei, wie der Schreiber mitteilte, als Händler verkleidet (übrigens war er in der That ein Elfenbeinhändler) von Uganda her gekommen und zeigte an, daß er Nachrichten für Dr. Junker und Emin habe.

Mohammed Biri, ein Schwarzer, war in Tripolis gebürtig und schon als Knabe bei dem in Karema am Tanganika im Jahre 1882 am Fieber verstorbenen belgischen Kapitän Ramaeckers als Diener angestellt.

Er machte mit Kapitän Ramaeckers dessen erste Reise in Algier mit. Als Ramaeckers sodann allein wieder nach Brüssel ging, folgte ihm **der treue** Mohammed auch dorthin nach. Er ließ sich auf einem französischen Dampfer für Marseille heuern, bettelte sich, ohne alle Mittel, zu Fuß bis Paris durch, wo er seinen früheren Herrn vermutete, aber nicht antraf. Hierauf machte er die Reise von Paris bis Brüssel heimlich mit einem Paris=Brüsseler Nachtkurierzug auf dem Deck eines Waggons mit und erschien plötzlich in der Wohnung des Kapitäns Ramaeckers, welche er richtig auskundschaftete. Ramaeckers behielt nun, als er den Beweis so großer Treue sah, Mohammed bis zu seinem Ende als Diener bei sich. Er ließ ihm in Brüssel französischen Unterricht erteilen, so daß er ganz gut Lesen und Schreiben lernte, des Arabischen **war er** in Wort und Schrift schon früher mächtig. Als Kapitän Ramaeckers sodann im Jahre 1880 als Chef einer großen belgischen Expedition nach der damals noch dem König der Belgier gehörigen Station Karema am Tanganika ging, begleitete ihn Mohammed wiederum als Kammerdiener, Unterhändler und Dolmetscher. Der Verfasser machte als Mitglied der damals gleichzeitig nach dem Innern gehenden deutschen Expedition die Reise eine Strecke weit gemeinsam mit den Belgiern und **lernte** bei dieser Gelegenheit Mohammed Biri kennen. Er war ein intelligenter, gewandter Mensch, welcher das volle Vertrauen seines Herrn genoß und auch verdiente. Als Kapitän Ramaeckers im Jahre 1882 in Karema dem mörderischen Klima erlag, verwaltete Mohammed die Station, bis der in Tabora kommandierende Leutnant Becker nach Karema geeilt war, ging sodann nach Europa und von da wieder nach Sansibar und dem **Innern, wo** er als Elfenbeinhändler in Uganda lebte, bis ihn das Schicksal mit Emin in Berührung brachte.

Mohammed berichtete an Dr. Junker bloß von der damals erfolg=los verlaufenen Expedition des verdienstvollen Reisenden und Forschers Dr. Fischer, welcher die Absicht hatte, Emin zu erreichen, aber nur bis Kagehi am Viktoria Nyanza gelangen konnte, weil ihn Mwanga nicht weiter vordringen lassen wollte. Dr. Fischer kehrte im Herbst 1886 nach Deutschland zurück und starb dort ganz plötzlich einige Wochen nach seiner Heimkehr. Ferner zeigte Mohammed an, daß er Briefe für Emin in Händen habe. Diese Briefe erhielt Emin erst drei Wochen später. Das wichtigste Schreiben darunter war eine amtliche Depesche aus

Kairo in französischer Sprache. In derselben teilte die ägyptische Regierung
Emin mit, daß es ihr unmöglich sei, ihm beizustehen, da man den
Sudan aufgeben müsse. Man gab Emin carte blanche bezüglich der
zu ergreifenden Maßregeln, für den Fall er sich entschließen wolle, aus
der Äquatorialprovinz wegzugehen und bewilligte ihm für diesen Zweck
beim englischen Generalkonsul in Sansibar Kredit. Eine kühle Geschäfts-
depesche, über deren Abfassung sich Emin mit Recht aufs bitterste beklagte. Sie enthielt nicht ein Wort des Dankes und der Anerkennung
für all seine Mühen, Sorgen und Kämpfe während dreier Jahre, **für**
die Kämpfe mit Negern und Danagla, nicht ein Wort des Bedauerns,
daß er so viele Jahre ohne alle Unterstützung arbeiten mußte, oft **unter**
Hunger und Not! Auch nicht ein Wort der Aufmunterung zu der ihm
bevorstehenden unendlichen Arbeit, die Ägypter heimzuführen! Es ging
ihm übrigens diesmal gerade so wie damals, als er seinerzeit nach
langer Absperrung von Chartum, wegen der Nilverstopfung von 1878
bis 1880, sich durch eigne Kräfte hielt, und trotzdem er nicht nur Ersparnisse machte, sondern sogar sehr erhebliche Überschüsse erzielte und
ablieferte, ihm dennoch die ägyptische Regierung keinen Dank wußte.
Der verstorbene Omer Pascha hatte einst zu Emin gesagt, man müsse im
Orient, um Anerkennung zu finden, entweder mächtige Protektion, oder
viel Geld, oder eine hübsche Frau haben — das alles besaß aber Emin nicht.

In Ägypten machte man sich immer noch von der Lage Emins
eine ebenso falsche Vorstellung wie seinerzeit bei den ersten Anfängen
des Mahdiaufstandes. Man glaubte, **daß** Emin einfach seine Sieben-
sachen zusammenpacken und zur Küste nach Sansibar ziehen könne. Das
größte Hindernis zu einem solchen Abzuge, sei es nach Süden oder
selbst nach Norden, bildeten Emins Offiziere und Mannschaften aus
Ägypten. Es fiel diesen Leuten gar nicht ein, wegzugehen. Emin hatte
schon wiederholt in Chartum darauf aufmerksam gemacht, daß es unbedingt notwendig sei, die Garnisonen alle zwei Jahre zu wechseln; man
hatte ihm aber nicht einmal Antwort gegeben. Der größere Teil seiner
Leute, Makraka, Dinka, Bor u. s. w., welche niemals das Land verlassen hatten, zogen es selbstverständlich vor, in ihrer Heimat zu bleiben
und so weiter zu leben, wie es seit Urzeiten ihre Väter thaten. Für
die aus Ägypten stammenden Leute war die Äquatorialprovinz eine
zweite Heimat, ja geradezu ein Paradies geworden, welches ihnen das

Geburtsland mehr wie ersetzte. Jeder hatte geheiratet, also eine Familie mit einem großen Anhang gegründet, jeder hatte Sklaven gekauft oder geraubt, jeder hatte Rinder und Ziegen; das alles konnten diese Leute in Ägypten nicht haben; weshalb also ein solches Land verlassen? Die Disziplin war den Verhältnissen entsprechend so locker, als es sich die Leute nur wünschen konnten, das würde in Ägypten selbstredend wieder anders geworden sein. Auch den so sehr geliebten Fleischtopf hätten sie in der eigentlichen Heimat nicht gefunden. Dazu kamen noch die für den Fall eines Abmarsches in Aussicht stehenden Mühen und Strapazen des weiten Weges; und das wollte keinem gefallen. All diesen Schwierig-keiten hatte auch Gordon gegenüber gestanden, als er den ganzen Sudan räumen sollte. Auch er würde eine solche Aufgabe nie haben lösen können. Emins Untergebene hatten zu alledem nur wenig Vertrauen mehr zu der ägyptischen Regierung, denn dieselbe hatte sie jahrelang ohne alle Bezahlung und Zufuhren gelassen.

Die Leute konnten oder wollten nicht verstehen, weshalb die ägyp-tische Regierung den ganzen Sudan aufzugeben beabsichtigte. Niemand glaubte auch nur entfernt daran, daß die Haufen des Mahdi reguläre ägyptische Heere zu schlagen im stande sein würden. An alle die er-littenen Niederlagen, besonders an die Vernichtung der Armee von Hicks Pascha wollte kein Mensch in der Äquatorialprovinz glauben, alle hielten derartige Nachrichten für Fabeln. So hatten denn auch alle Bemühungen Emins, seine ganze Stärke im Süden zu konzentrieren, nichts gefruchtet. Seine Offiziere waren nicht dazu zu bewegen, Lado aufzugeben.

Unglücklicherweise hatte man die Depesche, welche amtlich meldete, daß man in Ägypten den ganzen Sudan aufgeben müsse, in französischer Sprache abgefaßt; alle zweifelten daher an der Echtheit des Dokumentes und hielten die ganze Nachricht für eine Erfindung von Emin. Selbst zu einer Revolte hätte es führen können, wenn die Leute einmal die gänzliche Unfähigkeit der ägyptischen Regierung erkannt haben würden.

Die Lage Emins war damals eine ganz entsetzliche. Zu allem Un-glück kam nun noch dazu, daß zwischen Uganda und Unjoro ein Krieg ausgebrochen war. Doch dieses alles waren nicht allein Emins Sorgen, er mußte außerdem darauf gefaßt sein, daß alle Augenblicke die Danagla des Mahdi mit Dampfer den Nil heraufkommen konnten, um auch den äußersten Süden des Sudan dem Mahdi zu unterwerfen.

Um nun seine Absichten, sich weiter nach Süden zurückzuziehen und von da nach der Ostküste zu gehen, ausführen zu können, hatte Emin Boten nach Lado gesandt, um die Leute dort zum Abmarsche aufzufordern. Ein Brief meldete ihm darauf hin, daß sich infolge seiner Aufforderung große Aufregung verbreitet habe und niemand daran denke, nach dem Süden zu ziehen, trotzdem doch schon darüber beraten worden war — da der Weg nach Chartum über Lado führe, wie ihm immer wieder entgegengehalten wurde. Zwänge man die Leute aber, südwärts zu gehen, so würden sie sich aller Waffen und Munition bemächtigen, und totschlagen, wer sich ihnen entgegenstellte.

Damals begannen sich unter Emins Leuten schon Anzeichen von Aufruhr bemerkbar zu machen. Es war Mitte März 1886; in Lado befindliche alte Unteroffiziere, Leute aus Bornu, Adamaua u. s. w., hatten sich dahin geeinigt, alle dortigen Offiziere, Sudanesen und andre zu töten und einen Freistaat zu gründen. Ein ägyptischer Offizier hatte jedoch von dem Plan gehört und den Vorfall an seinen Vorgesetzten gemeldet. Dieser hatte nun zwar die Haupträdelsführer in Ketten gelegt, sie aber schon nach einigen Tagen wieder ungestraft entlassen, eine in solchen Zeiten doppelt übel angebrachte Milde. In Dufile hatte sogar ein Feldwebel auf seinen Offizier geschossen, ihn aber gefehlt.

Der Krieg zwischen Uganda und Unjoro endete mit der Niederlage der Waganda. Emin sandte nun Casati von Wadelai nach Unjoro, wo er sich bei Kabrega etablieren sollte.

Emins persönliche Lage war schon seit einiger Zeit eine höchst unerquickliche geworden. Der Gegensatz nämlich zwischen Sudanesen und Ägyptern wurde von Tag zu Tag schärfer. Die letzteren hatten die ersteren von jeher en canaille behandelt und nun kam der dadurch erzeugte Haß offen zum Durchbruch. Emin bot alles auf, vermittelnd einzuschreiten, aber, wie es schien, mit nicht allzugroßem Erfolg. Er sagte damals selbst, daß er noch einen neuen Versuch machen werde, die Leute zu Paaren zu treiben, sollte dies aber auch fehlschlagen, so müsse er wenigstens solange wie möglich den ihm gebliebenen Schein der Autorität wahren. Ginge aber auch dies nicht mehr, so bliebe nichts weiter übrig, als die Zügel in die Hände des ältesten sudanesischen Offiziers zu legen und den Versuch zu machen, sich zu Kabrega zurückzuziehen und dort abzuwarten, bis die Leute vernünftig werden und ihm **folgten, denn** — fügt Emin hinzu — folgen werden sie doch.

Die Lage schien sich nach den oben angedeuteten Ereignissen für Emin wieder etwas zu bessern, es war im Mai 1886. Die Stationen **in** Makraka wurden von ihm wieder neu besetzt, und als die Gerüchte von Dr. Fischers Anrücken zu ihm drangen, sandte er Ende 1886 eine größere Expedition ostwärts.

Während dieser Zeit, welche ihn zur Unthätigkeit in seinem Amte zwang, **unternahm er** drei neue Reisen nach dem Albert Nyanza, wobei er **einen großen, von Süden** hereinkommenden Zufluß entdeckte, von dem er annahm, daß seine Quellen am Abhang südwärts liegender Gebirge **lägen. Dieser** große Zufluß wäre also weiter nichts, als der von Stanley Semliki genannte Strom, also der letzte bis dahin noch unbekannte Nilarm. Emin wandte auch aus politischen Gründen seine Aufmerksamkeit ganz besonders auf jene Gebiete, welche ihm als diejenigen Länder erschienen, durch welche später einmal der Rückzug zu bewerkstelligen sei. Er befaßte sich deshalb auch mit einer sehr eingehenden Reparatur seiner beiden ihm noch gebliebenen Dampfer.

Mitte April 1887 waren noch elf Stationen in Emins Besitz, „nahezu alle diejenigen, welche Gordon ihm seinerzeit anvertraut hatte." „Diese denke ich zu halten", schrieb er an seinen Freund Felkin. Emins Lage konnte damals sogar als besser wie im Jahre 1885 bezeichnet **werden, war er doch damals** von allen Verbindungen nach Norden und Süden abgeschlossen gewesen. Er stand 1887 wieder in Fühlung mit seinen Freunden, empfing Briefe und konnte welche absenden. In seinem Briefe an Felkin sagt er: „Wir säen, ernten, spinnen und leben in den Tag hinein, als ob das ewig so fort dauern könnte. Es ist eigen, wie ein Mensch durch dauerndes Abgeschlossensein von der Welt seine vegetativen Fähigkeiten entwickelt." Afrika übte immer mehr seinen Zauber auf ihn aus. Er dachte jetzt gar nicht mehr daran, seine Provinz zu verlassen, selbst nicht, für den Fall ihn eine Hilfsexpedition erreichen sollte. „Ich verlasse keineswegs meine Leute", sind seine eignen Worte. „Wir haben trübe und schwere Tage miteinander durchgemacht und ich hielte es für schmachvoll, gerade jetzt von meinem Posten zu desertieren. Meine Leute sind trotz ihrer Mängel brav und gut. Wir kennen uns

seit langen Jahren und glaube ich nicht, daß es meinem Nachfolger gelingen würde, sich ihr **volles** Vertrauen zu erwerben."

Eigentlich tritt bei allen langandauernden Unternehmungen in Afrika
der Fall ein, daß dieselben immer mit dem Gründer stehen oder fallen.
Es ist damit zugleich dargethan, wie alles ineinander verwachsen muß,
um gefördert zu werden, und welcher Sorgfalt des einzelnen Europäers
es bedarf, um ein Resultat der Arbeit und Mühen zu erzielen, **und
wie** schwer es ist, ein solches Werk durch andre fortzuführen; denn
die Eingebornen kommen jedem Neuerscheinenden mit größtem Mißtrauen entgegen. Sie vermögen nicht ein Prinzip von den Einzel-
gebarungen zu unterscheiden und nehmen Kleinigkeiten gleichwertig mit
den Grundideen. Daher muß jeder Neuerschiene von vorn anfangen
und bedarf es vieler Jahre, bis die Schwarzen endlich das Wesen eines
Unternehmens erkannt haben. —

Im November 1888 noch herrschte vollständige Ruhe in Hat el
Estiva und Emins Beziehungen zu den Nachbarstaaten waren gute.

Von dem damals erfolgten Anrücken Stanleys hatte Emin Kunde
erhalten, aber noch am 25. März 1888 schrieb er einen Brief an den
Herausgeber der Petermannschen Mitteilungen, der mit den Worten schloß:
„Kommt Stanley nicht bald, so sind wir verloren." An dem gleichen Tage
faßte er einen Brief an Stanley selbst ab, **da** er durch einen Mann gehört hatte, daß ein Weib Stanley auf dem Hochplateau westlich vom
Albertsee gesehen hatte und bat darin Stanley, an dem Orte, wo ihn
sein Schreiben erreichte, zu bleiben. Es gelang in der That durch
diesen Brief wirklich die Verbindung mit Stanley zu bewerkstelligen. Emins frühere Forschungen nach Stanley, welche er
bis zum äußersten Südende des Sees unternommen hatte, waren resul-
tatlos geblieben, da die Leute dort aus Furcht vor Kabregas Räubern
von ihren Häuptlingen angewiesen worden waren, alles, was sie irgendwie von Fremden erfahren hatten, zu verheimlichen.

Elftes Kapitel.

In Europa hatte man bisher zwar die Vorgänge im Sudan mit mehr oder weniger Interesse verfolgt, allein man kümmerte sich gar nicht mehr um die einzelnen Europäer, welche an jenem Drama persönlich teilnahmen. Nachdem Gordon gefallen, Lupton und Slatin in der Gefangenschaft des Mahdi verschollen waren, war eine gewisse Gleichgültigkeit eingetreten. Erst ganz allmählich begann sich die Einsicht immer mehr Bahn zu brechen, daß dort im fernen Süden, hart bedrängt von allen Seiten, ein Mann eingeschlossen war, der unsrer höchsten Teilnahme wert, ein Mann, welcher, vom höchsten Pflichtgefühl erfüllt, seinen ihm von der ägyptischen Regierung anvertrauten Posten nicht verlassen wollte. Als sodann die Lage dieses Mannes eine immer verzweifeltere wurde und er die Hilfe Europas anrief, da sollte seine Bitte nicht ungehört verhallen und der Namen Emin Bey kam in aller Mund. Im Anfang herrschte jedoch allgemeines Mißverständnis wegen Emins Absichten, indem man glaubte, er wolle insofern gerettet werden, als man ihm den Weg nach Europa bahnen sollte. Schon gegen Ende des Jahres 1884 schrieb er an den englischen, inzwischen verstorbenen Missionar Mackay von Lado aus nach Uganda, wo sich jener damals aufhielt: „Was die Wahrheit auch sein möge, teilen Sie gefälligst Ihren Freunden durch die ägyptische Regierung mit, daß wir bis zum heutigen Tage wohl sind, daß wir auszuhalten beabsichtigen, bis uns Hilfe erreicht oder wir untergehen." Ebenso schrieb Emin an denselben Missionar im Jahre 1886, daß er keine Eile habe, die Länder, in denen er zehn Jahre gearbeitet habe, zu verlassen, im Gegenteil habe er die Absicht, dieselben so lange zu behaupten, bis Hilfe käme, um welche er schon seit 1884 die ägyptische Regierung angegangen habe. In Ägypten wollte man jedoch weder, noch konnte man helfen.

Am 31. Dezember 1885 schrieb Emin an den Sekretär der Anti=
sklavereigesellschaft, Charles H. Allen, einen Brief, worin er kurz die
Leiden, Mühen und Gefahren erwähnt, denen er ausgesetzt sei, und sich
bitter darüber beklagt, daß ihn die ägyptische Regierung so ganz im
Stiche lasse. Seine Leute lobt er als tapfer und ihm ergeben. An
demselben Tage schrieb er einen längeren Brief an seinen Freund Fellin
und sagt darin unter anderm, daß es notwendig sei, irgend ein Mittel
zum Entkommen zu suchen, daß er aber immer noch entschlossen sei,
das Land so lange wie möglich zu behaupten. Er habe die Absicht,
seine Beamten nach Süden über Uganda oder Karaguna nach Sansibar
zu schicken. Er selbst aber wolle noch bleiben.

Selbst im Juli 1886 schrieb er immer noch, daß er selbst bleiben
und seine Provinz halten wolle. Man sieht, daß es keineswegs
Emins Absicht war, Afrika zu verlassen und von dort heraus=
geführt zu werden, er wollte im Gegenteil Unterstützung haben, um sein
Land weiter gegen die Mahdisten zu halten und sein mühsam und mit
unendlichem Fleiß und Liebe begonnenes Werk zu Ende zu führen, so
weit es in seinen Kräften lag. Man hat versucht mit einem großen
Aufwande von Spitzfindigkeit, Emin Widersprüche in seinen Plänen nach=
zuweisen. Man thut ihm entschieden damit Unrecht. Wenn er seine
Pläne verändert, so entsprang das einfach der veränderten Situation,
welche einmal derart gewesen sein mochte, daß er an einem weiteren
Verweilen in der Äquatorialprovinz verzweifelte und auf Rettung be=
dacht sein mußte, ein andres Mal aber die Möglichkeit nahe lag, zu
bleiben. Jedenfalls hat er zweifellos immer in redlichster und selbst=
losester Weise gehandelt und den eignen Vorteil hintangesetzt.

Am meisten Interesse zeigte sich in England für Emin. Man war
sich dort der Schuld wohl bewußt, welche man im Sudan auf sich ge=
laden hatte. Die unglückliche Gladstonesche Politik, nach welcher der
Sudan als nicht mehr zu Ägypten gehörig betrachtet werden sollte und
man alle Verantwortung wegen jener Länder ablehnte, hatte die Kata=
strophe mit Chartum und den Tod Gordons herbeigeführt und damit
den Verlust des ganzen Landes. Es tauchte der Plan auf, Emin Bey
aus seiner hilflosen Lage zu befreien. Die englische Regierung wollte
sich aus politischen Gründen nicht offiziell mit dieser Angelegenheit be=
fassen, allein sie unterstützte die darauf hin gerichteten Bestrebungen. Die

Nachrichten, welche immer öfter und unheilverkündender aus dem Sudan nach Europa drangen, bewirkten zuletzt geradezu allgemeine Aufregung, welche mehr und mehr zunahm. Man beschäftigte sich in Deutschland sowohl wie in England immer eingehender mit Emin. In England aber fühlte man, daß man durch eine Unterstützung Emins wenigstens einen Teil der Schuld, welche sich England im Sudan aufgeladen hatte, würde abtragen können und hielt es zuletzt geradezu für eine Pflicht, etwas in der Sache zu unternehmen.

Als daher im Herbste 1886 jener oben erwähnte Brief Emins in der Times veröffentlicht wurde, trat Sir William Mackinnon auf und erklärte, **daß er zur** Organisierung einer Expedition bereit wäre, welche **zum Zwecke den** Entsatz Emins hätte. Mackinnon reichte an das eng= lische Auswärtige Amt ein Schreiben in diesem Sinne ein und schlug **zugleich** Stanley als Führer der Expedition vor.

Es bildete sich sofort ein englisches Emin Bey=Entsatzkomitee, dessen Vorsitzender Sir William Mackinnon war und dem auch Stanley an= gehörte. Stanley war damals gerade nach Amerika abgereist, um dort eine Vortragtournee zu halten, als er 14 Tage nach seiner Ankunft dort von Mackinnon ein Telegramm erhielt, als Antwort auf ein Schreiben, in welchem er sich als Führer einer Expedition zum Entsatze Emins angeboten und zugleich einen Plan ausgearbeitet hatte. Mackinnon tele= graphierte, daß sein Anerbieten und Plan angenommen worden sei, daß die englische Regierung denselben billige, und Stanley, da die Fonds schon beschafft seien, sofort nach London kommen möge. Jener nahm darauf hin die Stellung als Führer an und kehrte mit dem nächst= fälligen Dampfer nach Europa zurück.

Hiermit trat wiederum ein Mann in den Vordergrund, welcher schon sehr viel von sich reden gemacht hatte. Henry M. Stanley ist ein geborner Engländer und heißt eigentlich James Rowland nach seiner Mutter, als deren uneheliches Kind er 1840 in der Nähe von Denbigh in Wales zur Welt kam. Schon in seinem dritten Jahre wurde er in einem Armenhaus untergebracht, wo er bis zum 13. verblieb und dort in seiner Kindheit schon das Leben nicht gerade von seiner schönsten Seite kennen lernte. Seine Erziehung war eine sehr mangelhafte, doch kam er durch Selbststudium so weit, daß er sich dem Lehrfache widmen wollte. Da er aber sehr bald in zu große Not geriet, wendete er seinem

Vaterlande den Rücken, ließ sich, um freie Überfahrt nach Amerika zu haben, als Schiffsjunge heuern und kam als solcher nach New Orleans. Hier ging es ihm anfangs recht schlecht und ernährte er sich durch Verkauf von Zeitungen. Durch seine Intelligenz und Anstelligkeit gelang es ihm aber, das Interesse eines kleinen Krämers, Namens Stanley, in New Orleans in so hohem Grade zu erregen, daß ihn dieser in seinem Geschäfte anstellte, und da er den Jungen liebgewonnen, einige Zeit darauf adoptierte. Der frühere James Rowland führte von da an den Namen seines Pflegevaters.

Ungewöhnliche Willenskraft und Energie zeichneten den Knaben von jeher aus und so brachte er es durch eisernen Fleiß bald dahin, die immer noch bestehenden Lücken seiner Bildung durch eifriges Studium auszufüllen. Nur die Unfähigkeit fremde Sprachen zu erlernen, ein Erbteil der Nation, welcher er entstammte, ließ ihn sich mit der Kenntnis des Englischen begnügen. Der harte Kampf ums Dasein, welcher gerade in Amerika an den einzelnen besonders hohe Anforderungen stellt, hat wohl viel dazu beigetragen, seine hervorragendsten Eigenschaften am meisten auszubilden, seine „Rücksichtslosigkeit und seinen Egoismus." Aus denselben Ursachen mögen auch Herz und Gemüt so selten aus dem harten Manne sprechen. Stanleys Energie setzt sich überall in kühnen Thaten um und kurz entschlossen führt er nur das **aus, was** seinen maßlosen Ehrgeiz befriedigt oder ihm zum mindesten materiellen Vorteil bringt. Stanley hatte schon früh Gelegenheit praktische Erfahrungen fürs Leben zu sammeln. Als sein Wohlthäter, ohne ein Testament gemacht zu haben, starb, sah sich Stanley abermals brotlos, und als bald darauf der amerikanische Krieg ausbrach, trat er als Freiwilliger in die Armee der Konföderierten. Er wurde jedoch gefangen genommen und der Marine der Vereinigten Staaten zugeteilt, wo er es bis zum Fähnrich brachte. Nach Beendigung des Krieges wurde er Zeitungsreporter und dies Amt hat ihm für Zeit seines Lebens den Stempel aufgedrückt. Oft genug geht seine Phantasie mit ihm durch. Auf einige zu helle Lichter oder zu tiefe Schlagschatten in seinen Schilderungen kommt es ihm ebensowenig an, wie auf einige Nullen mehr oder weniger, wenn er von Zahlen spricht.

In seiner Eigenschaft als Reporter bereiste Stanley sodann 1865 die Türkei und Kleinasien und begleitete 1868 die englische Armee als

Korrespondent des New York Herald während des Feldzugs in Abeſſinien. Sodann wohnte er als Berichterſtatter der Einweihung des Suezkanals bei, ging von da aus nach Perſien und Indien und dann nach Spanien.

Dort wurde ihm in Madrid vom Eigentümer des New York Herald, J. Gordon Bennet, der Auftrag, den damals verſchollenen Livingſtone auf=zuſuchen. Im Januar 1871 langte er in Sanſibar an und brach ſchon nach einigen Wochen ins Innere auf. An der Küſte hatte Stanley bereits von Arabern erfahren, daß ſich der berühmte Reiſende am Tanganika befände, wo er ihn auch in Ujiji auffand. Nachdem er mit Livingſtone gemeinſam den Tanganika erforſcht hatte, kehrte er 1872 über Sanſibar nach Europa und Amerika zurück. Im Jahre 1874 machte ſich Stanley wiederum auf. Diesmal auf Koſten des New York Herald und des **Londoner** Daily Telegraph. Im November 1874 von Bagamoyo auf=**brechend**, erreichte er 1875 im Februar den Viktoria Nyanza, umfuhr den ganzen See und ſtellte ſomit feſt, daß dieſer See der Hauptquellſee des Nil war. Von da ging er nach dem Muta Nſige. Er hatte damals ſchon die Abſicht, die Nilquellenfrage zu löſen. Geſſi hatte ſchon die letzte Strecke des Weißen Nil befahren und damit deſſen Herkunft aus dem Muta Nſige feſtgeſtellt. In demſelben Jahre hatte Oberſt Lany die Verbindung des Viktoriaſees mit dem Muta Nſige entdeckt und damit Synkas Hypotheſe aufs glänzendſte beſtätigt. Es blieb noch das große Rätſel des Congo und Lualaba zu löſen. Cameron hatte zwar den Ausfluß des Tanganika, den Lukuga aus dem Tanganika in den Lua=laba entdeckt und damit war ein großer Schritt vorwärts gethan. Wo=hin aber floſſen die gewaltigen Waſſermaſſen dieſes Stromes, von dem Livingſtone, welcher ihn bei Nyangwe geſehen hatte, annahm, daß es der Nil ſei. Stanley erſt ſollte es vorbehalten bleiben, dieſe Frage ent=gültig zu entſcheiden. Er wendete ſich von den nördlichen Seen nach dem Tanganika, ging bei Ujiji über den See hinüber, von da nach Nyangwe, welchen Ort er am 5. November 1876 verließ, und folgte mit 140 Mann den Congo ſtromabwärts, nachdem ihn der berühmte Araber Tippo Tib, welchen Stanley engagiert, verlaſſen hatte. Nach unſäglichen Mühen, Anſtrengungen und Gefahren brach er ſich Bahn, **durch Güte** oder mit Gewalt, wie es die Umſtände erforderten. Stanley **hatte 32** Kämpfe zu beſtehen und verlor auch noch ſeinen letzten Ge=fährten, den Engländer Pocok, indem dieſer in einer Stromſchnelle seinen Tod fand. Am 8. August 1877 erreichte Stanley Boma bei der Congomündung. Mit dieser Reise hatte er eine der epochemachendsten Entdeckungen gemacht, welche von den einschneidendsten Folgen für Afrika sein sollte, indem diese berühmte Reise den Anstoß zur Gründung des Congostaates gab. Der Ursprung dieses neuen Staates ist zurückzuführen auf die Gründung der Association Internationale Africaine, welche schon am 1. September 1876 erfolgt war. Doch war das Ziel dieser Gesellschaft nicht ganz klar, die Mittel zersplitterten sich ebenso wie die Kräfte. Erst Stanleys Congoreise veranlaßte den König der Belgier sein Augenmerk auf diesen Strom zu richten. Nach einer Rücksprache mit Stanley wurde 1878 in Brüssel das Comité d'études du Haut Congo gegründet. Zur Ausführung dieses großartig geplanten Unternehmens wurde Stanley ausersehen, welcher schon 1879 wieder nach dem Schauplatze seiner einstmaligen glorreichen Thätigkeit eilte. Als Ausgangspunkt für seine Unternehmungen, war ein Punkt am Congo notwendig, welcher zu Schiff erreichbar war. Stanley gründete zu diesem Zwecke Vivi an der Congomündung. Nach Überwältigung mühsamer Arbeiten, welche die Zeit bis zum Mai 1881 in Anspruch nahmen, konnte Stanley erst weiter vorbringen und erreichte im Juli 1881 den Stanleypool.

Da stellten sich Stanleys Arbeiten ganz unerwartete Hindernisse entgegen, indem Savorgnan de Brazza, ein in Frankreich naturalisierter Italiener, im Oktober 1879 Erwerbungen am rechten Congoufer gemacht hatte, welche Frankreich beanspruchte. Rasch entschlossen ging Stanley auf das linke Ufer und gründete dort am Stanleypool die Station Leopoldville. Dadurch, daß er am linken Ufer noch eine Menge Stationen errichtete, verhinderte er, daß der Congo ein französischer Fluß würde.

Nach kurzem Aufenthalte in Europa kehrte Stanley 1882 zum Congo zurück und es gelang ihm durch entsandte Expeditionen im Norden des Unterlaufes Erwerbungen zu machen und so die Franzosen von der Mündung fern zu halten.

Inzwischen hatte man erkannt, daß es sich fernerhin nicht mehr um Erforschungsexpeditionen handeln könne, sondern daß es notwendig sei, den umfangreichen Erwerbungen eine dauernde Organisation zu geben, welche die Lebensfähigkeit des jungen Unternehmens gewährleisteten. Es war damals keine Aussicht vorhanden, daß die belgische Kammer die

Zustimmung zu einer Vereinigung der afrikanischen Erwerbungen des Königs Leopold II. mit dem belgischen Staate geben würde. Um nun diese Erwerbungen nicht in die Hände eines andern Staates fallen zu lassen, fand man den Ausweg, einen neuen Staat zu gründen. Das Comité d'études du Haut Congo nahm daher in aller Stille den Namen Association Internationale du Congo an und es begannen in Europa diplomatische Unterhandlungen, um die Anerkennung des neuen Staates durchzusetzen und den Besitzstand durch endgültige Verträge zu sichern. Frankreich machte nun auch Ansprüche auf das linke Ufer des Stanleypool und nur durch das Zugeständnis **des** Vorkaufsrechtes, für den Fall die Association gezwungen sein sollte ihre Besitzungen zu **entäußern, gelang** es, die Ansprüche Frankreichs, welche das Zustande= kommen sämtlicher Pläne des Königs der Belgier vernichtet haben würden, zu beseitigen. Nordamerika war der erste Staat, welcher am 22. April 1884 die neue Gesellschaft als Staat anerkannte. Die euro= päischen Staaten nahmen vorläufig von einer Anerkennung noch Abstand, bis Mitte November 1884 in Berlin die Congokonferenz zusammen trat, als deren Endresultat der Congostaat in seiner heutigen Gestalt entstanden ist. Stanley hatte an derselben teil genommen. Der König der Belgier verdankt seine Erwerbungen und Bemühungen und das Gelingen seiner Pläne zum großen Teil Stanley.

Einen so energischen Mann, welcher schon so großes vollführt hatte, konnte man mit Fug und Recht an die Spitze einer Expedition stellen, welche Emin Pascha in seiner bedrängten Lage Hilfe bringen sollte.

Schon am 23. Dezember 1886 traf Stanley in London ein, also nur zwölf Tage nach Empfang des Telegramms, welches ihn zurückrief. Es ist überhaupt eine der Haupteigenschaften, welche den berühmten Reisenden auszeichnen, daß er alles, was er unternimmt, mit größter Energie und Schnelle zur Ausführung bringt. Die Fonds, welche Stanley zur Verfügung standen, beliefen sich auf 21500 £ = 430000 Mark. Dazu hatte hatte die ägyptische Regierung 10000 £ beigesteuert, ebenso lieferte dieselbe noch eine Menge Waffen und Munition. Die Aus= rüstung der Expedition war selbstverständlich die denkbar beste, sowohl was Waffen anlangt — er hatte unter anderm eine Maxim=Schnellfeuerkanone — als auch die persönliche der europäischen Begleiter Stanleys und seiner selbst. Ein großes, zerlegbares Stahlboot wurde mitgenommen und an

Tauschwaren. 28662 Yard, also 25—26000 Meter, 3600 Pfund Glasperlen und 1000 Pfund Messing-, Kupfer- und Eisendraht. Ebenso wurden große Mengen von Fleisch- und Gemüse-Konserven, Schokolade, Thee, Kaffee, kondensierte Milch mitgeführt. Waffen, Munition und Tauschwaren hatte Stanley also in hinreichender Menge beschafft, daß Emin genügend ausgestattet gewesen wäre, um sich noch lange zu halten, wenn ihn diese schönen Dinge alle erreicht haben würden.

Henry Morton Stanley.

Stanleys europäische Reisebegleiter waren W. Grant Stairs, William Bonny, John Rose Troup, Major Barttelot, Kapitän R. H. Nelson, D. J. Mounteney Jephson, James J. Jameson, Dr. P. Parke und zuletzt vom Congo aus Herbert Ward.

Das englische Emin Pascha-Komitee hatte sich zur Aufgabe gemacht, Emin zu „retten" — wie man wenigstens aller Welt verkündete. Wir werden noch vernehmen, daß man eigentlich ganz andre Absichten hatte.

17*

Bei einem so wichtigen Unternehmen, von dessen Gelingen so sehr viel abhing, war die Wahl der Route von größtem Belang. Der Hauptsache nach kamen vier Wege in Betracht, der eine von der Ostküste aus, durch Massailand, dieser war jedoch unausführbar für eine große Karawane, wegen Lebensmittel- und Wassermangels. Trotzdem jetzt Dr. Peters diesen Weg zum Viktoria Nyanza und nach Uganda hin mit einer kleinen Karawane zurückgelegt hat, so bleibt der Verfasser bei seiner Ansicht, daß diese Route für sehr große Karawanen nicht empfehlens- wert ist. Den zweiten und dritten Weg über Msalala, Karague, Ankori, Unjoro und den Albertsee hielt Stanley für ebenso unpraktisch. Er glaubte, wie er sagt, daß diese Strecke unter allen Umständen ungeheure Verluste an Menschenleben und Waren zur Folge haben würde. Er besann sich aber keinen Augenblick, auf dem Rückwege nach der Ostküste diesen Weg einzuschlagen, nachdem er Emin aus seiner Provinz weggeführt hatte, und hat sich so selbst gründlich widerlegt. Es ist doch eigentlich sonnenklar, daß eine so ausgezeichnet ausgerüstete Expedition, wie die Stanleysche, viel leichter im stande gewesen wäre, jene Gebiete auf dem Hinwege zu durchziehen, wie er es faktisch auf dem Rückwege mit einer vollständig heruntergekommenen Mannschaft vollbracht hat. Von der Ostküste aus würde Stanley zudem in sehr kurzer Zeit bei Emin angelangt sein.

Für Stanley gab es aber nur einen Weg und das war derjenige über den Congo. Alle seine für diese Route aufgezählten Gründe ließen sich leicht widerlegen, doch ist hier nicht Raum dies zu erörtern. Der wahre Grund, weshalb Stanley so hartnäckig darauf bestand, diesen Weg einzuschlagen, läßt sich bei dem ungemein erfahrenen Reisenden nur darin suchen, daß er eben eigne ehrgeizige Pläne verfolgte. Stanley wollte auch noch den letzten Zipfel des Schleiers lüften, der noch immer auf den Nilquellen lagerte, und dazu winkte ihm sicherer Erfolg nur von der Westküste aus.

Mit großer Umsicht vollendete Stanley alle Vorbereitungen in kürzester Zeit, und nachdem er dem König der Belgier einen Besuch abgestattet und sich mit ihm ins Einvernehmen gesetzt hatte, da es auch dessen Wunsch war, daß Stanley die Congoroute wählte, traf er schon am 27. Januar in Alexandria ein. Von dort reiste er nach Kairo. In Kairo wurde er zuerst von Nubar Pascha, dem ägyptischen Premier- minister, empfangen, welcher ebenso wie Dr. Schweinfurth und Dr. Junker

die Wahl der Congoroute für absurd hielt. Am meisten aber miß-
fiel die Wahl dieses Weges Dr. Junker, welcher gerade über Sansibar
von Emin Pascha gekommen war. Den von diesem überbrachten Nachrichten ist es auch zu danken, daß das Interesse besonders in Deutschland
eine so großes für Emin wurde. Dr. Junker machte ganz besonders
auf die Gefahr aufmerksam, in der Emin schwebte. Selbst der Khedive
war der Ansicht Dr. Schweinfurths und Junkers. Aber Stanley war
nicht der Mann, welcher sich **von dem einmal** gefaßten Plan **abbringen**
ließ; derselbe entsprach viel zu sehr seinen eignen Wünschen, **als daß**
er sich hätte beeinflussen lassen.

Vom Khedive erhielt Stanley einen Ferman, der folgenden Wort-
laut hat:

Kairo, den 8. Gonnad Aual 1304 (1. Februar 1887).

Ferman an Emin Pascha.

Wir haben Ihnen und Ihren Offizieren bereits gedankt für die mutige
und erfolgreiche Verteidigung der Ihrer Verwaltung anvertrauten Aquato-
rialprovinzen und für die Festigkeit, welche Sie mit den unter Ihren Befehlen stehenden Offizieren bewiesen haben.

Und wir haben Sie deshalb belohnt, indem wir Ihren Rang zu dem
eines Lewa Pascha (Brigadegenerals) erhöht haben. Wir haben auch die
Beförderung genehmigt, welche Sie für die unter Ihren Befehlen stehenden
Offiziere für notwendig gehalten haben, wie ich Ihnen bereits am
29. November 1886 geschrieben habe, welches Schreiben nebst andern Schrift-
stücken, die der Präsident des Ministerrats, Se. Exzellenz Nubar Pascha,
Ihnen gesandt hat, Sie erreicht haben muß.

Und da es unser aufrichtigster Wunsch ist, Sie mit Ihren Offizieren
und Soldaten aus der schwierigen Lage, in der Sie sich befinden, zu befreien,
hat unsre Regierung sich über die Art und Weise schlüssig gemacht, wie Sie
mit den Offizieren und Soldaten aus Ihren Schwierigkeiten errettet werden
können.

Und da unter dem Befehl des Herrn Stanley, des berühmten und erfahrenen Afrikaforschers, dessen Ruf in der ganzen Welt bekannt ist, eine
Entsatz-Expedition gebildet worden ist, und er Offiziere und Mannschaften
auf dem ihm geeignet erscheinenden Wege nach Kairo zu bringen beabsichtigt, so haben wir diesen hohen Befehl an Sie erlassen. Derselbe
wird Ihnen durch die Hand des Herrn Stanley übermittelt, damit Sie wissen,
was geschehen soll, und ich beauftrage Sie, sobald dieser Befehl Sie erreicht,
den Offizieren und Mannschaften meine besten Wünsche zu bestellen. Sie
haben vollständige Freiheit, entweder nach Kairo abzumarschieren oder mit
den Offizieren und Mannschaften dort zu bleiben.

Unsre Regierung hat beschlossen, Ihnen sowie den Offizieren und Mannschaften das Gehalt zu bezahlen. Diejenigen von den Offizieren und Mannschaften, welche zu bleiben wünschen, können dies auf ihre eigne Verantwortung thun, dürfen aber in Zukunft keine Hilfe von der Regierung erwarten.

Versuchen Sie den Inhalt dieses Befehls genau zu verstehen und machen
Sie ihn allen Offizieren und Mannschaften gut bekannt, damit sie wissen,
was sie zu thun haben.

Gezeichnet Mehemed Tewfik.

Der Khedive hatte also alle Ansprüche auf die Äquatorialprovinz
aufgegeben und Emin die Wahl wegen seines Bleibens oder Gehens
auf eigne Verantwortung gelassen.

Von Ägypten aus nahm Stanley 61 Sudanesen, 2 Syrier und
von Aden noch 13 Somali mit.

Am 22. Februar traf Stanley in Sansibar ein, wo er mit dem
damals noch lebenden Sultan Said Bargasch unterhandelte, hauptsächlich
wegen eines an Emin Pascha zu befördernden Boten. Wegen der An-
werbung von Sansibarträgern hatte Stanleys Agent schon alles in
Ordnung gebracht.

In Sansibar nahm auch Stanley den berühmten und berüchtigten
Tippu Tib in Dienste. Es war dies insofern ein sehr weiser Entschluß, als es Stanley damit gelungen war, den einigermaßen auf-
gebrachten Araber, welcher angeblich ein feindliches Unternehmen gegen
den Congostaat planen sollte, nicht nur unschädlich zu machen, sondern
sogar für den Congostaat zu interessieren.

Tippu Tib wurde mit einem hohen Gehalt zum Gouverneur der
Stanleyfälle gemacht. Er mußte sich aber auf der andern Seite verpflichten, Stanley 600 Träger vom Congo zu liefern. Damit hatte
sich Stanley einen unbegreiflichen Fehler zu schulden kommen lassen,
denn er mußte sich doch bei seinen großen Erfahrungen sagen, daß dazu
Tippu Tib kaum im stande sein würde, besonders, da Stanley dem
Araber nicht genügende Zeit ließ.

Als Stanley Sansibar verließ, hatte er außer den eben genannten
aus Ägypten mitgeführten Leuten und den Europäern der Expedition,
620 Sansibariten, den Araber Tippu Tib und 407 von dessen Leuten
an Bord. Nach angenehmer Fahrt traf die Expedition am 18. März
schon in Banana ein, wo er im Laufe des Tages 3 Dampfer mietete,

auf welchen zusammen 645 Mann, 150 Tonnen Waren, sowie Esel und Ziegen transportiert wurden, während alles übrige auf dem dem Congostaate gehörigen Dampfer Heron verladen wurde.

Von Banana ging Stanley flußaufwärts bis Matadi und von da aus mußte die Reise zu Land zurückgelegt werden und zwar bis nach Leopoldville am Stanleypool, wo die Expedition **am 21. April eintraf.** Bis dorthin hatte Stanley schon 57 Mann verloren.

In Leopoldville charterte Stanley wiederum verschiedene **Dampfer** und nachdem er seine Leute, 737 an der Zahl, mit 496 Gewehren in 7 Kompanien geteilt hatte, deren jede von einem Europäer befehligt wurde, zog er stromaufwärts. Die Fahrt ging auf dem breiten Flusse ohne erhebliche Schwierigkeiten vor sich. Am 15. Juni 1887 wurde die Expedition in Jambuja am linken Aruwimiufer gelandet.

Die Eingebornen dort hatten nach langen Unterhandlungen die Landung nicht gestatten wollen und so erzwang sie Stanley, ohne daß jedoch ein Schuß gefallen wäre, denn die Eingebornen verschwanden spurlos vor den anstürmenden Leuten Stanleys. Jambuja wurde sodann befestigt; Stanley mußte nämlich hier seine Expedition trennen, da er nicht die genügende Anzahl Träger besaß, um sofort mit dem ganzen Trosse aufzubrechen. Er mußte einen Teil, die Nachhut, mit der größten Anzahl der Lasten zurücklassen und ging selbst mit der Vorhut voraus. Das Kommando über die Nachhut übertrug Stanley nach reiflicher Überlegung dem Major Barttelot, als dem ältesten Offizier. Barttelot erhielt eine genaue Instruktion, derzufolge er die Gestellung der Träger von Tippu Tib abwarten und dann der Vorhut folgen sollte, welche ihren Weg durch Zeichen an den Bäumen und auf dem Pfade kenntlich machen werde.

Zum Gefährten Barttelots bestimmte Stanley Jameson. Als Garnison des mit Palissaden und Graben befestigten Jambuja blieben 80 Gewehrträger und 50 überzählige Leute zurück, welche später durch 50 Gewehrträger und 75 Überzählige verstärkt werden sollten. Die Verstärkung sollte von Troup, Ward und Bonny, welche noch stromabwärts Befehle in Bolobo auszuführen hatten, gebracht werden.

Für die Vorhut nahm Stanley 389 Mann mit 357 Gewehren mit und brach am 28. Juni 1887 von Jambuja auf, den schmalen Pfad auf dem linken Ufer des Aruwimi entlang ziehend. Nach Stanleys

Schilderungen mußte der Weg fast immer mit dem Beile und dem Haumesser durch das Urwalddickicht gearbeitet werden. Schon gleich **am ersten** Tage machten die Eingebornen Schwierigkeiten. Nach mehr= stündigem beschwerlichen Marsche durch den dämmerigen Wald gelangte die Kolonne im Angesicht von mächtig brausenden Fällen des Aruwimi an das Ende einer 6 **Meter breiten und** ungefähr 280 Meter langen Straße, welche ganz frisch aus **dem** Dickicht ausgehauen war. Am andern Ende, wo das Dorf Jankonde lag, standen ungefähr 300 Krieger, mit gespannten Bogen, lebhaft schreiend und gestikulierend. Da mußte irgend eine Falle bereitet **sein**. Das abgeschlagene Buschwerk sperrte zu beiden Seiten **jeden Ausweg**. Der Boden war mit grünem Laube, **welches** anscheinend **vom** Lichten des Dickichts herrührte, überstreut. Bald **entdeckten jedoch** die scharfen Augen der Schwarzen, daß unter dem leicht zerstreuten Laub zahlreiche 15 cm lange, ausgetrocknete Palmendorne und zugespitzte Holzstücke bis zur Hälfte in die Erde eingetrieben waren, welche einem unvorsichtig Vordringenden, unfehlbar tief in den schreitenden Fuß eingedrungen wären. Stanley ließ nun seitwärts durch das Dickicht Kundschafter gegen das Dorf ziehen, während er durch zwölf, quer über den Weg verteilte Leute die Dornen und Holzsplitter ausreißen ließ. Zwölf andre gingen schußbereit hinter ihnen her. Kaum war man eine Strecke vorgedrungen, als im Dorfe eine Rauchwolke aufstieg und die Eingebornen den Angreifern zahlreiche Pfeile entgegen sandten. Die Pfeile fielen aber alle zu kurz. Stanleys Leute erwiderten die Pfeil= salve **und** rasch konnte man vorrücken und das schnellverlassene Dorf **erreichen, denn der Feind** hielt nicht stand. Gleichzeitig mit der ersten erreichten auch die Seitenpatrouillen das Dorf **und** unter dem Schutze eines lebhaften **Gewehrfeuers gelangte die ganze** Karawane schnell durch das brennende Dorf nach einem andern unversehrten, welches weiter östlich lag. Auf dem Flusse hatte sich eine ganze Flottille von Kanoes befunden, welche thöricht genug war, zuerst dem Feuer stand zu halten, so daß eine Menge Leute dort den Kugeln der Expedition erlagen. Erst abends 9 Uhr erreichten die letzten Goi Goi, das sind Nachzügler, das **Lager**, welches die ganze Nacht hindurch vom Feinde belästigt wurde. Die Wilden schleuderten Lanzen und starkvergiftete Pfeile hinein und be= unruhigten **die** Karawane durch schreckliche Drohungen und Geschrei. Zu= weilen machten sie dann gleichzeitig auf ihren Trommeln und Hörnern einen solchen Höllenlärm, daß ein Uneingeweihter alle Augenblicke einen großen Angriff gefürchtet haben würde. Es wurden jedoch nur zwei Mann ganz leicht mit Pfeilen verwundet.

Am andern Morgen konnte die Expedition unbelästigt weiter ziehen. In den ersten Tagen führten Pfade durch zahlreiche Dörfer, deren Hauptzugangswege mit vergifteten Holzsplittern gespickt waren. **Ein** Beweis von Feindseligkeit der Eingebornen, welcher sich während der ganzen Reise durch die Waldregionen wiederholen **sollte**.

Später gelang es Stanley sich mehrer Kanoes zu bemächtigen, das Stahlboot wurde zusammengesetzt und ins Wasser gebracht, so daß man die Kranken und Ermatteten, sowie einen Teil der Lasten zu Wasser transportieren konnte. **Stanley selbst** zog vielfach den Wasserweg dem mühsamen, unangenehmen Marsch zu Land vor. Eine wunderbar schöne Natur muß sich den Blicken der Reisenden dargeboten haben. Die beiden Ufer des in unzähligen Windungen westwärtsfließenden Stromes, der bald sanft dahinglitt, bald tosend und brausend in Wasserfällen, Katarakten und Stromschnellen durch sein eingeengtes Bett raste, von einer unbeschreiblich üppigen, großartigen Vegetation **umsäumt**. Riesenbäume, die ihre luftigen Kronen hoch oben im Winde rauschen ließen, dichte Laubmauern undurchdringlich aufgebaut, **aus** unentwirrbaren Stämmen, Ästen, **Laubwerk** und Lianengehängen zusammengeflochten; die Wurzeln ins Wasser tauchend oder ihre Äste weit über den dunklen Strom breitend; Palmen, deren schlanke Stämme hier und da an lichten Stellen weiß hervorleuchteten und deren stolze Fächerblattkrone im Winde raschelte. Hier und da wurden die schlanken Wedel graziöser Phönixpalmen vom Lufthauch bewegt. Rotang, mit seinen schönen Palmenblättern, Pandanus mit den stolzen Kronen und nach unten Luftwurzeln senkend, am Wasser die Riesenwedel der stammlosen Raphiapalme. Zahlreiche Inseln mit üppigster Vegetation bestanden, vom klaren Wasser rauschend und gurgelnd umspült, erhoben sich über die Fläche des dunklen Stromes.

Auf dem Ganzen heller, lachender Sonnenschein, welcher die Landschaft mit tausendfarbigen Tinten überflutet. Vom hellsten Gelbgrün bis zum tiefsten gesättigten Sepia, vom lichten Blau und Grün bis zu schwarzen Schatten im Dickicht. Rote und violette Töne überraschen und entzücken das Auge. Die Ferne in leicht bläulichem Schimmer gehüllt, oder der Blick durch Flußkrümmungen gehemmt. Hoch in den Lüften

kreist im Äther ein Schreiadler, seine jauchzende Stimme weckt den Wider-
hall an dem Uferwald, ein Pärchen von Ibis Hagedasch schwebt regel-
mäßigen Flügelschlages eilig und schreiend den Wald entlang und hier
und da flattert klatschend ein Taucher übers Wasser, halb eingetaucht
dabei, oder ein Flug grauer, rotgeschwänzter Papageien fliegt unaufhör-
lich kreischend von einem Ufer zum andern.

Ein andres Mal ist der Himmel düster gefärbt, heftiger Wind
jagt tiefziehende Wolken dahin. Der Wald sieht fast schwarz aus,
schwarz ist auch das Wasser, unheimliche Lichter huschen über die Landschaft. Im Urwald ist es dann ganz dämmerig, denn selbst bei Sonnenschein herrscht dort fast überall tiefer Schatten. Da hebt ein fernes,
scharfes Rauschen an, der Regen ist es, der mit einem Getöse niedergeht,
welches wir in unsern Breiten nicht kennen. Dieses Geräusch ist zwar
nicht hervorragend heftig, aber eigentümlich scharf und prasselnd. Dann
kommt auch manchmal der Sturm gerauscht und stöhnend beugen sich
die Waldriesen und manchmal huschen helle Lichter über das Blattwerk,
es sind die Blattunterseiten, welche der heulende Wind nach oben kehrt,
zuweilen vernimmt dann der geängstigte Wanderer ein donnerndes Krachen
und dumpfrauschenden Fall. Der Wind hatte einen altersschwachen Riesen
bezwungen, der nun eine Menge schwacher Genossen im Sturze mit
sich reißt.

Greulich hört sich ein solcher Aufruhr des Luftozeans im Urwald
an, wenn es Nacht ist und ein Gewittersturm sich entfesselt, wenn Blitz
auf Blitz niedergeht, so daß man das Aufzucken des einzelnen Strahles
fast nicht mehr unterscheiden kann. Aber sonderbar, höchstens drei bis
vier blendende Blitze sind von erschütterndem, fast gleichzeitig mit dem
Aufflammen vernehmbarem, tosendem Krachen begleitet, welches die Erde
beben macht. Dann wird der Donner trotz des unaufhörlichen Zuckens
der Blitze leiser und leiser und zuletzt ist der strömend niederprasselnde
Regen nur von Wetterleuchten begleitet. Aber unheimlich ist es, wenn
noch öfters ein traurig tönender Eulenruf herüber klingt und das Wasser
des Stromes dumpf gurgelt und rauscht.

Unangenehm ist es immer, sei's bei Sonnenschein, sei's bei Regen
den Urwald zu passieren: der Marsch in der pfadlosen, unberührten
Wildnis ist mühsam und zeitraubend; die ewig feuchte Luft, das däm-
merige Licht, welches oft stundenlang ununterbrochen herrscht, wirkt

drückend auf den Atem und das Gemüt, und wenn dann noch der Hunger dazu kommt und die nach wochenlangen Reisen durch den ewigen Wald ermatteten Leute durch Krankheit dahingerafft, durch heimtückische Wilde dezimiert werden, so läßt sich vorstellen, daß alle ohne Ausnahme von dem einzigen Gedanken beseelt werden: „hinaus aus dem Wald, der uns gefangen hält, hinaus, sonst kommen wir um!"

Und viele starben und verdarben dort. Stanley zählt sie diesmal nicht alle auf, die armen Opfer dieses auf die Dauer greulichen Weges.

Bei einem der vielen Gefechte, welche Stanley zu bestehen hatte, wurde auch Leutnant Stairs verwundet, doch genaß er bald wieder. Zu den unaufhörlichen Kämpfen gesellte sich andres Ungemach. Endloser Regen strömte nieder, Hunger trat ein und die Karawane mußte ungeheure Strapazen ausstehen, bis Stanley mit Leuten eines arabischen Sklaven- und Elfenbeinhändlers, Namens Ugorrowwa, von der Ostküste, zusammenkam. Hier sah er auch die ersten Zwerge.

Bei dem Zusammenfluß des Jhuru und Jturu mußte der kranke Kapitän Nelson zurückgelassen werden. Der weiterdrängende Stanley traf sodann einen andern Araber, Kilonga Longa, bei Jpoto, und in dessen Lager konnte sich Stanley mit seinen Leuten wieder einigermaßen erholen. Eine üble Folge aber hatte diese Zusammenkunft mit den Arabern: die Leute Stanleys verkauften, von Hunger getrieben, Waffen und Munition an die Träger derselben. Stanley schloß mit Kilonga Longa ein Übereinkommen, kranke Leute dort zurückzulassen, während ein andrer Teil seiner Expedition Kapitän Nelson abholen und dann mit diesen bei Kilonga Longa bleiben sollte. Nelson war mit 52 Leuten zurückgelassen worden, und als er später abgeholt wurde, fanden sich nur noch 17 am Leben; die andern waren verhungert oder entlaufen und wahrscheinlich im Wald umgekommen.

Stanley eilte indessen rastlos weiter und erreichte endlich bei Jbiri einen Ort, wo es Überfluß an Lebensmitteln gab und sich seine Karawane wieder erholen konnte. Dorthin brachte auch Jephson den Kapitän Nelson, zu dessen Rettung er zurückgeeilt war.

Endlich, am 4. Dezember, wurde die Grenze des endlos erscheinenden Waldes erreicht, zu dessen Durchwanderung die Expedition 156 Tage gebraucht hatte. Wenn auch die Schilderung Stanleys, als ob während dieſer ganzen Zeit nur Dämmerlicht für die Reiſenden zu ſehen geweſen ſei, bildlich zu nehmen iſt, ſo waren die ausgeſtan- denen Mühen und Gefahren groß genug, um den Marſch als eine ganz bedeutende Leiſtung anzuerkennen. Einen Vorwurf aber muß man Stanley machen, daß er ſo hartnäckig darauf beſtand, an dem Wege durch den Wald feſtzuhalten. Er hätte ſchon von Ugorrowwas Nieder- laſſung an ſich nordwärts wenden können, um aus dem Walde heraus in bewohnte Gegenden mit Grasland zu kommen, wie ihm einer ſeiner Diener wiederholt vorſchlug. Es war ein Schwarzer, welcher ſchon Dr. Junker **als** deſſen Diener begleitet hatte, und dieſer Reiſende hatte den **Aruwimi** in der Nähe Ugorrowwas berührt. Stanleys Forſcherehr- **geiz ließ es aber nicht zu**, einen Weg zu betreten, dem zuvor ſchon ein **andrer** gefolgt war. Er nahm für ſolche Fälle nicht die geringſte Rück- ſicht auf ſeine **Leute**.

Man wird ſich einigermaßen die Freude der ganzen Karawane vor- ſtellen können, als die **Leute** endlich nach ſo langer, langer Zeit wieder einmal eine weitausgedehnte Grasfläche **vor** ſich ſahen **und** ſich im warmen Sonnenſchein wohl fühlen durften, endlich **auf** Wegen ohne Hinderniſſe auf allen Seiten, **ohne** fortwährend Bahn **brechen** zu **müſſen**, dahin ziehen konnten. Auch waren ſie ja hier geborgen vor den heimtückiſchen Angriffen **der Eingebornen und hatten nur** vor offenen Feindſeligkeiten beſorgt zu ſein, denen man auch offen begegnen konnte. Auch mußte der Hunger wohl ein Ende nehmen, **denn** hier **wohnten wieder** Menſchen, welche **vielleicht** Ackerbau **in größerem Maße** trieben und **wo** man Rinder **züch**- tete. **Hier gab es auch Wild**, welches das geliebte Fleiſch lieferte. Alle dieſe **ſchönen Ausſichten, der** weite **Blick** über ſanftgewelltes Hügelland, der helle Sonnenſchein, **machten**, daß die Leute ſich jauchzender Fröh- lichkeit hingaben, als ſie **endlich** den Wald verlaſſen **konnten**.

Nach kurzem Marſche **entdeckte** man die erſten Hütten. **Das Nacht**- lager wurde in einem Dorfe aufgeſchlagen. Die Eingebornen **waren** zwar entflohen, doch beläſtigten ſie die Karawane während der Nacht, ſo daß mehrere Verwundungen vorkamen. Einige Tage ſpäter hatte die Karawane mit den Leuten des Häuptlings Maſamboni ein Gefecht zu beſtehen, welches für Stanley ſiegreich endete. Unter fortwähren- den Kämpfen erreichte die Expedition am 13. Dezember 1887 den Rand des Plateaus, welches ſich zum Albert Nyanza hinabſenkte, und zum unbeschreiblichen Jubel der Begleiter Stanleys, schwarzer wie weißer, lag der Silberspiegel des Sees den kühnen Reisenden zu Füßen. Nach kurzer Rast schon begann Stanley den Abstieg auf dem steilen Abhang die Berge hinab zum See. Es scheint, daß Stanley durch feindliche Eingeborne gezwungen wurde, den Abstieg zu unternehmen, denn sonst **würde er** doch wohl kaum nach jenen unbewohnten, öden Ufern des **Sees** hinabgezogen sein, deffen Bevölkerung hier **nur** von Fischerei **lebte.** Felder waren weit und breit nicht zu entdecken. Während des **Ab-** stieges und selbst unten angelangt fanden in der Ebene noch Angriffe statt. Stanley befand sich mit seinen abgematteten Leuten in einer höchst gefährlichen Situation, **so daß er** die höchste Vorsicht im Verkehr mit den Eingebornen der Ebene am Seeufer anwenden mußte, um sie nicht feindselig zu stimmen. Stanley bemüht sich in seinem Werke, die hier in ihm aufkeimende Besorgnis vor dem Untergang, als Besorgnis um Emin Pascha und als die Hoffnungslosigkeit darzustellen, Emin zu Gesicht zu bekommen. **Er** sah sofort ein, daß seines Bleibens am See nicht war und schon am 14. Dezember ließ er das Signal zum Rückzug geben. Das Stahlboot hatte er in Jpoto zurücklassen müssen, Kanoes gab es aber auf dem ganzen See keine, mit welchen **man** eine Fahrt hätte unternehmen können, um sich mit Emin in Verbindung zu setzen, von dem nirgends eine Spur zu **finden** war. Bäume zum Anfertigen von Booten fanden sich ebenfalls nirgends. Die abgehetzte, verfolgte Karawane geriet in Gefahr zu verhungern. Es gelang zwar einige Stück Wild zu erlegen, aber sonst war nichts aufzutreiben. Die Eingebornen erwiesen sich feindlich, der Rückweg mußte daher angetreten werden, denn von Vordringen konnte gar keine Rede mehr sein.

Wie auf einer Flucht vollzog sich dieser Marsch nach Jbwiri zurück, wohin Stanley sich wendete und als die Expedition abends im Dunkeln gegen 9 Uhr am Fuße der Berge, welche wieder er- stiegen werden mußten, ganz unerwartet an ein Dorf kam, waren alle „einigermaßen verwirrt", wie Stanley selbst schreibt. Mit todesähn- lichem Schweigen mußte dasselbe passiert werden. Wenn nun aber eine Karawane, wie diejenige Stanleys, mit so vieler Munition ausgerüstet, ein kleines Dorf derart fürchten muß, welches, in einer volksarmen Gegend gelegen, kaum auf allzugroße Unterstützung andrer Eingeborner hätte rechnen können, wenn sogar in jener Gegend die immer unangenehmen

und für den ganzen Bestand der Expedition in solchen Lagen geradezu gefährlichen Nachtmärsche unternommen werden mußten, so kann man daraus
schließen, daß **das** ganze Unternehmen an einem Faden **hing**.
Der nun folgende Anstieg war ein äußerst beschwerlicher, einmal wegen
der bedeutenden Höhe des Berges, dann weil die Karawane von vorn
und im Rücken durch feindselige Eingeborne belästigt wurde. Da Stanleys
Kugeln aber unter **den** Eingebornen des nun wieder betretenen Hoch-
plateaus stark aufgeräumt zu haben scheinen, so erreichte er am 6. Januar
1888 **ohne** zu große Verluste Ibwiri, wo **er das** Fort „Bodo",
Friedensfort, **wie** er es nannte, errichtete, um von da aus weitere Ope-
rationen zu unternehmen.

Nachdem Stanley dort umfangreiche Bauten hatte errichten lassen,
erschienen am 8. Februar 1888 die bei den Manjuema in Ipoto zurückgebliebenen Europäer Dr. Parke und Nelson, und vier Tage später
Leutnant Stairs mit dem Stahlboot, welches ebenfalls in Ipoto zurückgeblieben war. **Stanley** entschloß sich, vom Fort Bodo aus mit dem
Stahlboote abermals nach dem See zurückzukehren, den er in so großer Bedrängnis hatte verlassen müssen, und brach am 2. April 1888 wieder dahin
auf. Diesmal gestalteten sich die Verhältnisse dort weit günstiger. Stanleys
Begleiter Jephson schloß mit dem Häuptling Masamboni Blutsbrüder-
schaft, als er in dem Gebiete des Graslandes angekommen war. Die
Eingebornen hatten sich überzeugt, daß die Expedition Stanleys doch
schließlich nichts Schlimmes wollte, und schlossen daher überall Freundschaft mit ihm. Statt aber, wie das erste Mal, direkt nach dem See zu
marschieren, nahm er den Weg nach Nordosten zu dem alten Wahuma-
häuptling Kawalli; dort sollte sich nämlich ein geheimnisvolles Paket
befinden, von dessen Vorhandensein kurz zuvor Nachricht zu Stanley gelangt war. Boten hatten erzählt, daß jenes Paket **von** einem weißen
Manne herrühre. **Dies war die erste Nachricht, welche Stanley von
Emin erhalten hatte.**

Bei Kawalli angelangt, fand sich wirklich jenes Paket vor, welches,
wie Stanley richtig vermutet hatte, von Emin herrührte: es war dessen
bereits früher erwähnter Brief. Darin teilte Emin mit, daß seine Be-
mühungen, etwas über Stanley zu erfahren, vergebens gewesen seien, da
alle Eingebornen um dem See herum, aus Furcht vor Kabregas Raub-
gesindel, alles verheimlichen, was sie über Weiße erfuhren. Seine, Emins,

Reise nach dem entferntesten, mit dem Dampfer erreichbaren Orte des Albertsees, sei aus demselben Grunde vergebens gewesen. Kabrega, welcher früher Emin, wie wir wissen, freundlich gesinnt war, hatte seine Ansichten geändert und Emin warnte daher Stanley vor Kabregas Leuten; Casati sei von ihm verjagt worden.

In dem Briefe bat Emin zugleich Stanley, zu bleiben, wo er bei dem Erhalten desselben sei, und ihm seine Wünsche mitzuteilen. Emin werde dann sofort, nachdem er Nachricht von Stanley empfangen habe, zu ihm aufbrechen. Das Schreiben war aus Tunguru am Nordende des Albertsees vom 25. März 1888 datiert.

Diese Nachricht brachte begreiflicherweise die ganze Expedition vor Freude in die höchste Aufregung, endlich eine authentische Nachricht von dem Manne zu besitzen, um deswillen alle ausgegangen waren.

Stanley beorderte nun sofort Jephson und Dr. Parke, das Stahlboot mit genügender Bedeckung nach dem See hinabzuschaffen. Ein Brief sollte Emin über die Lage aufklären. Nachdem die beiden abgezogen waren, brach Stanley selbst mit der ganzen Karawane auf, um sein Lager bei dem alten Orte Kawalli an dem Gestade des Sees aufzuschlagen. Auch hier verhielten sich diesmal die Eingebornen anders, indem sie Stanley ebenso freundlich entgegenkamen wie die Stämme, welche auf dem Hochplateau wohnten. An demselben Tage, wo Stanley bei Nsabe am Albertsee ankam, erreichte ihn ein Bote Jephsons und am Abend fand endlich die denkwürdige Zusammenkunft der beiden merkwürdigen Männer statt. Emin war auf dem Dampfer Khedive mit einigen Booten im Schlepptau erschienen. Unter allgemeiner freudiger Erregung, Kriegstänzen, Flintengeknall kamen Stanley und Emin, es war schon dunkel geworden, auf einander zu und schüttelten sich die Hände. Emin und Casati in sorgfältiger, schneeweißer Toilette mit einem ägyptischen Fez auf dem Haupte. Emin vom besten Aussehen, Casati aber infolge der ausgestandenen Strapazen und Mühen gealtert und bekümmert dreinschauend. Bei perlendem Champagner wurde der bedeutungsvolle Tag gefeiert und als man schnell, in Fragen sich überstürzend, gegenseitig seine Erlebnisse in großen Zügen mitgeteilt hatte, ging Emin auf sein Schiff zurück.

Es ist hier am Platze, kurz des Geschickes von Casati zu gedenken. Emin hatte, wie wir schon gehört haben, Casati zu Kabrega geschickt, um dort hauptsächlich den Briefwechsel Emins mit Uganda über Unjoro zu vermitteln und die freundschaftlichen Beziehungen zwischen Emin und Kabrega aufrecht zu erhalten. Bis zum Dezember 1887 war das Verhältnis ein leidliches, obschon Casatis Stellung manchmal keine beneidenswerte war, weil Kabrega mit Uganda in Zwist lebte und daher Casati mißtrauisch beobachtete. Da kam die Nachricht von dem Anmarsche der Stanleyschen Expedition über Uganda nach Unjoro. Die Negerphantasie bauschte diese Expedition ins Ungeheure auf und schrieb ihr natürlich feindliche Gesinnung zu. Stanley sollte angeblich mit vielen tausend Soldaten kommen, in der Absicht, sich mit Emin zu vereinigen, um dann über Uganda und Unjoro herzufallen.

Stanley hatte als einen der Gründe, weshalb er nicht von Osten her zu Emin vordringen wollte, aufgeführt, daß alsdann infolge der Gerüchte über die nahende Expedition Gefahr für Europäer im Innern entstände. Dies mußte aber doch ebenso der Fall sein, wenn Gerüchte von einer aus Westen kommenden Expedition dorthin drangen, wie es ja nun auch thatsächlich vorlag.

Bald nachdem das Gerücht von der Ankunft dieser angeblich riesigen Expedition nach Unjoro gedrungen war, geriet unglücklicherweise ein für Stanley und seine Offiziere bestimmtes Paket in Kabregas Hände, wodurch die Wahrheit jenes Gerüchtes bestätigt wurde. Darauf sandte Kabrega einen seiner Leute zu Casati, ließ ihn binden und ihn und seinen Diener an einen Baum fesseln und in schmachvollster Weise behandeln. Dann führte man beide bis zur Grenze und band sie dort wiederum ganz nackt an Bäume. Casati wurde bei dieser Gelegenheit seiner sämtlichen Effekten und auch leider aller Aufzeichnungen beraubt. Als sich die Wanjoro entfernt hatten, in dem sicheren Glauben, die beiden dem Tode überantwortet zu haben, gelang es Casati und seinem Diener sich zu befreien und nach dem Ufer des Albert Nyanza zu entkommen, wo der Diener durch einen merkwürdigen Zufall ein kleines Boot entdeckte. Er wollte die Fahrt in dem gebrechlichen Fahrzeuge über den See unternehmen. Unterwegs schon sollte er für seine kühne That belohnt werden, indem ihn ein zufällig vorüberkommender Dampfer Emins aufnahm. Derselbe schien, wie auch Emin selbst, damals schon auf der Suche nach Stanley begriffen zu sein. Der Kapitän des Schiffes dampfte nun sofort zu Emin, welcher sich unverweilt an Bord des

Begegnung Stanleys mit Emin.

Dampfers Khedive begab und schon nach wenigen Stunden aufmachte, um seinen Freund Casati aufzusuchen. Nachdem man unter der Führung von Casatis Diener eine Zeitlang das Ostufer des Sees abgesucht hatte, rief Casati selbst den „Khedive" an und wenige Augenblicke später konnten sich Emin und Casati die Hand schütteln. Emin ließ nun eine Abteilung Soldaten landen, um zur Wiedervergeltung den Ort Kibiro, wo sich früher eine Station Emins befunden hatte, niederzubrennen.

Dem Elfenbeinhändler Mohammed Biri, welcher sich zu jener Zeit noch in Unjoro aufhielt, ging es viel schlimmer wie Casati. Er wurde ergriffen und von Kabrega als Spion und Verräter hingerichtet. —

An dem Morgen, welcher dem denkwürdigen Abend der ersten Zusammenkunft folgte, marschierte Stanley nordwärts nach Nsabe und wurde von Emin dort feierlich begrüßt. Am Ufer des Sees war eine Abteilung von Emins Leuten in Parade aufgestellt und ein Musikkorps ließ militärische Weisen erklingen.

Neben Emins strammen, wohlgekleideten Soldaten, nahmen sich Stanleys halbnackte, in schmutzige Lumpen gehüllte Leute recht erbärmlich aus, und dieses schlechte Aussehen der so sehr heruntergekommenen Stanleyschen Expediton sollte im höchsten Grade verhängnisvoll für alle werden.

Nach Beendigung der Empfangsfeierlichkeit übergab Stanley an Emin 30 Kisten Remingtonpatronen. Mehr konnte er nicht abliefern, da er ja den größten Teil seiner Lasten am Aruwimi hatte zurücklassen müssen. Nun handelte es sich um die Hauptsache, Stanley sollte sich seines Auftrages entledigen, um Emin zu retten, ihn zur Küste zu geleiten. Stanley war schon über Emins gutes Aussehen sowie über den vortrefflichen Zustand von dessen Leuten sehr erstaunt, welche alle gar nicht so aussahen, als ob sie sich in einer Notlage befunden hätten. Noch mehr aber war Stanley erstaunt, als er Emin, welchem er seine Ernennung zum Pascha überbracht hatte, durchaus nicht willig fand, ohne weiteres auf seine Pläne einzugehen.

Emin Pascha befand sich allerdings in einer derartig bedrängten Lage, daß er mit vollem Rechte nach Europa schreiben konnte: „Wenn Stanley nicht bald kommt, so sind wir verloren." Allein damit hat er keineswegs gemeint, daß er zur Küste geleitet sein wollte, dorthin hätte er ebensogut wie Dr. Junker zuvor allein gehen können. Die da-

malige Lage Emin Paschas war insofern bedrängt, als es ihm an
allen Hilfsmitteln gebrach, sich ferner noch zu halten. Er hatte weder
Munition in genügender Menge, noch Stoffe für seine Leute. In
bem Augenblicke aber, wo diese Hilfsmittel in seine Hände gelangt
wären, würde er ohne weiteres im stande gewesen sein, sich wieder
derart festzusetzen, daß er den Mahdisten ruhig hätte standhalten können.
Die Mahdibewegung vermochte in den Negerländern keinen rechten Fuß
zu fassen; es fehlten die Hauptbewegungsgründe dafür, indem die Neger
ja keine Moslim waren, und sich nach ihren früheren unabhängigen
Verhältnissen zurücksehnend, nicht nur gar kein Interesse für die Araber
hatten, sondern im Gegenteil dieselben verwünschten. Die Herrschaft des
Mahdi erwies sich zuletzt für sie und sogar für seine Anhänger als
eine noch viel tyrannischere und drückendere als die der Ägypter.

Es würde Emin zweifellos leicht geworden sein, Herr des Auf-
standes in seiner Provinz zu werden. Stanley selbst schien unbedingt
Vertrauen in die Lage zu haben, denn er machte Emin Pascha zwei
Vorschläge, welche nur auf Grund eines solchen Vertrauens Sinn hatten.
Der eine Vorschlag zielte dahin, daß Emin im Dienste des Königs der
Belgier, mit einem guten Gehalt, als dessen Gouverneur in der Äquatorialprovinz verbleiben solle, wenn er gewissermaßen für eine derart
hohe Einnahme aus den Einkünften des Landes garantiere, daß der
Congostaat einen Nutzen dabei hätte. Darauf konnte sich Emin natürlich
nicht einlassen, denn wie wäre es ihm möglich gewesen, derartige Zu-
sicherungen mit gutem Gewissen zu geben. Emin sollte sich außerdem
für Aufrechterhaltung der Ordnung und ungestörter Verbindung zwischen
dem Nil und dem Congo verpflichten, auch in diesem Punkte hätte
er keine Sicherheit gewährleisten können. Emin Pascha mußte daher
ablehnen.

Der zweite Vorschlag Stanleys ging dahin, daß Emin im Namen
der Britisch-Ostafrikanischen Gesellschaft das Land verwalten solle,
Stanley wolle ihm zu diesem Zwecke seine Unterstützung angedeihen
lassen, ein starkes Fort an geeignet scheinender Stelle zu errichten.
Das Stahlboot sowie genügende Waren- und Munitionsvorräte sollten
zurückbleiben. Alsdann wolle Stanley zur Küste eilen, um die Genehmigung der obengenannten Gesellschaft zu diesem Schritte einzuholen
und Emin Pascha definitiv in deren Dienst anzustellen; denn Stanley

erklärte zu solchem Vorschlage keine Befugnis zu haben, derselbe sei
nur ein Ausfluß seines guten Willens. Diese Propositionen konnte
Emin noch weniger annehmen wie die ersten, denn waren sie wirklich
nur Stanleys persönlicher Initiative entsprossen, so hatte er gar keine
Garantien, daß er auf die Ausführung rechnen konnte, und war Stanley
anderseits beauftragt und hatte dies aus diplomatischen Rücksichten an=
ders dargestellt, um seine Hintermänner nicht unter Umständen bloß=
zustellen, so konnte er nicht wissen, wie man sein Verhalten in Ägypten
und England auffassen würde. Jedenfalls konnte er die Verantwortung
dafür nicht übernehmen, trotzdem ihm der Khedive in seinem Ferman
alle fernere Unterstützung verweigerte, für den Fall, daß er bleiben wolle.

Am allerwenigsten aber wollte er das Land verlassen, wenigstens
nicht so ohne weiteres, in welchem er schon 13 Jahre seines Lebens
zugebracht und welches er auf eine für dortige Verhältnisse so ungemein
hohe Stufe der Entwickelung gebracht hatte. Die Äquatorialprovinz war
ihm ans Herz gewachsen; daraus erklärt sich sein Zögern hinlänglich.
Auch hatte er ganz sicher die Absicht, für den Fall eines Abzuges
wieder zurückzukehren. Er wäre dann auf seine alten Leute angewiesen
gewesen und wollte durch einen übereilten Abzug bei diesen nicht in den
Verdacht kommen, ein Mann zu sein, der seine Getreuen im Stich läßt,
denn dies würde man ihm allgemein nachgesagt haben. Die Leute
aber alle zum Rückzug über Sansibar oder überhaupt zum Verlassen
des Landes zu bewegen, war keine Kleinigkeit. Die Gründe haben wir
schon auseinander gesetzt. Auf jeden Fall glaubten sie auf dem Weg
nach Süden in eine Falle zu geraten. Zuletzt aber mochten Emin Pascha
Stanleys Absichten nicht klar gewesen sein und sein Charakter und Be=
nehmen flößten ihm von vornherein kein Vertrauen und keine Sym=
pathien ein. Seine spöttisch und ironisch zur Schau getragene angemaßte
Überlegenheit verletzte den feinfühligen Emin; Stanley konnte ihn daher
vorerst nicht zu einem Entschlusse bringen. Er drang zunächst nicht weiter
in Emin Pascha, da er die Ankunft der Nachhut unter allen Umständen
abwarten mußte. Das ungebührlich lange Ausbleiben derselben machte
Stanley zuletzt in so hohem Grade unruhig, daß er sich entschließen
mußte, derselben entgegen zu eilen. Es war nämlich unterdessen gegen
Ende Mai 1888 geworden und Stanley schon im Juni 1887 vom
Jambuja, wo er die Nachhut zurückgelassen hatte, abmarschiert. Stanley

hatte ja auch vollständige Berechtigung zu großer Besorgnis, denn es
waren schon 11 Monate vergangen, seit er Major Barttelot, den Kommandanten der Nachhut, nicht mehr gesehen hatte.

Stanleys Ausrüstung sowie die seiner Offiziere und Mannschaften
war auf dem Wege zu Emin eine derart schadhafte geworden, daß es
der weitgehendsten Unterstützung Emins bedurfte, um ihn, seinen
Retter, wieder in die Lage zu versetzen, sein Rettungswerk weiter zu
führen. Emin übergab, wie Casati erzählt, Stanley eine Menge Geschenke, besonders Kleider und selbst Schuhwerk: erst jetzt konnte Stanley
seine Rückreise zur Nachhut antreten, wie denn überhaupt nur Emins
Erscheinen Stanley aus seiner gefährlichen Lage befreite. Casati versichert, daß diese Lage eine derartig verzweifelte gewesen sei, daß die
Stanleysche Expedition dem Untergange nahe war.

Stanley ließ bei seiner Abreise Jephson bei Emin zurück und brach
am 24. Mai nach dem Aruwimi hin auf, mit 130 Maditrägern, welche
ihm Emin gestellt hatte. An demselben Tage aber entflohen sämtliche
bis auf 19 Mann. Emin sandte, als Stanley ihn von dem Unfall
benachrichtigte, weitere 82 Mann, welche gerade mit dem Dampfer angekommen waren, und diese blieben, weil stark bewacht, bei der Stanleyschen Expedition und marschierten mit derselben nach Westen, zunächst
nach Fort Bodo.

Am 16. Juni 1888 brach Stanley von dort nach Jambuja hin
auf und verfolgte denselben Weg wie auf dem Hinmarsche. Unter denselben schrecklichen Schwierigkeiten mit Verlust einer Menge Leute kam
er nach 83tägigem Marsche am 17. Aug. 1888 in Banalja an, wo er
mit der dorthin von Jambuja aus vorgerückten Vorhut zusammenstieß.
Der erste, dem er die Hand drückte, war Bonny, von dem er gleich eine
schreckliche Nachricht erhielt. „Wie geht es Ihnen, Bonny? Wo ist der
Major? Wohl krank?" schreibt Stanley in seinem Buche. „Der Major
ist tot, mein Herr!" — „Tot? Guter Gott! Wie ist er gestorben? Am
Fieber?" — „Nein, er ist erschossen worden." — „Von wem?" —
„Von den Manjema — Tippu Tibs Leuten." — „Gütiger Himmel!
Wo ist aber Jameson?" — „An den Stanleyfällen." — „Um Gottes-
willen, was macht er dort?" — „Er hat sich hinbegeben, um mehr
Träger zu erhalten." — „Nun, wo sind die Herren Ward und Troup?"
— „Herr Ward ist in Bangala." — „Was macht er dort? Und Herr

Troup?" — „Der ist vor mehreren Monaten krank nach Hause zurückgekehrt." — Das waren niederschmetternde Ereignisse. Dazu kam noch,
daß eine Menge Munition bei dem Umladen am unteren Congo total
verdorben **war**, ebenso **wie** Stanleys zurückgelassene Ausrüstung: Tippu
Tib hatte aus Böswilligkeit oder Unvermögen oder aus beiden Gründen
nicht genügend Träger geliefert, kurzum, die Nachhut war **nicht im**
stande, aufzubrechen. Der zurückgebliebene Major Barttelot hatte sechs
bis sieben Reisen zwischen Jambuja und den Stanleyfällen zu Tippu
Tib gemacht, um diesen zur Lieferung der Träger zu veranlassen, **aber**
alles war umsonst.

Der Mord Barttelots geschah um einer geringfügigen Veranlassung
willen. Ein Manjemaweib begann am Morgen des 19. Juli 1888
eine Trommel zu schlagen, wie dies ihre Gewohnheit war. Major
Barttelot ließ Ruhe gebieten, worauf nach Bonnys Bericht, zum Trotz
zwei Schüsse abgefeuert wurden. Major Barttelot konnte den Thäter
nicht ausfindig machen lassen, erhob sich sodann mit seinem Revolver,
um selbst zu suchen, und wahrscheinlich infolge des Klimas im höchsten
Grade gereizt, sagte er, daß er den nächsten, den er beim Schießen
antreffen werde, niederstrecken werde. Währenddessen trommelte das
Weib weiter, und als Barttelot auf sie zugehen wollte, **um sie** aufzufordern, das Trommeln zu unterlassen, feuerte der Mann des Weibes
einen Schuß auf Barttelot ab. Die Kugel drang **dicht unter dem** Herzen
ein und kam auf **dem** Rücken wieder heraus, den **armen** Major tot
niederstreckend. Was die eigentliche Veranlassung zu diesem **Drama war**,
wird wohl **nie** ans Tageslicht kommen. Wahrscheinlich herrschte **unter**
den Europäern Uneinigkeit, keiner verstand mit den Schwarzen umzugehen. Das Fieber hatte **die** nervöse Reizbarkeit im höchsten Grade
gesteigert, so daß alle Selbstbeherrschung verloren ging; die Schwarzen
wurden vielleicht mißhandelt und der Mörder Bartellots übte einen
Racheakt aus.

Nach der Verübung des Mordes begann ein allgemeines Plündern;
doch gelang es **dem** besonnenen Bonny, die geraubten Lasten zum großen
Teil wieder zusammenzubringen, nachdem sich allerdings schreckliche Szenen
abgespielt hatten. Der Mörder **des** Majors **wurde** erschossen und in
den Aruwimi gestürzt; aber das änderte nichts an der Thatsache.

Als Stanley ankam, herrschten in Banalja die schrecklichsten Zustände; nichts wie Unglück, Krankheit, Tod, und Verlust von Waffen, Munition und Tauschwaren. Dies alles wäre auf dem Weg von Osten her vermieden worden. Die Verluste betrugen im ganzen 139 Mann.

Am 30. August 1888 brach Stanley sodann mit der ganzen Karawane von Banalja auf, und zwar mit 283 Trägern, welche sich aus den dort vorgefundenen und denen vom Albert Nyanza mitgebrachten zusammensetzten. Die Anzahl der Lasten betrug 230, darunter 140 Lasten Munition, also eine ganz enorme Menge. Auch diesmal waren die Strapazen dieselben wie früher. Hunger, Krankheit, Feinde dezimierten die tapfere Schar, welche endlich nach unsäglichen Mühen am 20. Dezember 1888 in Fort Bodo wieder eintraf, wo sich alles wohlbefand. Stanley ging dann weiter, nachdem das Fort Bodo, wo die Besatzung so lange geweilt hatte, daß sie sogar eine Ernte eingebracht, in Brand gesteckt worden war. Immer wieder denselben Weg verfolgend, langte Stanley am 16. Januar einen Tagemarsch vom See entfernt an und erhielt dort durch zwei Wahumaboten eine Nachricht von Emin und Jephson, welche ihn im ersten Augenblicke vollständig lähmte.

Zwölftes Kapitel.

Wir sind bei der Darstellung der Ereignisse, welche sich während Stanleys und Emins Rückzug zur Ostküste abspielten, wiederum fast ausschließlich auf Stanleys Berichte angewiesen, welche in etwas hohem Grade subjektiv abgefaßt sind. Emin kommt dabei fast gar nicht zu Wort. Dieser selbst aber hat leider noch nicht Veranlassung genommen, sich über seine merkwürdigen Erlebnisse während des letzten Aktes jenes großen Trauerspiels zu äußern.

Als Stanley gegen Ende Mai aufgebrochen war, um nach dem Aruwimi zu ziehen, begaben sich Emin Pascha und Jephson nach der Station Dufile am Nil. Im Anfange ihres Aufenthaltes dort blieb alles ruhig und das ehrfurchtsvolle soldatische Benehmen von Emins Leuten, welches Stanley voll anerkennt, zeigte, daß ihnen die Disziplin gut eingeprägt war. Doch der schlechte Eindruck, den Stanleys Leute auf die Ägypter gemacht hatten, äußerte bald seine Wirkung. Es begann in den Köpfen der Leute zu gären. Ehe Stanley nach Westen abmarschierte, setzte er dem Wunsche Emins gemäß eine Botschaft an dessen Leute auf, in welcher er feierlich als Zweck seiner Ankunft ihre Rettung darstellt. Er betonte darin, vom Khedive gesandt zu sein und den Weg über den Congo genommen zu haben, da der Nil verlegt und der ganze Sudan in den Händen der Mahdisten sei, daß Chartum in der That gefallen und daß Gordon getötet worden; man habe die Leute Emin Paschas jedoch in Kairo keineswegs vergessen, doch sei die unter General Wolseley ausgeschickte Expedition zur Rettung Chartums zu spät gekommen und die Expeditionen von Lenz und Fischer hätten ihr Ziel nicht erreichen können. Sodann sagte Stanley, der Khedive wolle allen freie Hand lassen, diejenigen aber, welche zu bleiben gedächten, nicht mehr als in seinem Dienste stehend betrachten. Er, Stanley, werde sie alle auf dem Wege nach Süden über Sansibar in ihre Heimat bringen.

Es erscheint eine derartige Botschaft, von Stanley auf Emins Wunsch an dessen Leute erlassen, als eine höchst sonderbare. Man wird sich fragen, warum hatte Emin Pascha diese Erklärung notwendig, waren ihm seine Leute nicht ergeben, war die Disziplin gelockert, hatte man kein Vertrauen mehr zu ihm? — Bis zu Stanleys Ankunft hätte man alle diese Fragen ruhig mit „Ja" beantworten können, insofern, als man die Ansprüche an die Leistungen und Fähigkeiten von Emins Leuten mit einem den afrikanischen Verhältnissen entsprechenden Maßstabe gemessen haben würde. — Von dem Momente an jedoch, wo von Stanleys Anrücken Kunde ward, bis zu seinem Eintreffen, hatten sich die Dinge geändert. Alles hatte eine große, starke, wohlausgerüstete Expedition erhofft, und wenn dabei von Seite der Ägypter, entsprechend ihrem Temperament, die Erwartungen zu hoch gespannt wurden, so hatten die Leute doch zum mindesten auf wirkliche Hilfe gerechnet. Was war aber an Stelle dieser Hilfe erschienen? — Nichts als ein Häuflein heruntergekommener Männer, statt in Kleidern mit alten Fetzen behangen, hungrig, von den Eingebornen bekämpft und wenn auch siegreich aus dem Kampfe hervorgegangen, dennoch in höchster Not, in solcher Not, daß sogar der Gouverneur von Hat el Estiva, Emin Pascha, genötigt war, dies Häuflein mit seinen eignen, geringen Mitteln zu unterstützen. Wo waren die Stoffe, wo die Waffen und die Munition, wo waren die Soldaten? — Nichts von alledem! — Das konnten keine Retter sein, das waren verdächtige Leute; solche Menschen konnte unmöglich der Khedive gesandt haben, die Handschrift in dem Ferman an Emin mußte gefälscht sein. Warum geht nun aber der Mann, welcher vorgibt, Emin retten zu wollen, wieder fort? Wer hat jemals gehört, daß man Sachen im Walde zurückläßt, um sie dann erst herzuholen, statt sie gleich mitzunehmen? Die können ja nicht mehr dort sein, die sind längst gestohlen! Sind sie aber nicht gestohlen, so müssen Männer dabei sein, welche dieselben beaufsichtigen. Wenn es Europäer waren, warum kamen diese nicht nach? Sind es keine Europäer, so können es nur Araber sein, denn welchem Schwarzen wird man so große Vorräte anvertrauen! Sind es aber Araber, so können es nur feindliche sein. — Es ist kein Zweifel,

jene Weißen sind Abenteurer, welche nur erschienen, um uns zu über-
listen. Wenn Stanley zurückkommt, so wird er mit jenen Arabern
kommen, uns an dieselben zu verkaufen, denn es steht für uns fest,
daß er nur gekommen ist, um zu spionieren. — So flüsterten Emins
Leute einander zu. Zuletzt kamen sie sogar zu dem Schlusse, daß Emin
vielleicht mit Stanley gemeinsame Sache machte, um sie nach Süden
zu entführen, also gerade in entgegengesetzter Richtung, wo die Heimat
lag. Nach dieser aber hatte niemand Verlangen. Paßt auf, Leute,
da steckt etwas dahinter! Wer kennt das Herz des Mudir von Hat
el Estiva? —

Stanley hatte Jephson den Auftrag gegeben, seine Prollamation
allenthalben zu verlesen. Dies sollte nun am 13. August auch in
Labore stattfinden und man rief die ganze Garnison zusammen. Während
Jephson die Prollamation verlas, welche von einem Schwarzen ver-
dolmetscht wurde, machte sich schon eine eigentümliche Bewegung unter
den Offizieren bemerkbar; sie hörten unaufmerksam zu, flüsterten miteinander und als nun Emin Pascha ebenfalls einige Worte an sie richten
wollte, stand ein großer, gewöhnlich aussehender, mit einem gemeinen
Gesichte ausgestatteter Mensch auf und schleuderte Emin eine Menge
unerhörter Beleidigungen entgegen: „Alles, was ihr sagt", schrie er,
„ist Lüge, es gibt nach Ägypten nur einen Weg und das ist derjenige
über Chartum."

Emin Pascha faßte nun den Kerl sofort beim Kragen und versuchte
ihm das Gewehr zu entreißen, indem er zugleich seinen Ordonnanzen den
Befehl gab, ihn zu verhaften und einzusperren. Da entstand mit einem
Male ein ungeheurer Tumult, die Soldaten umringten Emin und
Jephson, luden ihre Gewehre und schlugen sie auf die beiden an.
Während einiger Minuten herrschte ein unentwirrbares Getümmel. Unter
Hohngelächter wurden nun Emin und Jephson durch Stöße, welche un-
absichtlich aussehen sollten, getrennt. Emin zog seinen Säbel zur Verteidigung, einige Offiziere sprangen dazwischen, um die Gewehre der
Soldaten auf die Seite zu drücken. Da rief eine Stimme, daß Emins
und Jephsons Ordonnanzen sich der Munition im Lagerhause zu bemächtigen suchten, worauf sofort alle hinausstürzten. Emin Pascha ließ
man allein, während Jephson den Soldaten folgte. Draußen empfingen
sie ihn mit Hohngeschrei und Drohungen. Als er ihnen aber mannhaft

gegenübertrat, setzten sie die Gewehre ab. Glücklicherweise ging nicht ein einziger Schuß los, sonst wäre sicher ein allgemeines Blutbad entstanden. Schließlich gelang es den ägyptischen Offizieren, die wütenden Leute wieder zu beruhigen. Diese aufrührerische Szene hatte Surur Aga angestiftet.

Emin und Jephson setzten sich nun nach Dufile hin in Bewegung und erhielten in Chor Aju einen Brief von Hawassi Effendi. Dieser war der älteste seiner Offiziere und der Kommandant von Dufile. Hawassi Effendi teilte Emin mit, daß in Dufile eine Rebellion ausgebrochen sei und er selbst in seinem Hause gefangen gehalten würde.

Der Urheber der Meuterei war, wie sich herausstellte, Fadl el Mulla Aga, der Kommandant einer kleinen Station, welcher mit seinen zwei Offizieren und 60 Soldaten nach Dufile gekommen war. Diese Leute verbreiteten die Märchen über Stanley und Emins Absichten, daß alle als Sklaven nach dem Sudan verkauft werden sollten, um bei den Engländern Arbeiten zu verrichten. Je unwahrscheinlicher ihre Erzählungen klangen, um so eher Glauben fanden sie bei ihrer thörichten Zuhörerschaft. Er selbst aber, Fadl el Mulla, sei von ägyptischen und sudanesischen Offizieren aufgefordert worden, sich an die Spitze der Regierung zu stellen. Alle Schildwachen vor den Lagerhäusern ließ der Verräter sodann durch seine Leute besetzen. Hierauf nahm er den Hawassi Effendi gefangen und hatte sich durch seine unblutige Revolution vorläufig mit der Besetzung von Dufile zum Herrn der Äquatorialprovinz gemacht. Alsdann hatte er alle Gefangenen freigelassen. Jephson und Emin befanden sich nun in höchst unangenehmer Lage. Nach langer Beratung beschlossen sie, vom Chor Aju aus, nach dem nur sechs Meilen entfernten Dufile vorzudringen. Die Zeit des Ausbruches des Aufstandes war eine sehr ungelegene insofern, als gerade ein mohammedanisches, mehrtägiges Fest gefeiert wurde, während welches die Leute wegen starken Trinkens fortwährend aufgeregt waren. Dennoch durfte Emin nicht zögern, damit der Aufruhr sich nicht nach den südlichen Provinzen verbreitete, welche man für gutgesinnt hielt.

Auf dem Wege nach Dufile trafen nochmals Boten von dort mit Emin zusammen, mit einem Brief von Hawassi Effendi. Dieser forderte Emin zur schleunigsten Hilfeleistung auf, da es sonst zu spät sei. Die Boten konnten oder mochten weiter nichts berichten, als daß es sehr schlimm stünde. Emin Pascha aber war in großer Sorge. Sein Gemüt war ganz niedergebeugt und er fühlte sich tief gedemütigt bei dem Gedanken, daß die Leute, unter denen er so lange gelebt hatte und für welche er so viel gethan und noch mehr thun wollte, ihre Hand gegen ihn erhoben und dies gerade jetzt, wo die Hilfe so nahe schien.

Als Emin und Jephson mit kleinem Gefolge in der **Nähe der** Station erschienen, erwies man ihnen keine der üblichen Ehrenbezeugungen, trotzdem eine große Menge Neugieriger zusammengelaufen waren. Als sie nun in die Station einzogen, wurden Emin und Jephson mit ihren wenigen Begleitern von Soldaten umringt. Die gesamte Bevölkerung der Umgegend verhielt sich in einer Weise, als sei sie nur erschienen, den Pascha in seiner Demütigung anzugaffen und viele gaben Zeichen von Verachtung. Wie schnell wechselt doch Volksgunst! Noch vor wenigen Tagen erschien ihnen Emin als der einzige, dem sie Vertrauen schenken konnten, und jetzt — lachten sie über ihn! Emin Pascha fühlte, daß nicht der geeignete Moment sei, diese Leute für sich zu gewinnen und ging schweigend weiter. Offiziere ließen sich wohl aus Scham nicht sehen, aber ein Haufe trunkener Soldaten stürzte sich auf Emins Lastträger und Gefolge, plünderten dieselben und schleppten sie zuletzt ins Gefängnis. Der Volkshaufe, welcher Emin und Jephson folgte, vergrößerte sich immer mehr und folgte schreiend und johlend. Alle wollten den Gefangenen sehen, denn das war Emin nun geworden. Ein ägyptischer Offizier machte ihm auf dem Platze vor seinem Hause die Eröffnung, daß er gefangen sei. In seinem Hause solle er bewacht werden und das Urteil eines aus allen Teilen der Provinz zusammengerufenen Gerichtshofes abwarten. Emin sei des Verrates am Lande und der Regierung angeklagt. Hierauf führte man beide, Emin und Jephson, **unter** starker Bewachung in das Haus und blieben sie von aller Verbindung nach außen abgeschnitten. Das Hohngeschrei des Pöbels drang noch bis in die Nacht hinein an ihr Ohr.

Zuerst herrschte nun ziemliche Einigkeit unter **den** Meuterern, sie behandelten ihre Gefangenen anfangs entsprechend ihrem Range und ihrer Stellung. Allmählich aber gaben sie sich Trinkgelagen und Orgien hin. In der ersten Zeit bewachte man die Gefangenen in einem kleinen, von Palissaden umhegten Raume, in welchem mehrere strohgedeckte Neger- hütten errichtet waren. Eine schreckliche Langeweile bemächtigte sich beider, denn sie hatten gar nichts, womit sie sich beschäftigen konnten. Jephson gestattete man nach einigen Tagen sich in Begleitung zweier Rebellen in **Dufile** umher zu gehen. Lebensmittel mußten sie sich selbst kaufen und dies lag Jephson ob, den man aber immer, so oft er erschien, schmähte und beleidigte.

Emin war so niedergeschlagen, daß es den Anschein hatte, als werde er in Melancholie verfallen.

Während dessen verbreitete sich die Nachricht, daß die Mahdisten wieder im Anzuge seien, und wirklich erschienen sie kurze Zeit darauf vor Lado, welches sie besetzen. Ihr Führer Osman Sali schickte nun drei sogenannte Pfauen=Derwische zu Emin Pascha mit einer brieflichen Aufforderung, sich zu unterwerfen. Die Rebellenoffiziere bemächtigten sich **des** Schreibens und hielten eine große Beratung, deren Resultat war, sich nicht zu unterwerfen, sondern sich den Mahdisten entgegenzustellen. Da die Derwische, welche in sonderbar mit bunten Lappen benähter Kleidung mit Schwert und Lanzen bewaffnet, erschienen waren, sich weigerten, irgend welche Auskunft zu geben, so wurden sie in Eisen gelegt und gefangen gehalten. Kurz danach griffen die Mahdisten Redjaf an und eroberten den Ort. Fünf Offiziere Emins und eine Menge Soldaten wurden getötet, während eine Menge Weiber **und** Kinder als Sklaven weggeschleppt wurden. In den Stationen Bedden, Kirri und Muggi entstand nun große Panik; alle flohen nach Labore, um nur das nackte Leben zu retten, während man alle Vorräte und alles transportable Eigentum im Stiche gelassen hatte. In Kirri ließen die Feiglinge sogar die Munition in den Magazinen, deren sich sofort die umwohnenden Eingebornen bemächtigten.

Während dieser Vorgänge versuchten die Rebellenoffiziere die drei Pfauen=Derwische zu veranlassen, Auskunft über Stärke und Stellung von Osman Sali zu erlangen. Da diese nicht aussagen wollten, so begann man sie zu foltern. Zuerst gab man ihnen mehrere Tage hindurch sehr viel zu essen, aber nichts zu trinken. Als dies nicht die gewünschte Wirkung erzielte, legte man den Unglücklichen feine Streifen Bambus um den Kopf und bewirkte durch Hebeldrehung eine so starke Zusammenschnürung, daß die haarscharfen Ränder der Bambusstreifen die ganze Haut bis auf den Schädel zerschnitten und die so Gepeinigten furchtbare Qualen ausstanden, in Ohnmacht fielen, aber erfüllt von

Glaubenseifer und Fanatismus, nicht zum Geständnis zu bringen waren. Schließlich wurden sie mit Knüppeln totgeschlagen und ins Wasser geworfen.

Was nun voraus zu sehen war und unter den vorliegenden Verhältnissen eintreffen mußte, geschah: die ganze Provinz geriet in die denkbar größte Verwirrung und Anarchie. Alle wollten befehlen, keiner gehorchen, keiner vermochte Ordnung aufrecht zu halten. Alle **Augen**blicke konnten ebenso gut Mahdisten hereinbrechen, wie sich die Eingeborenen erheben. Die Soldaten aber begannen nun wütend auf die meuterischen Offiziere zu werden, welchen sie die Schuld an diesen Wirrnissen beilegten. Sie begannen sich **für Emin Pascha ins Zeug zu** legen. Der Gouverneur ist uns seit langen Jahren wie ein Vater, wie eine Mutter gewesen; hätten wir seinen Befehlen wie bisher Folge geleistet, wir wären jetzt unbelästigt, da wir aber euch folgten, werden wir vernichtet werden.

Auf eine solche Wendung der Dinge waren die schwachköpfigen Meuterer nicht vorbereitet. Es begann sich Furcht in ihnen zu regen und alles Heil erwarteten sie mit einem Male von **Stanley.** Alle Nachrichten, die Stanley überbracht, wurden jetzt für glaubwürdig gehalten und der größte Teil der sudanesischen Offiziere wünschte Emins Wiedereinsetzung. Die Ägypter fürchteten dann aber für ihr Leben, welches sie als Meuterer verwirkt haben würden. Sie überredeten daher die sudanesischen Offiziere, nicht darauf hinzuwirken, daß Emin wieder eingesetzt würde. Die Soldaten aber weigerten sich entschieden, fernerhin gemeinsame Sache mit den Offizieren zu machen. Dadurch kam alles zum Stillstand: man wollte Emin Pascha und Jephson weder handeln noch auch beide abziehen lassen. So kam es, daß gar nichts mehr geschah. Die Station Dufile wurde weder verproviantiert noch befestigt. Die Lage war schlimmer denn je und Jephson wünschte sehnlichst Stanleys Rückkehr, während Emin Pascha derart niedergeschlagen war, daß er gar nichts thun wollte und konnte.

In dieser schrecklichen, thatenlosen Zeit machten die Offiziere wieder einen Versuch, Redjaf den Mahdisten zu entreißen, da es den Anschein hatte, als ob dieselben sich immer weiter südwärts wenden wollten. Sie wurden aber zurückgeschlagen und verloren eine Menge Leute. Unter den gefallenen Offizieren befanden sich einige von Emins schlimmsten

Feinden **und** dies war ein Glück, ja diesem Umstande hatten Emin und Jephson eigentlich ihre Rettung zu verdanken.

Die Soldaten waren über die Zustände allmählich derart ergrimmt, besonders da sich gar keine Aussichten auf Besserung zeigten, daß **sie** erklärten, nur noch zu kämpfen, wenn der Pascha freigegeben werde. Die Überzeugung von Emins Vortrefflichkeit hatte sich doch Bahn gebrochen und die Rebellenoffiziere mußten nachgeben. Emin und Jephson wurden angewiesen, nach Wadelai zu ziehen, was sie denn auch ausführten und waren sie nun wieder ihre eigne Herren. Emin hatte aber keine Lust den Befehl wieder zu übernehmen, was ihm niemand verdenken wird.

Dennoch war die Lage eine weit schlimmere denn jemals. **Die** Mahdisten rüsteten sich zu einem weiteren Angriff und wollten von Chartum her Verstärkung zuziehen. Jephson sagte, daß es nicht mehr jene undisziplinierten Horden waren, welche früher gegen Emin stritten, sondern rasende Fanatiker, welche wieder zu den Waffen des Propheten, Schwert und Speer, gegriffen hatten, und welche in ihrem Glaubenseifer keine Gefahren achten, mit großem Mute alles vor sich niederwerfen. Angstvoll sah man ihrer Rückkehr entgegen; wenn sie kamen, ehe Stanley zurück und die Bedrängten bei ihm in Sicherheit waren, hatte ihr letztes Stündlein geschlagen. Die beiden begaben sich nun von Wadelai nach Tunguru am Viktoria Nyanza.

Am 25. November 1888 umzingelten sodann die Mahdisten Dufile und belagerten die Station, während vier Tagen. Da sie aber nicht zahlreich genug waren, gelang es den 500 Mann Emins, die Mahdisten zurückzuschlagen, worauf sich dieselben nach ihrem Hauptquartier in Redjaf zurückzogen. Emin aber hatte noch immer eine starke Partei gegen sich, die sogar in letzter Zeit wieder erstarkte, da die Leute nun nicht mehr in dem hohen Grade unter dem Drucke der Angst vor den Mahdisten standen.

Dies war die Situation bei Stanleys Rückkehr vom Aruwimi.

Es läßt sich leicht vorstellen, daß er aufs höchste erschrocken über diese Nachrichten war, welche seine ganzen Pläne über den Haufen zu werfen drohten.

Er sah sich neuen unerwarteten Schwierigkeiten gegenüber und schrieb von Kawalli auf dem Hochplateau aus einen sehr langen Brief an

Jephson, ihm über seine Reise zum Aruwimi berichtend, und forderte energisch Jephsons Rückkehr, zugleich darauf rechnend, daß Emin Pascha ebenfalls zu ihm kommen werde. An Emin Pascha schrieb er ebenfalls und verlangte von ihm in geschäftsmäßigem Tone eine Quittung über die Munition und einige wenige Tauschwaren, welche er überbracht hatte. Er stellte dann weiter ganz kategorisch die Frage an Emin, ob er innerhalb zwanzig Tagen zu ihm kommen wolle oder in **Afrika** bleiben. Wenn nicht, so übernehme er keine Verantwortung mehr.

Nach Absendung der Boote hatten Stanleys Leute vereint mit seinen Freunden, den Bavira, ein Gefecht mit angreifenden Balegga zu bestehen, währenddessen die letzteren zurückgeschlagen **wurden**.

Am 24. Januar traf Jephson, dem von Stanley erhaltenen Befehle gemäß, bei demselben ein. Er berichtet dann noch einen bis dahin gänzlich unbekannten Umstand, daß nämlich im **August 1888**, lange bevor die Meuterei ausgebrochen war, das erste Bataillon Emins in offener Rebellion gegen denselben stand, und schon zweimal den Versuch gemacht hatte, den Pascha gefangen zu nehmen. Das zweite Bataillon sollte ebenfalls höchst unzuverlässig sein. Emins Autorität habe nur nach dem Scheine noch bestanden und er habe nicht mehr befehlen können, sondern alles erbitten müssen. **Wie** aber kam es, muß man sich dann fragen, daß Emin sich trotz alle dem noch zu halten vermochte und durchaus nicht bereit war, ohne weiteres auf Stanleys Pläne einzugehen und immer noch den Gedanken nicht aufgab, bleiben zu wollen?

Emin schrieb von Tunguru aus an Stanley, daß er einen Teil der mitgebrachten Munition in Empfang genommen habe und einen Offizier beauftragen werde, die übrige abzunehmen und darüber eine Quittung auszustellen. Was die Rückkehr nach Ägypten betreffe, so sei er und Casati bereit dazu, Stanley zu begleiten; da aber die von diesem gestellte Frist für das Hinwegführen seiner Leute, wie auch für die Lieferung der von Stanley erbetenen Lebensmittel, eine viel zu kurz bemessene sei, so könne er nur für Stanley und seiner Auftraggeber gute Absicht danken und stelle ihm anheim nach Ablauf dieser Frist zu gehen oder zu bleiben, aber nicht mehr auf ihn zu rechnen.

Im übrigen sprach Emin seinen besten Dank aus für die Mühe, welche sich Stanley und dessen Begleiter um ihn gegeben hatten und schloß er seinen Brief: „Möge Gott Sie und Ihre Truppen schützen und Ihnen eine glückliche und rasche Heimreise geben."

Aus diesem Schreiben geht deutlich genug hervor, daß Emin keineswegs die Absicht hatte, Afrika zu verlassen und daß er der Überzeugung war, mit der von Stanley erhaltenen Munition sich noch lange Zeit halten zu können.

Stanley beurteilt Emin nicht freundlich, jedenfalls aber nicht richtig, besonders wenn er meinte, daß Emin Pascha nur so lange im stande gewesen wäre, seine Autorität aufrecht zu erhalten, als ihm Gelegenheit gegeben war, seine Sträflinge an Gordon in Chartum zu senden. Stanley vergißt dabei ganz, daß Gordon schon im Jahre 1879 die ägyptischen Dienste verließ und als er dann 1884 wieder in Chartum eintraf, längst keine Verbindung mehr mit der Äquatorialprovinz bestand, Emin sich ja aber trotzdem bis zum Erscheinen Stanleys gehalten hatte. Emin hatte noch immer nicht die Absicht zu gehen und hierüber war später Dr. Karl Peters, welcher mit Emin auf der Rückkehr von seiner rühmlichen Reise zusammentraf, in der Lage, Auskunft zu geben, indem er eigens von Emin dazu ermächtigt worden ist.

Stanley eröffnete Emin auf dessen Weigerung, die Äquatorialprovinz zu verlassen, daß er, Stanley, vom Khedive den Befehl an Emin erhalten habe, die Äquatorialprovinz zu verlassen. Im Falle sich Emin aber weigere, werde er, Stanley, Gewalt anwenden. Stanley gesteht selbst in seinem Buche zu, und zwar in einem Briefe an Jephson, nach seiner Rückkehr vom Aruwimi, daß er geplant habe, die ganzen für Emin mitgeführten Munitionsvorräte zu vernichten, wenn Emin nicht gutwillig gehe. Wahrscheinlich hatte er noch schlimmere Maßregeln in Aussicht gestellt, so daß Emin, welcher sehr wohl erkannte, in Stanley einen Mann vor sich zu haben, der solche Drohungen auszuführen im stande wäre, sich wohl oder übel entschließen mußte, seine Provinz zu verlassen. Mit Stanley zu ziehen, hatte er aber gleichwol keine Lust und bat ihn deshalb, ihn Emin, mit seinen Leuten durch Uganda ziehen zu lassen. Auch davon wollte Stanley natürlich nichts wissen, denn in diesem Falle würde er ihn ja nicht gerettet haben! Stanley gab nun einem Offizier den Befehl, Emin Pascha zu überwachen. Dieser war, da er wegen der Munition von Stanley abhing, ganz in dessen Gewalt und mußte sich zuletzt wohl oder übel seinen Anordnungen fügen. Er schrieb daher in diesem

Aufbruch zur Küste.

Sinne an Stanley und gab zugleich an, daß eine Deputation seiner
Offiziere bei ihm erschienen sei, ihn um Verzeihung baten und die
Absicht aussprachen, Emin Pascha wieder als Gouverneur anzuerkennen,
wenn er sie zu Stanley nach Kawalli bringe, um unter dessen Führung
zur Küste zu gehen. Der Brief, in welchem er Stanley diesen Entschluß eines Teiles seiner Leute mitteilte, war auf dem Wege von Tunguru nach dem Südende des Albertsees geschrieben. Casati war ganz
entschieden gegen die Abreise.

Am 17. Februar traf **Emin Pascha in Stanleys Lager bei Ka-**
walli mit seinen Offizieren **ein. Nun** galt es die ganze Begleitung
Emins mit allem Gepäck, **welches die** Leute unnötigerweise in großer
Menge mitführten, **den Berg hinauf nach** dem Plateau zu schaffen, **um**
von dort aus den Weg **nach** Süden **anzutreten.** Diese Arbeit **mußte**
den Trägern Stanleys aufgebürdet werden, **da** die Ägypter und **Suda-**
nesen nicht ein Stückchen Gepäck anrühren wollten und man fürchten
mußte, daß die Begleiter Emins, im Falle man ihre Laune verdarb,
sofort widerspenstig werden konnten. Bei den Sansibariten erregte
jedoch der viele unnütze Plunder, welchen **sie** schleppen mußten, großen
Unwillen.

Es dauerte unendlich lange, **ehe** die Karawane, **welche** zur Küste
abmarschieren sollte, marschbereit **war** und Stanley **hatte** ungeheuren
Ärger, während seine Geduld **auf** harte Proben gestellt **wurde.** Erst
am 10. April 1889 morgens brach endlich die **große** Karawane von
Kawalli auf, im ganzen **1510** Köpfe stark, darunter 600 Mann von
Emin Paschas Leuten.

Mit welchen Gefühlen mochte Emin diese Reise angetreten haben,
welche ihn von dem Schauplatz seines **beinahe** 13jährigen Wirkungskreises
hinwegführte. Er sah rückwärts blickend sein großes Werk **zusammen-**
stürzen, an dem er mühevoll solange gearbeitet hatte, beseelt von den
ehrlichsten Absichten, erfüllt von reinem Idealismus, voll Hoffnung, in
dem Dunkel jener ihn umgebenden Welt das Licht **der** europäischen
Kultur leuchten zu lassen oder doch wenigstens einen schönen Samen
einer scheinbar fruchtbaren Erde anzuvertrauen, welche er in rastloser
Arbeit vorbereitet hatte. Da kam der Mahdiaufstand mit seinen Schreck-
nissen, da fiel Chartum, weil man in England zu sehr gezögert hatte
einzugreifen. Aber er, der Gouverneur, war durch seine vorsichtige und

kluge Politik immer noch im stande, sich aufrecht zu **erhalten und wenn**
er auch von seiner Provinz ein **Stück nach dem andern** abbröckeln sah,
so war dennoch Hoffnung vorhanden, alles wieder ins Geleise zu **bringen,**
wenn man ihm nur Hilfe gebracht hätte. Stanleys ganzes Unternehmen
erschien Emin nun im Lichte einer Handelsspekulation, für deſſen Miß-
lingen man ihn obendrein verantwortlich machen wollte. Welch tragi-
ſcher Abſchluß ſeiner eignen großen Thaten! **Zu alledem kam** noch
das Unbehagen, **welches das** Bewußtsein **mit ſich** brachte, daß er einer
ungeſicherten Zukunft entgegen ging.

Nachdem die ganze Expedition einige Tage unterwegs **war, er-**
krankte Stanley an einer höchſt gefährlichen Magenentzündung, welche
ihn derart herunter brachte, daß die Karawane erſt einen Monat ſpäter
aufbrechen konnte. Während dieſer Wartezeit, welche immer für Expeditionen gefährlich iſt, begannen Deſertionen von Emins Leuten, bis
man einen gegen die Sicherheit der ganzen Expedition gerichteten An-
ſchlag entdeckte, den Haupträdelsführer ausfindig machte, dann nach
öffentlicher Gerichtsſitzung zum Tode verurteilte und auf den Befehl
des noch ſchwer leidenden Stanley an einem Baum aufhenkte. Stanley
mußte ſeine ganze Autorität in **die Wagſchale werfen und** mit äußer-
ſter Strenge vorgehen, er durfte im Intereſſe aller nicht die geringſte
Inſubordination hingehen laſſen. Ihm daraus einen Vorwurf machen
zu wollen, wäre geradezu Thorheit.

Am 8. Mai erſt konnte die Karawane weiter marſchieren. Nun
aber ging es unaufhaltſam vorwärts. **Von** nun an konnte man ſich
wieder mit wiſſenſchaftlichen Problemen beſchäftigen. Am folgenden Tage
nach dem Abmarſche war es, **als** ſich Stanley zum erſtenmale Gewißheit über einen Gebirgszug verſchaffen konnte, den er ſchon ein Jahr
zuvor, am 24. Mai 1888, bemerkt hatte; damals aber war das Gebirge
ſo von Wolken verhüllt, daß ſeine wahre Geſtalt und Bedeutung nicht zu
erkennen war. Dieſer mächtige Gebirgsſtock erwies ſich nun, unverhüllt
daliegend, als der Ruwenzori, wie ihn nach Stanley die Eingebornen
nennen, der Wolkenkönig. Das Mondgebirge der Alten, von dem ſchon
Homer **berichtet,** vor vielen Jahrhunderten ſchon mochten es arabiſche Kaufleute geſehen haben, denn im Jahre 1154 zeichnete der Araber Edriſi
das Mondgebirge als Urſprung des Nil. Stanley beanſprucht die Priorität
dieſer wichtigen Entdeckung, aber wie ſich jetzt herausſtellt mit Unrecht,

denn Casati hat den Berg schon einige Jahre früher gesehen, konnte aber
die Mitteilung wegen der Wirren im Sudan nicht nach Europa gelangen lassen. Er wird in seinem demnächst erscheinenden Werke diese
Thatsache aufführen. Außerdem haben **Stanleys** Begleiter Jephson und
Parke einige Monate früher wie Stanley den Berg gesehen, freilich die
Wichtigkeit der Entdeckung nicht richtig erkannt. **Mit der Entdeckung
des Ruwenzori ist das uralte Problem der Nilquellen endlich ganz aufgeklärt und werden große geographische Entdeckungen nicht mehr zu erwarten sein.**

Der Ruwenzori, vulkanischen Ursprungs, hat sich vor vielen
geologischen Zeitaltern durch wahrscheinlich sehr mächtige Ausbrüche
allmählich bis zu einer Höhe von etwa 6000 m aufgebaut. Er hat
durch sein Hervorbrechen die früher entschieden vereint gewesenen Seen
Albert-Nyanza und den südlich um den Fuß des Ruwenzori spielenden
Albert Eduard-Nyanza, wie Stanley den See getauft hat, getrennt.
Jetzt speist er aus seinen mächtigen Gletschern und den Regenmengen,
welche sich fast unausgesetzt an seinen Abhängen niederschlagen zum Teil
den Albert Eduardsee und den Semlikifluß, welcher von Stanley auf
dem Wege von Kawalli nach dem Ruwenzori entdeckt wurde. Dieser
Fluß stellt den Abfluß des Albert Eduardsees dar und ergießt sich in
den Albert-Nyanza oder Muta-Nsige, ist somit als ein Nilarm aufzufassen und zwar als der letzte der Arme dieses mächtigen Stromes,
welcher bisher noch unbekannt war.

Der Anblick des Ruwenzori ist ein prachtvoller. Wenn wir Stanleys
und seiner Begleiter begeisterten Schilderungen Glauben schenken dürfen,
so ist er einer der schönsten Gebirgszüge der Welt. Tiefe dunkle Thäler
ziehen sich vom Fuße des mächtigen, großartigen Gebirgsstockes nach
oben, prachtvolle Vegetation von unbeschreiblicher Üppigkeit bedeckt die
Abhänge, allmählich in eine Flora gemäßigten Klimas übergehend, dem
schließt sich eine Alpenflora an und die höchsten Gipfel, mit Gletschern
bedeckt, gehören der Region des ewigen Schnees. Der ganze Gebirgsstock bietet wildromantische Formen und wenn die Luft, von jener den
Tropen eigentümlichen Klarheit, durch die wechselvollen, meteorologischen
Verhältnisse begünstigt, frei von allem Gewölk ist, so enthüllt der Ruwenzori, sein majestätisches Haupt mit den grotesken zackigen Gipfeln,
sich in wunderbarer Farbenpracht den bewundernden Blicken darbietend.

Die Gegend um den Fuß des Ruwenzori gehört zu den fruchtbarsten ganz Afrikas.

Nachdem die Expedition von dem Hochplateau, auf welchem Kawalli lag, in südlicher Richtung hinabgestiegen war, überschritt sie das
breite Thal des Semliki und dann den Fluß selbst, bei welcher Gelegenheit sie einen Kampf mit Wanjoro zu bestehen hatte. Von da aus
wanderte sie, sich immer an das Gebirge haltend, um dieses nach Osten
und Norden herum, unzählige Wasserläufe überschreitend. Zur Rechten
lag immer der Albert Eduardsee. Vom Lager bei Mtarega aus, am
nördlichen Westabhang der Berge, unternahmen Emin Pascha und Stairs
einen Aufstieg. Emin mußte aber schon, nachdem er erst 300 m hoch gekommen war, das Steigen aufgeben, so daß Stairs allein vordrang,
in Begleitung von 40 Sansibariten. Er übernachtete auf den Höhen,
wurde aber am nächsten Tage leider durch drei mächtige Schluchten,
welche sich quer vor den kühnen Bergsteigern aufthaten, zur Rückkehr gezwungen, weil sie nicht mit dem nötigen warmen Kleidern und Eß-
vorräten versehen waren, um noch weiter 2 oder 3 Tage zum Auf- und
Abstieg zu verwenden. Stairs erreichte mit 3254 m noch nicht einmal
zwei Drittel der ganzen Höhe.

Genau südlich von dem Mittelpunkt der Ruwenzori liegt am See
die Stadt Katwe, in deren Rücken sich zwei kleine Salzseen befinden.
Katwe ist eigentlich nur Anhäufung einer großen Anzahl Euphorbien
umhegter Seriben oder Gehöfte, so wie Tabora in Unjanjembe. Hier
bildet der Albert Eduardsee eine weite, tiefeinschneidende Bucht. Die
beiden kleinen Salzseen enthalten übersättigte Salzlösungen und der
Boden derselben ist mit Salzkrusten überzogen. Es findet hier aus-
giebige Salzbereitung statt und weithin wird der wertvolle Handelsartikel vertrieben. Der Ruf Katwes wegen seines Salzes ist weithin,
sogar bis Kawalli gedrungen. Der Besitz der Stadt gab von jeher
Grund zu Eifersüchtelei und Kämpfen. Zuerst gehörte sie den Eingebornen der Wasongora, dann ging sie zuletzt, nachdem sie den Besitzer
mehrfach gewechselt hatte, in die Hände von Kabrega über.

Von Katwe aus wendete sich die Karawane nach Nordnordost,
immer die prachtvolle Ruwenzorikette zur Seite, bis die nördlichste Bucht
des Albert Eduardsees umschritten werden konnte, worauf man südöstliche Richtung einschlug. Dabei führte der Weg an der Stelle vorbei,

zu welcher Stanley schon am 11. Januar 1876 vorgedrungen war und von wo aus er zum erstenmal den Albert Eduardsee gesehen hatte und diesen Teil Beatrixgolf nannte. Er hielt ihn damals für einen Teil des Albert Nyanza.

Am 3. Juli gelangten Emin Pascha und Stanley bei Katari am See an. Hier galt es nun, eine Entscheidung wegen des einzuschlagenden Weges zu treffen. Der eine Weg, meinte Stanley, ginge direkt östlich nach Uganda zum Viktoria Nyanza, mit Booten über den See nach Kawirondo am Ostufer und dann durch Massailand nach Mombassa. Allein Stanley wußte sehr wohl, daß wegen der in Uganda ausgebrochenen Wirren davon ebensowenig die Rede sein konnte, als man mit einer Expedition von über tausend Menschen über den Riesensee hinüber hätte kommen können. Sodann war das Massailand für so große Karawanen wegen Wasser- und Nahrungsmangel unpassierbar. Als zweiten Weg führte er die Route südwärts zum Tanganika und von da über Unjanjembe nach Bagamoio, oder südlich zum Nyassa und Kilimani. Doch davon konnte wegen des noch gänzlich unbekannten Ruanda, nördlich vom Tanganika, keine Rede sein und nach dem Nyassa ebensowenig wegen des enormen Umweges.

Es blieb also nur ein Weg, derjenige durch Ankori in direkter Richtung nach dem Südwestende des Viktoriasees, **also jene** Route, welche Stanley bei der Wahl der **ganzen Route, als es sich um** die Entscheidung handelte, ob man von Osten oder von Westen zu Emin gehen sollte, als ein Haupthindernis auf dem Wege zu **Emin darzu-**stellen beliebte; nun wählte er diesen Weg doch, trotz der angeblichen 200000 Speerträger des Häuptlings Antari, und trotzdem **er** mit Leuten kam, welche schon den halben Kontinent durchkreuzt hatten, trotzdem er mit Emin Pascha und seinem großen Gefolge reiste. Stanley hatte eben einen Zweck erreicht, denjenigen, welcher ihn allein zu der Wahl des Weges über den Congo bestimmte, die Entdeckung des Albert Eduardsees und des von ihm dort vermuteten Mondgebirges. Alles andre kümmerte ihn nicht mehr.

Bis hierhin hatte die ganze Expedition vom Aruwimi aus auf Kosten der Eingebornen gelebt, entweder von geraubten oder erbeuteten Lebensmitteln oder durch die Güte der Häuptlinge infolge geschlossener Blutsbrüderschaft. Die Wahl der Route erwies sich als ausgezeichnet, statt der angeblichen Feindseligkeiten kamen die Bewohner allenthalben freundlich entgegen und Stanley schloß sogar Blutsbrüderschaft mit den Häuptlingen.

In Ankori erhielten Stanley und Emin von einigen Wagandachristen genaue Auskunft über die Vorgänge in Uganda seit Mtesas Tod. Unter Mtesas Regierung war es den englischen Missionären gelungen, mit ziemlichem Erfolge eine Menge Waganda wenigstens äußerlich zu Christen zu machen. Die Araber konnten diesem Treiben, welchem sie mit scheelen Blicken zusahen, unter Mtesa keinen Einhalt gebieten. Als der junge Mwanga auf den Thron gelangte, glaubte man sich in Europa zu allerlei Hoffnungen berechtigt, da man annahm, daß mit dem neuen Herrscher ein Umschwung zum Guten in zivilisatorischer Richtung stattfinden würde. Leider sollte gerade das Gegenteil eintreten. Statt der von den Missionären vorausgesagten und auch anfangs anscheinend friedlichen Neigungen des jungen Herrschers zeigte sich bald, daß er einer der grausamsten aller afrikanischen Häuptlinge war. Die üblichen Hinrichtungen angeblicher Zauberer fanden in nie gesehenem Umfange statt, so daß Uganda fast im Blut schwamm. Der junge Häuptling ergab sich allen Lastern, Bangi oder Hanfrauchen, Völlerei und Ausschweifungen. Den Arabern war dies Benehmen Mwangas höchst gelegen, sie begünstigten alles dies, um im Trüben zu fischen. Mwanga lieh willig ihren Einflüsterungen sein Ohr und alsbald begannen die Christenverfolgungen, d. h. der zum Christentum übergetretenen Unterthanen Mwangas, und aller, welche die Missionsschulen besucht. Zu Hunderten wurden sie unter dem Vorwande, Zauberer und Hexen zu sein, ermordet. Die Missionäre aber ließ man unbelästigt, denn man fürchtete doch die Weißen zu sehr. Die Engländer und Stanley haben diese Metzeleien und später den Tod eines englischen Bischofs Hannington auf Rechnung der deutschen Erwerbungen setzen wollen. Diesen Vorwurf müssen wir aber ganz entschieden zurückweisen. Auch die Zerwürfnisse zwischen Deutschland und dem Sultan von Sansibar nannte Stanley als Ursache. Dies trifft am allerwenigsten zu, denn Uganda hielt sich immer ostentativ frei von arabischem Einfluß, seitdem seiner Zeit Abdallab in Rasib, der schon genannte Gouverneur von Unjanjembe, die günstige Gelegenheit, mit Mtesa anzuknüpfen, hatte unbenutzt vorübergehen lassen. Da wurde plötzlich, wie schon gesagt, der englische Bischof Hannington auf Mwangas Befehl

ermordet. Über den Tod dieses Mannes gibt uns Dr. Peters Aufklärung. Hannington wollte in seiner Eigenschaft als Bischof der Church
missionary society den Stand der Missionsarbeiten in Uganda revidieren.
Seine Ermordung hatte gar keinen Zusammenhang mit der Christen-
verfolgung, sondern der unglückliche Hannington hat durch seine Quer-
köpfigkeit sich seinen Tod nur selbst zuzuschreiben. Die Christenverfolgungen fanden erst nach seiner Ermordung statt. Zur Zeit seiner
Ermordung lebten sowohl französische als auch englische Missionäre
ganz unangefochten in Uganda.

In Uganda existiert nämlich eine uralte Prophezeiung, der zufolge
von Osten her bereinst eine Karawane komme, welche der Dynastie Mtesas
ein Ende machen werde. Aus diesem Grunde konnte auch bisher niemals eine Expedition von Osten nach Uganda eindringen, weil man
ihnen von da her das Betreten Ugandas verweigerte. Die kleine Expedition des Dr. Peters war die erste, welche von Sonnenaufgang nach
Uganda gelangen konnte, aber auch nur wegen der zur Zeit seiner Ankunft in Uganda herrschenden Wirrnisse. Im Jahre 1884 versuchte der
Forscher Thompson, aus Unkenntnis mit jener Vorhersagung, nach Uganda
zu gelangen, doch vergebens. Das ganze Land geriet, als man von seinem
Anrücken Kenntnis erhielt, in die allergrößte Aufregung. Die Folge war,
daß der dort weilende englische Missionär Ashe eine Zeitlang gefangen
gehalten wurde, während Mwanga zwei von dessen Dienern verbrennen
ließ. Als nun Hannington im Juli 1885 von Mombassa aus aufbrach,
um direkt nach Uganda zu ziehen, warnte Thompson ihn auf das ein-
bringlichste vor dieser Route. Ebenso baten der katholische Bischof des
Nyanzagebietes, Livinhac, und seine Ordensbrüder den Bischof Hannington
schriftlich, im Interesse der in Uganda lebenden Europäer von dem Wege
durch Massailand nach Uganda abzustehen. Die allseitigen Warnungen
machten zuletzt auf die Leiter der Church missionary society einen
solchen Eindruck, daß man den Bischof amtlich anwies, der gewöhnlichen
Karawanenstraße durch Ugogo und Usukuma zu folgen. Hannington
reichte daraufhin seine Entlassung ein, wenn man ihm nicht freie Wahl
seiner Routen ließe. Nun ließ man ihn gewähren. Als schließlich
Mackay, der verständige Missionär, in Uganda, von Hanningtons Hart-
näckigkeit hörte, schickte er sofort an das englische Generalkonsulat in Sansibar einen Boten, mit der Meldung, daß Mwanga die Erlaubnis zum

Einmarsch in Uganda von Osten her nicht geben werde. Hannington war schon abgereist, und man versäumte nun, ihm diese Botschaft zu bringen. Hannington hatte die Absicht, von Kawirondo am Ostufer des Viktoria Nyanza zu Schiff nach Uganda zu gehen. Der Missionsagent Stokes sollte zu diesem Zwecke das Schiff der englischen Mission dorthin führen, um Hannington von da abzuholen, allein durch Saumseligkeit des Stokes kam es nicht zu rechter Zeit an, und Hannington fand dort weder das Schiff noch irgend welche Nachricht vor. Er entschloß sich sodann, als wenn es sein Schicksal so hätte haben wollen, durch Usoga, das Land östlich vom Somerset-Nil, zu ziehen und so von Osten in Uganda einzubringen. Stokes wollte auf diese Nachricht hin sofort zu Hannington eilen, um ihn mit dem Schiff nach Msalala zu und von da auf den gewöhnlichen Weg zu bringen; allein er verfehlte Hannington, welcher mit 50 Mann seiner Karawane vorausgeeilt war, an der reich gegliederten Küste.

Als Hannington in Usoga angekommen war, erklärte ihm der dortige Häuptling Luba, daß er als tributpflichtiger Vasall des Herrschers von Uganda der dort allgemein eingeführten Sitte gemäß ohne Befehl Mwangas Fremde nicht in das Land eindringen lassen dürfe. Er müsse erst einen Befehl aus Uganda abwarten. Dieser Umstand war längst allen Reisenden, auch Hannington bekannt, ebenso wußte er, daß Zuwiderhandelnde als ins Land einfallende Feinde betrachtet werden. Hannington achtete jedoch auch dieses Verbotes des Häuptlings nicht und marschierte ruhig weiter, dadurch mit vollem Bewußtsein einen Friedensbruch begehend. Die Folgen solcher Thorheiten konnten aber nicht ausbleiben. In Ukasa wurde der starrköpfige Bischof von einem Haufen Waganda und Lubas Leuten gefangen genommen, nachdem der streitbare Mann mehrere seiner Angreifer niedergeboxt hatte. Ebenso wurden seine sämtlichen Leute festgenommen. Während seiner zehn- bis vierzehntägigen milden Gefangenschaft bedrohte er noch seine Wächter mit dem Zorne Mwangas, welcher jenen Leuten aber gerade den Befehl zu seiner Verhaftung erteilt hatte. Mwanga sprach inzwischen Hanningtons Todesurteil aus. Mackay bot dem Tyrannen 100 Gora Stoff und alles Elfenbein, welches in seinem Besitze war, an, die andern Missionäre baten um Hanningtons Leben, alles umsonst. Das Urteil wurde nicht umgestoßen und Hannington und seine sämtlichen Leute wurden durch Lanzenstiche getötet, bis auf zwei, welche entrannen.

Nach geschehener That aber erschrak Mwanga selbst über seine Handlungsweise. Über das ganze Land, berichtet uns Dr. Peters weiter, breitete sich nun düsterer Schrecken aus, denn man befürchtete durch diese Bluttat einen Rachezug der Europäer. Mwanga fühlte sich auf dem Festlande nicht mehr sicher und zog sich mit seinen sämtlichen vorher vereinten Streitkräften auf eine Insel im See zurück. Zufällig traf es sich nun, daß während einer Reihe von Jahren Mißwachs, Hungersnot und Krankheiten folgten, alles sah man als Strafe des Himmels **an und** wagte fortan nicht mehr, Europäer zu belästigen.

Die schwarzen Wagandachristen aber wurden von **großer Furcht** erfüllt und hielten sich versteckt, der bisher verhältnismäßig erfolgreichen Missionsthätigkeit war **ein Ziel gestellt.**

Bis dahin hatte Mwanga den arabischen Einflüssen gefolgt, nach und nach jedoch übertrug sich sein gegen die Europäer und Christen gerichtetes Mißtrauen auch auf die Araber und er bedrohte dieselben in dem gleichen Maße, zugleich ununterbrochen Menschen aus allen Klassen seiner Unterthanen abschlachtend. Wie sein Vorgänger, den man häufig den „guten König Mtesa" genannt hat, pflegte er, wenn in der Nacht viele Hyänen geheult hatten, zu sagen: „Die Hyänen haben Hunger, man schlachte so und so viele Menschen", oder wenn er am Morgen aus seinem Strohpalaste oder aus einer der Hütten seiner Weiber trat und Geier zahlreich kreisen sah: „Die Geier verlangen zu essen, tötet mir 10 bis 20 Menschen und werft sie ihnen vor." Die Araber, welche durch diese neue Laune des Despoten ihren Handel bedroht sahen und fürchten mußten, allen Einfluß zu verlieren, stellten nun in der Person des Karema, eines Vetters des Mwanga, einen Gegenkönig auf, schlugen das Heer des Mwanga und verjagten diesen, so daß er flüchten mußte und sich auf einer Insel des Viktoria Nyanza versteckt hielt. Dort gelang es den Missionären ihn zu bekehren und zu taufen.

Nun sammelten sich die Wagandachristen wieder und sie vermochten sich nach einigen zwar für sie ungünstigen Gefechten dennoch zu vereinigen. Sie rückten auf die von Karema und den Arabern besetzte Hauptstadt von Uganda, Rubuga, vor. In der Nähe angelangt, wurden sie angegriffen und gerieten in höchste Gefahr, als ihnen der englische Missionsagent Stokes mit Mwanga zu Hilfe kam. Karema wurde dann mit der arabischen Partei geschlagen. Er sammelte jedoch sein Heer

(etwa 5000 Mann mit den Arabern zusammen) wieder, worauf ihn
Mwanga mit den Christen mit einer Heeresmacht von 2000 Flinten
und einer Menge Speerträgern besiegte. Karema wurde diesmal vollständig geschlagen. Den Arabern wurde nun Pardon angeboten, doch
nahmen sie denselben nicht an, sondern setzten sich in den Ruinen der
früheren französischen Mission fest, wo sich ihre Anhänger und Sklaven
in der Nacht wieder sammelten. Auch Karema gesellte sich zu ihnen.
Am Morgen des 5. Oktober griffen die Christen wiederum an. Sie
wurden **dreimal** zurückgeschlagen, drangen aber **beim** vierten Sturm ein
und entschieden so den Sieg. Was nicht niedergemacht **worden war**,
floh gegen die Grenze und bis dorthin folgten die Christen. Die meisten
Araber waren gefallen, **drei** wurden gefangen. Karema wurde jedoch
von Kabrega nicht über die Grenze gelassen und sammelte in den nördlichen Distrikten wiederum 700 Gewehrträger. Nochmals wurde Mwanga
und die Christenpartei hart von Karema bedrängt, bis Dr. Peters kam
und es diesem gelang, dem Mwanga wiederum zu seinem Throne zu
verhelfen.

Dieses waren die Zustände während und bald nach Stanleys und
Emins Zug durch Ankori. Die Waganda waren damals bei Stanley
erschienen, um diesen um Hilfe zu bitten für Mwanga gegen Karema.
Stanley lehnte dies jedoch ab.

Solange nun die Karawane durch Ankori zog, wurden wiederum
alle Lebensmittel umsonst geliefert, da die Weißen mit dem Häuptling
des Landes Blutsbrüderschaft geschlossen hatten. Erst von Jhangiro an
war es mit dem freien Leben zu Ende und nun erreichten Emin Pascha
und Stanley den Viktoria Nyanza, und bald befand man sich in dem
Lande, wo man Kiunjamuesidialekte hörte, **für die** Sansibariten ein
sicheres Zeichen, daß man sich der Küste näherte.

Am 28. August traf **die** Karawane in Makololo, der englischen
Missionsstation ein, welche an der südlichsten Spitze des Viktoriasees,
einer ganz schmalen, flußartigen Bucht lag, in einer anmutlosen Gegend.
Hier fand Stanley die im Jahre 1888 hingebrachten Waren, welche für
die Expedition durch Stokes dorthin geschafft worden waren. Es waren
200 Lasten Tauschwaren und 40 Lasten Konserven. Davon wurden
30 Lasten Stoffe sofort unter die Leute verteilt, welche dieselben mit
großem Jubel aufnahmen und sich nun während der Ruhe, welche man

einige Wochen in Makololo pflog, schadlos hielten. Die französischen Missionäre im Buckumbi am See versorgten Stanley, seine Offiziere und Emin Pascha in ausgiebiger Weise mit Ausrüstungsgegenständen, besonders Kleidern und Schuhwerk, welcher Gegenstände sie sehr bedürftig waren.

Der Aufbruch nach der Küste erfolgte am 17. September. Es befanden sich über 100 Kranke in der Karawane, welche zum größten Teil transportiert werden mußten **und keine** geringe Mühe und **Arbeit** veranlaßten.

Von nun an ging's in südöstlicher Richtung weiter durch das Land Usukuma. Die Wasukuma sind ein höchst anmaßendes Gesindel. **Das** Land ist ziemlich dicht bevölkert. Die Bewohner treiben Ackerbau und Viehzucht in ausgedehntem Maße und sind sehr kriegerisch und raublustig. Sie haben eine demokratische Verfassung und die Macht ihrer Häuptlinge ist auf ein Minimum beschränkt, eigentlich nur darauf, Streitigkeiten zu schlichten und die Tribute von **den** durchziehenden Karawanen zu erheben. Dieser Tribut wird in Usukuma mit derselben Unverschämtheit **und unter denselben Umständen** erhoben wie in Ugogo. Stanley beklagt sich übrigens mit vollem Rechte, daß die Ursache der jetzt beinahe unerschwinglichen Tribute das nachgiebige Benehmen hauptsächlich der durchziehenden Missionäre, englischer wie französischer, sei. Am meisten sündigten in dieser Richtung immer die Engländer. Auch die arabischen Handelskarawanen haben mit dazu beigetragen, daß die Wasukuma **immer** höhere Ansprüche machten. Dennoch ist eigentlich Stanleys Nachgiebigkeit diesen Schwarzen gegenüber zu verwundern. Eine Karawane, mit solchen Streitkräften wie die seine ausgerüstet **und** auch so wohl mit Munition versehen, hätte sich nicht **so** viel bieten zu lassen brauchen an Angriffen, frechen Beleidigungen und Erpressungen. Es läßt sich nur daraus erklären, daß er Rücksicht auf die im Innern ansässigen Missionäre nahm. Die Wasukuma belästigten indessen die große Karawane während sieben Tagen ununterbrochen, und wenn auch Stanley keine Verluste erlitt, **so** waren die steten Belästigungen und der Marsch in der heißen trockenen Jahreszeit höchst unangenehm. Manchmal litten alle an Wassermangel. Stanleys Leute erbeuteten bei Nara eine Menge Rinder, welche ausreichten, die ganze Expedition bis zur Küste mit Fleisch zu versehen.

Am 17. Oktober stießen bei Ikungu zwei französische katholische Missionäre, Pater Girault und der bekannte Pater Schynse, zur Karawane, um von da an im Gefolge der großen Expedition zu reisen. Von Ikungu an ging es durch die berüchtigte Mgunda mkali (mgunda = Land, Boden; mkali = scharf, salzig, unangenehm, heiß). Hier waren auf einer Strecke von fünf Tagemärschen keine Dörfer und menschlichen Wohnungen zu treffen, auch Wasser findet sich in der heißen Zeit nur spärlich, so daß es manchmal mitgeschleppt werden muß. Die Gegend wird stets unsicher gemacht durch umherstreifendes Gesindel, welches zurückbleibenden ermüdeten Trägern auflauert, um dieselben niederzustechen und sich ihrer Lasten zu bemächtigen. Es werden daher, ehe man jene berüchtigten Gegenden betritt, von den Karawanenführern große Reden gehalten, welche auf die Gefahren dort aufmerksam machen und ein geschlossenes Marschieren anempfehlen. Allseitig wird denn auch versprochen, diesen Ratschlägen Folge zu leisten. Marschiert dann aber die Karawane am nächsten Morgen ab, so kümmert sich kein Mensch mehr darum und man bummelt in der gewohnten Weise dahin.

An der Spitze der Karawane marschierte Stanley mit zwei Kompanien Sansibariten, dann folgte Emin Pascha mit seinen Leuten. Die Karawane setzte sich aus dem denkbar buntesten Gemisch zusammen: ein Jude aus Tunis, mehrere koptische Apotheker und Schreiber, ein griechischer Kaufmann, Irreguläre aus dem Sudan, ägyptische Offiziere, Soldaten, mit einem großen Gefolge von Weibern, Sklaven und Kindern, alle mit massenhaftem Plunder beladen: Matten, Kisten, Kochgeschirr, alte Konservenbüchsen oft nur wegen des Etiketts, durchlöcherte kupferne Wasserkannen, große Wasserbecken, Stühle und sogar einige Bettgestelle.

Die Spitze marschiert ziemlich geordnet, weiter hinten aber drängt, schiebt und stößt sich alles, fortwährend stockt es, die Leute stoßen aufeinander, wenn irgendwo ein Hindernis ist. Die Reihe der im Gänsemarsch auf dem nur fußbreiten Pfade Marschierenden zieht sich manchmal unendlich auseinander, so daß oft große Lücken entstehen und die Zurückbleibenden zu laufen beginnen. Um die Nachzügler zusammenzuhalten, hatte Stanley Leutnant Stairs und Kapitän Nelson abwechselnd mit dem Kommando der Nachhut betraut, einer höchst unangenehmen Aufgabe.

Landschaft in Ugogo.

Nach Durchschreiten der Mgunda mkali betrat die Karawane Ugogo, jenes öde langweilige Land mit seiner roten Erde, dem glühenden Sonnenbrand und den scharfen heftigen Nachtwinden. Der Weg führt durch meilenweite Felder oder dürren, häßlichen und manchmal übelriechenden Dornbusch. Nur die herrlichen, hier und da vorkommenden Borassuspalmen und manchmal ein Hyphanenpalmenhain erinnern neben dem ungeschlachten **Baobob an** die Tropen. Das Klima ist ungesund **trotz** der Trockenheit des Landes, welche in der heißen Zeit so groß **ist, daß die** Wagogo das wenig vorhandene Wasser teuer verkaufen. **Fieber macht** den Aufenthalt kurz **vor,** während und **nach der** Regenzeit sehr **unangenehm.** Die Eingebornen übertreffen an raffinierter Frechheit **und** bodenloser Unverschämtheit alle andern afrikanischen Stämme. Die **Wagogo** treiben Viehzucht und Ackerbau **und haben wie** die Wasukuma eine demokratisch-patriarchalische Verfassung. **Die** Entschließungen ihrer sehr zahlreichen Häuptlinge werden wie bei **den Wasukuma** stark beeinflußt durch ihre Unterthanen. **Jeder Häuptling,** selbst der unbedeutendste, oft schon wenn er eigentlich nichts weiter **als ein** Familienoberhaupt ist, erhebt von den Karawanen **Tribut.** Diese Tribute werden **oft in un**verschämter Höhe verlangt und auch erzwungen, **indem** man **die** Karawane anders vom Wasser fern hält und keine Lebensmittel verkauft. **Die Häupt**linge legen dabei ebenso wie die ganze Bevölkerung **eine solche** Zudringlichkeit, Überhebung und Verachtung gegenüber den Durchziehenden an den Tag, seien es nun Karawanen von Schwarzen, Arabern oder Europäern, daß jeder, besonders aber die Europäer, den lebhaftesten Wunsch hegen, die unverschämten Kerle und Diebe, Straßenräuber und Spitzbuben **zu** Paaren zu treiben. Jedenfalls muß es eine unsrer ersten Aufgaben in Deutschostafrika sein, im Interesse **unsrer** Selbstachtung **und unsrer** Handelsbeziehungen, diesen Kerlen **einmal Respekt** einzuflößen **und sie** gehörig zu züchtigen.

Um nur ein Beispiel von der Frechheit **der Wagogo** anzuführen, diene folgendes. In Mukenge ließ der Häuptling Stanley sagen: „Ihr habt kein Elfenbein und keine eisernen **Hacken (aus** Unjamuesi, wo dieselben zur Feldbearbeitung dort angefertigt **werden,** von Karawanen, welche aus dem Innern zur Küste ziehen, behufs Zahlung von Tribut in Ugogo mitgeführt), welchen Hongo (Tribut) könnt ihr zahlen? Brecht ein altes Tembe ab und bringt mir das Holz, das sei euer Hongo!"

Stanley sandte ihm einige Stücke Stoffe und ließ ihm die Wahl zwischen diesen und blauen Bohnen. Mukenge zog vor, die Stoffe zu nehmen.

Pater Schynse verplauderte den größten Teil des Weges mit Emin Pascha, welcher den vorzüglichsten Eindruck auf Schynse machte, als bescheidener, hochgebildeter Mensch mit ruhigem, besonnenem Urteil, jetzt nur seinen Wissenschaften lebend.

Emin Pascha machte Schynse gegenüber gar kein Hehl daraus, daß er den eigentlichen Zweck der Stanleyschen Expedition längst durchschaut hatte und daher voll Bitterkeit sich von diesem rücksichtslosen Manne zurückzog. Die Hauptinteressenten bei der ganzen Angelegenheit waren neben England im allgemeinen die britisch-ostafrikanische Gesellschaft mit dem später geadelten Schotten Mackinnon an der Spitze. Wie sollte ein so geriebener Kaufmann mit einem Male ein so großes Interesse an einem Manne wie Emin haben, welcher ihm bis dahin kaum dem Namen nach bekannt war! Warum sollte dieser Mann auf einmal übersprudeln vor Menschenfreundlichkeit und so große Geldopfer bringen? Die Expedition galt einesteils im Interesse Englands der Äquatorialprovinz und dann für Mackinnon den 4000 Zentnern Elfenbein mit einem Werte von etwa 2 Millionen Mark. Diese Summe hätte nicht nur die Expeditionskosten gedeckt, sondern auch noch einen erheblichen Fonds für mehrere Jahre geliefert. Wäre Emin nun auf die Anerbietungen Stanleys eingegangen, so hätte er bis zum Eintreffen einer zweiten Unterstützungsexpedition neues Elfenbein sammeln und England hätte zugleich kostenlos eine schöne Provinz annektieren können. Wenn man Emin Pascha verproviantierte, so wäre er verpflichtet gewesen, seinen Einfluß und seine Erfahrungen im Interesse seiner Befreier zu verwerten und das Ganze wäre eine wohlgelungene kaufmännische Spekulation gewesen. Emin schloß seine Unterredung mit den Worten; „Ich bin ja den Herren recht dankbar für das, was sie für mich gethan haben, aber der Endzweck der Expedition war mir bereits klar geworden, als ich mit Stanley meine erste Unterredung hatte. Machte er mir damals auch noch keine direkten Vorschläge, so fühlte ich doch sofort heraus, daß etwas ganz andres dahinter steckte, als der einfache Wunsch, ein paar ägyptische Beamte heimzuholen.“

Schynse erfuhr denn auch so manches, wie er in seinem Buche

fchreibt, über **bie Zwecke ber Expedition.** Dem äußeren Anscheine nach ift fie vollkommen gelungen **unb wurbe bemgemäß in England** gefeiert. In Wirklichkeit aber war ber Helb ber Expedition mit bem Refultat recht unzufrieben. Eine Maffe Leute finb geftorben, fehr bebeutenbe Mittel aufgewenbet worben, 2½ Jahre haben bie europäifchen Begleiter in Elenb, Rot, Gefahren und Anftrengungen gelebt unb was ift erreicht

Emin als Raturforfcher

worben? hörte man fagen: „Wir bringen eine Anzahl unnüßer, ver- faulter ägyptifcher Schreiber, Juben, Griechen und Türken aus bem Innern, welche uns nicht einmal bafür banken. Cafati, fagten bie Mit- glieber ber Stanleyfchen Expebition, war nicht ber Mühe wert, er ift ja Mfchenfi (Heibe, Eingeborner bes Innern) geworben unb ber Pafcha ift zwar ein Ehrenmann, aber boch nur ein Mann ber Wiffenfchaft.‟ Man hatte barauf gerechnet, in Dr. Emin Pafcha einen Solbaten zu finben, an ber Spiße von 2000 bisziplinierten Leuten, bem man bloß Munition zu bringen brauchte, um fich ber Äquatorialprovinz für Eng-

land zu versichern und mit Hilfe seiner Gewehre einen Weg nach Mom-
baffa zu bahnen. Nun, da dies nicht gelungen, ist man unzufrieden.

Über Emin berichtet uns Schynse, ein ausgezeichneter Beobachter,
nur Gutes. Der Pascha war leidend und die Missionäre boten ihm
zur Stärkung etwas Wein an. Ohne auch nur davon gekostet zu haben,
brachte er denselben zurück mit der Bitte ihn so lange aufzuheben, bis
er ihn eines Tages für einen Kranken wieder fordere. Er sollte sehr
bald Gelegenheit dazu haben und zwar in Mpapua, wo Emin den
Wein für den todkranken Chef der dortigen Station, Herrn von Medem
verwendete.

Emin lebte derart mäßig, daß es rätselhaft erschien, wie er es mit
so wenigem auszuhalten vermochte. Des Morgens nahm er außer einer
ganz kleinen Tasse Kaffe nichts zu sich. Im Lager kam es häufig
genug vor, daß ihm seine Leute, gegen welche er vielleicht manchmal
etwas zu nachgiebig sein mochte, erst am Abend das Essen bereiteten.
Neben seinen Wissenschaften interessiert er sich am meisten für seine
kleine Tochter Frida, welche er fast abgöttisch liebt und wie seinen Aug-
apfel hütet. Er ließ sie stets in einer Hängematte im Bereiche seines
leider sehr schlechten Gesichtes vorantragen. Die Mutter des Kindes
war eine Abessinierin, welche aber schon vor mehreren Jahren im Innern
starb. Das Mädchen wurde dann von seiner ägyptischen Amme erzogen.

Am 10. November war es, als endlich die Träger schrieen, „heute
kommen wir nach Mpapua" und gegen Mittag sah man von der auf
einem erhöhten Punkte errichteten Station die deutsche Flagge wehen.
Leutnant Schmidt war schon seit einem Monate dort eingetroffen zur Begrüßung der Emin Stanleyschen Expedition. Die Station mit quadratischem
Grundrisse, mit einer Seitenlänge von etwa 40 m errichtet, erhebt sich auf
einem nach allen Seiten hin freien, sanft ansteigenden Rücken. Eine 2 m
hohe, trocken aus Granitblöcken errichtete Mauer umschließt einen großen
Hofraum. Im Schutze dieser Mauer befanden sich die Hütten für
100 Sudanesen und Sulusoldaten, sowie die Zelte der drei befehlenden
Europäer. Die Deutschen waren hocherfreut Emin Pascha begrüßen
zu können. Leider herrschte in Mpapua fortwährend Dysenterie, höchst-
wahrscheinlich infolge des schlechten Wassers. Auch der Verfasser dieses
erkrankte im Jahre 1880 bei seinem Marsche nach dem Innern in Mpapua
an Dysenterie.

Kurz zuvor war es Buschiri, dem Haupte des Aufstandes am der Ostküste, gelungen, **sich** in die Station einzuschleichen und den dort stationierten Beamten der deutschostafrikanischen Station Nilson zu ermorden. Sein Kamerad Giese rettete sich durchs Fenster zu den Eingebornen. Einige seiner Leute hatten jedoch gefeuert, und Buschiri mußte sich zurückziehen. Derselbe erschien am 28. Juni wieder und zerstörte die verlassene Station. Giese hielt sich nun so lange **versteckt**, bis seine von Dornen zerrissenen Füße wieder geheilt **waren, und** entkam, nur von zwei seiner Leute begleitet, glücklich nach der Küste.

Am 13. November brach die Karawane wiederum auf, mußte aber einem Befehle des Reichskommissars v. Wißmann zufolge die bis dahin geführte ägyptische Flagge herunternehmen und statt ihrer die deutsche entfalten. Zehn Tage später langte man in Simba-muene an (nicht Simba-wenni, wie Stanley schreibt), der Name leitet sich ab von simba = der Löwe und muene im Dialekte Kisagara der Häupt-ling, also der „Häuptling Löwe" = der Tapfere. Nachmittags am **30.** November vernahm man plötzlich deutsche Kommandorufe und Waffengeklirr, und eine Kompanie Sudanesen rückte ein unter Führung eines deutschen Offiziers. Es war Leutnant von Gravenreuth. Er hatte kurz zuvor den berühmten Sieg über die Mafiti errungen, wobei er mit 110 Mann **6000** Mafiti zurückschlug und vollständig aufrieb, und so durch seine Kaltblütigkeit und seine und seiner Leute Tapferkeit für die deutschen Waffen einen glänzenden Sieg erfocht.

Am Kingani kam Major v. Wißmann zur Begrüßung entgegen. Nachdem alle über den Kingani hinübergegangen waren, fanden Stanley und Emin Pascha Pferde vor, welche sie, v. Wißmann und Leutnant Schmid bestiegen und an der Spitze der Karawane am 4. Dezember **1889** ihren feierlichen Einzug in Bagamoio hielten. Die ganze Stadt **war** mit Palmenzweigen geschmückt, und sämtliche Einwohner empfingen **die** glücklich Zurückgekehrten mit ungeheurem Jubel. Als Emin und Stanley das Meer erblickten, begann eine Batterie donnernde Salven zu geben, den auf der Reede liegenden Kriegsschiffen Emins Ankunft verkündend.

Am Abend wurde ein feierliches Bankett gehalten, Toaste auf Emin, Stanley und alle andern Tapferen ausgebracht, und sämtliche Anwesende gaben sich der ausgelassensten Freude hin über die glück-liche Rückkehr aller. Emin Pascha hielt noch eine schwungvolle mit

großem Jubel aufgenommene Rede und entfernte sich dann. Gleich
darauf aber stürzten Diener in den Festsaal mit der erschütternden
Nachricht, daß Emin Pascha gestürzt sei und sich gefährlich verletzt habe.
Da war es mit einem Male aus mit der Freude, und tiefe Trauer
bemächtigte sich aller. Emin wollte sich nämlich einige Augenblicke ins
Freie begeben, war einem dunklen Gange gefolgt und hatte ein bis
zum Boden herabreichendes Fenster, an welchem kein Geländer angebracht war, bei seiner außerordentlichen Kurzsichtigkeit für eine Thür
gehalten, war von da auf ein Wellblechdach gefallen und dann auf die
Erde. Dort fand man den Unglücklichen vollständig besinnungslos liegen.
Alle Versuche, ihn wieder ins Bewußtsein zurückzurufen, scheiterten
vollständig, und erst nach einigen Tagen kam er wieder zu sich. Aus
einem Ohre träufelte Blut, und deutsche Militärärzte konstatierten einen
Schädelbruch. Emins Zustand war ein derartig gefährlicher, daß er an
den Rand des Grabes gebracht wurde. In ganz Bagamoio gab es
kaum einen Europäer, welcher nicht aufs tiefste erschüttert gewesen wäre
über den tragischen Abschluß des ganzen Dramas. —

Emin mußte in das Krankenhaus in Bagamoio übergeführt werden
und litt im Anfang große Schmerzen. Erst ganz langsam genas er
wieder von den Folgen dieses Unfalles.

Stanley dagegen wurde am 6. Dezember auf dem englischen
Kriegsschiffe „Somali", gefolgt von einer ganzen Flotte, dem englischen
Kriegsschiff Torquise, den deutschen Kriegsschiffen Schwalbe und Sperber,
sowie drei Dampfern Wißmanns, feierlich nach Sansibar geleitet. Dort
wurde er mit großem Jubel empfangen und später in England mit
allen Ehren überschüttet, ja fast in den Himmel gehoben, während
Emin in Bagamoio auf dem Krankenbette lag. —

Dreizehntes Kapitel.

Mit Emins Sturz aus dem Fenster und der gleich darauf er=
folgten Abreise Stanleys nach Europa war ein wichtiger
Teil in Afrikas neuerer Kulturepoche zum Abschluß gekommen. Der
Haupthed unsrer Geschichte, Emin, lag, dem Tode nahe, mit einer ge=
fährlichen Schädelfraktur auf dem Schmerzenslager in Bagamoio. Er
wurde zwar aufs sorgfältigste von seinen Landsleuten gepflegt, aber
seine Heilung stand keineswegs zweifellos fest. Wochenlang währte es,
ehe ihm das Bewußtsein voll wiederkehrte, und als er endlich der Ge=
nesung entgegensah, stellte sich neben den körperlichen Leiden die Sorge
ein. Er schrieb darüber unter anderm an einen alten Freund: „Sie
können sich denken, in welcher Lage ich mich befinde, die Sorge um
meine eigne Zukunft, Sorge um Erhaltung meiner Leute, Krankheit,
Ägyptens Gleichgültigkeit, Stanleys Invektiven . . . ."

Die ägyptische Regierung schuldete Emin langjährigen Gehalt und
beeilte sich keineswegs, ihre Verbindlichkeiten ihm gegenüber zu erfüllen.
Als endlich nach Monaten der Khedive sich entschloß, Emins Ansprüche
zu befriedigen, kaufte dieser sich eine Villa bei Bagamoio von dem Chef
der deutschen Schutztruppe, Herrn v. Gravenreuth, und installierte dort
seine kleine Tochter Ferida.

Am Tage des unglücklichen Sturzes hatte Stanley Emins sämtliche
Leute unter Androhung, sie in Ketten zu legen für den Fall des gering=
sten Widerspruches, nach Mombassa bringen und dort nach Ägypten ein=
schiffen lassen, ohne Emin zu gestatten, sich mit ihnen in irgend eine
Verbindung zu setzen. Die Einschiffung wurde auf einem Dampfer be=
werkstelligt, welchen Emin von Ägypten nach der Ostküste beordert hatte.
Diesen Dampfer versah nun Stanley mit Befehlen, ohne daß Emin

20*

davon benachrichtigt wurde. Emin erhielt dagegen Briefe und Aufträge von Stanley, welche er nur als „unpassend" bezeichnen konnte. Der Ton dieser Briefe war ein derartiger, daß unsre Landsleute, welche damals den kranken Emin umgaben, dem Überbringer bedeuteten, er möge sich nicht mehr in Bagamoio sehen lassen, es sei denn auf die Gefahr hin, hinausgeworfen zu werden. Auf diesen Umstand bezieht sich Stanleys Bemerkung wegen des schlechten Empfanges seines Zeltdieners Sabi in Bagamoio („Im dunkelsten Afrika", Band II, S. 414).

Emin war ohne einen Pfennig an der Küste angekommen und mußte noch die Demütigung erleben, daß man einen von ihm im Innern ausgestellten Wechsel nicht zahlen wollte. Er hatte nämlich von den französischen Missionären in Bukumbi am Viktoria Nyanza einen Esel mit Reitzeug und einige Kleidungsstücke gekauft, im Preise von nur 157 Dollar, und auf den damaligen englischen Generalkonsul Sir John Kirk in Sansibar einen Chek ausgestellt, im Vertrauen auf ein offizielles Schreiben von Nubar Pascha und Sir John Kirk, in welchem ihm mitgeteilt wurde, daß er für etwaige Bedürfnisse auf den Letztgenannten Wechsel ausstellen möge. Emin hatte von diesem Anerbieten Gebrauch gemacht, und nun wollte man seinen Wechsel nicht honorieren. Während dieser Bedrängnis hatte Emin mit dem deutschen Reichskommissar Major v. Wißmann eine Unterredung, bei welcher sich beide über Emins Zukunft unterhielten. In ägyptische Dienste gedachte Emin nur im äußersten Notfalle zurückzukehren. Er wäre unter Umständen auch bereit, in englische Dienste einzutreten, wenn keine andern Aussichten blieben, zöge es aber unter allen Umständen vor, im Interesse seines Vaterlandes zu wirken. Major v. Wißmann bat hierauf Emin um Erlaubnis, dies Sr. Majestät dem deutschen Kaiser mitteilen zu dürfen.

Schon längst war in Deutschland die Frage aufgeworfen worden, ob es nicht zu ermöglichen sei, eine so ausgezeichnet bewährte und in afrikanischen Angelegenheiten erfahrene Kraft, wie Emin, für deutsche Dienste zu gewinnen. Wenn man diesem Manne Gelegenheit gebe, seine Fähigkeiten und Erfahrungen im Dienste des Reiches zu verwerten, welches ihm Garantien für Unterstützung böte, so müsse doch zweifellos Emin noch mehr zu erreichen im stande sein, wie in ägyptischen Diensten, zumal ihm hier nicht jene Hemmnisse entgegentreten könnten, wie ihm solche von seiten der ägyptischen Beamtenwelt unausgesetzt bereitet

worden waren. Emins eigentümliche Stellung zwischen Europäer und
Islam, seine ausgezeichnete Kenntnis der arabischen Sprache, Verhält-
nisse und des arabischen Charakters und Rechtes, sowie seine Fähigkeit, die Eingebornen zu behandeln, mußten ihn besonders geeignet
machen zum Vermittler der Gegensätze, welche vor und während des
Aufstandes so schroff zwischen allen an der Ostküste in Frage kommenden
Völkern zu Tage getreten waren. Ganz besonders hatte sich Emin als
Verwaltungsbeamter bewährt und als solcher, wie schon früher mitgeteilt, ganz außerordentliche Resultate erzielt. Robert Felkin, Emins
Freund, äußerte sich in dieser Beziehung über Emin wie folgt: „In
seiner Verwaltung hat Emin keine Mühe gescheut, um sich mit allen
vorkommenden Angelegenheiten aufs innigste vertraut zu machen. Die
Sorgfalt, der Eifer, womit er allen seinen Pflichten oblag, fanden nicht
ihresgleichen, und das höchste Ziel seines Strebens war, als ein vollkommen unparteiischer Richter zu handeln. In Straffachen vermied er
es sorgfältig, dem Angeklagten die Verteidigung zu beschränken; es war
nicht leicht, ihn durch Lügen oder Ausreden zu täuschen. So gutmütig
er auch war, hat er doch niemals in der Ausführung einer Sache ge-
schwankt, sobald er nach reiflicher Überlegung einmal einen sicheren Entschluß gefaßt hatte."

Unser Kaiser zögerte denn auch nicht, sich Emins Dienste zu sichern,
und so erfolgte am 6. März 1890 dessen Anstellung zunächst kom-
missarisch unter Vorbehalt künftiger definitiver Anstellung. Bald darauf
reiste Emin ab. Wie Ironie sah es aus, daß Emin, nachdem er kaum
durch Stanley „gerettet" worden war, sofort dahin zurückkehrte, von
wo man ihn herausgeholt hatte.

Während Emin noch in Bagamoio daniederlag, hielt sich Stanley
in Kairo auf und begann sofort gegen Emin Front zu machen. Schon
ehe die Expedition an der Küste erschienen war, hatte Stanley in
seinen vom Innern aus datierten Briefen in mehr oder weniger ver-
steckter Weise gegen Emin operiert. Denn der Mißerfolg des ganzen
Unternehmens verstimmte Stanley und seine Hintermänner im höchsten
Grade, und fortan ließ er seinem Ärger die Zügel schießen, begann von
Kairo aus seine Angriffe gegen Emin. Er versuchte zunächst, unter der
Maske eines liebevollen Freundes beim Khedive eine Anstellung für
Emin zu erlangen. Um Emin unschädlich zu machen, schlug er für

ihm einen Gouverneurposten vor, der ihm möglichst weit von seinem
früheren Wirkungskreise, der Äquatorialprovinz und auch Ostafrika,
eine Thätigkeit anwies.

Als aber Emin endgültig in deutsche Dienste getreten war, häufte
er Anklagen auf Anklagen gegen den kranken Emin, welcher nicht in
der Lage war, sich zu verteidigen, er zieh ihn der Unfähigkeit, in Afrika
selbständig zu wirken, als ob das Emin nicht längst durch seine Thaten
widerlegt hätte. Er beschuldigte ihn des Wankelmutes und der Undank-
barkeit gegen ihn und England. Wofür aber sollte Emin England
Dankbarkeit schulden? Etwa dafür, daß man ihn gar nicht unterstützt,
ihn sogar indirekt durch Aufgabe des Sudan geschädigt und preisgegeben
hatte? Sollte sich Emin Stanley dafür dankbar erweisen, daß ihn dieser
mit Gewalt gezwungen hatte, seine Provinz zu verlassen und zwar nur
zu seiner, Stanleys, höheren Ehre? Emins ganzes Werk, dessen Errichtung er sein ganzes Leben geweiht hatte, in unermüdlich jahrelangem
zähen Ringen mit allen Widerwärtigkeiten und Gefahren, mußte er
blutenden Herzens zusammenbrechen sehen, und dieser Zusammenbruch
war nicht etwa herbeigeführt durch seine Feinde, die Mahdisten, gegen
diese vermochte er sich jahrelang zu halten, nein, durch seine angeblichen
Freunde, durch Stanley, der in der kurzen Zeit fertig brachte, was die
Mahdisten nach Jahren nicht vermocht hatten. —

Emin ergriff daher mit Freuden die Gelegenheit, in den Diensten
seines Vaterlandes wieder nach dem Innern zurückzukehren, und zwar
mit um so größerer Freude, als ihm Afrika zur zweiten Heimat geworden
war. Er zeigte übrigens keine Neigung, nach Europa zu gehen, er
hatte kein Verlangen, seine Angehörigen wiederzusehen, und die Zivilisation mit ihren Bequemlichkeiten bot ihm keinen Reiz mehr. Es ging
ihm hierin wie allen denjenigen, welchen es vergönnt war, das Leben
in Afrika längere Zeit kennen zu lernen.

Die Unannehmlichkeiten, Strapazen und Mühen übersieht der
Reisende gegenüber den unendlichen Reizen, welche der Aufenthalt dort
nach allen Richtungen hin bietet. In Europa, in der zivilisierten Welt
überhaupt, verschwindet der einzelne, gleich dem Tropfen im Meere.
Wie anders dort: in uneingeschränkter Freiheit und Unabhängigkeit
kommt sein „Ich" überall voll zur Geltung. Alles und alle vermag
er durch seine geistige Überlegenheit seinem Willen zu unterwerfen, und

alles, was er erreicht, verdankt er nur **sich** allein. Das Selbstbewußtsein wird im höchsten Grade gesteigert. Dieser eine Umstand wäre
schon genügend, denjenigen, welcher einmal **Afrika** besucht hat, immer
wieder anzulocken. Es **kommen** aber noch viele, viele Dinge hinzu,
welche mitwirkend das Leben dort so begehrenswert erscheinen lassen:
der Reiz des Neuen, Unerforschten, die zahlreichen ungelösten wissenschaftlichen Aufgaben, die fremdartigen Gestalten der **Menschen**, ihr
sonderbares Gebaren, die Tierwelt, Jagd, Abenteuer **und Gefahren.**
Wie schal und kleinlich, wie beschränkt **erscheinen dem allen gegenüber
die** Verhältnisse in der Heimat. Man entbehrt dieselbe nicht mehr, **ent-**
wächst, ohne daß man es merkt, **der Familie,** entfremdet sich den Freunden.

Dies kann allerdings mit der Zeit ausarten, derart, daß man ein-
seitig wird, für nichts mehr Interesse hat, kaum noch für die Angehörigen,
nur für Umstände, **von denen der** Aufenthalt in Afrika abhängig ist.
Es kann diese Gleichgültigkeit sogar in Apathie ausarten, so daß man
schließlich fast menschenscheu wird in bezug auf seine weißen Mit-
menschen, daß man sie geradezu flieht und einem Europäer, dem man
im Innern etwa begegnen könnte, auszuweichen sucht und am liebsten
ganz allein mit seinen Schwarzen lebt und sich nur unter ihnen behaglich fühlt. Am meisten kam das wohl bei Livingstone zum Ausdruck,
welcher ängstlich allen Weißen im Innern aus dem Wege ging und
dies gewiß auch seiner Zeit Stanley gegenüber gethan **haben** würde,
wenn ihn nicht die Not gezwungen hätte, eine Begegnung **mit ihm zu**
wünschen. Auch der Verfasser befand sich zuletzt in solcher Stimmung.

Emins Abneigung, nach Europa zurückzukehren, hatte übrigens
auch noch andre Gründe. Sein Charakter und seine Bescheidenheit,
abhold allen lärmenden Ovationen, welche seiner Person galten, hielten
ihn ebenso sehr wie seine eigentümliche Stellungnahme bezüglich des
Islam ab, nach Deutschland zu gehen. Auch konnte es für ihn kein
angenehmer Gedanke sein, sich in Europa sofort gegen Stanleys Angriffe verteidigen zu müssen. So zog er vor, die Heimat nicht wieder
zu berühren, sondern seine ihn ungemein befriedigende Thätigkeit im
Innern wieder aufzunehmen.

Emins Entschluß, in deutsche Dienste zu treten, entsprang jedoch,
um der Wahrheit die Ehre zu geben, nicht so ganz seiner eignen
Wahl als Ausfluß seiner Liebe zur alten deutschen Heimat. Er war

dieser ziemlich entfremdet und hing nur gewissermaßen noch theoretisch
und platonisch an seinem Vaterlande. Eine thätliche Zuneigung zu
Deutschland erwachte erst allmählich wieder in dem eigenartigen Menschen.
Zuerst wurde Emin beeinflußt durch die deutsche Invasion Ostafrikas,
die ihm sofort in vorteilhaftester Weise in Mpapua und dann weiterhin bis zur Küste vor die Augen trat. Überall herrschten damals
Ruhe, Ordnung und Zufriedenheit unter Wißmanns ausgezeichnetem
Regiment. Zu nicht geringem Teil aber war es der Einfluß von Wißmanns Persönlichkeit, welcher dazu beitrug, den noch schwankenden
Emin englischem Einfluß zu entziehen und ihn ganz für uns zu
gewinnen.

Zunächst handelte es sich darum, die Stellung Emins im Reichs-
dienste klar zu stellen. Bei der Bedeutung seiner Persönlichkeit
konnte, wie Rochus Schmidt sagt, von einer einfachen Übernahme in
das Reichskommissariat nicht die Rede sein. Emin konnte nur auf
den ausgesprochenen Wunsch des Auswärtigen Amtes in deutsche
Dienste treten. Das Auswärtige Amt beantwortete eine darauf be-
zügliche Anfrage Wißmanns telegraphisch: „Emins Dienste sind uns
angenehm." Wißmann wünschte selbst, entgegen einer allgemein verbreiteten Ansicht, daß Emin dem Auswärtigen Amte direkt unterstellt
werde. Emin aber bestand darauf, Wißmann unterstellt zu werden
und an diesen zu berichten. Rochus Schmidt äußert sich darüber, daß
der Pascha dies in seiner mitunter kokett erscheinenden Bescheidenheit
mit den größeren persönlichen Verdiensten Wißmanns begründete.

Über Emins Charakter ist schon viel gesprochen worden, auch in
diesem Buche ist der Versuch gemacht, denselben möglichst wahrheits-
getreu zu schildern. Bislang gründete sich das Urteil nur auf die
Äußerungen einiger weniger Reisenden, Junker, Casati, Vita Hassan,
die mit Emin längere oder kürzere Zeit in engster Beziehung standen
und welche alle darin übereinstimmten, daß Emin manche Schwächen
aufzuweisen habe. Jetzt, da er an der Ostküste Afrikas wieder mit
seinen Landsleuten in Berührung kam, bestätigte sich dies, und alle, die
mit ihm zu thun hatten, waren anfangs befremdet. Rochus Schmidt
schreibt in seinem Buche „Geschichte des Araberaufstandes in Ostafrika":
„Unbestritten ist von vornherein sein wissenschaftlicher Eifer und
Ruhm. Ebenso unbestritten das organisatorische Talent, welches er

während der dreizehn Verwaltungsjahre in der Äquatorialprovinz genügend bekundet hat. Uns Offizieren jedoch muß ein Charakter wie der seine zunächst durchaus fremd gegenübertreten. Mag es nun in seinem langen Verkehr mit Arabern oder in angebornen Charaktereigentümlichkeiten liegen, er zeigte in jedem Fall ein für unser Gefühl viel zu starkes Eingehen auf Wünsche aller Art, gleichviel von welcher Seite dieselben immer ausgesprochen wurden. **Die** übertriebene Höflichkeit und die vollkommene Unterordnung **seines** eignen Willens unter den Ideengang viel jüngerer Männer, nicht nur Wißmanns, sondern auch weniger bedeutender Leute, kamen uns wie eine Art Schlaffheit, wie mangelndes Selbstbewußtsein vor. Dazu kam eine übergroße Reizbarkeit. **Der Charakter Emins ist** dermaßen erregbar, daß unter Umständen ein verkehrtes Wort ihn dazu veranlassen konnte, daß er sich wie eine Schnecke in ihr Haus zurückzog. Leicht bezog er auch ein der Sache geltendes Urteil auf seine Person. Besonders in letzterer Hinsicht war ein Verkehr mit ihm nicht ganz angenehm, denn Emin pflegte derartige Meinungsverschiedenheiten nicht so leicht zu vergessen."

Aber trotz seiner Schwächen war der Pascha ein Mann „nehmt alles nur in allem". Alle, die mit ihm in Berührung traten, sind auch darüber einig, daß seine guten Eigenschaften die weniger guten bei weitem überragen. **Seine** Selbstlosigkeit war unbegrenzt. Wo immer es im Bereiche seiner Macht lag, übte er Gutes an seiner Umgebung, oft in rührender Weise. In seiner Beharrlichkeit zeigte er eiserne Festigkeit. Durch nichts war er von einmal endgültig gefaßten Plänen abzubringen. Seiner Begeisterung für die Wissenschaft, der er ununterbrochen persönliche Opfer, selbst auf Kosten seiner Gesundheit, brachte, haben wir schon wiederholt gedacht.

Gerade diese sonderbare Vereinigung von Nachgiebigkeit, zum Teil Schwäche, Aufopferungsfähigkeit und eiserner Beharrlichkeit, zu der noch weitschauende Klugheit, die besonders Vita Hassan rühmt, hinzukommt, haben ihn zu dem gemacht, was er war, und ihn befähigt, so Großes zu **leisten.**

Sobald Emin für deutsche Dienste gewonnen war, ging man unverzüglich an die Ausführung der Pläne und zwar möglichst im geheimen, um etwaigen Intrigen von seiten der Engländer ein Paroli

zu biegen. Emin durfte sich daher nicht an den Vorbereitungen zur
Reise beteiligen, und nur in Unkenntnis der Verhältnisse konnte ihm
damals Böswilligkeit einen Vorwurf daraus machen.   Sobald aber
die Engländer, unsere guten Freunde, von den Plänen erfuhren,
gaben sie sich alle Mühe, dieselben zu durchkreuzen, und verursachten,
daß es fast unmöglich wurde, die notwendigen Träger zusammen=
zubringen.

Dem Chef Rochus Schmidt, der sich, wie bekannt, schon vielfach
in Ostafrika hervorgethan hat, wurde durch Wißmann der Oberbefehl
über die von Emin mitzuführenden Truppen übertragen.   Infolge von
Meinungsverschiedenheiten, welche sich zwischen ihm und dem Pascha
einstellten, trat Schmidt von dem Kommando zurück, und an seiner Stelle
übertrug man dasselbe Leutnant Langheld. Dieser wurde durch zwei
weiße Unteroffiziere, Sergeant Kühne und Sergeant Krause, unterstützt.

Dr. Stuhlmann, ein junger Hamburger Gelehrter, der sich schon
zwei Jahre zum Zweck wissenschaftlicher Untersuchungen in Ostafrika
aufgehalten hatte und schließlich freiwillig in den Kämpfen während
des Aufstandes mitfocht, wurde dazu auserwählt, Emin als wissen=
schaftlicher Begleiter zu unterstützen, nachdem er von einer ziemlich
schweren Verwundung wiederhergestellt war, welche er in den Kämpfen
des Aufstandes davongetragen hatte.   Da außer von Stuhlmann Nach=
richten über Emins letzte Expedition nicht veröffentlicht wurden, so
sind wir auf die Berichte von diesem seinem Begleiter angewiesen,
dessen vortrefflichem Buche „Mit Emin Pascha ins Herz von Afrika"
wir einen großen Teil der nachstehenden Schilderungen entnommen
haben.   Die deutsche Kolonialgesellschaft schickte später noch Herrn
Rindermann nach, der dann bei Emin als wissenschaftlicher Sekretär
fungieren sollte.   Derselbe kam bis zum Viktoriasee, ohne Emin zu
erreichen, hat uns aber vorzügliche geographische Aufnahmen und
andre Beobachtungen und Sammlungen mitgebracht.

Die Beschaffung des Trägermaterials verursachte die allergrößte
Mühe.   Emin selbst, der sich nach seiner Wiederherstellung zweimal
nach Sansibar begeben hatte, gelang es, eine Anzahl von Stanleys
Leuten anzuwerben, darunter den berühmten, ausgezeichneten Uledi, der
schon mehrere große Reisen in **Begleitung** Stanleys unternommen
hatte und auch diesmal wieder vorzügliche Dienste leisten sollte.

Am 26. April 1890 verließ die Expedition die Küste von Bagamoio aus, und zwar mit 100 Soldaten (Sudanesen, Sulu und Sansibariten), 400 mit Vorderladern bewaffneten Trägern und einem 3,7 cm = Geschütz. Die meisten Träger hatte wieder, wie bei fast allen größeren Expeditionen, der bekannte Sewa Hadji geliefert und, wie immer, zu sehr hohen Preisen. Es war keine andre Wahl geblieben, als sich seiner zu bedienen, da Wißmann sehr zum Aufbruch drängte.

In großen Zügen hatte Wißmann den Plan für des Paschas Reisen entworfen. Als nördliche Grenze schlug er für das Operations= gebiet vor die Verlängerung der Linie, welche sich von Wanga an der Ostküste zum Kilimandscharo über den Viktoria Nyanza durch das nördliche Buddu zum Albertsee hinzieht. Im wesentlichen wurde im Verlauf der Reise daran festgehalten.

Zu Beginn der Expedition hatten die Reisenden, solange sie die Küstengebiete durchzogen, mit großen Schwierigkeiten zu kämpfen, denn die Massika, d. h. das Ende der Regenzeit mit ihren Überschwem= mungen, war im vollen Zuge. Die Expeditionsmitglieder sowohl wie die Soldaten und Träger hatten sehr unter den Wirkungen des Klimas zu leiden, so daß sogar schon bald einige Verluste durch Fieber zu verzeichnen waren.

Am 19. Juni traf die Karawane mit Dr. Peters und Herrn v. Tiedemann zusammen, welche auf dem Rückmarsche von ihrem kühnen Zuge nach Uganda begriffen und nicht wenig erstaunt waren, daß der Pascha, den sie im Innern aufsuchen wollten, sich schon wieder auf dem Marsche dorthin befand und in deutsche Dienste ge= treten war. Emin und Dr. Peters waren einig darüber, daß die nächste und wichtigste unsrer Aufgaben diejenige sein müsse, Tabora zu besetzen, eine Ansicht, die der Verfasser längst auf das entschiedenste vertreten hatte, denn nur von Tabora aus war ein energisches Vor= gehen gegen die Araber möglich und nur von dort aus konnte auch mit Nachdruck auf die endgültige Pacifizierung der Küste hingearbeitet werden. Alle Anstrengungen, dies zu erreichen, konnten nur von zweifelhaftem Erfolge begleitet sein, solange uns in Tabora Widerstand, sei es auch im günstigsten Falle in passiver Weise, geleistet wurde.

Emin hatte die Küste verlassen mit der von Wißmann erteilten Weisung, sich direkt nach dem Viktoria Nyanza zu begeben und Tabora

nicht zu berühren. Die dort zu lösenden Aufgaben hatte sich Wißmann
selbst zum Ziele gesteckt. Sie schienen nicht ohne bedeutenden Auf=
wand von Streitkräften gelöst werden zu können. Das Erscheinen einer
mit nur so geringen Mitteln und Kräften ausgerüsteten Expedition,
wie die des Paschas, schien daher nur die größten Gefahren herauf=
zubeschwören, die um so mehr zu fürchten gewesen wären, als von
der Küste aus bei etwaigen Verwickelungen nicht daran zu denken war,
Hilfe zu leisten.

Die Verhältnisse sollten aber die Dinge ganz anders gestalten.

Mpapua stand, nachdem Wißmann auf seinem Zuge dorthin
wieder Ordnung geschaffen hatte, bei Emins Anmarsch unter Herrn
v. Bülows Kommando. Seine wesentliche Aufgabe bestand darin,
die über Mpapua führende Karawanenstraße zu sichern. Da aber
v. Bülows Streitmacht gering war, so vermochte er nicht, die Be=
wohner des Dorfes Kitangi in der Nähe von Mamboja von ihren
gewohnten Belästigungen vorüberziehender Karawanen abzuhalten. Er
bat daher den Pascha, ihm eine Abteilung seiner Leute zu überlassen,
um die Räuber zu züchtigen. Emin stellte ihm Soldaten zur Ver=
fügung, welche auf einer mehrtägigen Expedition unter Leutnant
Langheld das Raubnest nachdrücklich bestraften.

Der Expedition Emins fehlten für den Weitermarsch eine größere
Anzahl Träger. Zum Glück gelang es, 86 Warambo anzuwerben.
Da diese aber in der Nähe von Tabora zu Hause waren, dorthin
zurückkehren und sich unter keinen Umständen bewegen lassen wollten,
nach dem Viktoria Nyanza zu ziehen, so war Emin Pascha gezwungen,
entgegen der ursprünglichen Absicht, seinen Marsch nach Tabora zu
richten.

Es war dies ein für die ganze weitere Entwickelung unsrer ost=
afrikanischen Kolonie folgenschwerer Entschluß, welcher dieser zwar zum
größten Nutzen gereichen sollte, für Emin selbst aber das Unheil
heraufbeschwor, wenn es auch zunächst nicht so scheinen wollte.

Dr. Peters und v. Tiedemann hatten in Ugogo schwere Kämpfe
mit den Wagogo zu bestehen. Diese Vorkommnisse hatten die in
Ugogo herrschende Unsicherheit derart erhöht, daß es Emin für an=
gezeigt halten mußte, seine Streitkräfte zu vermehren. Er forderte
daher Herrn v. Bülow auf, ihn für den Marsch durch die unsicheren

Gebiete mit einer Abteilung ſeiner Leute zu begleiten, und am 22. Juni 1891 brach die Expedition nach Weſten auf, während an demſelben Tage Dr. Peters und v. Tiedemann ihren Marſch nach der Küſte fortſetzten.

Nach Durchquerung der waſſerarmen Mgunda Mkali wurden gleich beim Betreten Ugogos Leute aus der Karawane, während ſie Waſſer ſchöpſten, von Maſſaihorden, die dort als Wahumpa bezeichnet werden, angegriffen. Herr v. Bülow warf die Räuber energiſch zurück und nahm ihnen 200 Rinder ab. In der Nacht machten die Wahumpa, allerdings vergebliche, Verſuche, ſich wieder in den Beſitz ihrer Herde zu ſetzen. Um derartigen Angriffen ein für allemal ein Ende zu machen und von vornherein zu zeigen, daß die Karawane durchaus nicht geſonnen ſei, ſich Gewalttaten geſallen zu laſſen, ſetzten ſich Emin und Langheld ſelbſt an die Spitze ihrer Soldaten und warfen mit wenigen Salven die Wahumpa zurück, welche nun ihre Waffen von ſich warfen und ihre ſämtlichen Rinder im Stiche ließen. Im ganzen wurden 800 Stück erbeutet, von denen Emin für den eignen Bedarf 80 zurückbehielt und die übrigen an befreundete Häuptlinge verteilte.

Als am andern Morgen der Weitermarſch von Mſeſſe aus angetreten werden ſollte, wurde gemeldet, daß in einem nahen Dorfe beim Einkauf von Lebensmitteln zwei Suluſoldaten ſowie drei Träger ermordet worden ſeien. Sofort rückten Emin und Langheld (Stuhlmann war durch Fieber geſchwächt und konnte ſich nicht bewegen) mit 75 Mann aus und zerſtörten binnen kurzem neunzehn Dörfer der Wagogo, wobei ſie nur geringen Widerſtand fanden. Ungefähr 2000 Rinder wurden bei dieſer Gelegenheit erbeutet und faſt alle wiederum an gutgeſinnte Häuptlinge verteilt.

Es war dies die einzige Möglichkeit, ſich nachhaltig Reſpekt zu verſchaffen, und dies wurde auch in ſolchem Maße erreicht, daß auf dem ganzen Wege durch Ugogo keinerlei Beläſtigung mehr zu bemerken war. Von Zahlung des ſonſt üblichen Tributes war keine Rede mehr. Die Wagogohäuptlinge brachten im Gegenteil überall Geſchenke.

Nachdem Ugogo durchzogen war, betrat die Expedition die noch bis gegen Ende der achtziger Jahre auf neun Tagereiſen ausgedehnte Mgunda Mkali. Jetzt war dieſer Landſtrich von Weſten her wieder besiedelt, so daß man schon dicht hinter der Grenze von Ugogo auf Wanjamuesikolonien stieß. Hier nahm auch die Vegetation einen andern Charakter an, an Stelle des Dornbusches tritt der Pori, der lichte Wald, und der Baobab verschwindet.

In Kigwa angelangt, kam der Expedition der Belutsche Ismael entgegen mit der Meldung, daß von Tabora aus eine arabische Deputation im Anzuge sei, um den Pascha nach dorthin einzuladen.

Häuser von Händlern in Tabora.

Ismael selbst, der erst vor kurzer Zeit von der Küste aus dort eingetroffen war, sei in Tabora mit der deutschen Flagge von seiten der Araber gut aufgenommen worden, der Häuptling Sike von Unjanjembe habe ihn aber gezwungen, dieselbe wieder herunterzunehmen. Zugleich erzählte Ismael, daß der Häuptling Pandascharo von Urambo in einem Kampfe gegen die Wangoni gefallen sei. Zu seinem Nachfolger hatte man den zehnjährigen Schibuga gewählt, einen Sohn des berühmten Mirambo. Die Warambo baten den Pascha bringend, ihnen gegen die Wangoni beizustehen. Sie hatten dazu ein Recht, denn in den Kämpfen Wißmanns während des Araberaufstandes an der Ostküste hatten sie diesem als Ruga-Ruga gute Kriegsdienste geleistet. Die angekündigte arabische Deputation traf ein, und nach einigen Rasttagen marschierte Emin weiter nach Tabora. Von einer ungeheuren Menschenmenge geleitet, zog die Expedition in Tabora ein. Emin wurde in einem Tembe, das man ihm als Unterkunft zur Verfügung stellte, von fast sämtlichen Arabern begrüßt.

Es hatte ursprünglich, wie schon gesagt, die Absicht **bestanden**, daß Herr v. Bülow Emin nur durch Ugogo begleiten sollte. An der **West**grenze dieses Landes angelangt, war v. Bülow aber **derart** heftig an Malaria erkrankt, daß von einer Rückkehr nach Mpapua nicht **die Rede** sein konnte. Emin mußte sich daher entschließen, den Patienten mit nach Westen zu nehmen **und** ihn dorthin tragen **zu lassen**. v. Bülow kehrte viel später **nach der** Ostküste zurück, nachdem **Emin** längst weitergereist war, und fiel dann in den Kämpfen am Kilimandscharo.

Mit den Arabern trat Emin sofort in Unterhandlung ein. Der Häuptling Sikke dagegen verhielt sich ganz ablehnend und stand auch zu den Arabern, seitdem sie Emin freudig empfangen hatten, in schroffem Gegensatze. Sikke benahm sich auch späterhin der schwachbesetzten deutschen Station in **Tabora** gegenüber höchst herausfordernd und gestattete sich manche Übergriffe. Schließlich ging **er** zu offener Feindschaft über, so daß die Mitglieder der **später in** Tabora einrückenden Antisklavereiexpedition unter dem Grafen Schweinitz seine Unverschämtheiten dadurch bestraften, daß sie das Quikuru des Häuptlings stürmten, leider ohne dabei seiner Person habhaft werden zu können. Erst später gelang es dem **Leutnant** Prince von der Schutztruppe, das Quikuru nach nochmaligem Sturme definitiv zu nehmen und zu zerstören, **den** Häuptling Sikke, **der** sich mit seinen Weibern durch Pulver **in die** Luft gesprengt hatte, noch lebend in die **Gewalt zu bekommen und ihn** zu töten. Damit hat diesen schwarzen Schurken endlich sein längst verdientes Geschick erreicht. Auch der Verfasser konnte sich eines Gefühles der Befriedigung nicht erwehren bei Erhalt dieser Nachricht, denn Sikke hatte ihm wiederholt die größten Unannehmlichkeiten bereitet, sogar geplant, die Expedition des Verfassers zu überfallen, als er sich von Katanga im Congoquellgebiet auf dem Rückweg zur Ostküste befand. Nur sein energisches Auftreten konnte das Unheil abwenden, ohne daß es zum Kampfe kam.

Die Unterhandlungen mit den Arabern nahmen einen ruhigen Verlauf und wurden durch Emins bei derartigen Gelegenheiten außerordentliche Gewandtheit schnell und glatt beendet. Es war dies um so erfreulicher, als man allgemein und besonders Wißmann gefürchtet hatte, daß sich unendliche Schwierigkeiten und Hindernisse auftürmen würden. Am 1. August 1890 wurde ein Vertrag mit den Arabern in Tabora geschlossen, dessen Hauptpunkte folgendes besagten:

Alle Araber **unterwerfen** sich der **deutschen** Regierung als deren Unterthanen **mit** sämtlichen Angehörigen und **ihrem** Besitztum, und **als Zeichen dafür** wurde feierlich die deutsche Flagge gehißt.

Den Arabern wurde gestattet, aus ihrer Mitte einen Gouverneur (**Liwali**) **zu wählen**, **was** in der **Person** des Sef bin Saad geschah, **der denn auch** seine offizielle Bestallungsurkunde von Emin erhielt und von der Regierung seinen Gehalt bezieht.

Der Besitzstand der **Araber wurde anerkannt.**

Der Ausübung ihrer Religion, so verpflichtete sich Deutschland, sollte den Arabern kein Hindernis **in** den Weg gelegt werden. Das Recht zur Ausübung religiös-rechtlicher Angelegenheiten wurde ihnen garantiert.

Der Liwali war zur Aufrechterhaltung der Ordnung verpflichtet, ebenso dazu, daß er allen deutschen Karawanen **bei der** Beschaffung von Nahrungsmitteln gegen Bezahlung derselben behilflich sein sollte.

Handel und Reisen dürfen die Araber **im** Innern zur Küste ausüben mit Erlaubnis des Liwali, welcher verpflichtet ist, darüber **Erlaubnisscheine an die** Araber auszustellen.

Im Falle in Tabora eine militärische Station errichtet wird, steht der Liwali unter **dem** Befehle derselben.

Sklavenhandel und die Entsendung von Expeditionen, um Sklaven zu erbeuten, sind auf das entschiedenste verboten.

Was nun Sike angeht, so mußte er sich, trotz seiner ablehnenden Haltung, dazu bequemen, **ein** altes in seinem Besitze befindliches Bronzegeschütz auszuliefern, ebenso eine von einer früheren belgischen Expedition herrührende Mitrailleuse. Auch sollte er das Elfenbein herausgeben, das seiner Zeit von ihm in Verwahrung genommen **worden** war, als der Vertreter der Elfenbein-Firma H. A. Meyer **durch den Araber** Mohammed Kassim in seinem Quikuru ermordet worden war. Der Mörder wurde später an der Küste ergriffen und aufgehenkt. Vier von den geforderten zehn Zähnen nebst dem Geschütz und 73 Ochsen lieferte Sike ab. Emin konnte sich damals zu dem Wagestück entschließen, den immerhin mächtigen Sike zur Zahlung von Tribut zu zwingen, da die Stimmung bei den Arabern entschieden zu seinen gunsten neigte.

Flaggenhissung in Tabora.

Emin hat sich durch die Besetzung Taboras und die Unterwerfung der dortigen Araber ein großes nicht zu bestreitendes Verdienst um die ostafrikanische Kolonie erworben. Allzulange schon hatte man damit gezögert, diese Aufgabe zu lösen. Emin hat die Angelegenheit mit außerordentlichem Geschick zu Ende geführt und mit den denkbar geringsten Mitteln, denn er hatte eigentlich nur die Mehrausgaben für seinen Umweg über Tabora und den Aufenthalt dort bezahlen müssen. Vor allem aber ist hervorzuheben, daß er alles ganz friedlich

zuſtande gebracht hat. Eine große militäriſche Expedition würde
enorme Summen verſchlungen und möglicherweiſe nicht ohne Kämpfe
zum Ziele haben kommen können.

v. Wißmann war mit Emins Auftreten nicht einverſtanden. Er
hatte auch in gewiſſer Beziehung recht. Denn Emins Vorgehen gegen
die Araber hätte bei der numeriſchen Schwäche ſeiner Expedition
leicht zu einer Kataſtrophe führen können. Im Falle die Araber
nicht ſo nachgiebig geweſen wären, wäre die Expedition verloren ge=
weſen, denn Emins Kalkül, daß Sikke ſich im Falle eines Widerſtandes
der Araber auf ſeine Seite geſchlagen hätte, war entſchieden falſch.
Einem Negerhäuptling kann man nämlich durch nichts etwas Schlimmeres
anthun, als wenn man Beſiß von ſeinem Lande ergreifen will. Das
an und für ſich ſchon große Mißtrauen der Neger gegen alles, was
ihm von irgend einer Seite gegenübertritt, wird ins Grenzenloſe ge=
ſteigert, ſobald er auch nur die mindeſten Abſichten nach dieſer Richtung
vermutet. Emin würde in ihm einen noch ſchlimmeren Feind gefunden
haben, wie in den Arabern, denen es ein Leichtes geworden wäre,
Sikke gegen Emin aufzureizen, auch wenn ſie damals nicht gut mit
ihm geſtanden haben. Sie würden ſich unter keinen Umſtänden die
gute Gelegenheit haben entgehen laſſen, gegen Deutſchland zu operieren.
Hier bewahrheitete ſich Emins Wahlſpruch in ſeinem ganzen Um=
fange: „Und wenn es glückt, ſo wird es auch verziehen.“ Er hatte
ein gewagtes Spiel getrieben, allein es war geglückt, und ſo ſah man
nur den Erfolg. Im Falle des Mißerfolges hätte Wißmann die
Verantwortung in letzter Linie auf ſich nehmen müſſen, da Emin ihm
unterſtellt war.

v. Bülow hatte die Abſicht, auf ſeine Station nach Mpapua
zurückzukehren, noch immer nicht ausführen können; er war infolge
ſeiner Krankheit noch allzuſehr geſchwächt und hatte deshalb die Ein=
ladung des engliſchen Miſſionärs Shaw und deſſen Frau, nach Urambo
zu ſeiner Erholung zu kommen, angenommen. Doch lange ſollte er
ſich ſeiner Ruhe nicht freuen, denn die Wangoni oder Watuta, wie
die nach Unjanjembe vorgedrungenen Sulu dort genannt werden,
planten einen Angriff auf Urambo. v. Bülow ſchrieb deshalb an Emin
um Hilfe. Der Paſcha ſandte auch ſofort Leutnant Langheld, den
Sergeanten Kühne, der ſpäter noch während ſeines Aufenthaltes in

Afrika zum Feldwebel ernannt wurde, und die Hälfte seiner Soldaten dorthin, während er selbst später folgen wollte, um von dort aus nach dem Viktoria Nyanza weiter zu marschieren.

Dieser Plan wurde aber nicht zur Ausführung gebracht, denn einige Tage nach Langhelds Abmarsch kam eine Post der französischen Missionäre vom Südende des Sees, welche die Lage der dortigen Missionen als äußerst bedroht darstellte. Emin sandte daher alle irgendwie entbehrlichen Soldaten zu Langheld nach Urambo mit dem Befehl, daß ihn dieser nach Erledigung der Wangoni-Angelegenheit möglichst schnell zum See folgen sollte, während er selbst den Missionären zu Hilfe eilen wollte. Langheld führte seine Sache glänzend durch, indem er die Wangoni und den mit ihnen verbündeten Kagera in der Nähe von Urambo zweimal total schlug. Die Wangoni fanden dann aber Bundesgenossen bei den Wasumboahäuptlingen Lige und Tinde. Langheld griff diese zunächst vergeblich an, aber nach Zuzug von Verstärkung zerstörte er die Hauptorte der beiden und machte damit dem Unwesen der Wangoni ein für allemal ein Ende. Die Wangoni siedelten sich dann in der Landschaft Ussui an und unterwarfen sich später formell der deutschen Station in Tabora.

Vierzehntes Kapitel.

~~~~~

Emin verließ Tabora am **28.** August und marschierte in nördlicher Richtung durch Ussukuma nach dem Viktoria Nyanza, den er Ende September an seinem südlichsten Ausläufer erreichte. Dort traf er englische Missionäre, welche infolge des Bürgerkrieges aus Uganda geflohen waren. Bei Bussissi, gegenüber der katholischen Missionsstation Bukumbi, schlug Emin ein Lager auf, um hier an der ersten großen Etappe der Reise die Expedition für den Weitermarsch aufs neue zu organisieren. Die Zeit des Zuwartens, welche bis Mitte Oktober dauerte, **wurde durch eifrige** wissenschaftliche Arbeiten des Paschas und Dr. Stuhlmanns ausgenützt.

Es hatte sich übrigens bald herausgestellt, daß die Befürchtungen der Missionäre unbegründet waren. Dagegen teilten dieselben Emin mit, **daß** ganz in der Nähe von Bukumbi, **nur** einige Tagereisen nach Osten gelegen, eine starke arabische Kolonie angelegt war, von welcher aus starker Sklavenhandel betrieben **würde.** Die Missionäre waren mit ihren **schwachen** Kräften den **Sklavenhändlern** gegenüber ganz machtlos. Emin schrieb nun an die Araber in Massansa, so hieß die Kolonie, und lud dieselben zu sich ein, ohne aber Antwort zu erhalten. Am **2.** Oktober 1891 gab er hierauf Dr. Stuhlmann den Befehl, die Angelegenheiten an Ort und Stelle **zu untersuchen,** etwa vorhandene Sklaven und Munition mit Beschlag zu belegen und im Falle des Widerstandes von den Waffen Gebrauch zu machen. Einige Tage zuvor war glücklicherweise Feldwebel Kühne mit 40 Soldaten nach dem siegreich verlaufenen Gefecht gegen die Wangoni unter Langheld eingetroffen, und seine Leute bildeten eine willkommene Verstärkung zu den disponibeln Truppen, so daß im ganzen 39 Soldaten und 74 bewaffnete Träger abmarschieren konnten.

Wie vorauszusehen war, kam es zu einem Gefecht, und nach kurzer Gegenwehr hatte Stuhlmann das Dorf gestürmt, Gefangene gemacht und 43 Sklaven befreit. Unter den Gefangenen befanden sich zwei Belutschen, welche nebst einem Neger bei einem Fluchtversuche niedergeschossen wurden. Die Beute bestand in 130 Elefantenzähnen, 80 Lasten Stoffen, 12 Lasten Perlen, Gewehren und Pulver, welches alles in das Lager bei Bussissi geschafft und auf der Missionsstation deponiert wurde. Die Sklaven wurden der Mission übergeben, mit Ausnahme von vier Frauen, welche aus Nkole und Karague stammten und von Emin ihren Angehörigen zurückgebracht werden sollten.

Während Dr. Stuhlmann auf seinem Kriegszuge abwesend war, waren vier Belutschen und Araber aus Massansa auf der Missionsstation erschienen. Die katholischen Missionäre nahmen ihnen die Waffen ab und brachten sie, wie Stuhlmann berichtet, als Gefangene zum Pascha. Dieser beabsichtigte, dieselben Stokes, von dem wir noch sprechen werden, zu übergeben, damit er sie zur Küste zur Aburteilung durch das Gouvernement bringe. Da aber Stokes vor Emins Abreise nach Nordwesten noch nicht eingetroffen war, so übersandte er von Bukumbi aus, wo er sich gerade mit Stuhlmann befand, an den Feldwebel Kühne in Bussissi am gegenüberliegenden schmalen Arm des Sees einen Boten mit dem Befehl, daß derselbe die unter seiner Aufsicht befindlichen Gefangenen in einer mit Waganda bemannten Barke nach Bukumbi bringen lassen sollte. Dies geschah denn auch, aber unterwegs ermordeten, wie Feldwebel Kühne selbst gesehen hat, die katholischen Waganda ihre Feinde, die gefangenen Araber.

Diese Begebenheit sollte für den Pascha späterhin die unglückseligsten Folgen zeitigen. Rochus Schmidt schreibt über diesen Vorfall: „Thatsache ist, daß das Vorgehen des Paschas gegen die ihm bis dahin freundlich gesinnten Araber einen vollständigen Umschlag der Stimmung zu Tabora und sogar an der Küste gegen ihn und zeitweilig gegen uns alle (die Europäer an der Ostküste) bewirkte." Stuhlmann äußert sich vorsichtig über den sonderbaren Fall: „Mir scheint es immerhin gewagt gewesen zu sein, diese Gefangenen ihren schlimmsten Feinden **zur Beförderung, sei** es auch nur auf eine kurze Strecke, zu über= **geben. Aber** durch das grenzenlose Vertrauen, das der Pascha in alle Menschen setzte, ist dieses Unglück wohl zu erklären." Die Araber faßten die Sache ganz anders auf und sahen darin einen direkt gegen das Leben ihrer Stammesgenossen **geführten Schlag.** Sie haben sich auch dafür gerächt, und Emins Ermordung dürfte mit ziemlicher **Be=** stimmtheit **auf das** Konto dieses Unglückes zu setzen sein. Aufgeklärt werden **die näheren** Umstände und der direkte Anlaß zu seiner Er= mordung wohl niemals werden.

Emin befand sich im Augenblick der Weiterreise in einer argen Verlegenheit.

Wißmann hatte dem Pascha gegenüber den Wunsch und dies später in Form eines Befehles ausgesprochen, daß er Tabora nicht berühren, sondern direkt zum Viktoria Nyanza marschieren solle, um dort eine Station zu errichten, wobei er aber stets im Einklange mit Stokes vorzugehen habe. Später hatte ihm dagegen der stellvertretende Reichskommissar Dr. Schmidt nach Wißmanns Abgang in einem Erlasse die Anlage von Stationen in Tabora und Ujiji empfohlen. Die An= lage der Station in dem letztgenannten Orte konnte nicht zur Aus= führung gebracht werden wegen des dringenden Schreibens um Hilfe von seiten der Missionäre. Über die mit Stokes zustande gekommenen Abmachungen hatte man Emin nichts berichtet. Privatim erfuhr er, daß **Stokes und** Sigl Tabora besetzen sollten, was nun aber schon durch den Pascha geschehen war. Stokes selbst teilte Emin in **einem** offiziellen Schreiben mit, daß das Ordnen der Angelegenheiten in ganz Unjamuesi bis zum Südufer des Viktoria Nyanza seiner Expedition als Aufgabe gestellt sei, weshalb er sich das Südufer als Operationsgebiet vorbehalten müsse, und daß er dem Pascha **nur** empfehlen könne, sich nach dem Westufer zu wenden, ein Vorschlag, der übrigens mit den Absichten Emins übereinstimmte.

Es ist sehr zu bedauern, daß von seiten des Reichskommissariats diesem Engländer so weitgehende Befugnisse eingeräumt wurden, daß er überhaupt Emin Pascha gleichgestellt **worden ist. Dazu ist er weder**

seinem Bildungsgrade nach, noch wegen seines Charakters berechtigt.
Dieser Mensch **ist im** Grunde seines **Herzens** Deutschland nicht ge=
wogen, er verfolgt nur allein seine eignen Interessen und versteht nicht
einmal, sich bei den Eingebornen so zu stellen, daß sie ihn respektieren.
Es wird ihm **von seiten der** Eingebornen keine größere Hochachtung
entgegengebracht, wie den Arabern. Man sieht **in ihm nur den**
Händler, der als Schwiegersohn eines Häuptlings in dieser **Stellung**
mit dem ganzen Stamm verschwägert **ist.** Trotz **seines vieljährigen**
Aufenthaltes in Afrika ist er von einer **der Mehrzahl seiner Lands=**
leute eigentümlichen Unkenntnis des Landes, wie er dies wiederholt
bewiesen hat. Einmal sogar sehr zum Schaden unsrer braven Schutz=
truppen, welche auf seine Aussagen hin **in** Ussukuma einen Sturm
auf Eingebornendörfer unternahmen, wie sich aber herausstellte, in
viel zu geringer Anzahl, denn Stokes hatte sich dabei einer großen Ver=
kennung der Thatsachen schuldig gemacht. **Der** Angriff wurde infolge=
dessen abgeschlagen, **und** eine Abteilung geriet sogar in Gefahr, **ver=**
nichtet zu werden. Wir sprechen noch darüber.

Stokes hatte seine damalige Gleichstellung Emin gegenüber **dazu**
benutzt, einen voll unberechtigter Angriffe strotzenden Bericht an das
Reichskommissariat abzufassen. Er beschuldigte Emin darin, daß sein
(Emins) Vorgehen ihm und der Kolonie **den größten** Schaden zu=
gefügt habe, und daß ihm Emin die Arbeit erschwere. **Später** hat
er sich dem Pascha gegenüber entschuldigen und versprechen müssen,
alles zu widerrufen. Zeuge dieser Szene war Leutnant Langheld. Ob
er es gethan, ist noch nicht festgestellt.

Emin mußte nun **den Plan, am** Südende des Nyanza **eine**
Station zu bauen, aufgeben. Dagegen winkten ihm am Westufer
dankbare Aufgaben. **Dort konnte er** durch die Anlage **einer** Station
nicht nur deutschem Einfluß Thür und Thor öffnen, sondern auch von
da aus dem Räuberunwesen **der** Waganda **an den** Ufern des Sees
ein Ende bereiten, soweit wenigstens die deutsche Grenze reichte, und
damit konnte er zugleich den Eingebornen begreiflich machen, daß wir
nun dort die Herren waren. Noch ein wichtiger Faktor kam dabei
in Betracht. Es **war** zu erwarten, daß die Engländer von Uganda
aus alles aufbieten würden, **den** Handel an sich zu ziehen. Dem

konnte nur von einer möglichst nahe an der Nordgrenze unsres Ein-
flußgebietes gelegenen Station entgegengearbeitet werden.

Nach reiflicher Überlegung, unter Zuhilfenahme der Werke und
Äußerungen aller bedeutenden Reisenden, wie Stanley, Makay, Wilson,
besonders aber auf Grund von Besprechungen mit Dr. Peters, ent-
schied sich Emin für den Ort Bukoba am Westufer des Sees, nahe
unsrer nördlichen Grenze. Hier fand man auch freundliche Eingeborne
und reichlich Nahrungsmittel.

Langheld war noch nicht von Unjamuesi her angelangt. Da er
aber dem Pascha leicht würde folgen können, so setzte sich Emin vor
dem Eintreffen Langhelds in Bewegung. Die Expedition wurde nun
geteilt, indem Emin in 25 Ugandabooten den Weg nach Bukoba auf
dem Wasser zurücklegte, während Stuhlmann aus Mangel an genügenden Fahrzeugen den Landweg um das Westufer herum einschlug.

Am 18. Oktober verließ Emin mit 19 Soldaten, Uledi und
drei Trägern Bukumbi, um das Ufer entlang seinem Ziele zuzusteuern.
Stuhlmann marschierte von Bussissi aus direkt auf den südlichsten Ausläufer des Emin Pascha-Golfes zu. Auf dem halben Wege dorthin
erfuhr er, daß er sich bei dem Orte Bumpeke in der Nähe der Ansiedelung des berüchtigten Räubers Kilimira befinde, der sich in
Idabura als Verbündeter der Wangoni stark verschanzt hatte. In
seinem Gefolge befanden sich etwa 200 Mann, darunter 50—60 mit
Gewehren bewaffnete. Die Leute bestellten niemals Felder, sondern
lebten ausschließlich vom Raube, wovon die weit ringsum ausgeraubten
Ortschaften Zeugnis ablegten. Weiber und Kinder wurden von Kilimira in Sklaverei geschleppt. Rumatakwa, der Häuptling von Bum-
peke, bat Stuhlmann dringend, diesem Räuberwesen zu steuern, und
nach einigem Zögern entschloß er sich, Kilimira womöglich in sein
Lager zu rufen, um ihn zu veranlassen, mit Rumatakwa womöglich
Blutsbrüderschaft zu schließen. Zu diesem Zwecke sandte er den
Feldwebel Kühne nach Idabura mit dem Befehl, den Kilimira zum
Kommen zu veranlassen. Kühne marschierte mit 30 Mann, 60 Trägern
und einem Geschütz ab, um seinem Befehl den eventuell notwendigen
Nachdruck zu geben. Außerdem hatten sich 100 Eingeborne an-
geschlossen. Jedenfalls sollte aber nur im äußersten Fall von den

Emin am Viktoria Nyanza. Abfahrt von Bukumbi.

Waffen Gebrauch gemacht werden. Wie nicht anders zu erwarten
war, endete die Geschichte mit einem Kampfe. Der Feind leistete
heftigen Widerstand, so daß erst nach stundenlangem harten Feuergefecht
die Boma gestürmt werden konnte und es innerhalb derselben zu einem
heftigen Handgemenge kam. Die Träger und Eingebornen hatten, wie
immer in derartigen Fällen, anfangs die Flucht ergriffen. Kühne
und die Sulu dagegen kämpften mit wahrem Löwenmut. Nach heftigem
Ringen wurde die Boma genommen, aber der Feind zog sich in eine
zweite zurück. Daneben stellte sich heraus, daß für den Mann nur
noch zwei Patronen vorhanden waren. Die Situation war äußerst
kritisch und wurde nur dadurch gerettet, daß der Sulu Ombasch Ma-
tulani drei wohlgezielte Granaten in das Dorf warf und dieses damit
in Brand schoß. Nun konnte sich der Feind nicht mehr halten und
entfloh. Die wieder zurückgekehrten Eingebornen machten aber die
meisten mit dem Speer nieder, da sie den Feind umstellt hatten. Der
Feind hatte 163 Tote und Verwundete auf der Walstatt gelassen,
gefangen wurden 145 Weiber und Kinder und 135 Stück Rinder
erbeutet. Der kleinen Abteilung Kühnes hatten 600—700 Mann
gegenübergestanden.

Der moralische Erfolg des Sieges war ein ebenso großer wie
der politische. Die Expedition wurde fortan nicht mehr belästigt.
Die bisher den Deutschen feindlich gesinnten Häuptlinge zeigten sofort
ihre Unterwerfung an. Das Land konnte ringsum aufatmen, die
Leute ihren Acker wieder in Ruhe und Frieden bestellen und das in
jener Gegend so wichtige Schmiedehandwerk ausüben.

Bisher zeigten die Einwohner den Wasukma- und Wanjamuesi-
typus. Je weiter die Expedition nach Westen und Norden vordrang,
um so mehr zeigten sich schmale Gesichtsbildung und stärkerer Bartwuchs. Auch in der Kleidung machte sich eine Veränderung bemerkbar. An Stelle des Lendenschurzes trat ein um die Schulter
geschlungenes Fell oder Stoffe aus Palmblattfasern. Lange Stoß-
lanzen, oft ganz aus Holz, vertraten die bisher beobachteten Pfeile und
Bogen. Hier gehörte die herrschende Klasse überall dem Wahuma-
stamme an.

Entsprechend einer größeren Luftfeuchtigkeit im Lande finden sich

hier auch sehr viele Bananen, die außerordentlich üppig gedeihen, so
daß oft ein riesiger Bananenwald an den andern stößt. Besonders
war dies in der Landschaft Jhangiro zu beobachten, welche man nach
dem Durchwandern von Bukoma erreichte, beide an dem hier fast
genau von Süden nach Norden verlaufenden Westufer des Biktoria
Nyanza gelegen, an dessen gegliederter Küste mit Abschneiden der vor-
springenden Partien der Weg entlang führte.

Am 16. November 1890 vereinigten sich die Expeditionen **Stuhlmanns** und Emins wieder in dem Dorfe Kassenene in der Landschaft Kyamtuara. Emin hatte eine unangenehme, durch Wind und
Wetter verzögerte Fahrt auf dem See zurücklegend, am 1. November
schon die Bucht von Bukoba erreicht, mußte aber der Feuchtigkeit
am Ufer wegen sein **Lager in** dem ebengenannten Dorfe aufschlagen.
Sofort wurden mit dem Häuptling, der einer Ansiedelung in seinem
Gebiete sehr geneigt **war** und Emin sogar Boten entgegengeschickt
hatte, Unterhandlungen eingeleitet. **Mit** der Emin eigentümlichen
Fähigkeit, mit Eingebornen zu verhandeln, hatte er **es** in der kurzen
Zeit schon zustande gebracht, die Eingebornen zur Arbeit heranzuziehen
und sofort mit dem Bau der Station **Bukoba** begonnen.

Von Langheld und Sigl, welcher inzwischen ebenfalls in Tabora
angelangt war, waren Briefe eingelaufen. Diese hatten am 12. Oktober,
nachdem Stokes eingetroffen und die Hilfe von Langheld requiriert
hatte, in Unjamuesi das den Wangoni befreundete Tinda angegriffen,
dasselbe eingenommen und in Brand gesteckt, waren aber **dann von**
einer großen Masse von Feinden angegriffen worden. Während des
sich nun entspinnenden Gefechtes ging ihnen die Munition aus, sie
mußten sich zurückziehen. Hier zeigte es sich, wie wenig der schon
jahrelang in jener Gegend ansässige Stokes über die Verhältnisse an
Ort und Stelle unterrichtet war. Er hatte die Widerstandskraft der
Eingebornen vollkommen unterschätzt und trug somit die Schuld an
dem Mißerfolge der Expedition, welche auf Anraten Stokes' mit nur
35 Mann unter Langheld und Sigl unternommen worden war und,
wie schon angedeutet, mit einem Rückzuge endete. Der Verlust betrug
10 Mann an Verwundeten und Toten, und außerdem hatte Sigl
einen Streifschuß am Kopfe.

Die Lage war damit kritisch geworden. Sigl und Langheld saßen in Usongo, dem Ausgangspunkte ihrer Expedition, und v. Bülow in Urambo mit ebenfalls nur ganz geringen Streitkräften. Es wurde beschlossen, daß Langheld mit dem Pascha in Verbindung treten sollte. Es gelang ihm, mit nur 26 Mann und sehr reichlicher Munition versehen, durch das feindliche Gebiet zum See vorzudringen und den vorhin erwähnten Brief an den Pascha zu befördern. Glücklicherweise lag in Bukoba gerade das große Segelboot von Stokes, welches Emin sofort mit 40 Mann und 5 Trägern nebst 3 Lasten Munition absandte. Langheld kehrte mit dieser Verstärkung umgehend nach Usongo zurück, und am 9. Dezember warf er mit Sigl unter Verlust von 13 Toten und Verwundeten die vereinigten Wanjamuesi und Wangoni vollständig wieder, so daß diese ein für allemal unschädlich gemacht worden waren. Nach diesen Vorfällen gründete Sigl die Station Tabora, allerdings unter weit weniger günstigen Umständen, wie Emin seiner Zeit dort vorgehen konnte, denn Emins Vorgehen gegen die gefangenen Araber bei Bukumbi hatte, wie schon dargelegt, einen Umschwung in der Stimmung zu ungunsten der Europäer in Tabora bewirkt.

Langheld marschierte sofort nach Norden zum See, um sich mit Emin wieder zu vereinigen, und langte dort am 26. Januar 1891 an. Unter recht großen Schwierigkeiten, besonders veranlaßt durch die Regenzeit, hatte Emin den Bau der Station Bukoba begonnen. Mit den Eingebornen war ein freundschaftliches Verhältnis hergestellt worden, wie auch die wichtige Frage des Festsetzens der Preise von Lebensmitteln gelöst wurde. Ganz besonders aber gelang es Emin, die politischen Verhältnisse insofern zu regeln, als er der deutschen Station großes Ansehen verschaffte. Dies erreichte er vor allem dadurch, daß er einen räuberischen Einfall der Waganda zurückwies und damit den Eingebornen das Bewußtsein beibrachte, daß sie in der That unter deutschem Schutze standen, daß die zahllosen Erpressungen, denen die unglücklichen Küstenbewohner von seiten der Waganda seit Menschengedenken ausgesetzt waren, nunmehr ein Ende erreicht hatten und damit auch der Sklavenraub.

Emin, der immer weitschauende Politik trieb, hatte sogar mit dem Häuptling des südwestlich von Bukoba liegenden und sich bis

nach Ruanda erstreckenden Landes Karagwe, Namens Ndagara,
Verbindungen angeknüpft. Von Ndagara waren wiederholt Boten bei
Emin eingetroffen, um ihn zum Kommen zu veranlassen. Nach dem
Lande Nkole, das sich, nordwestlich von Bukoba liegend, bis zum Albert
Eduardsee erstreckt, schickte der Pascha eine Gesandtschaft zum dortigen
Häuptling Ntali. Dieser ließ an Emin als einziges Überbleibsel **der**
Stanleyschen Expedition, welche seiner Zeit das Land durchzogen **hatte,**
eine alte Akkazwergin bringen, welche damals wegen eines Fußleidens
hatte zurückbleiben müssen. Von der Gesandtschaft, welche die Zwergin
überbracht hatte, erfuhr Emin zum erstenmal, daß ein Gerücht
ginge, demzufolge sich **eine** Anzahl Fremde dort aufhalten sollten.
Den Beschreibungen nach konnten es nur Sudanesen der Äquatorialprovinz sein.

Emin lag nun sehr viel daran, sich darüber Gewißheit zu ver-
schaffen, und suchte nun sobald wie möglich von Bukoba fortzukommen.
Gleichzeitig fand ein äußerst reger Verkehr nach Uganda mit dessen
König Mwanga **statt.** **Schon** mehrfach **hatte** dieser Emin Pascha
Kanoes **zur** Verfügung gestellt, zuletzt sogar neunzig Stück. Mwanga
hegte **den** sehnlichsten Wunsch, unter **deutsches** Protektorat **zu** treten
und die ihm äußerst unsympathischen Engländer zu entfernen. Auf
Grund unserer Verträge konnte Emin selbstverständlich auf derartige
Wünsche nicht eingehen. Emin konnte Mwanga nur seine Station
Bukoba als Zufluchtsort bei etwaigen ungünstigen kriegerischen Wirren
anbieten.

Der deutschen Station Bukoba standen damals leider **gar** keine
Fahrzeuge als Eigentum zur Verfügung, um eine Verbindung mit
dem Süden zum Warentransport und zur Beförderung der Post herzustellen. Emin betraute daher Stuhlmann **mit** einer Mission nach
der Insel Sjesse in der Nordwestecke des Sees, um dort Boote zu
kaufen. Am 6. Dezember 1890 verließ Stuhlmann per Boot Bukoba
und kehrte am 25. Januar 1891 wieder nach dorthin zurück. Er
war, da Sjesse von Uganda abhängig ist, genötigt, Mwanga von
Uganda zu besuchen, und kam gerade dorthin, als in allen politischen
Wirren, welche nun schon seit langem dem Lande zum Unheil gereichen,
Mwanga mit Kapitän Lugard **von der** Imp. Brit. **East** African Comp.

einen Vertrag abschloß, demzufolge er sich dem britischen Protektorate unterwarf. Stuhlmann gelang es, nachdem er mit Mwanga Bluts- brüderschaft geschlossen hatte, sich ganz neutral zu halten. Seinen eigentlichen Auftrag konnte er aber nicht ganz zu seiner Zufriedenheit lösen, denn es gelang ihm nur, drei Kanoes zu kaufen und mitzuführen. Später aber lieferte Mwanga, gemäß seinem Versprechen, weitere Boote an die Station.

Am Tage nach Stuhlmanns Ankunft erschien auch Langheld mit Stokes in Bukoba, bei welcher Gelegenheit der letztere, wie schon berührt, sein Bedauern über sein Vorgehen gegen Emin aussprach.

Nach Langhelds Eintreffen übertrug der Pascha diesem am 1. Februar 1891 den Befehl über die Station Bukoba, und am 12. brachen Emin und Stuhlmann nach dem fernen Westen auf, einem unbestimmten Schicksal entgegen. Langheld blieb auf der Station Bukoba mit Feldwebel Hoffmann und 34 Soldaten zurück. Für Feld- webel Kühne war ein kleiner Posten in Karagwe in Aussicht genommen.

Fünfzehntes Kapitel.

Bis zur Errichtung der Station Bukoba und während des Aufenthaltes dort war Emins Expedition, abgesehen von kleinen Unannehmlichkeiten, denen man auf solchen Reisen immer ausgesetzt ist, vom Glück begünstigt. Nun aber nach dem am 12. Februar 1891 erfolgten Abmarsch von Bukoba begann das Mißgeschick. Schon der Weitermarsch konnte nicht mehr glatt bewerkstelligt werden, da nicht genügend Träger vorhanden waren. Etwa 200 Trägerlasten mußten deshalb auf der Station unter Beaufsichtigung von Kühne zurückbleiben. Sobald die Expedition einen Ruheposten erreicht haben würde, sollten dieselben nachgeschafft werden. Emins Plan ging zunächst dahin, durch Karagwe nach der Nordwestecke der deutschen Interessensphäre zu marschieren. Der Weg führte fast direkt nach Westen.

Schon nach einigen Tagereisen entdeckten Emin und Stuhlmann einen kleinen unbekannten See, von den Eingebornen Ikimba genannt. Bei dem Ort Bugoma traf von Langheld die Nachricht ein, daß die Station Bukoba von verschiedenen Seiten, besonders von Uganda aus, bedroht sei. Er bäte deshalb den Pascha um Verstärkung an Mannschaften und Munition. Wenn auch Emin die Überzeugung hatte, daß eine solche Gefahr thatsächlich nicht bestände, so schickte er doch, um etwaigen Vorwürfen zu entgehen, mehr wie die doppelte Anzahl der erbetenen Soldaten, im ganzen 68 Mann und 7500 Patronen an Langheld zurück. Er selbst behielt nunmehr bloß 32 Soldaten und 5000 Patronen. Dadurch mußte mancher der früher gefaßten Pläne fallen gelassen werden.

Emin mußte, in Kasuro am 24. Februar angelangt, dort für eine Reihe von Tagen Aufenthalt nehmen. Hier findet sich eine ärmliche

Vegetation, das Land ist durchweg mit beinahe meterhohem Grase
bestanden, welches aber vortreffliche Weidegründe abgibt, wie das
prächtige, nicht gebuckelte und zahlreich vorhandene Vieh der Eingebornen
bewies.   Außer Fikus kommen einige Akazien und Drakanen vor,
neben dünn verteiltem Buschwerk.   **Das Terrain ist** überall hügelig.
Das ganze Land bildet das **1400 m** über dem Meere liegende
Hochplateau von Karagwe.   Politisch gehörte **es zu der** Uganda-
provinz Buddu.

Die Wartezeit wurde dadurch veranlaßt, daß Emin die in Bukoba
zurückgelassenen Tauschwaren erwarten mußte.   Dem Häuptling des
Landes war der Aufenthalt der Expedition in seinem Gebiete nicht
angenehm, da augenblicklich Hungersnot dort herrschte.   Bisher war
die Karawane immer ziemlich leicht zu verproviantieren gewesen, nun
aber standen auf dem weiteren Verlauf der Reise auch nach dieser
Richtung die größten Schwierigkeiten bevor.   Hunger und kaltes
regnerisches Wetter waren fortan die treuen Begleiter der Expedition.

Das Lager befand sich in der Nähe des kleinen Sees Ruangana.
An dem Ufer zu lagern, wurde dem Pascha nicht gestattet, da nach
einem Aberglauben der Eingebornen der Häuptling sterben müsse,
wenn dessen Gewässer durch Menschen verunreinigt würde.   Infolge
der schlechten Ernährung und des kalten Regenwetters traten Fieber
und Rheumatismus unter den Leuten auf, und zwei Träger erlagen
der Malaria.

Dreimal wurden Abteilungen von Leuten zurück nach dem Orte
Kitangula gesandt, wo der Nachschub von Bukoba aus eingetroffen
war, dorthin gebracht von einem Araber Abu Bekr, den Stuhlmann
während seiner Reise nach Uganda aus den Händen der Waganda
gerettet hatte.   Die freie Zeit wurde von Emin und Stuhlmann eifrig
mit wissenschaftlichen Forschungen verbracht.

Hier in Kafuro kamen durch Leute aus Butumbi am Südende
des Albert Eduardsees Nachrichten, daß im Norden dieses Sees Leute
angekommen seien und sich mit Gewalt dort festgesetzt hätten.   Sie
würden Waturki (Türken) genannt und mußten der Beschreibung nach
Emins frühere Sudanesen sein.   Wenn schon die Wahrheit der Erzählungen stark in Zweifel zu ziehen war, so klangen sie für Emin
immerhin verlockend genug, seinen Reiseplan zu ändern und statt, wie

er zuerst beabsichtigt hatte, von hier aus durch Ruanda zum Tanganika zu marschieren, sich nach Norden zu wenden. Sein Ideal war, mit seinen alten Leuten wieder zusammenzutreffen. Er wollte mit ihrer Unterstützung über Mangbattu, Schweinfurths Mombuttu, westwärts ziehen und dann mit ihnen womöglich das Hinterland **von** Kamerun besetzen. „Ein gewiß großartiger Plan", sagt Stuhlmann. Wenn dieser weitsehende Plan zur Ausführung hätte gebracht werden können, würde sich Emin wirklich große Verdienste um unsern Kolonialbesitz erworben haben. An v. Wißmann hatte der Pascha kurz vor **dem** Abmarsche von Bukoba aus brieflich Mitteilung über seine Absichten gemacht. Das Schreiben gelangte aber zu spät zur Küste, so daß **eine** Antwort Emin nicht mehr hätte erreichen können.

Außer der zuerst erhaltenen Post über die Anwesenheit der Fremdlinge aus dem Norden drang ein ähnliches Gerücht von zwei andern Seiten zu Emin, der seine Ungeduld nun nicht mehr zügeln konnte. Er beschloß, die Rückkehr der nach Kitangula bei Bukoba gesandten Leute nicht abzuwarten, sondern vorauszumarschieren. Es waren 277 Lasten vorhanden; zum Transporte derselben standen aber nur 132 Träger zur Verfügung. Zur Ergänzung der fehlenden Träger hatte der Häuptling Ndagara seine Unterthanen liefern wollen, es erschienen aber zur festgesetzten Zeit nur 70 derselben. Abu Bekr, welcher inzwischen mit wenig Leuten in Kasuro angekommen war, sollte als Emins Vertreter dort zurückbleiben. Am 22. März 1891 marschierte Emin allein ab **und** ließ Stuhlmann zurück, welcher die Ankunft der Tauschwaren abwarten sollte. Am 1. April trafen dieselben ein, und nunmehr konnte Stuhlmann folgen.

Die Bevölkerung in diesen Gebieten setzt sich aus zwei völlig verschiedenen Stämmen zusammen. Die Urbevölkerung bilden die Wagambo, welche den Wanjamuesi ähnlich und echte Neger sind. Die herrschende Klasse sind die Wahuma, deren Haare bei Individuen reiner Rasse leicht gewellt sind und damit deren hamitische Abstammung dokumentieren. Die Sprache ist ein Wanyorodialekt, die Kleidung die der Wahuma. **große um** die Schulter geschlagene, weich gemachte Rinderfelle, welche mit Butter eingeschmiert werden und von den Männern um eine Schulter, von den Weibern unter den Achselhöhlen herum um den Körper geschlagen, diesen ganz einhüllend, getragen

werden. Viehzucht ist die fast ausschließliche Beschäftigung. Von
vegetabilischer Nahrung spielen Bananen die Hauptrolle. Die Waffen
bestehen aus schön geschmiedeten Lanzen, Schilden, weniger Bogen
und Pfeil.

Auf dem ganzen weiteren Verlauf der Reise marschierten Emin
und Stuhlmann fast immer getrennt, manchmal abwechselnd die
Führung übernehmend. Trägermangel zwang zu dieser zeitraubenden,
äußerst mühsamen und geradezu quälenden Art des Reisens. Abteilungen
von Trägern mußten immer wieder zurück, um die im alten Lager ge=
bliebenen Lasten nachzuholen. Es ist klar, daß die Expedition dadurch
die doppelte und fast dreifache Zeit wie unter normalen Umständen
notwendig hatte, um weiterzukommen. Natürlich wurde das Reisen
dadurch auch teurer. Die Leute selbst litten sehr unter den damit ver=
bundenen außerordentlichen Anstrengungen, erkrankten häufig, waren
immer übermüdet und mißmutig. Emin und Stuhlmann, die Führer,
empfanden den dadurch erzeugten Mißstand auf das unangenehmste,
und ihre Stimmung war keine rosige, wie sich leicht denken läßt. Zu
allen Unannehmlichkeiten gesellten sich der Hunger und schlechtes, an=
dauernd regnerisches Wetter. Das Mißgeschick erreichte dann seinen
Höhepunkt, als später die Eingebornen feindselig wurden und schließ=
lich gar die Blattern ausbrachen.

Vom Orte Kisui am Kyantungasee aus eröffnet sich der Blick
auf die Mfumbiroberge, deren Lage Stuhlmann zuerst authentisch
feststellte und nachweisen konnte, daß dieser mächtige Gebirgsstock
westlich der Ostgrenze des Congostaates lag, somit bei den Grenz=
regulierungen zwischen der deutschen und englischen Interessensphäre
gar nicht in Frage kam. Bekanntlich hatten die Engländer im deutsch=
englischen Vertrag, welcher die Grenzen unsres Besitzstandes in Ost=
afrika festlegte, diesen Gebirgsstock für sich in Anspruch genommen,
auch falls sich endgültig erweisen sollte, daß derselbe südlich des
ersten Grades südlicher Breite liegt. Deutschland hatte wie immer
auch hier ganz unberechtigten Forderungen seiner Grenznachbarn nach=
gegeben.

Bei dem kleinen Gehöfte Kavigo am rechten Ufer des Kagera=
flusses traf Stuhlmann mit Emin wieder zusammen, den er in sehr
deprimierter Stimmung fand. Der Pascha hatte Briefe von Hause

erhalten, und die Aufregung über diese Nachrichten verursachten ihm einen heftigen Fieberanfall.

In einem Briefe vom Reichskommissar Dr. Schmidt war seine ganze bisherige Thätigkeit einer sehr abfälligen Kritik unterzogen worden, indem man sein Vorgehen nach allen Seiten mißbilligte. Man wünschte, daß **er** am Südende des Viktoria Nyanza eine Niederlassung **gründen** solle, während doch, wie schon berichtet, sich Stokes gerade **dieses Ge**biet auf Veranlassung des Reichskommissariats vorbehalten hatte. **Von** der am Südende des Sees zu gründenden Station aus sollte er **mit** den Häuptlingen weit und breit freundschaftliche Verbindungen **an**knüpfen und die Sicherheit **der** Verkehrsstraßen herstellen. Sei dies geschehen, so **möge er** zur Küste zurückkehren.

Emin stand nun vor der Frage, ob er zurück solle oder weiter ins Innere vordringen. Es muß noch hier bemerkt werden, daß der Pascha nie etwas **von seiner** späterhin erfolgten Bestallung **als Reichskommissar erfahren hat.** Die betreffenden Dokumente gingen bis Tabora und **wurden** wieder zurückgeschickt, ohne daß man dort den Versuch gemacht hatte, dieselben in seine Hände gelangen zu lassen, da man **seinen** Aufenthalt nicht gekannt habe. Eine Unmöglichkeit, dies **zu** bewerkstelligen, liegt in Afrika übrigens selten vor, meist erreichen Briefschaften den **Adressaten.** Bei Emin wäre es seiner Zeit thatsächlich möglich gewesen.

Emin entschloß sich, weiterzumarschieren, hatte aber zunächst nur im Auge, sich innerhalb der deutschen Interessensphäre zu bewegen. Seine Gründe für diese Entscheidung waren folgende. Eine Station hatte er gegründet. Freundschaftliche Beziehungen zu entfernt sitzenden Häuptlingen lassen sich nur dann herstellen, wenn man diese persönlich aufsucht. Er befand sich auf dem Wege, solches zu vollbringen. Ein Zurückkehren **würde** von den Eingebornen **als** Schwäche aufgefaßt worden sein, welche das deutsche Ansehen empfindlich schädigen konnte, abgesehen davon, **daß es auf** die eignen Leute in hohem Grade deprimierend und besonders nachteilig **auf** Bukoba wirken müsse. Die politischen Verhältnisse **am** ganzen Westgestade des Viktoria Nyanza waren sehr verwickelte, und man dürfe nicht dazu beitragen, diese noch zu verschlimmern. Außerdem habe er Nachrichten, aus denen zu entnehmen sei, daß seine aus der Äquatorialprovinz kommenden Leute in

22*

nicht allzuweiter Ferne erreichbar seien, und er glaube die Verpflichtung
zu haben, diese zurückzuführen, nachdem sie von Stanley so schmählich
im Stiche gelassen worden waren. Was aber seine Thätigkeit im
allgemeinen angehe, so habe er alles nur in Übereinstimmung mit
Stuhlmann und Langheld unternommen. Er könne, wie die Dinge
jetzt liegen, nicht annehmen, daß es im Sinne des Reichskommissariats
an der Küste liege, wenn er dorthin zurückkehre. Auch Stuhlmann
mußte Emins Ausführungen als richtig anerkennen.

Emin entschloß sich also, den Weitermarsch zu unternehmen, stellte
aber Stuhlmann frei, nach Bukoba zurückzukehren. Dieser erklärte,
daß er dem Pascha amtlich zugeteilt sei, ihm also unter allen Umständen zu folgen habe, bis er andre Weisung erhielte. Er sei mit
Freuden bereit, ihn auch weiterhin zu begleiten.

Man wollte nun so weit wie möglich innerhalb der deutschen
Interessensphäre nach Nordwesten vordringen und versuchen, mit den
Sudanesen in Verbindung zu treten, um dann an einem zu besetzenden
festen Punkte Antwort und Erlaubnis, weiter nach Westen vorrücken
zu dürfen, vom Reichskommissar abzuwarten. Auch privatim äußerte
sich Emin in Briefen an seine Verwandten in demselben Sinne.

Die Expedition ging nach an demselben Tage, an welchem sich
Stuhlmann wieder mit Emin vereinigt hatte, über den Kagerafluß
hinüber, damit befanden sie sich in Mpororo, einem Lande, welches
zum größeren Teil in deutschem Gebiete liegt. Die Häuptlingin
Nyawingi (Stuhlmann bezeichnet Staatsoberhäupter dort mit dem
Königstitel) befand sich zur Zeit in dem Landesteil, welcher in englischer Interessensphäre liegt. Nur von Nyawingi waren Träger für
den Weitermarsch zu erlangen und nur durch sie konnte man Auskunft über den Weitermarsch erhalten, obgleich wenig Aussicht für das
erstere vorhanden war. Emin mußte sich daher entschließen, einen
kurzen Umweg in englisches Gebiet zu unternehmen. Hier an der
Grenze von Mpororo kamen auch wieder Nachrichten über die Sudanesen zu Emins Gehör, und um endlich Aufklärung zu erhalten, schickte
er drei Leute zum Häuptling Kayhura. Emin zog dann mit einer
kleinen Abteilung voraus.

Der Fluß Kagera bildet faunistisch eine wichtige Grenze. Es
kommen westlich von demselben keine großen Antilopen mehr vor, ebenso

fehlen von da an Rhinozeros und Zebra. Letztere lieben überhaupt
sehr wasserreiche Gegenden und vor allem die Berge nicht, wahrscheinlich wegen nicht entsprechender **Nahrung und** weil sie ungewandt
im Klettern sind.

Was die Rinder angeht, so begann gerade zu jener Zeit, als sich
Emin in diesen Gegenden aufhielt, die schreckliche Rin**derpest auch dort**
ihren Einzug zu halten, **um** nach und nach, ebenso wie **in ganz Afrika,**
fast den gesamten Viehbestand **zu** vernichten. Es **wird** vieler **Jahr-**
zehnte bedürfen, um diesen auf einen auch nur annähernden **Bestand**
zu bringen, wie vor ihrem Auftreten. Auch **die** großen Antilopen,
Giraffen und besonders die Büffel wurden in allen diesen Gegenden
fast ausgerottet, so daß man sie oft haufenweise verendet vorfand.
Das bringt den Verfasser auf den Gedanken, ob nicht auch in der
Vorzeit hie **und da** solch schreckliche Seuchen unter den Lebewesen ge-
wütet haben sollten und z. B. **das Mammut** in Sibirien zum Aussterben gebracht haben könnte. Eine andre annehmbare Erklärung **für**
deren katastrophenartiges, massenhaftes Absterben, außer der eben hier
vorgebrachten, läßt sich nicht geben.

Am Kagera fand Stuhlmann **im Wiesenland** eine Flora, welche
vielfach an unsre nordische erinnert. **So fand er** z. B. vier Kleearten,
bei deren einer er dieselben weißen Zeichnungen auf den Blättern fand,
wie bei unserm Klee.

Mit der Königin Nyawingi hatte **es eine** eigne Bewandtnis.
Dieselbe hüllte sich, wie Stuhlmann mitteilt, in eine Art Mystizismus,
galt als große Zauberin und **durfte** von niemand gesehen werden.
Personen empfing sie stets hinter einem Vorhang aus Rindenstoffen.
Nur ihre Stimme hörte **man dort.** Emin und Stuhlmann kamen dadurch auf den Gedanken, **daß sie am** Ende gar nicht existierte. Da
sie auch Emin nicht sehen wollte, so erklärte **dieser, nicht** zu ihr gehen
zu wollen, „da er nicht gewohnt sei, mit einem Vorhange zu verhandeln."

Fortwährend liefen Nachrichten über die Sudanesen ein, und der
zur Erkundigung ausgesandte Mweni Hamis erzählte nach seiner
Rückkehr vom Südende des Albert Eduardsees, den er als Bote Emins
erreicht hatte, **daß beim** Häuptling Kayhura dort einzelne Sudanesen
gewesen seien, um Lebensmittel zu kaufen.

Emin marschierte, immer die Hauptwegrichtung nach Westen einhaltend, Stuhlmann voraus, der, wenn genügend Träger zurückgekehrt waren, alsdann nachzog. Bei solcher Gelegenheit überfielen eines Tages Eingeborne Träger der Karawane, töteten drei und verwundeten fünf, um dann schleunigst die Flucht zu ergreifen.

Hier trat zum erstenmal der dort Gularo genannte Runssoro (von Stanley verstümmelt Ruwenzori genannt) in den Gesichtskreis der Reisenden.

Die Landschaft südlich des Albert Eduardsees behält den hügeligen Charakter, den sie vom Viktoria Nyanza an zeigt, bei. Nur kommt für die direkt südlich des erstgenannten Sees gelegenen Regionen als Charakteristikum hinzu, daß die sehr zahlreich auftretenden sumpfigen Niederungen mit Papyrus bestanden sind.

Bei dem kleinen Ort Kantanda, der um eine Tagereise nördlich von der äußersten Nordwestecke der deutschen Interessensphäre liegt, kamen die beiden Reisenden wieder zusammen. Emin war damals der festen Meinung, daß die Sudanesen sich südlich vom See aufhielten. Er wollte, nachdem er sich mit ihnen vereinigt, wie schon gesagt, in der Nordwestecke unsres Besitzes, in Myimbi, eine feste Niederlassung gründen. Emin beschloß nun, zunächst an das Südufer des Sees zu gehen, um dort weitere Beschlüsse zu fassen, erreichte dasselbe bei dem großen Dorfe Bitschumbi, welches 1500—2000 Einwohner zählte. Dieselben treiben wenig Ackerbau und Viehzucht und ernähren sich hauptsächlich vom Salzhandel. Sie besuchen mit zahlreichen Booten den kleinen Salzsee bei Katwe, am Nordufer des Sees, und gewinnen dort das kostbare Mineral, um es, in Bananenbast gewickelt, nach Hause zu transportieren und damit einen ausgedehnten Handel zu treiben. Von weither kommen die Eingebornen, um es in Bitschumbi einzukaufen. Die Boote auf dem Albert Eduardsee bestehen aus dünnen, unregelmäßig gestalteten Planken, welche mit Bast zusammengenäht sind und keine Rippen haben, ebensowenig Ruderbänke. Sie sind daher schwank wie ein Korb und wenig fest. Um ein gänzliches Auseinanderklappen zu vermeiden, werden die Seitenwände durch quergespannte Stricke zusammengehalten. Es kommen bei diesen Booten Dimensionen bis zu 5 m Länge, 1 m Tiefe und 1 m Breite vor.

Wakondjo am Albert Eduardsee.

Stuhlmann schreibt über den See wie folgt: Der Albert Eduard=
see, von den Wanyoro Nyanza oder Mwutan=Nsige, Lweru oder
Dweru, von den Wakondjo Ngesi (d. i. See) genannt, hat eine un=
regelmäßige kreisförmige Gestalt und wird im Osten und Westen von
den steilen Abhängen des Urschieferplateaus begrenzt. Im Westen
fallen diese unmittelbar in den See ab, während sich im Osten, wie
Erkundigungen ergaben, ein stellenweise bewaldetes Vorland befinden
soll. Im Süden begrenzt die weite flache Ebene des Rutschuruflusses
den See. Im Nordosten hängt durch einen schmalen Kanal ein
kleiner zweiter See mit dem Albert Eduardsee zusammen, Kasuru ge=
nannt. Im Norden liegt das Massiv des Runssoro. Das Westufer
wird von Wakondjo=Völkern bewohnt, während im Norden und Osten
die Wahumastaaten Unjoro, Nkole und Butumbi an ihn grenzen.

Auch hier konnte man, wie an allen innerafrikanischen Seen, ein
Sinken des Wasserspiegels bemerken. Ganz Afrika, mit Ausnahme
des flußreichen Congosystems, macht den Eindruck, als ob es im Aus=
trocknen begriffen wäre. Wir dürfen aber noch nicht den Versuch machen,
hierüber ein abschließendes Urteil zu fällen, denn der allgemeine Eindruck
kann täuschen und das anscheinend jetzt stattfindende Austrocknen kann
ein periodisches sein und einer ganz nassen Periode weichen müssen.

Das Wasser des Sees ist ganz klar und süß und anscheinend
sehr fischreich. Höchst merkwürdig ist, daß nach Aussage der Ein=
gebornen im Albert Eduardsee keine Krokodile vorkommen.

Hier am Seeufer erfuhr Emin, daß die Sudanesen niemals hier
oder in Myimbi gewesen waren. Es ließ sich anscheinend nachweisen,
daß die angeblichen Sudanesen Manjuema=Sklavenjäger vom Congo
waren, zum Teil Leute, mit denen schon Stanley auf seinem Zuge
zu Emin, allerdings aus Mißverständnis, feindlich zusammengestoßen
war. Dem widersprechende Gerüchte tauchten aber ebenfalls wieder auf,
so daß der Pascha wieder geneigt wurde, ihnen Glauben zu schenken.

Es handelte sich nun um einen endgültigen Beschluß, ob man
sich nach Norden wenden solle oder im deutschen Gebiete bleiben, um
durch Ruanda hindurchziehend, den Tanganika zu erreichen. Stuhlmann
war für den letzteren Plan. Emin aber entschloß sich zu dem, worüber
er wahrscheinlich längst mit sich im reinen war, nämlich nach Norden
zu ziehen, um seine Sudanesen aufzusuchen und sie entweder in deutsches

Gebiet überzuführen oder noch lieber **mit** ihnen nach Westen durchzudringen. Am 12. Mai stellte er Stuhlmann **frei**, nach Bukoba zurückzukehren. Er selbst werde unter jeder Bedingung seinen Marsch nach
Norden richten. Stuhlmann entschloß sich, abermals zu bleiben. Er
hatte keine gegenteilige Ordre erhalten, die Pläne Emins erschienen
ihm großartig und verlockend, auch würde er kaum **in der Lage** gewesen sein, zurückzukehren. Emin hätte ihm nur ein **paar Leute zur**
Verfügung stellen können für eine Reise durch höchst unsichere, **zudem**
ausgehungerte Gegenden.

So trat man denn die Reise nach Norden an, am Seegestade
entlang. Die **Gerüchte** über die Sudanesen mehrten sich nun außerordentlich, so daß Emin ihnen eine Gesandtschaft entgegenschickte.

Der Weg am See war ein äußerst anstrengender, da die Karawane
im Felsgestade mühsam über Felsen und Geröll klettern mußte, stellenweise sogar durchs Wasser **waten**. Selten war **der** sonst mit Geröll
bestreute Strand frei. Unter allerhand landesüblichem Urgestein fanden
sich manchmal sehr poröse Bimssteine, welche wahrscheinlich ihren Weg
von den südlichen Vulkanen des Msumbiro hierher gefunden hatten.

Das Land ist an den anbauwerten Stellen sehr fruchtbar **und
wird** künstlich bewässert.

Manchmal mußte die ganze Karawane in den **primitiven** Booten
transportiert werden, da die Küste zu steinig war. **Leider** geschah
auch hier der Weitermarsch in derselben unsäglich unangenehmen Art
des Nachholens von Lasten, aus Mangel an Trägern. Emin wollte
sich unter keinen Umständen von **den** der Zahl nach überflüssigen
Lasten trennen. Stuhlmann hatte in dieser Richtung gar keinen Einfluß auf ihn. Für **176** Lasten waren **nur** 121 Träger vorhanden.
Die Witterung war anhaltend ungünstig, **und** fortwährende Regen
erschwerten das Fortkommen ungeheuer.

Ziemlich am Nordende des Sees bei **Kirima** schlugen die Reisenden
ein Lager auf, um hier den Häuptling Karukwansi abzuwarten. Derselbe befand sich gerade auf einem Kriegszuge **im** Norden seiner Gebiete, um gegen die Horden Kabregas von Unjoro zu Felde zu ziehen.
Die Eingebornen waren vor denselben alle geflohen. Karukwansi
sollte der Expedition Träger besorgen. Als er nach einigen Tagen
im Lager erschien, konnte nach seinen Aussagen kein Zweifel bleiben,

die Sudanesen waren nicht in der Nähe. Glücklicherweise lieferte er Träger, so daß die Karawane abmarschieren konnte.

Am nächsten Tage schoß Stuhlmann einen Elefanten, welcher im Feuer stürzte, dann aber leider entkam. Hier sind noch eine Menge dieser Tiere, doch wie lange noch wird es dauern, und auch dort werden sie der Vernichtung anheimgefallen sein.

Je mehr sich die Expedition dem Runssoro näherte, um so bevölkerter und angebauter wurde das Land. Hier lebten die halbverhungerten Leute der Expedition wieder einmal im Überfluß, denn die Eingebornen brachten Lebensmittel in Fülle zum Kauf.

Nach Überschreitung des hier Issango genannten Semliki, der 60 m breit und nur $1\frac{3}{4}$ m tief ist, den Albert Eduardsee mit dem Albert Nyanza verbindet, bezog Emin ein Lager bei Karevia. Von hier aus unternahm Stuhlmann eine Besteigung des Runssoro.

Es wurden 24 Träger, Uledi und Hamis bin Jandwe, ausgesucht und mit diesen die Expedition unternommen. Um einen Schutz gegen die oben herrschende Kälte zu haben, nahm man alle vorhandenen Wolldecken mit und wasserdichte Decken, um die Leute gegen die Nässe und Kälte zu schützen. Proviant und wissenschaftliche Apparate vollendeten die Ausrüstung. Am 8. Juni 1891 begann der Anstieg in die sofort steil aufsteigenden Berge unter Führung von zwei Eingebornen. Diese sahen es übrigens gar nicht gern, daß der Europäer den Berg bestieg, denn sie waren besorgt, daß er dort ihre Bergkristalllager auffinden könnte, deren Fundort sie als Geheimnis hüteten. Diese Bergkristalle oder Rauchtopase gelten als höchst wertvoller Regenzauber und werden zuweilen von den Leuten des dortigen Häuptlings Tenge-Tenge aus bedeutenden Höhen heruntergeholt.

Bei etwa 2000 m hörten die hohen Gräser und die Bananen auf. In 2100 m Höhe wurde bei einem kleinen Dorfe das erste Lager aufgeschlagen. Eine großartige Bergszenerie breitete sich hier vor den Augen aus. Am nächsten Morgen ging es bei nur $13\frac{1}{2}^{0}$ C. weiter, vorbei an einem Gehöfte. Dort herrscht ganz europäisches Klima. Unzählige Bäche mit kaltem klaren Wasser überschritt der schmale Pfad. In einer Höhe von etwa 2200 m erreichte Stuhlmann die höchste Ansiedelung Mumgangungu. Gleich hinter dem Dorfe begannen Wälder mit immergrünen Bäumen, von denen die meisten

Der Munsforo. (Faſt 6000 Meter hoch.)

lederharte dicke Blätter haben. An lichten Stellen blühten ganze Felder von Vergißmeinnicht. Zuweilen tritt auch Bambus auf. Flechten, Adlerfarn, Glockenblumen mit orangegelben Blüten zeigen sich. In 2600 m Höhe schlug **Stuhlmann** in einem dichten Bambuswalde sein Lager auf. Bisher war **Glimmerschiefer** vorherrschend. Das Thermometer zeigte beim **Aufbruch am nächsten Morgen** nur 11°, und alle litten sehr **unter der Kälte**. Der Bambus hörte bei 3000 m auf, und nun trat man in das **Gebiet der baumartigen** Erika. Dicke Lagen von **Moos** bedecken den Boden, so daß man bei jedem Schritt tief in das triefend nasse Polster einsank. Auch die sonderbaren Senecio zeigten sich bald. Eine ziemlich hochstämmige Pflanze mit aloeartiger **Krone, deren Stämme,** ganz von abgestorbenen Blättern eingehüllt, das **Aussehen hatten,** als seien sie wie ein Mönch in eine Kutte gehüllt. **Jonestone** fand sie zuerst auf dem Kilimandscharo. Die ganze Flora erinnert sehr an die der Alpen. Bei 3400 m entdeckte **Stuhlmann zu** seiner größten Überraschung Heidelbeeren, die schon Stairs, als er unter Stanleys Expedition den Runssoro bestieg, aufgefunden hatte. „Wir ließen uns **die blauen,** grau bereiften Beeren, die ich meinen Soldaten als europäische Früchte vorstellte, wohlschmecken.“

Ein Pfad war hier nicht mehr vorhanden. Der Bergabhang, an welchem es entlang ging, war ganz steil und zerklüftet. Dicke Erikastämme lagen überall am Boden, von Schlingpflanzen und Moos überwuchert. Als **Stuhlmann** etwa 3200 m gestiegen war, mußte er lagern. Die Träger konnten nicht weiter. Kaum fand sich ein Platz, der dafür geeignet gewesen wäre. Hart an einem tiefen Abgrunde wurde das Zelt in ganz schiefer Stellung aufgerichtet. Um Tisch und Bett nur einigermaßen gerade aufzustellen, mußten Erikastämme auf einer Seite untergelegt werden. Hier erreichten die Erikastämme eine Höhe von 3—8 m bei 30—40 cm Dicke. Die Nacht war sehr kalt, am Morgen nur 7,2° C. Von diesem Lager aus drang **Stuhlmann** mit nur neun Leuten und zwei eingebornen Führern weiter vor, die andern in dem Lager zurücklassend. Leider verschwanden diese, nachdem man einen falschen Weg eingeschlagen hatte und nicht weiter vordringen konnte.

Stuhlmann machte die Beobachtung, daß alle großen Erikastämme ohne Ausnahme niedergebrochen am Boden lagen. Die alte starke

Generation war ganz abgestorben und nur schwächere junge Gewächse waren zu sehen. Er glaubte dies veränderten klimatischen Einflüssen zuschreiben zu sollen und nicht periodischem Absterben, wie es bei Ambatsch regelmäßig beobachtet wird, da solche Perioden in verschiedenen Höhen nicht gleichzeitig sein können. Der Verfasser beobachtete ein ähnliches Absterben in einem ungeheuren, mehrere Tagemärsche großen Bambuswalde zwischen dem Tanganika und Luapula. In dem ganzen Gebiete waren sämtliche Bambusbüsche eingegangen, und die Stangen lagen eingetrocknet kreuz und quer am Boden, daß man während drei Tagen fortwährend über dieselben hinwegsteigen mußte, was zuletzt geradezu Höllenqualen verursachte. Am Boden sproßte dagegen überall nicht mehr wie spannhoher Nachwuchs. Die alte Generation war schon zwei Jahre früher abgestorben und umgesunken, wie das Aussehen der Stangen zeigte und uns auch von Eingebornen bestätigt wurde.

Nach nochmaligem Lagern in 3500 m Höhe bei entsetzlicher nächtlicher Kälte (nur 2,5° C.), ging es wieder weiter bis zu 4037 m Höhe, wo man einen Bergrücken erreicht hatte, welcher durch ein tiefes Thal von dem gegenüberliegenden Massiv getrennt war. Tief unten spiegelten sich die Berge in einem kleinen See. Gegenüber thronten in majestätischer Ruhe die Schneegipfel, der Runssoro mit einer Höhe von beinahe 6000 m.

Stuhlmann konnte es nicht mehr wagen, weiter vorzudringen, wegen der für solche Besteigung ungenügenden Ausrüstung seiner Expedition. Besonders hatte sich der Mangel genügend warmer Kleider und Decken bemerkbar gemacht. Die schwarzen Begleiter litten schrecklich unter der Kälte.

Stuhlmann konnte von eigentlicher Gletscherbildung nichts beobachten, ebensowenig fand er Moränen. Es scheinen auf den Gipfeln nur ausgedehnte Schneefelder zu liegen. Der Runssoro ist kein vulkanisches Gebilde, sondern ein Faltungsgebirge. Nach seiner Ansicht haben alte Eruptivgesteine, Granit und Diabas, das Urschiefergestein, Glimmerschiefer, Quarzit und Thonschiefer, nach oben gedrängt in Zusammenwirkung mit dem Faltungs- und Zerreißungsprozesse, als sich die großen afrikanischen Längsspalten bildeten.

Am 15. Juni war Stuhlmann wieder bei Emin, der unterdessen ein ganzes Lager mit Hütten hatte errichten lassen. Man befand sich hier im Reiche des Häuptlings Tenge-Tenge.

Sechzehntes Kapitel.

Es kostete einige Mühe, von Tenge-Tenge Träger zu beschaffen, und erst nachdem Emin dem Häuptling gegenüber energischer auftrat, erreichte er seinen Zweck.

Die Eingebornen dieser Gegend gehören dem Bantustamme der Wawamba an, sie haben sich aber vielfach mit andern Stämmen gemischt. Von Gestalt sind die Wawamba schlank und zeigen oft recht anziehende Gesichter, welche sie aber durch einen eigentümlichen „Schmuck" arg entstellen. Ober- und Unterlippe und die Mundwinkel werden vielfach durchbohrt und in die Löcher kleine Messingnägel oder nach innen durchgehende kleine Ringe befestigt. Als Kleidung sieht man nur den schmalen Rindenstoffschurz.

Als Waffen dienen kurze Lanzen, deren jeder Mann vier bis fünf führt. Hier fanden die Reisenden zum erstenmal eine andre Bogenform, wie die in der östlichen Hälfte Afrikas gebräuchlichen. Diese Bogen sind nur etwa 80—90 cm lang, in Ostafrika 1,40—1,50 m und sehr stark gekrümmt. Um die Bogensehne an den Enden festzuhalten, sind dort halbkugel- oder scheibenförmige Holzringe aufgesteckt oder das Bogenholz selbst ist an den Enden in einem Absatze verjüngt. Was die beiden Bogenarten aber am meisten unterscheidet, ist das Material, aus welchem die Sehne hergestellt ist. In Ostafrika besteht dieselbe aus feingedrehter Tierhaut oder zerzupften und gedrehten Tiersehnen, hier dagegen aus schmalen Rotang(Stuhlrohr)-streifen.

Für die von Emin nunmehr betretenen Gebiete der geschlossenen Urwälder ist diese Art der Bogen charakteristisch. Der Verfasser fand diese Bogen ebenfalls westlich von Luapula. Die Ostgrenze der Bogen

Ein Wawambadorf.

mit Rotangstreifensehnen scheint ziemlich genau auf dem 29.° Ostlänge von Greenwich zu verlaufen. Doch ist diese Bogenform nicht an die Grenze der geschlossenen Urwälder gebunden.

Auch die nur 50 cm langen Pfeile haben ganz andres Aussehen wie die Pfeile der Ostafrikaner. Meist zeigen sie eine feine spatelförmige Spitze, die mit einer Zwinge auf dem Schaft aufgesetzt ist. An Stelle der Befiederung wird in einem Schlitz am hinteren Ende ein oft zu erneuerndes Feigenblattstückchen eingeschoben.

Im Gegensatz zu den schlecht schießenden Ostafrikanern sind die Waldvölker gute Bogenschützen. Die Wawamba gehören nicht den eigentlichen Waldstämmen an.

Am 19. Juni 1891 marschierten Emin und Stuhlmann von dem Lager am Runssoro ab. Drei Tagemärsche führten auf fast ganz verwachsenem Pfade durch den beinahe undurchdringlichen Urwald, in den die Sonne kaum einzudringen vermag. Im Urwald entfaltete sich die Natur in echt tropischer Üppigkeit, welche aber der Karawane ungeheure Schwierigkeiten bereitete, so daß Emin und Stuhlmann nicht zum Genuß der tropischen Urwaldpracht kommen konnten. Der Weg führte eine kleine Strecke über den Pfad, den Stanley mit seiner Expedition benutzt hatte, als er mit Emin auf dem Rückwege zur Ostküste begriffen war. Das Lager, von dem aus seiner Zeit Leutnant Stairs den Runssoro bestieg, war vom Pfade aus sichtbar.

Die Dörfer zeigten hier eine ganz neue Bauart. Die Hütten standen nämlich nicht, wie sonst bei Negerdörfern gebräuchlich, auf einen Komplex zusammengedrängt, sondern bildeten zwei lange Hüttenreihen zu beiden Seiten des Pfades, eine Art der Anordnung, wie sie Wißmann auf seinen Reisen weiter im Süden überall gefunden hat und wo er oft stundenlang durch solche Dörfer marschierte.

Stuhlmann fiel es auf, daß viele Leute Kröpfe hatten, eine bei Negern ziemlich seltene Mißbildung. Der Verfasser hat dieselbe Erscheinung im Gebirgsland Marungu an der Westküste des Tanganika beobachtet, und zwar in solcher Häufigkeit, daß wenigstens 15—20 Prozent der Eingebornen damit behaftet waren. Manchmal hatten die Kröpfe dort einen Umfang halb so groß wie ein Kinderkopf. Die Wamarungu leben fast ausschließlich von Mais, ebenso die durch ihre Kropfbildungen bekannten Bewohner von Graubünden am Montblanc in der Schweiz, Savoyen und den Pyrenäen. Es scheinen übrigens nur im Trinkwasser enthaltene Mineralien Ursache der Kropfbildung zu sein.

Der Semliki wurde zum zweitenmal überschritten, so daß sich Emin wieder auf dem linken Ufer desselben befand.

Bald gesellte sich zu den ungünstigen Verhältnissen, unter denen die Karawane zu leiden hatte, als da waren schlechte Verpflegung, Trägermangel, schwer gangbare Wege, eine neue Plage; die Eingebornen zeigten sich feindlich und schossen in heimtückischer Weise aus dem Hinterhalte Leute der Karawane nieder, ohne daß man der Feinde auch nur ansichtig wurde. Der Pfad führte durch dichten Wald und Busch; das Terrain war selbst in unmittelbarer Nähe nicht zu übersehen.

Während Emin und Stuhlmann, wie auf dem ganzen Wege vom Viktoriasee her, wegen Trägermangel getrennt marschieren mußten, stieß Emin eines Tages auf einen Trupp von 200 Mann in einer grasbewachsenen Gegend, die plötzlich auftauchten und sich zu einem Angriffe anschickten. Emin ergriff aber schnell entschlossen die Offensive, überrannte den Feind und nahm ihm seine Feldzeichen, Trommeln und Fahnen. Schließlich wurde aber wieder Frieden geschlossen.

Die Eingebornen haben in den Gegenden um den Albert Eduard- und Albert Nyanzasee viel unter den Einfällen der Wassarua zu leiden, welche die Dörfer überfallen, plündern und Weiber und Kinder als Sklaven wegführen. Die Wassarua sind Kriegshorden aus Unjoro, welche sich aus kriegsgefangenen Knaben der Nilstämme rekrutieren, ferner aus solchen, welche als reine Wanjoro von Unterhäuptlingen zum Geschenk gemacht wurden oder aus unehelichem Verhältnis entsprossen sind. Sie stehen im Dienste des Königs Kabrega oder Tschua von Unjoro. Zuerst müssen diese Knaben am Hofe des Königs eine Art Pagendienst leisten, werden dann als Soldaten eingereiht und haben die Aufgabe, ringsum die Grenzen des Reiches zu sichern und dort von tributpflichtigen Stämmen und Häuptlingen Abgaben einzuheimsen. Ihren Unterhalt haben sie selbst zu beschaffen. Wie diese Räuber unter den unglücklichen Eingebornen hausen, läßt sich unschwer vorstellen. Die Wassarua sind feige, vermeiden ängstlich offenen Kampf und greifen immer aus dem Hinterhalt an, um sofort zu verschwinden, wenn sie dem überraschten Gegner Schaden zugefügt haben.

Fortwährend wurde Emin von diesem Gesindel belästigt, und alle Augenblicke meldete man ihm Verwundungen und Todesfälle seiner Leute. Emin und Stuhlmann wiesen derartige Angriffe aber immer erfolgreich zurück. Da, wo man es mit Eingebornen zu thun hatte, welche sich feindlich stellten, gelang es Emin immer mit seiner außerordentlichen Geduld und Geschicklichkeit, mit den Leuten zu unterhandeln, die Sache bald in das rechte Geleise zu bringen und friedlich zu lösen.

Bei dem kleinen Dorfe Bibina, das man auf dem nun direkt nach Norden gerichteten Marsche berührte, erschien ein Mann, der für Emin sehr wichtige Nachrichten in bezug auf die Sudanesen brachte. Er hatte früher schon Emin und Stanley als Führer zur Semlikifähre gedient. Was er mitzuteilen hatte, war folgendes: Nach Stanleys Abmarsch von Kavali waren die zurückgebliebenen Sudanesen der Karawane Stanleys bis zum Semliki gefolgt, dann aber wieder umgekehrt, weil sie dieselbe nicht mehr einzuholen vermochten, um sich dann schließlich bei Kavali zu verschanzen. Der Führer war Sselim Bey. Derselbe hatte jetzt schon längst Nachrichten vom Anrücken des Paschas, da ihm aber die Gerüchte zu unglaubhaft schienen, habe er, so teilte der Mann mit, Emin nicht entgegengehen wollen. Sofort schickte Emin an seine ehemaligen Untergebenen einen Brief des Inhaltes, daß er unter deutscher Flagge hierher gekommen sei; wenn sie etwas Neues von der Küste hören wollten, so möchten sie jemand zu ihm senden. Unterschrieben war der Brief: „Der frühere Gouverneur der Äquatorialprovinz."

Unterdessen marschierte Emin weiter nach Norden, um in Unbussuma auf Nachrichten von den Sudanesen zu warten. Unterwegs in der Nähe des Dorfes Nyangabo traf unerwartet eine Abteilung der Sudanesen unter Sselim Bey im Lager bei Emin ein. Emin war nun in der Lage, genaue Nachrichten über die Vorgänge in der Äquatorialprovinz nach seinem und Stanleys Abzug von dort einzuziehen. Die Kenntnis über die damaligen Vorgänge vermochte er natürlich erst ganz zu vervollständigen, nachdem er späterhin mit den übrigen Sudanesen in Berührung kam. Emin hat Stuhlmann alles, was er darüber erfuhr, in die Feder diktiert, und sollen die Hauptdaten hier auf Grund dieses ebenfalls in dem Stuhlmannschen Werke enthaltenen ausführlichen Berichtes wiedergegeben werden.

Nach Stanleys **und** Emins Abmarsch aus Undussuma hatten Sselim Bey und ein andrer Offizier, Sayid Aga, den Versuch gemacht, der Expedition zu folgen, beide kehrten aber mit ihren 80 Mann nebst zahlreichem Gefolge wieder zum Albert Nyanza zurück, da es ihnen nicht gelang, die nach Osten Ziehenden zu erreichen. In Mssrwa blieben sie längere Zeit, und während dieses Aufenthaltes **entdeckten die** Leute durch einen sonderbaren Zufall die von Stanley zurückgelassene und vergrabene Munition. Emin hatte seiner Zeit ebenfalls **durch** einen Zufall Kenntnis von dem Orte des Versteckes gehabt, doch **behielt** er das Geheimnis für sich. Die Sudanesen fanden die Munition da= durch, daß eine Kuh in eine Grube einbrach, in welcher man bei näherer Untersuchung die Munitionsvorräte fand. In 42 Kisten waren Remingtonpatronen, **Pulver und** Zündhütchen geborgen. Sayid Aga bemächtigte sich derselben **und** ließ sie nach Kavali transportieren, wo er sich in Stanleys altem Lager verschanzte. Währenddessen trans= portierte Sselim Beymit Dampfern und Booten Leute aus Wadelai nach Tunguru am See, um sie ebenfalls später nach Kavali zu bringen.

Fadl=el=Mula=Aga setzte sich inzwischen in Wadelai fest und terrorisierte das Land ringsum, nahm dann Sselim Bey, ehe er Kavali erreicht hatte, gefangen, überließ ihn aber nach einiger Zeit, nachdem man ihn seiner Waffen beraubt hatte, seinem Schicksal, so daß es ihm gelang, sich in Kavali mit Sayid Aga zu vereinigen. Als die Nachricht von dem Munitionsfunde bekannt wurde, schickte Fadl=el=Mula=Aga eine Truppenmacht nach Kavali, um **sich der** Munition zu bemächtigen. Die beiden Parteien einigten sich **nach** einem kleinen Scharmützel, die Vorräte zu teilen.

Fadl=el=Mula=Aga errichtete hierauf längs des Nils **in** der Gegend seines Ausflusses aus dem Albert Nyanza eine Anzahl kleiner Stationen, welche später zum Teil wieder von Eingebornen zerstört wurden. Er selbst blieb in der Nähe von Dufile. Nun erschienen die Mahdisten vor Fadl=el=Mula=Agas Station. Gegen den Willen der Offiziere ließen sich die Sudanesen in ein Gefecht mit ihnen ein, besiegten sie und wandten sich dann gegen ihre eignen Offiziere. Die Folge war ein allgemeiner Aufstand, so daß sich Fadl=el=Mula=Aga schließlich mit nur 70—80 Mann im Gefolge auf eine Insel im Nil zurückziehen mußte. Im weiteren Verlauf der Dinge brachen unter

23*

den Meuterern selbst Feindseligkeiten aus, so daß sie einander be=
kämpften. Die Soldaten ermordeten mehrere Offiziere, nachdem sich
erwiesen hatte, daß Fadl-el-Mula-Aga schon seit längerer Zeit mit den
Mahdisten in brieflichem Verkehr gestanden hatte.

Der Dampfer „Nyanza" war untergegangen. Der „Khedive"
wurde absichtlich zerstört. Zwei Boote und die Stanleysche „Advance"
wurden versenkt, sowie die vorhandenen Geschütze und alles vorhandene
Elfenbein in den See geworfen, ebenso 150 Elefantenzähne, welche
Sselim Bey in Sicherheit bringen wollte. Im ganzen sind nach Emins
Schätzung etwa 3000 Zentner Elfenbein verloren **gegangen, was einen**
Wert von etwa 3 Millionen Mark repräsentiert haben mochte.

Die übrigen Offiziere der Sudanesen wollten dann zu Sselim
Bey in Kavali stoßen und schickten Rihan Aga mit einer Botschaft
und 10 000 Patronen dorthin.

Als Emin in Unduffuma angekommen war, befanden sich die
Sudanesen auf 4—5 Stationen verteilt, unter sich meist entzweit
und erfüllt vom größten Mißtrauen gegeneinander, jederzeit bereit,
übereinander herzufallen. Überall herrschte Mangel. Die Rinderherden
waren durch die Seuche zu Grunde gegangen, Lebensmittel waren
knapp, und die Leute gingen fast alle nur mit Fellen bekleidet. Von
Disziplin war kaum die Rede, und die Offiziere beförderten sich komischer=
weise gegenseitig, auch zuweilen Soldaten, und so kam es, daß in der
von den Sudanesen besetzten Station Kavali schließlich mehr Offiziere
wie Soldaten vorhanden waren.

Zwischen Tunguru, der Station am Nordende des Albert Nyanza,
und Wadelai **am Nil** hatten sich alle Eingebornen wegen der Er=
pressungen der Sudanesen zurückgezogen, und die einst unter Emins
Herrschaft blühende, starkbevölkerte Landschaft war in eine Wildnis
umgewandelt. Von Kavali aus hatten die Sudanesen eine Razzia
unternommen, welche gute Beute lieferte. Auf dem Rückmarsche wurde
aber die ganze Abteilung bis auf einige Leute von den Eingebornen
niedergemacht, so daß man derartige Unternehmungen nicht mehr aus=
zuführen wagte. Die Sudanesenstation in Kavali wurde anscheinend
nur von den Eingebornen geduldet.

Emin errichtete nun ein Lager auf einem Hügel nahe der Station
Kavali, im Lande Unduffuma, dessen Häuptling Madfamboni hieß.

Lebensmittel gab es dort in genügender Menge, so daß sich hier die Leute der Karawane wieder erholen konnten.

Emin war wegen der Sudanesen zu einem längeren Aufenthalte in dem Lager gezwungen; die Zeit des Abwartens wurde zu einem guten Teil zu Unterhandlungen mit diesem Gesindel verwendet, zum andern Teil mit wissenschaftlichen Arbeiten ausgefüllt.

Emins Gesundheitszustand war nicht der beste, **und oft** fühlte **er** sich recht elend, denn er litt zuweilen an einem wenn auch leichten Fieber und besonders an Schlaflosigkeit. Die Folge war hochgradige Nervosität; über die geringfügigsten Vorkommnisse konnte er schrecklich aufgebracht sein, und auch Stuhlmann hatte oft unter seiner schlechten Laune zu **leiden.** Am schlimmsten ging es Emin mit den Augen, sie wurden immer schwächer. Das alles hinderte ihn aber nicht, seine wissenschaftlichen Arbeiten und meteorologischen Beobachtungen mit peinlicher Genauigkeit fortzusetzen.

Die Sudanesen hatte der Pascha übrigens sehr kühl empfangen, um in ihnen nicht allzukühne Hoffnungen zu erwecken. Er setzte ihnen deutlich auseinander, **daß er nunmehr in** deutschen und nicht mehr in ägyptischen Diensten und nur in deutschem Interesse gekommen sei, um die deutsche Herrschaft zu befestigen, hauptsächlich aber wegen wissenschaftlicher Arbeiten. Er habe von niemand den Auftrag, sie (die **Sudanesen)** abzuholen, und nur sein Interesse als ihr früherer Chef habe ihn veranlaßt, **sich** mit ihnen in Verbindung zu setzen. Wer ihn begleiten wolle, thue dies nur auf eigne Verantwortung.

Er schreibt selbst darüber in seinen letzten an seine Schwester in Form von Tagebüchern gerichteten Briefen, welche in „Westermanns Monatsheften" veröffentlicht worden sind:

„Bei den Leuten in der Station (Kavali), welche ich **bis** heute noch nicht betreten habe und auch nicht betreten werde, sind natürlich die hier landesüblichen Nedereien und Intrigen in vollem Gange und werden auch bis zu meiner Abreise schwerlich enden. Eine Partei ist dafür, sich mir anzuschließen und mich zu begleiten, wohin ich immer gehe. Eine andre Partei ist dagegen und möchte mich dazu bringen, sie auf dem von mir hierherzu begangenen Wege nach der Küste und nach Ägypten zu bringen. Natürlich entblödet man sich nicht, allerlei Gerüchte zu verbreiten, die meine Reise betreffen, und unter denen dasjenige obenan steht, daß der Khedive, erzürnt, daß ich die Soldaten hier gelassen und allein zur Küste gereist sei, mich fortgejagt habe und ich nun im Lande umherzöge, um ein Unterkommen zu finden. Solche Redereien finden überall ein gläubiges Publikum, und es ist jedenfalls ein geschicktes Manöver, sie in Umlauf zu setzen. Anderseits ist mir unmöglich, sie direkt zu widerlegen; ich wäre, thäte es mir nicht um einige Leute leid, längst fort, möchte jedoch diesen ihre letzte Hoffnung nicht abschneiden. In den zwei Jahren meiner Abwesenheit ist es hier böse zugegangen; zweckloses Hin- und Herziehen, gegenseitige Befehdungen und Beraubungen, Kämpfe mit den Mahdisten und den Eingebornen haben die Leute hart mitgenommen, und auch der Tod hat eine reiche Ernte gehalten. Ein Teil der Soldaten, erbittert durch die nie aufhörenden Intrigen der Ägypter, hat sich aufgelehnt und eine Anzahl derselben erschlagen, bei dieser Gelegenheit aber auch sämtliche Khartumer, meist ganz brave Leute, getötet. Es sieht also hier recht traurig aus, und es muß schon ein Narr wie ich sein, der sich trotz allem für Leute dieses Schlages zu interessieren weiß."

In der That ist es merkwürdig, daß Emin nach all den schlechten Erfahrungen, die er mit dieser greulichen Gesellschaft machte, sich noch so viele Mühe gegeben hat, die Leute aus den Wirrnissen dort herauszuführen. Jedenfalls hatte er selbst ein hohes Interesse daran, zu erfahren, was aus seinem in dreizehn mühe- und aufopferungsvollen Jahren aufgerichteten Werke geworden war. Er wollte Gewißheit haben, ob es wirklich so rettungslos zusammengebrochen war, wie es den Anschein hatte. Vielleicht hegte er in seinem tiefsten Innern immer noch leise Hoffnungen, daß manches zu retten sei. Anderseits hoffte er, die Sudanesen zum Ansiedeln in deutschem Gebiet zu bestimmen und damit der Kolonie einen wenn auch kleinen Dienst zu erweisen. Als dritte Eventualität hatte er ins Auge gefaßt, mit Hilfe dieser Leute die afrikanische Westküste oder zunächst das Hinterland von Kamerun zu erreichen, ein gewiß großartig erdachter Plan.

Man hat Emin einen Vorwurf daraus machen wollen, daß er mit seiner Expedition einen (anscheinend) so wenig begründeten Plan verfolgte, jenes, dem großen Teil nach verwerfliche sudanesische Gesindel aus Afrika herauszuführen, und daß er es in unpraktisch idealer

Schwärmerei für seine Pflicht angesehen habe, dies zu bewerkstelligen. Wir meinen aber, wie aus obigem hervorgeht, daß er nichts weniger wie rein schwärmerische Ideen darüber hatte, sondern die Sudanesen für seine Zwecke zu gewinnen suchte.

Es war zu erwarten, daß die Sudanesen, so schlecht es ihnen auch ergehen mochte, nicht ohne weiteres auf Emins Vorschläge eingingen, ihn, zu ihrem eignen Heil, zu begleiten. Und wirklich zögerten sie, trotz der schlechten Erfahrungen, welche sie bei der Stanleyschen Expedition gemacht hatten, sich Emin sofort anzuschließen. Bei den zuerst geführten Unterhandlungen erklärten sie sich zwar alle zum Mitgehen bereit, auch die Führer, Sselim Bey und andre, aber dann begannen die Intrigen, und Sselim Bey setzte sich aufs hohe Roß, schrieb an den Pascha unverschämte Briefe, und das Ende war, daß er erklärte, nicht mitzuziehen. Außer ihm thaten dies viele andre in Kavali und den übrigen von ihnen besetzten Stationen. Das Resultat war, daß im ganzen 29 Männer, 101 Frauen und 81 Kinder folgten, also ein verschwindend kleiner Teil, von dem übrigens während des Verlaufes der Reise wieder eine ganze Anzahl entfloh.

Innerlich mochte Emin sehr enttäuscht über dieses klägliche Resultat seiner Bemühungen gewesen sein. Ausgesprochen hat er sich darüber nicht.

Wir haben übrigens bisher unterlassen, einen Faktor, der hierbei eine große Rolle gespielt hat, zu erwähnen: es betrifft das Eingreifen der Engländer gegenüber den Maßnahmen des Paschas. Auch hier haben sie, wie immer, wo sie ihre Interessen geschädigt glauben, eine recht häßliche Rolle gespielt, besonders der beinahe berüchtigte Kapitän Lugard, von dessen Plänen wir noch zu sprechen haben werden.

Am Abend des 10. August 1891 versammelte Emin seine sämtlichen Leute und hielt ihnen eine Rede, in welcher er ihnen seine Zufriedenheit ausdrückte und seine Stellung zu den Sudanesen präzisierte. Er sei nicht gekommen, denselben als Führer zu dienen, sondern diese hätten sich nur angeschlossen. Ihnen gegenüber sollten seine Leute in keiner Weise beeinträchtigt werden. Er werde einen Weg nach Westen suchen und hoffe, mit ihrer Hilfe durchzukommen. Daß derartige Reisen mit Mühsal, Hunger und Unannehmlichkeiten verbunden seien, sei ihnen ja allen bekannt. Er wolle sie aber nicht auf dem

Stanleyschen Wege, sondern weiter nördlich führen, wo bald ihm bekannte Gegenden zu erreichen seien, in denen er schon früher gereist sei. Weiter im Westen käme man dann wieder zu seinen Landsleuten (**Emin meinte** damit Kamerun). Zum Schlusse fragte er die Leute, ob sie ihm zu folgen bereit seien. Alle erklärten vergnügt und guter Dinge ihre Bereitschaft. Außer drei Leuten waren alle gesund.

Es braucht wohl kaum besonders hervorgehoben zu werden, daß sich die Sudanesen der Karawanendisziplin unterwerfen mußten, nachdem auch sie nach nochmaligen Vorhaltungen Emins ihre Bereitwilligkeit zu erkennen gegeben hatten, ihm zu folgen.

Am 10. August 1891 setzten sich Emin und Stuhlmann in gehobener Stimmung **in** Bewegung.

Die Sudanesen waren übrigens noch nicht alle im Lager erschienen und kamen zum Teil einige Tage später nach.

Siebzehntes Kapitel.

Vom Lager bei Kavali aus ging es zunächst in westlicher Richtung vorwärts, dann weiter in einem Bogen nach Norden, und nach Überschreitung des sich in den Aruwimi ergießenden Dukiflusses trat Emin in den geschlossenen Urwald ein. Der Häuptling Vilippi des Diſtriktes Vuanga ſtellte Führer, nachdem er zuvor den Verſuch gemacht hatte, Emin auf die Stanleyſche Route zu locken. Veranlaßt dazu wurde er durch einen Manjuemaführer, Ismaili, genannt Ndjali, welcher in der Nähe eine Niederlaſſung gegründet hatte, um von dort aus Elfenbein zu rauben. Die Überſchreitung des dort 30 m breiten und ziemlich reißenden Duki verurſachte große Schwierigkeiten, da man erſt unter großen Anſtrengungen eine Brücke bauen mußte. Ein hoher Urwaldbaum wurde gefällt und mit Lianenſtricken gegen die Strömung geſichert.

Die Brücke wurde nach Überſchreitung des Fluſſes wieder zerſtört. Die in Kavali unter dem feigen, gemeinen und energieloſen Eſelim Bey zurückgebliebenen Sudaneſen hatten ſich nämlich bei Emins Abmarſch feindlich geſtellt und gedroht, dem Paſcha zu folgen, um die mitziehenden Sudaneſen mit Gewalt zurückzuholen. Nach Abbruch der Brücke bildete für ſie der Dukifluß ein kaum zu bewältigendes Hindernis.

Emin hatte ein Intereſſe daran, mit den Manjuema und ihrem Führer Ndjali in Verbindung zu treten, da er ihm auf dem Marſch nach Weſten vielleicht von Nußen ſein konnte. Seine dorthin geſandten Briefe gelangten aber nicht in Ndjalis Hände.

Stuhlmann war mit dem Vordringen nach Weſten nie recht einverſtanden und äußerte in letzter Zeit öfter ſeine Bedenken, beſonders

da es mit der Sehkraft des Paschas immer schlechter ging, wie dieser
selbst eingestehen mußte. Der Augenblick, wo er blind und marsch-
unfähig sein werde, sei nicht mehr allzu fern, meinte Emin selbst.
„Trotzdem", sagt Stuhlmann, „drängte er rastlos vorwärts ins Un-
gewisse hinein, anstatt auf sicherem Wege zurückzumarschieren." Er

Brücke über den Duki.

müsse etwas leisten, war Emins Einwurf gegen solche Vorstellungen.
„Was habe ich denn hinter mir? Das Werk, daran ich mein leben-
lang gearbeitet habe, liegt in Trümmern, und meine Thätigkeit in
deutschen Diensten hat man gemißbilligt. Wozu soll mir das Leben
nützen, wenn es mir nicht gelingt, jetzt etwas zu leisten, was man
anerkennen wird!"

Seitdem Stanley den Pascha gewaltsam aus der Äquatorial=
provinz entfernt hatte, litt er sehr unter geistiger Depression. Wer
wollte ihm das verdenken, zumal man ihn von Amts wegen in kleinlich
büreaukratischer Manier bemängelte und sich sogar einem Emin gegen=
über gestattete, dessen **nicht** ganz **amtlich** büreaukratischen Stil zu
tadeln, wie es der stellvertretende Reichskommissar **Dr.** Schmidt
gethan hat.

Am 21. August betraten die Reisenden den Urwald, **nahe einer**
Fähre des Ituriflusses, der hier bei einer Breite von **80—90 m**
durch dichtesten Urwald dahingleitet.

Auf Kanoes wurde der Übergang **leicht** bewerkstelligt. **Hier traf**
Emin auf eine verlassene Ansiedelung von **Zwergen.** Es waren win=
zige Hütten aus Ruten, sauber mit Blättern eingedeckt, von **nur 1 m**
Höhe und $2—2\frac{1}{2}$ m Durchmesser. Die Thüren waren so winzig,
daß ein erwachsener Mensch kaum **auf dem** Bauche hineinkriechen konnte.

Die Bewohner des Landes **waren** hier Wawira, den echten
Waldstämmen angehörig. Ähnliche Stämme bewohnen das ganze große
Gebiet **bis** zum Congo und **sogar noch** etwas weiter westlich hin. Die
Sprache, anscheinend dem Bantu **angehörend,** weicht wesentlich von den
ostafrikanischen Dialekten **ab.** Die Waldstämme zerfallen in zahllose
kleine Häuptlingschaften, **welche** politisch **keinen** Zusammenhang unter=
einander haben.

Die Waldstämme der Gegend, in welcher **sich Emin** und Stuhl=
mann befanden, sind hohe, schlanke Leute, **mit wenig** prognaten Ge=
sichtern, länglichen und nicht breiten Nasen und wenig negerhaftem Mund.
Ihre Kleidung ist recht mangelhaft, kaum daß die Schamteile bei
beiden Geschlechtern bedeckt sind. Dagegen tragen sie sehr häßlichen
Schmuck in den Lippen, **von** außen hineingesteckte Kupfer= und Messing=
nägel, welche **oft weit aus der Oberlippe von** innen heraus (der
Kopf ruht außen **auf der Oberlippe) über** die Unterlippe herabhängen
und die Leute manchmal **geradezu am** Sprechen hindern. Die Ohren
werden durch cylinderförmige Walzen verunstaltet, an deren beiden
Enden je eine Kaurimuschel befestigt ist.

Am meisten aber entstellen sich die Weiber, welche die Oberlippe
in der Mitte zwischen Mund und Nase durchbohren und durch immer
größere runde Holzscheiben allmählich derart erweitern, daß darin

Scheiben Platz haben von einem Durchmesser bis zu 8,₄ cm. Die Ober=
lippen stehen dadurch vom Munde gleich einem Entenschnabel ab, was
unglaublich entstellend ist, wenigstens für unser Schönheitsgefühl, den
Wawiraweibern und =Männern muß das aber gefallen. Häufig kommt

Wawirafrau.

es vor, daß der dünne Haut= und Fleischstreifen durchreißt, dann
hängen zwei Fleischfetzen von den Oberlippen, und eine schrecklich ent=
stellende Hasenscharte bleibt zurück.

Sonst trägt man dort eine Menge andern Schmuck aus Eisen,
Kupfer, Messing und Kaurimuscheln, auch feine im Lande hergestellte

Kettchen; alles dies am Hals, an den Armen, Knöcheln, Beinen und auf der Brust. Die oberen und zuweilen auch die unteren Schneidezähne werden bei den Männern zugespitzt.

Bei den östlich sitzenden Wawira wird die Beschneidung nicht ausgeübt, dagegen bei allen westlich in dem Urwald wohnenden. Scham= und Achselhaare werden, im Gegensatz zu allen ostafrikanischen Negern, nicht abrasiert. Die Kleidung ist, wie schon gesagt, sehr mangelhaft und unterscheidet sich darin wesentlich von derjenigen der Ostafrikaner, daß ein schmaler Rindenstoffstreifen zwischen den Beinen hindurch nach hinten über die Lendenschnur hindurchgezogen wird und schwanzartig bis ins Kniegelenk fällt. Die Weiber tragen wulst= artige Lendengürtel mit Palmblatt= oder Lederfranzen.

Als Waffen dienen die schon früher beschriebenen kleinen Bogen **mit** Rotangsehne. Als Schutzwaffe führen die Wawira einen Panzer aus doppelter Büffelhaut, der cylinderartig Brust und Unterleib umgibt und an einem Riemen über der linken Schulter hängt. An der rechten, beim Schießen vom Feinde abgewandten Seite, bleibt der Panzer offen, kann aber auch ganz zugeschnürt werden. Manchmal schützt nur ein breiter Panzergürtel die wichtigsten Unterleibsorgane. Derartige Panzer findet man übrigens bei allen Waldvölkern. Die Hütten haben dieselbe Form wie in Ostafrika, ein Cylinder mit Kegeldach.

Der Weg führte nun während einer Reihe von Tagen durch den geschlossenen Urwald. Himmelanstrebende Bäume mit Buchen= habitus bildeten die Mehrzahl. Die Riesenstämme werden durch mächtige Wurzelstreben vor dem Umstürzen bewahrt. Das Unterholz des Urwaldes ist ungemein dicht und wird durch Tausende von Lianen noch mehr verflochten. Die schönste Dekoration im Urwald bildet der Rotang (Stuhlrohr), eine schlingende Palme mit prächtigen Fieder= blättern, ähnlich denen der wilden Dattelpalme. Für den Wanderer aber ist der Rotang ein recht unangenehmes Hindernis, da die Pflanze mit Tausenden nach unten gekrümmten Dornen auf der ganzen Länge ihrer Ranken und der Unterseite der Blattrippen bewehrt ist. Emin schreibt über den Urwald an seine Schwester: „Es wird dir merkwürdig klingen und doch ist es nur die Dunkelheit des Waldes, welche mich am Schreiben verhindert hat. An unseren verschiedenen

Lagerstätten hatten wir stets erst die Bäume niederzuschlagen, um
Platz für die Zelte zu gewinnen, und noch dann war es so düster,
daß man zum Lesen kaum sehen konnte. Wir sind durch das Land
der Wandedsama gezogen, immer nahe dem Ufer des Ituri, der bei
Karimbo schöne Fälle bildet, und haben alle Freuden, aber auch alle
Unbill des Waldlebens in reichem Maße genossen. Die Freuden sind
ziemlich platonischer Art und beschränken sich wohl auf das Vergnügen,
welches die hehre Natur jedem Menschen einflößt, während Schlamm
und Wasser, schlüpfrige Ab= und Aufstiege, gestürzte und gefallene
Stämme, Myriaden von Ameisen und kleine Stechfliegen u. s. w. in
sehr praktischer Weise an den Wanderer herantreten. Dazu gesellt
sich bisweilen etwas Hunger, denn weite Strecken sind völlig menschen=
leer, und die plündernden Manjuema haben dafür gesorgt, daß nichts
Eßbares im Lande geblieben ist; wer aber sich auf die Jagd im
Urwalde verlassen wollte, der mag lieber bald verhungern, denn Affen
(die übrigens gut schmecken) und graue Papageien (die herzlich zäh
sind) abgerechnet, bekommt man kaum etwas zu Gesicht. Für den
Sammler dagegen ist der Wald ein Paradies, und meine Vogel=
sammlung birgt Schätze; ebenso reich sind die Frösche und Insekten.
Auch in botanischer Hinsicht gibt es viele überraschend schöne Sachen
und dürfte Dr. Schweinfurth von der Entdeckung einer Zitronenfrucht
sehr überrascht sein. Es gibt eben allerlei, und könnte man nur
längere Zeit an einem passenden Orte weilen, so wäre man gewiß,
Neues in Fülle zu finden. Die Bewohner sind Wawira, teilweise
mit Wahohostämmen vermischt; beide sind jedenfalls Waldstämme, die,
von Westen und Südwesten gekommen, sich nach Osten vorgeschoben
haben, und zwar die Wahoho früher, die Wawira später. Beide
sprechen verschiedene Sprachen und sind in unzählige kleine Stämme
gespalten, die wie die schottischen Clans die Namen ihrer Ahnen oder
Stammväter tragen, also Wandedodo — die Söhne Dodos. Die
Dörfer liegen meist auf kleinen Hügeln, die Inseln im dichten Urwalde
bilden, und sind mit einem Gewirr gefallener und gefällter Stämme
umlagert; über die man hinwegturnen muß. Ringsumher liegen
Pflanzungen von Mais, Bohnen, Tabak und Bananen. Von Vieh
habe ich bisher nicht einmal eine Ziege gesehen, und Fleisch ist so
gesucht, daß beim Abbalgen meiner Vögel stets Bettler für die Körper

da sind. In den Wäldern hausen die Zwerge, von denen wir bereits mehrere Besuche hatten; sie sahen alle recht verhungert aus und bettelten um Lebensmittel, die wir doch selbst spärlich haben. Hier erfreuen wir uns der Sonne und trocknen unsre feuchten Sachen, denn im Walde war es recht feucht."

Auf dem Weitermarsch wurde die Karawane fortwährend **durch** unsichtbar bleibende Schützen belästigt, **so daß** beinahe **täglich** Leute durch Pfeilschüsse verwundet wurden, ohne daß man jemals **eines der** feigen Angreifer in dem fast undurchdringlichen Walde hätte **habhaft** werden können. Die Eingebornen hielten Emin und seine Leute für Manjuema, welche kurz vor seinem Erscheinen die ganze Gegend ver= wüstet hatten. **Die** Verteidigung konnte sich nur darauf beschränken, blindlings dahin zu schießen, woher die Pfeile kamen. Natürlich konnte von Erfolg keine Rede sein. Auf die Stimmung aller wirkte dies in hohem Grade niederdrückend. Außer diesen Beschwerden stellte sich Nahrungsmangel ein. Die Eingebornen hatten überall die wenigen und kleinen Ansiedelungen verlassen. Ebensowenig wie Lebensmittel konnte man Führer erhalten, und so mußte der Versuch, vom Ituri an westwärts durch den hier wegelosen Urwald vorzudringen, schon nach den ersten drei Tagemärschen aufgegeben werden.

Emin wandte sich wieder zum Ituri, um nach abermaliger Über= schreitung desselben zunächst direkt **östlich und** dann **im** rechten Winkel nach Norden zu marschieren, nachdem die östliche Grenze des Urwaldes überschritten war. **Hier betrat er wieder das** Grasgebiet des **Lendu=** landes, ein Hochplateau von etwa 1300 m Meereshöhe.

Auch hier befand man sich in einem Hungerlande, **denn** die Manjuema=Zwerge hatten alles verwüstet und ausgeplündert, so daß die Eingebornen nur von Bananenwurzeln und Kürbisblättern lebten. Doch nicht nur die sich immer mehr häufenden Schwierigkeiten des Marsches sollten Emin Sorge bereiten, er mußte auch noch recht herbe Enttäuschungen erleben. Als er am 14. September 1891 in der Frühe, den Weg nach Norden verfolgend, aufbrechen wollte, mel= dete man ihm, daß unter den Sudanesen irgend etwas nicht in Ord= nung sei und gleich darauf die Flucht von mehreren derselben.

Hören wir hier wieder Emin selbst aus seinen Briefen: „Der heutige Tag war einer der unangenehmsten, welche ich je in Afrika

verlebt, und das will jedenfalls viel sagen. Gleich früh wurde ge=
meldet, daß zwei sudanesische Offiziere, die sich uns bei Kavali
angeschlossen hatten, mit ihren Angehörigen des Nachts desertiert seien
und nicht allein einen unsrer Sudanesen mit seinem Gewehr, sondern
auch einige ihm anvertraute Sachen mitgenommen hatten. Auch eine
Last Patronen ist verschwunden und jedenfalls durch ihre Leute in
ihrem Auftrage gestohlen worden. Und das sind die Leute, um die
ich sorgte!" — Es muß hier gesagt werden, daß Emin bei seinem
so sehr langen Verkehr unter diesen Leuten doch eigentlich gewußt
haben sollte, welcher Dinge er sich von ihrer Seite zu versehen haben
würde. Er war eben trotz aller schlechten Erfahrungen, die er
mit den Schwarzen und Ägyptern gemacht hatte, ein unverbesserlicher
Optimist.

    „Auch mehrere Barisoldaten haben jene begleitet. Die Flucht
erklärt sich dadurch, daß es bei uns weder Schnaps noch Ziegen gibt
und die Leute eben total verlottert sind. Auch würde ich kein Wort
um sie verlieren, wenn nicht eben der Diebstahl mich kränkte. Es ist
nicht jedermanns Sache, hungrig — wir sind es seit drei Tagen
schon — durch Gestrüpp zu ziehen, bedroht von Negerpfeilen, statt
behaglich in einer Station zu sitzen; aber sie hätten uns nicht bestehlen
sollen. Um neun Uhr morgens ging ich endlich weiter."

    Es war unendlich schwierig, die Karawane weiterzubringen, be=
sonders für Emin, der den Nachtrab führte und die hungrigen, müden
Träger, die Kranken und Verwundeten antreiben und ermutigen mußte.
Dazu kamen immer wieder Regengüsse, um die an und für sich schon
schlammigen, glatten Wege in dem Hügelland noch schlüpfriger und
unergründlicher zu machen. Zu den alten Qualen gesellten sich immer
wieder neue; die Eingebornen hatten, um ihre Pflanzungen vor
den diebischen Angriffen der Zwerge zu schützen, den Boden mit zu=
gespitzten Rohrstücken gespickt, so daß dem Darauftretenden der Fuß
durch und durch gebohrt wurde. Sechs Leute waren so verletzt
worden und konnten dann ebenfalls keine Lasten mehr tragen. Es
mußte nun wieder zu dem Mittel gegriffen werden, die Lasten nach=
zuholen.

    Die Eingebornen waren hier schon Lur mit Bantu gemischt.
Die Lur gehören zu den nilotischen Schillukstämmen, sind also keine Bantu.

Emins Absicht war nun, so weit nach Norden zu ziehen, bis die nördliche Grenze des Urwaldes erreicht sei, dieselbe konnte nicht mehr weit sein, **um** sich dann endgültig nach Westen zu wenden.

Man näherte sich nun dem Lande Momfu, **und** am 26. September 1891 zeigten **sich in** einiger Entfernung **die** ersten Momfuleute, **mit** denen sich Leute **aus** Emins Karawane verständigten, **sie aber** nicht bewegen konnten, näher zu kommen.

Am 27. September langte man ohne Eingebornenführer **an** einem Punkte an, wo der Weg, nachdem man wieder **eine kurze** Strecke in den Urwald eingedrungen, gänzlich aufhörte und alle **An**strengungen, weiter vorzudringen, vergeblich waren. Es blieb **nun** nichts andres übrig, als in das **am** Tage zuvor innegehabte Lager von Nssoba zurückzukehren, **und** damit war das Schicksal der Expedition entschieden. Emin mußte seinen **Plan**, nach Norden durchzudringen, definitiv aufgeben.

Leider wußte Emin **nicht**, daß **er sich** hier an dem nördlichsten Punkt, den er erreicht hatte, **in** allernächster Nähe von belgischen Stationen befand. Hätte er diese erreicht, so würde er zweifellos sein Ziel, die Westküste, erreicht haben. **Das** Schicksal hat **es** anders gewollt, Emin Pascha ging seinem Untergange entgegen.

Am Mittag des **29.** September **1891** traten die Wanjampara der Expedition vor Emin, um ein **Schauri** mit ihm **zu** halten. Sie meldeten, daß unter den Leuten große Unzufriedenheit ausgebrochen und sich die Träger weigerten weiterzugehen, da sie nichts **zu** essen fänden. Sie, die Wanjampara, hätten sogar erfahren, daß 15 Mann zu desertieren beschlossen hätten. **Was** Emin längst gefürchtet **hatte**, war eingetroffen. Emin setzte ihnen auseinander, **daß auf nur** kurze Entfernung ein ihm bekanntes reiches Land läge, in welchem **es Über**fluß **an** Lebensmitteln **gebe**. Die Leute möchten erst die Rückkehr eines von ihm an demselben Tage auszusendenden Trupps von 50—60 Mann abwarten. Alle waren damit einverstanden, als aber die betreffenden Boten ohne Erfolg zurückkehrten, schlug die Stimmung wieder um, und selbst Uledi, der ebenfalls der Meinung war, es sei besser, nach Nordost weiterzuziehen, konnte mit seiner Meinung nicht durchdringen. Die Leute bestanden ruhig, aber fest darauf, wieder nach Süden zurückzukehren auf dem Weg, den man gekommen war. Sie betrugen sich, wie Stuhlmann sagte, durchaus ruhig und bescheiden, und von irgend welchem Aufruhr war keine Rede. Es blieb nichts andres übrig, als den Rückmarsch anzutreten, denn von Anwendung irgend welcher Gewalt konnte keine Rede sein. Bei der Einmütigkeit der Schwarzen wäre das Resultat das gewesen, daß sich Emin und Stuhlmann von allen verlassen gesehen hätten.

Wie ungeheuer deprimierend solche Vorfälle wirken können, vermag nur derjenige zu beurteilen, welcher Ähnliches erlebt hat. Man wird von einem ganz ungeheuren Mißbehagen, geradezu Ekel befallen. Die Stimmung Emins malt sich deutlich in den Briefen an seine Schwester: „— — und wir sind nun auf dem Rückmarsche. Hunger ist das dafür gegebene Motiv, und gewiß ist, daß die Leute einige Tage wenig zu essen hatten. Wäre ich allein gewesen, so hätte ich die Rädelsführer einfach fortgejagt, einige Lasten geopfert und wäre weitergegangen; da aber das Expeditionseigentum nicht mir gehört, so muß ich weichen. Wie ich an die Küste soll, nach solchem Vorfall, ist mir völlig unklar, wird wohl nie dazu kommen. Morgen, wenn meine Gedanken klarer sein werden, mehr darüber. Nimm Dich des Kindes an."

Emin war in seiner Erbitterung entschieden ungerecht gegen seine Leute geworden. Dieselben haben, wie Stuhlmann ausführlich darlegt, nach einer mehrwöchigen, ungeheuer anstrengenden Reise, bei täglichen heftigen Regen, mangelhafter Nahrung, fortwährend von Eingebornen in heimtückischer Weise aus dem Hinterhalte belästigt, schließlich zehn Tage lang nur von Bananenwurzeln und Kürbisblättern leben müssen; eine Kost, die beinahe gar keinen Nährwert hat und außerdem von unangenehmem Geschmacke ist. Wenn ihnen unter solchen Umständen die Unternehmungslust abhanden kam, so kann man es den sonst immer tadellos sich allen Mühsalen Unterwerfenden nicht verdenken.

Die Hungerqualen der Leute steigerten sich auf dem nunmehr angetretenen Rückmarsche immer bedenklicher. Träger und Soldaten waren aufs äußerste erschöpft, und es gehörten Negernaturen dazu, noch unter solchen Umständen Lasten zu schleppen. Viele litten an Dysenterie und bekamen, als Folge der schlechten Ernährung, skorbutische Ausschläge am Mund. Endlich erreichte Emin am 4. Oktober 1891

Unduffuma im Lande Kiros, eine Gegend, wo der Mais schon fast reif war. Wie die Hyänen fielen die Halbverhungerten darüber her, ohne die Besitzer lange zu fragen. Auf dem Marsche von Unduffuma nach Südmomfu und nach Unduffuma zurück hatte die Karawane durch Anstrengung, Hunger und Verwundungen 25% der Träger verloren.

Trotz aller geradezu schauderhaften Erfahrungen, welche **Emin** mit seinen Sudanesen gemacht hatte, beschäftigte er sich immer wieder mit dem Plane, die in **Kavali** zurückgebliebenen Leute **an sich heranzuziehen**, um sie nach Süden zu führen. Bei Kiro angelangt, **unter**nahm Emin sofort wieder Versuche, **mit** den angeblich in der Nähe sitzenden Sudanesen in Berührung zu treten.

Unter unsäglichen **Beschwerden**, Hunger, **Regen** und Angriffen der Eingeborenen wurde der Marsch fortgesetzt, als Ende Oktober plötzlich einer der Träger unter sehr verdächtigen Symptomen erkrankte. Er hatte sich seit einigen Tagen fiebrig gefühlt, und bald zeigte sich auf seinem ganzen Körper ein Ausschlag. So gern Emin und Stuhlmann daran gezweifelt hätten — es stellten sich damit die Pocken ein.

Bei all diesen Drangsalen offenbarte sich bei Emin ein geradezu rührender Charakterzug: Am 29. Oktober war Stuhlmanns Geburtstag, und am Abend überraschte ihn Emin mit einer Flasche Champagner und einer wertvollen Uhr.

Am folgenden Tage fand **ein** sehr starkes Erdbeben statt. Während der Dauer von einer halben Minuten zitterte die Erde heftig, **und** ein Geräusch war dabei vernehmbar wie von einem in der Nähe vorüberrollenden schweren Eisenbahnzug. Wir haben schon früher gehört, daß Erdbeben in der Gegend des Albert Nyanza eine ziemlich häufige Erscheinung sind.

Als Emin den Ort Wabotschi im Gebiete der Wadumbo erreicht hatte, wendete sich **der** Weg wieder westlich, bis die alte Route erreicht war, die wieder nach Süden umbog. **Bis** zum Dukifluß derselben folgend, mußte Emin dort in einem früher schon bezogenem Lager, Bataibo, eine Reihe von Tagen verbringen. Bei dem Orte Wabotschi hatte die Karawane endlich die Zone hinter sich, innerhalb welcher die Eingebornen fortwährend feindlich aufgetreten waren. Stuhlmann sagt: „Wir befanden uns endlich wieder auf sicherem Boden, ein lange schmerzlich entbehrtes Gefühl."

24*

Der Dutifluß war bei dem starken Regen (man befand sich mitten in der Regenzeit) so stark geschwollen, daß er unpassierbar war. Es wurden deshalb einige Hütten errichtet für Emin und Stuhlmann und zum Unterbringen der Lasten. Hier erfuhr Emin, daß Kapitän Lugard aus Uganda nach Kavali gekommen war und sich dort einen vollen Monat aufgehalten hatte, um die Sudanesen unter dem niederträchtigen Sfelim Bey mitzuführen.

Während Emins Zug nach den Seen hatten sich die in Uganda schon seit Jahren gärenden Unruhen etwas abgeklärt. Politisch war Uganda durch den deutsch=englischen Vertrag endgültig an England gefallen, und die Imper. Brit. East African Comp., welche Uganda wirtschaftlich auszubeuten zum Ziel hatte, war so ziemlich am Ende ihrer Mittel angelangt. In England kam die öffentliche Meinung allmählich dahin, zu erwägen, ob es nicht klüger sei, Uganda aufzugeben.

Es würde außerhalb des Rahmens dieses Buches führen, wollten wir eine Darlegung der verwickelten Geschichte dieses Landes geben, und so müssen wir uns darauf beschränken, ganz kurz mitzuteilen, daß es den Engländern gelungen war, die Araber ganz aus dem durch Bürger= und Religionskriege so verwüsteten Lande zu drängen und einen leidlichen Frieden zwischen der katholischen und protestantischen Partei herzustellen, deren jede, ebenso wie die mohammedanische, ein gewisses Gebiet zugewiesen erhalten hatte unter dem als Herrscher anerkannten König Mwanga. Der Hauptvertreter der vorhin genannten englischen Handelsgesellschaft in Uganda war Kapitän Lugard.

In Uganda herrschte schon lange eine große Mißstimmung gegen die Engländer. Nach Dr. Peters Erscheinen dort und nachdem es diesem gelungen war, mit Mwanga einen Freundschaftsvertrag zwischen Uganda und Deutschland zu schließen, wünschte sich die ganze Bevölkerung unter deutsches Protektorat zu stellen, wovon natürlich nicht mehr die Rede sein konnte. Das Erscheinen einer deutschen Expedition in Uganda konnte daher nur Schwierigkeiten für die Engländer heraufbeschwören. Kunde über das Nahen des Paschas hatte sich natürlich längst in Uganda verbreitet. Es mußte daher in Kapitän Lugards Interesse liegen, sich über Emins Absichten möglichste Klarheit zu verschaffen, unter Umständen dessen Pläne zu durchkreuzen.

Vor allem hegte Lugard Besorgnis, daß das Ansehen der Engländer durch Emins Erscheinen geschädigt werden könne, lag doch die
Möglichkeit nahe, wie Stuhlmann sagt, daß die Waganda aus Emins
Erscheinen den Schluß ziehen möchten, die Deutschen hätten trotz aller
gegenteiligen Versicherungen Absichten auf das Land. Er beschloß
daher, Emin nachzureisen. Endlich auch wollte er verhindern, daß der
Pascha die Sudanesen der Äquatorialprovinz auf deutsches Gebiet über-
führte. Dadurch, daß er selbst diese Sudanesen nach Uganda brachte, hoffte
Lugard einen Druck auf die öffentliche Meinung in England auszuüben,
wo man, wie schon angedeutet, dahin neigte, Uganda aufzugeben.

Lugard machte sich also mit 600 Mann nach Nordwesten auf.
Er ging zum Albert Eduardsee nach Katwa und ließ dort einen Posten
zurück. Den am Semliki angesiedelten Manjuema machte er klar, daß
sie ihre Raubzüge nicht auf englisches Gebiet ausdehnen dürften, und
ließ sich vom Häuptling Karukwanfi bescheinigen, daß Emin Pascha
dessen in der englischen Interessensphäre liegendes Gebiet durchzogen
habe. Dann ging Lugard nach Kavali, wo er kurz nach Emins Abmarsch eintraf, und dort gelang es ihm, die Sudanesen, welche sich in
Kavali durch Zuzug aus Norden bedeutend verstärkt hatten, zu veranlassen, ihm Ende Oktober 1891 nach Süden zu folgen. Auf seinem
Rückmarsch ließ er einen großen Teil dieser Leute in Toru am Ost-
abhang des Runssoro zurück und siedelte sie an sechs Plätzen an,
denn es war Lugard nicht möglich, die fast 9000 Köpfe zählende
Menschenmenge weiterzuführen. Es waren meist Frauen, Kinder und
Sklaven, so daß auf einen Soldaten zehn bis zwanzig derselben kamen.
Die übrigen wurden anderweitig verteilt.

Damit war es Lugard gelungen, Emins Absichten, die Sudanesen
auf deutsches Gebiet oder zur Küste zu führen, zu vereiteln und Emin
einen Streich zu spielen.

Emin war infolge dieser Nachricht sehr niedergeschlagen, denn
jetzt konnte er nicht einmal mehr die Genugthuung haben, wenigstens
neben wissenschaftlichen Erfolgen, seine Sudanesen aus ihrer schlimmen
Lage befreit und zur Küste gebracht zu haben, eine Maßnahme, die
er sich gewissermaßen als Lebensaufgabe gestellt hatte. Er hatte dabei
weniger im Auge, die vielen sogenannten Offiziere zu retten, als vielmehr die Soldaten, deren Angehörige und die Sklaven.

Da Emin nun verbürgte Kunde besaß, daß die Sudanesen abgezogen und für ihn nicht mehr erreichbar waren, ging er über den
Dukifluß hinüber, nachdem unter großen Anstrengungen, abermals wie
auf dem Hinmarsche, eine Brücke geschlagen werden mußte. Emin
hatte die Absicht, beim Häuptling Masamboni von Unduffuma längere
Zeit zu weilen, um den Kranken Ruhe und Erholung zu gönnen.
Man bezog denn auch bei Njanyabo ein Lager im Lande Unduffuma,
in der Nähe des früher auf dem Hinmarsche innegehabten.

Hier brach nun allmählich eine schwere Blatternepidemie aus,
welche Emin noch traurige Tage bringen sollte.

Er selbst hatte sehr viel zu leiden. Das linke Auge war allmählich ganz erblindet, durch eine Verletzung hatte er sich am Knie
eine Wunde zugezogen, die er aber ihrer Kleinheit halber vernachlässigte.
Die Wunde nahm einen größeren Umfang an und entzündete sich
heftig, wie dies in der Regenzeit nur allzuleicht vorkommt, und verursachte ihm viele Schmerzen. Zudem litt er an derartiger Schlaflosigkeit, daß er fast völlig entkräftete und sich kaum noch allein im
Zelte bewegen konnte. Es war daher nicht zu verwundern, wenn er
in solchem Zustande aufs höchste niedergeschlagen und entmutigt war.
Aber trotz dieser Leiden setzte er mit eiserner Konsequenz seine Beobachtungen fort. Etwas später kam noch Blutbrechen hinzu, und aus
dem Ohr, auf welches er seiner Zeit an der Küste gestürzt war, kam
ein Ausfluß heraus.

Unterdessen wüteten die Blattern immer heftiger im Lager, und
wenn auch alle Patienten streng abgesondert wurden, kamen doch
täglich neue Erkrankungen vor.

Emin wollte trotz seines elenden Zustandes weder Arzneien noch
Stärkungsmittel zu sich nehmen, er wies alles, wie Wein, Fleisch-
extrakt und einige der noch übrigen Konserven, mit dem Bemerken
zurück, daß andre Leute dies alles später vielleicht einmal notwendiger
gebrauchen könnten.

Die Ernährung der Karawane machte hier keine großen Sorgen,
denn es waren genügend Lebensmittel im Lande, so daß die Leute
immer gesättigt werden konnten.

Inzwischen hatte Emin wieder den Versuch gemacht, mit dem
Manjuemaführer Rdjali in Verbindung zu treten. Der Pascha hatte

Der Manjuemaführer Udjali, der Mörder Emin Paschas.

seinen Mjampara, den bekannten Uledi, als den zuverlässigsten Mann, auf Kundschaft gesandt. Uledi kehrte nicht ohne Erfolg zurück, er war bis zum Ituri gekommen und hatte dort in der That Leute getroffen, welche Auskunft über Ismaili geben konnten. Ismaili, so berichtete Uledi, sei augenblicklich zum Congo gegangen, um Elfenbein an seinen Vorgesetzten Kilongalonga abzuliefern, welcher seinerseits wieder ein Sklave des Arabers Said bin Abed war. Ismaili hatte einen früheren Brief Emins erhalten und denselben beantwortet, doch war es dem Boten nicht möglich gewesen, Emin zu erreichen. Falls Emin, so hatte Ismaili durch seine zurückgebliebenen Leute mitteilen lassen, ihm nochmals einen Brief sende, werde er unter Umständen bereit sein, mit ihm zur Küste zu ziehen, um dorthin sein Elfenbein zu bringen. Weiter erfuhr Uledi, daß ein Trupp Tippu Tips, der auf einer Razzia den Nepokofluß aufwärts gegangen war, von einem Trupp weißgekleideter und mit Gewehren bewaffneter Leute zurück- geschlagen worden sei und bei dieser Gelegenheit 100 Elefantenzähne im Walde habe zurücklassen müssen. Es waren dies, wie sich später herausstellte, die Leute der belgischen Expedition unter von Kerkhoven. Kerkhoven hat bekanntlich den Arabern überall große Niederlagen be- reitet und dadurch die Stimmung unter ihnen gegen die Europäer sehr ungünstig beeinflußt; er selbst ist ermordet worden. Kerkhovens Auftreten und der oben erwähnte Vorfall haben sicher auch dazu bei- getragen, Emins Schicksal zu beschleunigen.

Die Blatternerkrankungen mehrten sich im Lager, alle Tage starben Leute, und von Fortbewegung der Karawane in irgend welcher Richtung konnte gar keine Rede sein. Stuhlmann benutzte die er- zwungene Ruhe zu einem Ausfluge nach dem Albert Nyanza und besuchte dabei die Station Kavali, die nicht weit von dem bezogenen Lager erbaut, aber nun ganz verlassen war. Die Sudanesen hatten dieselbe nach jeder Richtung hin schlecht angelegt, von einer Seite aus konnte man sogar von den Bergen aus bequem hineinschießen.

Am 3. Dezember 1891 erschien unerwartet Ismaili mit seinem Unterchef und einer Anzahl Manjuema vom Stamme der Wakussu. 50 der Leute waren mit Gewehren bewaffnet. Ismaili erzählte Emin, daß sein Herr, Said bin Abed, der Enkel von Salim bin Abed sei (der Rivale Tippu Tips) und die Absicht habe, mit Emin zusammen zur Ostküste zu gehen, um dorthin seine sehr großen Elsenbeinvorräte zu bringen. Emin möge ihm deshalb einen Brief mitgeben; dem Pascha war dies angenehm, besonders als dadurch eine Menge Elsenbein in deutsches Gebiet übergeführt worden wäre. Ehe aber der Brief Emins an seine Adresse gelangen konnte, war ein Zeitraum von 6—10 Tagen notwendig.

m. 70:

[handschriftlicher Brief — Faksimile]

Schriftlicher Befehl Emins an Dr. Stuhlmann abzumarschieren.

Die Blattern griffen inzwischen immer mehr um sich, und die Lebensmittel nahmen in der Gegend ab, so daß sich schon hier und da Schwierigkeiten beim Einkauf zeigten. Emins Besinden wollte sich nicht bessern, er wurde im Gegenteil immer schwächer und hinfälliger **und war** beinahe ganz erblindet.

Da ließ der Pascha eines Morgens Stuhlmann zu sich kommen und erklärte ihm, daß er ein längeres Verbleiben der Expedition an

Ort und Stelle nicht verantworten könne. Nur durch eine völlige
Isolierung der Kranken von den Gesunden könne Abhilfe geschaffen
werden, und dies sei nur dadurch zu erreichen, daß Stuhlmann mit
den gesunden Leuten zum Runssoro abmarschiere und ihn mit den
kranken so lange zurücklasse, bis dieselben derart wiederhergestellt seien,
daß ihm Emin folgen könne. Stuhlmann protestierte natürlich ganz
entschieden dagegen, den kranken Emin allein zu lassen. Er machte
hundert Gründe geltend und besonders den, daß es hauptsächlich auf
Emin und nicht darauf ankäme, eine Anzahl Neger, die wahrscheinlich
doch durch die Blattern sicherem Verderben geweiht seien, zu retten.

Emin war aber, wie immer, wenn er einmal einen Plan gefaßt
hatte, nicht umzustimmen. Er betonte schließlich, daß Stuhlmann vom
Reichskommissariat ausdrücklich unter Emins Befehl gestellt sei und
im Weigerungsfalle die Folgen zu tragen habe. Ginge Stuhlmann
nicht, so werde er Uledi den Auftrag erteilen. Dann stellte er Stuhlmann einen schriftlichen Befehl zu, worin er verordnete, wieviel Tauschwaren bei ihm zu belassen seien, daß er zunächst zum Häuptling
Tenge=Tenge marschieren solle, und wenn er dann binnen einem Monat,
vom Tage seiner Abreise an gerechnet, von Emin keine Nachrichten
erhalten habe, so solle er unverzüglich nach Bukoba oder der nächst
erreichbaren deutschen Station marschieren. Einen Bericht an den
Reichskommissar konnte Emin seines leidenden Zustandes wegen nicht
aufsetzen, ebensowenig Stuhlmann spezielle Instruktionen erteilen, einesteils aus demselben Grunde, andernteils that er dies grundsätzlich
nicht, da er schon zu oft die Erfahrung in Afrika gemacht hatte, daß
derartige Instruktionen eintretender Verhältnisse wegen doch niemals
befolgt werden können.

Stuhlmann mußte als Offizier dem Befehl Emin Paschas Folge
leisten und gab deswegen seinem Bedauern Ausdruck. Er sagte dem
Pascha, daß er in diesem Augenblicke tief bereue, in seine Stellung
eingetreten zu sein, so sehr lehne sich alles in ihm dagegen auf, Emins
Befehl auszuführen. Dieser tröstete Stuhlmann damit, daß die Trennung
ja nicht lange dauern werde, aber alle Versuche Stuhlmanns, ihn umzustimmen, wies er ganz schroff zurück.

Angesichts dieses Entschlusses wird sich kaum jemand des Ein-
druckes erwehren können, daß er diesen Schritt aus Erbitterung und

Lebensüberdruß gethan hat. Auch Stuhlmann scheint es so empfunden zu haben, wenn er auch für Emin eintritt und sagt, er habe die Überzeugung gehabt, daß der Pascha in der sicheren Hoffnung lebte, ihm folgen zu können. — Ob Emin aber nicht ebenso sicher, wenn nicht sicherer, hoffte, doch nach der Westküste durchzudringen, und ob er nicht Stuhlmann vor dem Verderben retten wollte, dem er auf einem so wagehalsigen Unternehmen leicht zum Opfer fallen konnte? — **Wenn** Stuhlmann glaubt, mit einer Äußerung Emins: „Wenn ich doch **einmal** sterben muß, so möchte ich wenigstens nicht unter fremden Menschen sein, möchte **in** Europa meine Verwandten und vor allem vorher mein Kind noch einmal sehen!" den Beweis erbracht zu haben, daß Emin die ganz bestimmte Absicht gehabt habe, ihm zu folgen, so ist dem zu widersprechen. Daß Emin derartige Wünsche ganz sicher hegte, ist wohl nicht im mindesten zweifelhaft; ob er aber den Wunsch hatte, dies Ziel zu erreichen, indem er den Weg über die Ostküste nahm, bleibt dahingestellt. Ebenso hartnäckig wie er andre einmal gefaßte Pläne verfolgte, so verfolgte er sicher auch den, die Westküste zu erreichen — und hat er nicht selbst zu Stuhlmann gesagt, er wolle **etwas** vollbringen, das in Deutschland als ein Verdienst von seiner Seite aufgefaßt werden müsse, nachdem sein Werk im Sudan in Trümmer gesunken war und seine bisherige Thätigkeit in deutschen Diensten so üble Beurteilung erfahren habe?

Alle, die mit Emin jemals verkehrt haben, betonen seine Verschlossenheit **in bezug** auf seine Pläne, warum sollte er gerade Stuhlmann gegenüber, **den er doch erst** so kurze Zeit kannte, offener und freimütiger gewesen sein, um so mehr als Stuhlmann immer ein Gegner des Planes war, nach Westen vorzudringen und zwar in anbetracht der schlimmen Verhältnisse, welche dabei in Rechnung zu ziehen waren. Man muß Stuhlmann nur recht darin geben. Emin gegenüber drang er leider mit seiner Ansicht nicht **durch,** obschon die Gründe schwerwiegend genug waren. Der vor Emin liegende Weg war in Undussuma kaum zu einem Drittel zurückgelegt, die Mittel jetzt schon fast erschöpft und dann Emins körperlicher Zustand bedenklich. So oft auch Stuhlmann alle diese gewiß vernünftigen Gründe geltend zu machen suchte, er vermochte auf seinen Chef in dieser Richtung keinen Einfluß auszuüben.

Wären die Pocken nicht in der Karawane ausgebrochen, wer
weiß, ob schließlich Stuhlmann nicht doch Emins Plänen zugestimmt
hätte. Nun aber war die Situation eine andre. Emin fürchtete,
daß die Leute zu sehr dezimiert werden könnten; er sah einen Hoffnungs-
schimmer, mit Hilfe der Manjuema westwärts zu kommen an der
Spitze einer ganz kleinen Expedition. Stuhlmann wollte er aller
ferneren Verantwortung entkleiden, auch mochte er vielleicht fürchten,
daß dieser eines Tages bei Emins leidendem Zustand den Befehl und
auch die Entscheidung hätte übernehmen müssen, und so schickte er ihn
fort, um ihm nur im allerschlimmsten Falle zu folgen.

Stuhlmann ist dadurch am Leben erhalten worden, und wer weiß,
ob Emin nicht auch am Leben erhalten worden wäre, wenn Stuhlmann ihn begleitet hätte.

Es wurde nun die Trennung der Expedition vorgenommen. Bei
Emin blieben im ganzen 38 Mann und eine Anzahl Weiber und
Kinder, darunter 3 Sudanesenoffiziere und 4 ägyptische Offiziere,
18 Hinterlader, 22 Vorderlader, 974 Patronen und 1½ Lasten Pulver.
Nur mit Mühe war Emin zu bewegen, die Hälfte des Proviantes zu
behalten. Mit Stuhlmann gingen im ganzen 133 Mann, Soldaten
und Träger, und eine Anzahl Weiber und Kinder. Dazu nahm er mit
3100 Patronen. Der Pascha wollte unter keinen Umständen halbpart
machen.

Übrigens war kurz vor Stuhlmanns Abmarsch mit einemmal eine
ganz bedeutende Besserung in Emins Befinden eingetreten, die Blut-
verluste durch Erbrechen hatten fast ganz aufgehört und die enorme
Schwäche war gehoben.

Abends wurde ein Abschiedstrank in Gestalt eines Glases Portwein
genommen, dann traf Emin noch eine Reihe von Anordnungen, wobei
ihm ganz besonders das Schicksal seines Töchterchens Ferida am Herzen lag.

Über Stanley äußerte sich Emin Stuhlmann gegenüber recht un-
mutig. Er hatte an demselben Ort, an dem er sich jetzt befand, einen
Monat lang schwere Stunden mit Stanley durchmachen müssen. Stanleys vorzügliche Eigenschaften als Führer einer Expedition erkannte er
an, aber als Mensch könne er ihn nicht achten. „Jemand", sagte Emin,
„hat einmal ein sehr richtiges Urteil über ihn gefällt: „May he be, what
he is, a gentleman is he not!" Wenn jemand, so meinte Emin,

seine eignen Offiziere so brutal behandeln könne, wie er, wenn jemand von dem verstorbenen Major Bartelot an Jephson schreiben konnte: „He fell a victim of his own perversity“, so sei dies kein Zeichen edler Gesinnung. Von seinen wissenschaftlichen Arbeiten hielt er, und mit Recht, nicht besonders viel, obgleich er der Vater großer Entdeckungen sei. Besonders aber verargte er ihm seine Verachtung fremder, vor allem der deutschen Wissenschaft, und darin hat Stanley in der That merkwürdige Ansichten kundgegeben, daß er z. B., wie uns Stuhlmann aus Emins Munde mitteilt, es für Blödsinn aus einem „deutschen Winkellehrbuch“ hielte, daß Gebirge durch Faltung allein, nicht durch Vulkanismus entstehen könnten. Auch wollte er nicht glauben, daß man durch Operation die Starlinse eines erkrankten Auges entfernen könne.

Stanley hat sich dem bekannten Weltreisenden Ehlers gegenüber über Emin geäußert, als ihn Ehlers unterwegs in Colombo auf Ceylon traf, während Stanley nach Australien reiste, um dort Vorträge zu halten, daß er Emin als Mann der Wissenschaft und als Gentleman hochschätzte, aber weniger als Gouverneur und Mann der That. Als Ehlers ihn fragte, ob er glaube, daß Emin, falls er in seine ehemalige Provinz zurückkehre, irgend welche Aussicht habe, dort nochmals zur Macht zu gelangen, verneinte er kurz und meinte, man stelle Emin an die Spitze einer wissenschaftlichen Expedition, lasse ihm dann freie Hand, zu gehen, wohin er Lust hat, zu thun, was ihm beliebt, und „glauben Sie, der eine Mann wird in Afrika der Wissenschaft mehr nützen, als hundert andre!“

„Es gibt in der That“, sagt Stuhlmann, „wohl kaum zwei grund-verschiedenere Charaktere, als der selbstlose, wissenschaftliche und be-scheidene Emin und der egoistische, anmaßende und unwissenschaftliche Stanley!“ Daß so heterogene Naturen nicht zusammenpaßten, ist klar. Der Pascha war der klügere, der nachgab und sich zurückzog.

Am 10. Dezember 1891 in der Frühe nahm Stuhlmann von Emin Pascha Abschied. „Hoffentlich“, sagte der letztere, „auf Wieder-sehen in einem Monat! Wenn ich, durch Gewalt gezwungen, nicht kommen sollte, so denken Sie an mein Kind!“ Noch ein Händedruck, ein letztes Mal winkten sich die beiden zu und sollten sich dann nicht wiedersehen. —

Stuhlmann wartete, seinem Befehl gemäß, bei Tenge=Tenge. Als die von Emin gestellte Frist abgelaufen und er noch einige Tage im Lager verblieb, ohne daß er von Emin eine Nachricht erhielt, marschierte er, wenn auch schweren Herzens, am 15. Januar 1892 nach Bukoba ab. Am 15. Februar, gerade ein Jahr, nachdem er mit Emin zusammen die Station verlassen hatte, langte er dort an, durfte aber leider die Station nicht betreten. Langheld war dort nicht an= wesend, sondern hielt sich in Mwansa am Südende des Viktoria Nyanza auf, sein Stellvertreter, Feldwebel Kühne, verhängte eine Quarantäne über Stuhlmanns Karawane wegen der Blattern, obschon die Epidemie bei Stuhlmanns Leuten als erloschen zu betrachten war. Ohne das Stationsgebäude betreten zu haben, mußte er auf demselben Wege, den er von der Küste gekommen war, wieder weiterziehen.

Als Stuhlmann ohne besondere Zwischenfälle das Dorf Jrunda in der Nähe von Bussissi erreichte, erfuhr er, daß Langheld inzwischen schon wieder nach Bukoba abgereist war. Auch hier wurde ihm der Blattern wegen, die doch längst nicht mehr in seiner Karawane existierten, das Betreten der Station verboten und zwar von dem Engländer Wise, der Langheld als Stationschef vertrat. Diese Maß= regel war um so lächerlicher, als die Blattern fast immer in Unjamuesi herrschen, wenn auch nur zeitweise epidemisch.

Bald erhielt Stuhlmann (er hatte sein Lager nördlich nach Kamango verlegt) durch den Feldwebel Kühne selbst einen dienstlichen Brief von Langheld, welcher wieder in Bukoba eingetroffen war, daß er wegen Kriegsunruhen nicht nach Süden marschieren solle, sondern mit einigen Leuten nach Bukoba kommen und seine Karawane nach Mwansa dirigieren möge. Stuhlmann, der erst in Bukoba erfahren hatte, daß Ostafrika, während er mit Emin im Norden weilte, in eine kaiserliche Kolonie umgewandelt und die frühere Wißmannsche Schutz= truppe nunmehr eine kaiserliche war, kam Langhelds Wünschen nach und ging per Boot nach Bukoba zurück.

Einige Tage vor Stuhlmanns Eintreffen war Uledi in Begleitung von nur zwei Sudanesen und einigen Trägern in Bukoba eingetroffen. Er brachte die letzten Nachrichten von Emin Pascha. Es war ein glänzender Beweis für Uledis Tüchtigkeit, daß er mit so wenigen Leuten, die nur mit drei Hinterladern und sechs Vorderladern be=

waffnet waren, den weiten Weg von Undussuma bis Bukoba gefunden hatte. Mit seltenem Takt hatte er alle Schwierigkeiten überwunden.

Emin schrieb aus Undussuma am 10. Januar 1892 zwei Briefe an Stuhlmann. In dem einen forderte er seinen früheren Reisegefährten, den er noch unterwegs zum See vermutete, auf, nicht auf ihn zu warten, sondern so schnell wie möglich Bukoba oder die nächste Station zu erreichen, er selbst werde, sobald es ginge, ihm nachfolgen. Aufgehalten sei er durch ein weiteres Umsichgreifen der Seuche. In einem Privatbriefe schilderte er das entsetzliche Elend unter seinen Leuten. Eine Menge starben an den Blattern. Da die Eingebornen wegen der Seuche geflohen waren, konnten kaum Lebensmittel aufgebracht werden, und so mußten alle, auch der Pascha, hungern. Zudem brachen Unzufriedenheit, Betrunkenheit und Unruhen unter ihnen aus, die erst beigelegt werden konnten, nachdem Emin energisch zu prügeln anfing. Besonders waren es die Sudanesen, welche zur Unzufriedenheit Anlaß gaben. Weiter sagte Emin, daß er sacht nachkommen werde und Stuhlmann an der Küste zu sehen hoffe. Er hatte also damals die Absicht, wieder ostwärts zu ziehen, da zu der Zeit, als er die Briefe schrieb, keine Möglichkeit für ihn existierte, weiterzukommen. Einige geschäftliche Notizen folgten, und dann bat er Stuhlmann wiederholt, seines Kindes zu gedenken und es zu grüßen.

Emin teilte weiter mit, daß er kaum noch sehen und schreiben könne. Die Makraka-Soldaten, welche unter Emin gedient haben, jetzt auf die Congostationen verteilt sind, erzählen, daß Emin, abweichend von den andern Reisenden, stets auf dem Marsche ein Heft in der Hand hatte, um Beobachtungen einzutragen. Zuletzt war Emins Schrift, wie aus dem weiter hinten in Originalgröße beigedruckten Briefe zu ersehen ist, außerordentlich klein. Emin konnte seiner Kurzsichtigkeit halber nur schreiben, wenn er das Heft fast unmittelbar vor die Augen hielt. Trotzdem arbeite er noch wissenschaftlich, die einzige Beschäftigung, welche ihn überhaupt noch aufrecht erhielte.

Wichtig in dem Privatschreiben ist eine Bemerkung, daß, wenn es ihm nicht möglich sein sollte, Träger zu erhalten, er mit den in seiner Nähe angesiedelten und wiederholt erwähnten Manjuema des Ismaili einen Vertrag abschließen wolle, um mit ihrer Hilfe bewohnte Gegenden zu erreichen. Uledi konnte übrigens die einigermaßen be-

ruhigende Nachricht bringen, daß sich Emins Gesundheit bedeutend
gebessert habe, er wieder im Lager umhergehen könne, die Leute
arbeiten lasse und bei guter Laune sei.

Langheld übergab nun Stuhlmann am 22. März 1892 die Station
Bukoba als deren Chef, um selbst nach Mwansa, wo seine Anwesenheit
geboten war, zu gehen. **Stuhlmann sollte so** lange bleiben, bis die
binnen kurzem zu erwartende Ablösung eingetroffen sei. Mitte Mai
traf diese ein, und nun übernahm Leutnant Hermann von der Schutz-
truppe das Kommando. Stuhlmann brach **sofort** zur Küste auf und
erreichte diese am 12. Juli 1892, also nach einer Abwesenheit von
26½ Monaten.

Ein eigenartiger Zufall wollte es, wie Stuhlmann schreibt, daß
er beinahe zur selben Zeit europäischen Boden wieder betrat, da Emin
in den Urwäldern des Congo ermordet wurde, nämlich am 20. Oktober
1892; Emin fiel am 23. Oktober.

Zu Hause schrieb dann Stuhlmann sein umfangreiches, ausgezeichnetes Buch über seine Reise: „Mit Emin Pascha ins Herz von
Afrika" (Verlag von Dietrich Reimer, Berlin), dem wir, wie schon
gesagt, die meisten Angaben für unsre letzten **Kapitel entnommen** haben.

Achtzehntes Kapitel (Schluß).

Wie wir aus den letzten Briefen Emins an Stuhlmann entnehmen können, befand er sich nach dessen Abmarsch in einer wenig beneidenswerten Lage. Wenn er und die Seinen nicht zu Grunde gehen wollten, mußte er sich daraus zu retten suchen. Die einzige Möglichkeit, dies zu erreichen, war damals der Weg nach Westen. Es mochte dies damals auch Emins Wünschen wohl am meisten entsprochen haben. Er vertraute sich den Manjuema an, die ihn zum Congo geleiten wollten. Am 9. März 1892 marschierte der Pascha von Undussuma ab und war genötigt, bei dem Lager der Manjuema am Pisgahberg bis zum 29. Mai zu verweilen. Dieser Berg, von Stanley entdeckt, liegt ziemlich genau westlich von Undussuma, schon innerhalb des Gebietes der geschlossenen Wälder. Von da bewegte sich die Karawane auf der Stanleyschen Route über Igurungu und Indekaru nach **Jpoto**. Dies war eine Niederlassung Kilongalongas, wie dort der Araber Said bin Abed genannt wird, in der Nähe des Ituriflusses. Von Jpoto aus brach Emin am 1. August auf, überschritt den Ituri und kurz darauf den Lenda, einen Fluß, welcher sich in den Ituri ergießt. Bei Überschreitung des Lenda gingen Emins sämtliche Sammlungen verloren. Bis hierher, im Gebiete **der** Walumbi, hatte der Weg westliche Richtung beibehalten und bog von da an nach Süden um.

Stuhlmann hatte den Weg, dem Emin folgte, ziemlich genau erkundet. Bei den Walumba befindet sich das Hauptquartier des Said bin Abed in Pangengele. Emin geriet dort inmitten der Gebiete, welche jetzt von den Arabern der Ostküste behufs Sklaven- und Elfenbeinraubes ausgebeutet und verwüstet worden waren, und nicht wenig peinlich muß es ihm gewesen sein, dem Treiben dieser Menschenräuber gegenüber völlig machtlos zu sein. Von Pangengele aus ging es weiter nach Süden; der Lindifluß, welcher sich direkt in den Congo ergießt, wurde überschritten. Mitte Oktober langte Emin in Manyema an, wo ein Unjamuesisklave Said bin Abeds, Namens Kinene, angesiedelt war. Kinenes Niederlassung befindet sich ungefähr anf dem 1. Grad Süd= breite, zehn Tagereisen östlich vom Congo. Dort erreichte ihn sein Schicksal. Sein Tagebuch geht bis zum 23. Oktober 1892 und ent= hält noch Notizen von diesem Tage. Auf der letzten Seite des Tage= buchs beklagt er, daß die Träger seine Kisten mit wertvollen kleinen Vogelbälgen, für die er eine besondere Liebhaberei gehabt zu haben scheint, ins Wasser fallen ließen und sie dadurch entwertet hätten; „schade!" fügt der große Gelehrte hinzu, mit einem einzigen Worte den Verlust des Ertrages langjähriger Mühe und Arbeit betrauernd.

Ferner geht aus seinen Aufzeichnungen während der letzten Tage hervor, daß Emin wohl wußte, daß die Araber ihn töten würden. Auch war er von verschiedenen Seiten gewarnt worden, sich der Führung der Araber anzuvertrauen; er gehe mit sehenden Augen dem sicheren Tode entgegen. Unterm 22. Oktober 1892 schreibt er, daß der ihn begleitende Araberchef Kinene durchaus nach Kasongo mar= schieren wolle, „um mich zu haben", fügt Emin schwermütig hinzu. Und wirklich ereilte ihn auch sein Geschick am folgenden Tage, indem Kinene und Ismaili ihn in dem Dorfe Kinene ermordeten.

Zuerst brachte der von Ujiji aus heimgekehrte englische Missionär Swan einen Bericht über Emins Ermordung, aus dem Munde eines Arabers, der dieselbe Route wie Emin bereist hatte. Authentische Nachrichten brachte aber erst vor kurzem bei seiner Rückkehr nach Brüssel der Schiffsleutnant Mohun, der seit 1891 als Reisender und Forscher im Congogebiet thätig, an dem Feldzuge gegen die Araber der Fälle teilgenommen und auch dann im Manjuemalande unter dem Kapitän Dhanis gegen die Araber und Rumaliza mit Auszeichnung gekämpft hat. Wir teilen hier seinen Bericht im Wortlaute mit. Emin, dessen letztes Reiseziel der Congostaat war, hatte den Obercongo erreicht und ließ den Sultan von Kirundu, Kibongé, um freien Durchzug durch sein Gebiet für seine Karawane bitten. Kibongé erteilte in einem von ihm an Emin gerichteten Briefe die gewünschte Ermächtigung, richtete aber zu gleicher Zeit an seinen Vasallen Said einen zweiten Brief, in

dem er ihm anbefahl, Emin zu töten. Said wählte hierzu vier entschlossene Leute aus; sie fanden Emin in seinem Zelte sitzend und kün-
digten ihm sein Todesurteil an. Emin protestierte gegen diese Mordthat
und führte ihnen zu Gemüte, daß sein Tod eine furchtbare Rache der
Weißen gegen sie entfesseln werde — aber umsonst! Die Mörder
stürzten sich auf den Wehrlosen. Einer packte ihn am Kopfe, einer an
den Armen, einer an den Beinen und der vierte — es war, wie sich
herausgestellt hat, Ismaili, sein eigner Führer, dem sich der Unglückliche anvertraut hatte — versetzte ihm den Todesstreich. Die in den
umliegenden Feldern zerstreuten Leute der Eminschen Karawane merkten
nichts von der Ermordung ihres Chefs.

Im Laufe des siegreichen Feldzugs der Belgier unter Kapitän
Dhanis wurden diese vier Mörder gefangen, ihr Verhör, wie die
Zeugenvernehmung ergaben den oben geschilderten Sachverhalt; alle
vier wurden gehenkt.

Und durch einen Zufall hat, nach der Eroberung Nyangwas durch
die Belgier, ein junger Offizier des Hauptmanns Dhanis einen Blech-
koffer gefunden, welcher die wertvollen Tagebücher Emins enthielt und
welche damit auf sonderbare Weise gerettet worden sind. Wie anzunehmen ist, hatten Emins Mörder einen Begriff von dem Werte
dieser Dokumente und mochten wahrscheinlich die Absicht haben, dieselben später den Europäern zum Kaufe anzubieten. Ein ganz besonders
glücklicher Zufall war es, daß sie in den Kriegswirren am Congo
nicht verloren gingen oder verbrannt sind. Dhanis nahm den ganzen
Eminschen Nachlaß in seine Verwahrung und überbringt ihn jetzt nach
Brüssel; es ist zweifellos, daß die Congoregierung ihn an Deutschland
ausliefern wird.

* * *

Die Gestalt Eduard Schnitzers gehört unter dem Namen Dr. Emin
Pascha nunmehr der Geschichte an.

Ein abschließendes Urteil über diesen eigenartigen Menschen zu
fällen, sind wir aber noch immer nicht im stande. Emin hat bei seinem
in sich gekehrten, verschlossenen Wesen niemals einen Vertrauten gehabt,
niemand einen Blick in sein Inneres verstattet. Wenn nicht seine Tagebücher besseren Aufschluß über manches noch Rätselhafte in seinem

Charakter geben, so werden wir nie ein ganz klares Bild von diesem bedeutenden Manne gewinnen.

Die Tagebücher Emins sind zum Teil bei dem deutschen Gouvernement in Dar es Salaam deponiert, zum Teil, wie gesagt, durch einen glücklichen Zufall aus den Händen seiner Mörder durch belgische Offiziere gerettet und werden der deutschen Behörde ausgeliefert.

Man sieht der Veröffentlichung von Emins Tagebüchern mit Spannung entgegen. Denjenigen freilich, welche Enthüllungen daraus erwarten, stehen wahrscheinlich Enttäuschungen bevor, denn es ist kaum anzunehmen, daß Emins Aufzeichnungen große Geheimnisse bergen. Emins Thaten sind uns ebenso bekannt, wie sein Wirken in Afrika, und nur das eine mag sonderbar erscheinen, daß er niemals zur Feder gegriffen hat, um sich gegen die zahlreichen Angriffe zu verteidigen. Das erklärt sich leicht durch verletzten Stolz, der ihm Schweigen gebot. Vielleicht erfahren wir, ob Emin nicht trotz seines Dementis Mohammedaner geworden ist; dann hat er sicher dem Druck einer Notlage Rechnung tragen müssen, niemals aber würde er aus Überzeugung einen solchen Schritt gethan haben, und dann wäre er entschuldbar. Stuhlmann sagt, daß er ihn oft auf protestantische Weise habe beten hören. Wenn Emin islamitisch-religiöse Gebräuche zu üben pflegte, so geschah dies doch nur aus politischen Gründen.

Am meisten wird uns interessieren, zu erfahren, warum Emin Europa nicht wieder betreten hat, nachdem er von Stanley zur Ostküste gebracht worden war. Wenn wir auch in einem der vorangegangenen Kapitel den Versuch gemacht haben, dies aus psychologischen Momenten zu erklären, so dürfte es damit doch nicht genügend motiviert sein. Es müssen doch ganz besondere Gründe obgewaltet haben, welche den geistig regen, sich für alles lebhaft interessierenden Mann zu dem immerhin erstaunlichen Schritt bewegt haben, sofort wieder in das Innere Afrikas zurückzukehren, ohne seine Heimat, seine Freunde, seine Familie, für die er auch in der Ferne eine rührende Anhänglichkeit bewiesen hat, wieder-zusehen. Es müssen schwer ins Gewicht fallende Dinge gewesen sein, welche Emin alle Rücksicht beiseite schieben ließen, die er dem kranken und geschwächten Körper, den halb erblindeten Augen gegenüber den Gefahren des Klimas, den Mühseligkeiten der Reise schuldig war, Rücksichten, welche er zu nehmen gewissermaßen moralisch verpflichtet war, gegenüber der Wissenschaft und der ganzen gebildeten Welt, welche an seinem Schicksal so lebhaften Anteil genommen hat, und die sich schließlich doch Mühe gegeben hatte, ihn aus der gefährlichen Lage im Sudan zu retten. Es kann hier, trotzdem wir über Emins Privatangelegenheiten nichts gebracht haben, nicht verschwiegen werden, daß wir doch Aufklärung über Emins eigentümliches Verhalten zu erwarten haben. Es bezieht sich dies auf Emins Vorleben, kurz ehe er von Deutschland aus nach dem Sudan ging. Die Angelegenheit hat sich zu einem Erbschaftsstreite entwickelt. Ehe derselbe vor den Behörden seine Erledigung gefunden hat, können wir hier kein Urteil über Emin von diesem Standpunkte aus fällen. Daß der damit betraute Stanley seine Aufgabe nicht ganz im Sinne seiner Auftraggeber erledigt hat, würde einen Emin niemals veranlaßt haben können, sich seiner moralischen Verpflichtung gegen die gebildete Welt zu entziehen, indem er Aufschluß über sein Leben in Afrika gab. Soweit war auch Emin nicht der Zivilisation entwachsen, um als Afrikaner um jeden Preis unter Wilden sein Leben zu beschließen, wie es Humboldts Begleiter Bonpland gethan hat. Oft genug hat er, besonders auf seiner letzten Reise, in Briefen an Verwandte und Freunde seiner Sehnsucht Ausdruck gegeben, daß er seine letzten Tage in der zivilisierten Welt beschließen möchte.

Sollte sich Emin etwa niemals gesagt haben, daß ihm ein gewiß glänzendes Schicksal bevorstand, wenn er seine Thätigkeit im Innern Afrikas aufgegeben hätte, wenn auch nicht in Deutschland oder in dessen Diensten, denn eine Stelle als Gouverneur in Ostafrika würde ihm kaum geworden sein. Abgesehen von seiner Familie und seinen Freunden hätte ihm seine Heimat wenig bieten können, und der Aufenthalt dort würde dem des rauhen Klimas Entwöhnten auf die Dauer unmöglich geworden sein. Aber als türkischer Pascha wäre er der Fürsorge des Khedive sicher gewesen, und auch England würde ein mögliches gethan haben, ihm in Kairo das Leben angenehm zu machen. Dort hätte er, von materiellen Sorgen befreit, ruhig der Wissenschaft leben und seine Tagebücher bearbeiten können.

Unter dem Nachlaß Emins, den Dhanis den Arabern abgenommen hat, sind neben dem Tagebuch besonders wertvoll seine barometrischen thermometrischen und anderen wissenschaftlichen Aufzeichnungen. Außerdem fanden sich noch die vielen Diplome von deutschen, englischen,

der Genfer und anderen wissenschaftlichen Gesellschaften; ferner mehrere
Schreiben des deutschen Auswärtigen Amtes, der Kronen=Orden zweiter
Klasse, der österreichische Franz=Joseph=Orden, die deutsche Fahne, die
er stets mit sich führte, ein Taschentuch, seine Briefmappe und viele
wissenschaftliche Instrumente.

Im ganzen genommen, hat Emin, dieser hervorragende Mann, ein
beklagenswertes Schicksal gehabt. Das Werk seines Lebens ist mit dem
Zusammensturze der ägyptischen Herrschaft im Sudan ebenfalls zu=
sammengebrochen und spurlos in dem Chaos dort untergegangen. Mit
dem niederschmetternden Bewußtsein, die Hauptarbeit seines Lebens
umsonst geleistet zu haben, wo er sich mit den schönsten Hoffnungen für
das Gedeihen seines Werkes tragen durfte, ist Emin von hinnen gegangen.

Emin hoffte, in deutschen Diensten etwas leisten zu können, was
ihm dauernden Ruhm sicherte. Auch diese Hoffnung ist ihm nicht in
Erfüllung gegangen. Bei der kurzen Spanne Zeit, welche ihm für
diese Arbeit vergönnt war, konnte er nichts Großes zuwege bringen,
und das Wenige, was er leistete, hat man amtlich nicht anerkennen
wollen, so daß ihm auch hieran die Freude gründlich vergällt worden ist.

In einer Richtung aber konnte Emin mit vollster Befriedigung auf
seine Leistungen blicken, und dies waren, was wir schon oft hervorhoben,
seine wissenschaftlichen Arbeiten; damit hat er sich ein unvergäng=
liches Denkmal gesetzt. Niemand kann ihm hierin seine Verdienste
streitig machen.

Emin ist von vielen Seiten einer abfälligen, oft gar hämischen
Beurteilung ausgesetzt gewesen. Seine Thaten und sein Wirken in
Afrika widerlegen dies aber, und wenn er Schwächen zeigte, so war er
nur ein Mensch. Ein Mensch aber ist er gewesen, hilfreich und gut und
von größter Selbstlosigkeit, immer bereit, andern sein Bestes zu geben,
gewissenhaft bis zur Peinlichkeit, ein Humanitätsapostel, frei von Fana=
tismus, und ein Held, dessen Name in Afrikas Geschichtstafeln für alle
Zeiten eingegraben ist.

Verzeichnis der als Quellen benutzten Bücher.

Richard Buchta, „Der Sudan unter Egyptischer Herrschaft". Brockhaus, Leipzig 1888.

Richard Buchta, „Der Sudan und der Mahdi". Sonderabdruck aus Nr. 10 u. ff. des „Auslandes" 1884.

A. Egmont Hake, „The Journals of Major Gen. C. G. Gordon C. B. at Kartum". Kegan Paul, Trench & Co., London 1885.

Dr. Philipp Paulitschke, „Die Sudanländer". Herdersche Verlagsbuchhandlung, Freiburg i. Breisgau 1885.

Dr. Georg Schweinfurth, „Im Herzen von Afrika". F. A. Brockhaus, Leipzig 1878.

Dr. G. Schweinfurth u. Dr. Fr. Ratzel, „Emin Pascha". F. A. Brockhaus, Leipzig 1888.

Henry M. Stanley, „Im dunkelsten Afrika". F. A. Brockhaus, Leipzig 1890.

Dr. Stuhlmann, „Mit Emin Pascha ins Herz von Afrika". Dietrich Reimer, Berlin 1894.

Ferner eine Menge Zeitungsnotizen sowie in verschiedenen Zeitungen und Zeitschriften veröffentlichte Nachrichten über Emin und Briefe desselben.

Verlag von Otto Spamer in Leipzig.

Leixners

illustrierte

Deutsche Litteraturgeschichte.

Dritte völlig neugestaltete Auflage.

Ein stattlicher Band von 140 Druckbogen groß 8° mit 1120 Seiten.

Mit über **400 Abbildungen** im Text, 50 zum Teil farbigen **Beigaben**, wertvollen Porträts, Nachbildungen alter Manuskripte und Handschriften, Büchertiteln, Holzschnitten, Kupferstichen und vielem anderen.

Preis: Geheftet 14 M. In Pracht-Einband 18 M.

Auch in 35 Lieferungen zu je 40 Pfennig beziehbar.

Leixner behandelt mit Frische und lebendiger Anschaulichkeit die gesamte deutsche Litteratur von den ersten Anfängen bis auf unsere Zeit und zwar durchaus im Zusammenhange mit dem nationalen Leben. Von der Überzeugung durchdrungen, daß die höchsten Schöpfungen der deutschen Litteratur den Einklang von Schönheit der Form und höchster, edelster Sittlichkeit zeigen, richtet Leixner seinen kritischen Sinn auf Ausscheidung des Idealen, Bleibenden, Tiefen aus dem Wust des Gemachten und Unwahren, des ethisch Gehaltvollen von dem bloß äußerlich Glänzenden, und deshalb ist diese Litteraturgeschichte vor allen andern geeignet, in die Kenntnis der deutschen Litteratur einzuführen, während selbst der Kenner durch das tiefe und durchaus selbständige Urteil Leixners interessiert wird.

Schiller.

Mit dem Verfasser Hand in Hand gehend, ist die Verlagsbuchhandlung bemüht gewesen, durch vollständig erneuerte, mit allen Hilfsmitteln der modernen Kunsttechnik hergestellte, möglichst vielseitige Illustrierung und zeitgemäße typographische Ausstattung der Leixnerschen Litteraturgeschichte auch in ihrer äußeren Erscheinung den ersten Platz zu sichern. Der Bilderreichtum wird hinsichtlich der Auswahl wie der Güte der einzelnen Vorlagen von keinem anderen ähnlichen Werke erreicht. Die Leixnersche Litteraturgeschichte ist sonach eine Zierde für jede Bibliothek, eine Festgabe im besten Sinne des Wortes.